改正 市制町村制講義 全
新撰百科全書
【明治45年 第4版】

秋野沆 著

地方自治法研究
復刊大系〔第二四二巻〕

改正 市制町村制講義 全

〔明治四十五年 第四版〕

〔新撰百科全書〕

日本立法資料全集 別巻 1052

信山社

第叅拾壹編

新撰百科全書

改正

市町村制講義

法學士
秋野沆著

全

法學士
辯護士　恒遠絡著

新商法講義

（最新刊）

洋裝美本箱入
紙數六百餘頁
定價一圓五十錢
郵税八錢

我が商法は今回第一　總則より會社、商行爲、手形、海商等其他の條項に少からざる改廢加條を見全く面目を一新する事となれり、日常斯法と最も交渉多き會社――銀行――商店――工場――行政官署の　當事者並に　裁判官　――辯護士　――法學者――法學生諸君は一日も早く新法の委細を會得し置かれざるべからず然り而して之れに以てするに正確適切の好參考書のあるなし辨堂學士に乞いて此の著あり學士が其深邃なる學殖と其の辯護士としての多年の實地經驗とを傾け新商法第一條より逐條最も周密なる解説を加へられたるもの其説明振りの丁寧にして平明なるたとへ法學の素養なき者と雖も一讀容易に之を理解し得べく此種の書類中正に第一を以て推すべきものたり

新撰百科全書

第參十壹編

法學士

改正 市制町村制講義 全

秋野沆著

自序

舊市制町村制ノ發布セラレテヨリ茲ニ二十有余ノ星霜ヲ經ルニ至リ我國各府縣ノ下ニアル市町村住民モ能ク地方自治ノ制ニ馴レ分權ノ趣旨ヲ了シ市町村ノ吏員竝之カ監督官廳モ本制ノ運用ニ慣ルルト共ニ其ノ治蹟大ニ見ルヘキモノアリ盖市制町村制ノ實施以來國家行政ノ觀念ヲ地方ニ注入シタル點ニ於テハ立法者ノ希望ノ幾分ヲ滿シタルモノト謂フモ過言ニアラサルナリ然レ圧社會ノ事物ハ一得一失ノ弊ヲ免ルル能ハス從來地方ノ治蹟ニ於テ往々市制町村制ノ立法ノ趣旨ニ背戻スルノ現象ヲ視ルコトアリト雖モ此ノ如キハ一地方ノ人士カ自治ノ精神ヲ誤解セルニ起因スルモノニシテ之ヲ以テ地方自治制

ノ弊ヲ唱道スルコトヲ得ス自治ハ元ト國家ト地方住民トノ衝突ヲ調和シ政治ノ基礎ヲ定メタルモノニシテ泰西ノ學者カ自治ノ觀念ヲ説明シテ國家ト地方住民トノ連鎖ナリト謂ヒタルハ誠ニ其ノ眞理ヲ穿テルモノト謂ハサルヘカラス

立法ノ要ハ社會ノ正義ニ基キ人情ニ依リ善美ニシテ百般ノ現象ヲ綱羅セル法規ヲ制定スルニアリ行政ノ要ハ法規ヲ手段トシテ治績ノ效果ヲ發輝スルニアリ故ニ行政ニ關スル法規ニシテ細大漏スコトナキハ却テ治者ノ活動ノ範圍ヲ縮少スルノ恨ナキ能ハス舊市制町村制ハ現今ニ於ケル地方行政ノ百般ノ事務ヲ處理スルニ付キ規定ノ不備ナルコト言フヲ待タス茲ニ改正市制町村制ノ發布ヲ見ルニ至リタルコト宜ナリト謂フヘシ然レ𪜈改正市制町村制ト雖モ其ノ立法ノ趣旨ニ至リテハ毫モ

異ナル所ナク只其ノ規定スル所更ニ精細ヲ加ヘタルニ過キス猶以テ地方自治機關カ行政ノ處理ニ付充分ナル活動ノ餘地ヲ與ヘタルヲ見ル從ツテ地方自治ノ效果ヲ收ムルト否トハ法規ノ解釋如何ニアラスシテ法規ヲ手段トセル自治機關ノ行動ノ良否ニアリ著者先キニ舊市制町村制ニ註釋ヲ加ヘタリシカ茲ニ再ヒ改正市制町村制ニ註釋ヲ加ヘタルハ專ラ舊市制町村制ノ立法ノ趣旨ヲ酌量シ現今地方行政ノ狀況ニ鑑ミタルモノニシテ元ヨリ行政ノ觀念ヲ法理的ニ説明シタルニアラス讀者ヲシテ地方自治ノ大要ヲ窺ヒ知ルヲ得セシメハ著者ノ希望ノ幾分ヲ達スルヲ喜フ也

本講義ニ於テハ市制町村制ノ中同一事項ノ規定ヲ相列ヘテ以テ註釋ヲ加ヘタリ其ノ相異ナレル規定ニ付キテハ各別ニ之カ

説明ヲ施セリ

明治四十四年六月

駿河臺ノ寓居ニ於テ

著者識

改正 市制町村制講義目次

市制

町村制

目次終

改正

市制町村制講義

法學士 秋野沆 著

第一章 總則

第一款 市及其區域

〔市〕**第一條** 市ハ從來ノ區域ニ依ル

第一款 町村及其區域

〔町村〕**第一條** 町村ハ從來ノ區域ニ依ル

市《し》と町村《ちやうそん》との區別《くべつ》、市《し》と町村《ちやうそん》とは舊《きう》市制《しせい》町村制《ちやうそんせい》理由書《りゆうしよ》に述《の》ふるか如《ごと》く一方《いつはう》にありては國土《こくど》分畫《ぶんかく》の最下級《さいかきう》にして國《くに》の行政區畫《ぎやうせいくかく》たり他方《たはう》にありては獨立《どくりつ》せる自治體《ぢちたい》の彊土《きやうど》たり國土《こくど》分畫《ぶんかく》の最下級《さいかきう》と謂《い》ふは國《くに》の行政區域《ぎやうせいくいき》の最小部分《さいしようぶぶん》を謂《い》ひ獨立《どくりつ》せる自治體《じちたい》の疆土《きやうど》と謂《い》ふは國《くに》か恰《あたか》も國土《こくど》を以《もつ》て其領土《そのりやうど》と爲《な》すか如《ごと》く自治《じち》體《たい》たる市町村《しちやうそん》か其區域《そのくいき》を以《もつ》て領土《りやうど》と爲《な》すを謂《い》ふ故《ゆゑ》に市《し》と謂ひ町村《ちやうそん》と稱《しよう》するも單《たん》に人口《じんこう》の多寡《たか》と土地《とち》の廣狹《こうきよう》とによりて其名稱《そのめいしよう》を區別《くべつ》したるに止《とゞ》まり市制町村制《しせいちやうそんせい》を施行《しこう》せる行政《ぎようせい》の目的《もくてき》に於《おい》ては兩者《りようしや》を區別《くべつ》するの必要《ひつよう》なきものとす故《ゆゑ》に此《こ》の區別《くべつ》は畢竟都會《ひつきようとくわい》と田舍《でんしや》との住民《ぢうみん》の生計《せいけい》の有樣《ありさま》と舊來《きうらい》の慣習《かんしう》を鑑《かん》かみ其利益《そのりえき》と幸福《こうふく》とを増進《ぞうしん》せんか爲《ため》めに設《もう》けたるに外《ほか》ならさるなり

舊市制町村制《きうしせいちやうそんせい》に於《をい》て市《し》と謂《い》ふは人口《じんこう》凡《およ》そ二萬《まん》五千《せん》以上《いじやう》の市街地《しかいち》を稱《しよう》したるものなり蓋市制町村制《けだししせいちやうそんせい》の制定《せいてい》以前《いぜん》にありては是等《これら》の市街地《しかいち》は之《これ》を區《く》と稱《しよう》し區《く》は郡《ぐん》の區域《くいき》の中《うち》に屬《ぞく》し從《したが》つて行政上區《ぎやうせいじやうく》は郡《ぐん》の下《もと》にありたるものなりしを舊市制町村制《きゆうしせいちやうそんせい》の制定《せいてい》により區《く》を市《し》と改稱《かいしよう》し全《まつた》く郡《ぐん》の區域《くいき》より分離《ぶんり》せしめ以《もつ》て行政上《ぎようせいじよう》府縣《ふけん》の下《した》に屬《ぞく》するものとせり而《しか》して市《し》と改稱《かいしよう》せしは蓋府縣《けだしふけん》の中《うち》にありたる區《く》と區別《くべつ》せんか爲《ため》めなりしなり

町村《ちやうそん》とは右《みぎ》に述《の》へたる市街地《しかいち》を除《のぞ》き國《くに》の行政區畫《ぎようせいくかく》の最小區域《さいしようくいき》にして郡《ぐん》の下《した》に屬《ぞく》するものを謂《い》ふ

本制《ほんせい》に於《おい》ては市《し》と町村《ちやうそん》との區域《くいき》は舊市制町村制《きうしせいちやうそんせい》により定《さだ》まりたる區域《くいき》によるものとなしたるは畢竟市町村《ひつきやうしちようそん》の區域《くいき》の如《ごと》き各其人情風俗《かくそのにんじようふうぞく》を異《こと》にし經濟上《けいざいじやう》の利《り》

害《がい》を共《とも》にせさることあるか故《ゆゑ》に法規《はうき》の改廢《かいはい》と共《とも》に一朝《ちやう》にして其區域《そのくいき》を變更《へんかう》するか如《ごと》きは却《かへつ》て自治體《じちたい》の幸福《かうふく》を阻害《そがい》することあるか爲《ため》なり

〔市〕第二條 市ハ法人トス官ノ監督ヲ承ケ法令ノ範圍內ニ於テ其公共事務竝從來法令又ハ慣例ニ依リ及將來法律勅令ニ依リ市ニ屬スル事務ヲ處理ス

〔町村〕第二條 町村ハ法人トス官ノ監督ヲ承ケ法令ノ範圍內ニ於テ其公共事務竝從來法令又ハ慣例ニ依リ及將來法律勅令ニ依リ町村ニ屬スル事務ヲ處理ス

市《し》と町村《ちようそん》とは各《かく》獨立《どくりつ》せる自治體《じぢたい》たること前述《ぜんじゆつ》せる所《ところ》の如《ごと》し而《しか》して獨立《どくりつ》せる自《じ》治體《ぢたい》と謂《い》ふは市町村《しちやうそん》か其住民《そのじゆうみん》と區域《くいき》とを要素《ようそ》となし法律上《はうりつじよう》恰《あだか》も自然人《しぜんじん》の如《ごと》く人《ひと》たる資格《しかく》「之《これ》を人格《じんかく》と謂《い》ふ」を有《ゆう》し公法私法上權利《こうほうしほうじやうけんり》を有《ゆう》し義務《ぎむ》を負擔《ふたん》するを謂《い》ふ公法上權利《こうほうぢようけんり》を有《ゆう》すると謂《い》ふは市町村《しちようそん》か自《みすか》ら國家《こくか》の行政竝自己《ぎようせいならびにじこ》の行政《ぎようせい》に關《くわん》する事件《じけん》を處理《しより》するの權能《けんのう》を有《ゆう》するが如《ごと》きを謂《い》ひ私法上權利《しほうじようけんり》を有《ゆう》すると謂《い》ふは市町村《しちようそん》が自《みづか》ら財産《ざいさん》を所有《しよゆう》し或《あるひ》は之《これ》を賣却《はいきやく》し或《あるい》は他《た》の人《ひと》に對《たい》して民事《みんじ》の訴訟《そしよう》を爲《な》すが如《ごと》きを謂《い》ふ公法上義務《こうほうじやうぎむ》を負擔《ふたん》するとは市町村《しちようそん》が恰《あだか》も住民《じゆうみん》の如《ごと》く國家《こつか》に對《たい》して租税《そぜい》の負擔《ふたん》するが如《ごと》きを謂《い》ひ私法上義務《しほうじようぎむ》を負擔《ふたん》するとは市町村《しちやうそん》が一個《いつこ》

人《じん》に對《たい》し契約《けいやく》を履《り》行《こう》するの義《ぎ》務《む》あるか如《ごと》きを謂《い》ふ

市町村《しちようそん》は法人《ほうじん》なりと謂《い》ふは即《すなは》ち右《みぎ》に述《の》ふるが如《ごと》く市町村《しちようそん》か公《こう》法《ほう》私《し》法上權利《ほうじようけんり》を有《ゆう》し義務《ぎむ》を負擔《ふたん》することを得《う》る資格《しかく》あることを意味《いみ》するものにして言葉《ことは》を換《か》へて謂《い》へは市町村《しちようそん》は自然人《しぜんじん》と同《おな》しく人格者《じんかくしや》なりと謂《い》ふにあり

市町村《じちようそん》の公共事務《こうきようじむ》と謂《い》ふは市町村《しちようそん》の彊土《きゆうど》と其住民《そのじゆうみん》とに關《かん》する共同《きようどう》の事務《じむ》を謂ふ然《しか》れども市町村《しちようそん》の區域《くいき》は一方《いつぽう》に於《おい》て市町村自治體《しちようそんじちたい》の彊土《きようど》なると共《とも》に他方《たほう》にありて其區域《そのくいき》は國《くに》の領土《りようど》の一區畫《いつくかく》にして其住民《そのじゆうみん》は國《くに》の臣民《しんみん》の一部《いちぶ》をなすものなるが故《ゆへ》に市町村《しちようそん》の行政《ぎようせい》も國《くに》の統治《とうじ》と全《まつた》く之《これ》を分離《ぶんり》せしむることを得《え》す故《ゆへ》に市制町村制《しせいちようそんせい》に於《おい》ては市町村《しちようそん》をして其自治體共同《そのじちたいきようどう》の事務《じむ》を處理《しより》せしめ而《しか》して國《くに》の行政《ぎようせい》に屬《ぞく》する事項《じこう》も國《くに》の統治《とうじ》に必要《ひつよう》にして(官府郡府縣知事等《かんぷぐんぷけんちじとう》を謂《い》ふ)自《みづか》ら之《これ》を處理《しより》すへきものを除《のぞ》く外《ほか》之《これ》を市町村自治體《しちようそんじちたい》に分任《ぶんじゆう》せしめたり市町村《しちようそん》の公共事務《じむ》は市町村自《しちようそんみづか》ら之《これ》を處理《しより》すると謂《い》ふは即《すなは》ち之《これ》なり然《しか》れども市町村《しちようそん》の公共事務《む》は亦國《またくに》の行政《ぎようせい》の一部《いちぶ》に屬《ぞく》するを以《もつ》て之《これ》を市町村自治體《しちようそんじちたい》に放任《ほうにん》することを能《あた》はず蓋《けだし》市《し》制町村制《せいちようそんせい》に於《おい》て市町村《しちようそん》に自治《じち》の權を附與《ふよ》したるは國家《こつか》統治《とうじ》の效果《こうか》を擧《あげ》

げんか爲《ため》めにして政府《せいふ》は單《だん》に行政《ぎようせい》の大綱《たいこう》を握《にぎ》り市町村住民《しちようそんじゆうみん》をして各自《かくじ》の利益《りえき》を計《はか》り幸福《こうふく》を增進《ぞうしん》せしむることに專《もつは》ら勤《つと》めしむるの趣旨《しゆし》に出《い》てたるものなるを以《もつ》て官府《かんぷ》も亦《また》之《これ》が監督《かんとく》の責任《せきにん》あるや明《あきらか》なり市町村《しちようそん》か官《かん》の監督《かんとく》を承《うけ》けて公共《こうきよう》の事務《じむ》を處理《しより》すと謂《い》は即《すなはち》之《これ》か爲《ため》めなり
市町村《しちようそん》に自治《じち》の權《けん》を與《あた》へたるは畢竟《ひつきよう》市町村住民《しちようそんじゆうみん》の利益《りえき》と幸福《こうふく》の增進《ぞうしん》を計《はか》るにあるか故《ゆへ》に其公共事務《そのこうきようじむ》の如《こと》き自《みづか》ら國《くに》の法令《ほうれい》により之《こ》れか制限《せいげん》を受《う》くへきや明《あきらか》かなり然《しか》れとも市町村《しちようそん》の區域《くいき》たる古來《こらい》より定《さだ》まりたるもの多《おほ》く從《したが》つて慣例《かんれい》により特《とく》に國《くに》の法令《ほうれい》に揭《かゝ》けさる事務《じむ》を處理《しより》するの必要《ひつよう》なることあり又《ま》た國家《こつか》は特《とく》に市町村《しちようそん》固有《こゆう》の事務《じむ》として國《くに》の行政《ぎようせい》と區別《くべつ》して市町村《しちようそん》をして之《これ》を處理《しより》せしむることあり固有事務《こゆうじむ》と稱《しよう》するもの即《すなは》ち之《これ》れなり

【市】

第三條　市ノ廢置分合ヲ爲サントスルトキハ關係アル市町村會及府縣參事會ノ意見ヲ徵シテ內務大臣之ヲ定ム
前項ノ場合ニ於テ財產アルトキハ其處分ハ關係アル市町村會ノ意見ヲ徵シ府縣參事會ノ議決ヲ經內務大臣ノ許可ヲ得テ府縣知事之ヲ定ム

〔市〕**第四條**　市ノ境界變更ヲ爲サシムルトキハ府縣知事ハ關係アル市町村ノ意見ヲ徵シ府縣參事會ノ議決ヲ經內務大臣ノ許可ヲ得テ之ヲ定ム所屬未定地ヲ市ノ區域ニ編入セントスルトキ亦同シ

前項ノ場合ニ於テ財產アルトキハ其ノ處分ニ關シテハ前項ノ例ニ依ル

〔町村〕**第三條**　町村ノ廢置分合又ハ境界變更ヲ爲サントスルトキハ府縣知事ハ關係アル市町村會ノ意見ヲ徵シ府縣參事會ノ議決ヲ經內務大臣ノ許可ヲ得テ之ヲ定ム所屬未定地ヲ町村ノ區域ニ編入セントスルトキ亦同シ

第一項ノ場合ニ於テ市ノ廢置分合ヲ伴フトキハ市制第三條ノ規定ニ依ル

前項ノ場合ニ於テ財產アルトキハ其ノ處分ニ關シテハ前項ノ例ニ依ル

市町村《しちようそん》は一方《いつほう》にありては國《くに》の行政區畫《ぎようせいくかく》たり他方《たほう》にありては獨立《どくりつ》せる自治體《じちたい》の領土《りようど》たること前述《ぜんじつ》する所《ところ》の如《ごと》し然《しか》れとも現今《げんこん》に於《お》ける市町村《しちようそん》の區域《くいき》は元《もと》より法令《ほうれい》若《もし》くは人工《じんこう》によりて定《さだ》められたるものにあらす山河《さんか》溪谷《けいこく》其他《そのた》人情風俗《にんぢようふうぞく》により自《おのづか》ら一定《いつてい》の區域《くいき》定《さだ》まり其《その》一區畫《いちくかく》は他《た》の一區畫《いちくかく》と全《まつた》く獨立《どくりつ》して其《その》固有《こゆう》の事《じ》務《む》を處理《しより》し決《けつ》して相互《そうご》の干渉《かんしよう》を受《う》くることなき慣例《かんれい》ありたり而《しか》してかゝる區《く》

書《かく》に各々《おの〳〵》其名稱《そのめいしよう》を付《ふ》したるもの現今《げんこん》の市町村《しちようそん》の基礎《きそ》を爲《な》したるものなり故《ゆへ》に舊市《きゆうし》制町村《せいちようそん》制《せい》を施行《しこう》するに當《あたり》ても從來《じゆうらい》の區域《くいき》を變更《へんこう》するは却《かへつ》て舊慣《きゆうかん》を破《やぶ》り市《し》町村《ちようそん》の利益《りえき》を害《がい》するのみならす自治《じち》の權《けん》を認《みと》めたる趣旨《しゆし》を一貫《いつかん》すること能《あた》はさるものと謂《い》ふへし故《ゆへ》に本制《ほんせい》に於《おい》ても市町村《しちようそん》の區域《くいき》は舊來《きゆうらい》の區域《くいき》を維持《いぢ》するを原則《げんそく》となしたること前述《ぜんじゆつ》する所《ところ》の如《ごと》し然《しか》れとも本制《ほんせい》施行《しこう》の後《のち》市町村《しちようそん》にして財資《さいし》に乏《とほ》しく自治《じち》の負擔《ふたん》に堪《た》へす自《みづか》ら獨立《どくりつ》して統治《とうち》の效果《こうか》を擧《あ》くること能《あた》はさるときは却《かへつ》て市町村《しちようそん》の不利益《ふりへき》なるのみならす國家《こつか》統治《とうじ》の上《うへ》に大《だい》なる影響《えいきよう》を及《およ》ほすものと謂《い》はさるへからす此《かく》の如《ごと》き場合《はあい》には本制《ほんせい》によりて其《その》廢置《はいち》分合《ぶんごう》若《もし》くは境界《きようかい》の變更《へんこう》を許《ゆる》すこととせり

廢置《はいち》分合《ぶんごう》、市町村《しちようそん》の區域《くいき》を變更《へんこう》するは即《すなは》ち國《くに》の行政區畫《ぎようせいくかく》を變更《へんこう》するものなるを以《もつ》て之《これ》れに國家《こくか》の干渉《かんしよう》をなすへきものなること疑《うたがい》を容《い》れず然《しか》れども本制《ほんせい》に於《おい》て市町村《しちやうそん》に自治《じち》の權《けん》を認《みと》め其《その》自治體《じちたい》に關《かん》する公共事務《こうきようじむ》を處理《しより》することを許《ゆる》したる以上《いじよう》は其《その》廢置《はいち》分合《ぶんごう》に關《かん》しても亦《また》關係《かんけい》ある市町村《しちようそん》自治體《じじたい》及《をよび》府縣《ふけん》參事會《さんじくわい》をして其《その》廢置《はいち》分合《ぶんごう》の利害《りがい》に付《つ》き各自《かくじ》の意見《いけん》を發表《はつぴやう》するを得《う》るの機會《きくわい》を與《あた》へさるへからす而《しか》して之等《これら》の關係者《かんけいじや》の意見《いけん》にして國《くに》の統治《とうじ》の利益《りえき》を害《がい》せす且《かつ》關係《かんけい》自治《じち》體《たい》の利益《りえき》を害《がい》せさるものなるときは其《その》意見《いけん》を採用《さいよう》して廢置《はいち》分合《ぶんごう》を許《ゆる》すは土地《とち》の舊慣《きうかん》を破《やぶ》らす且《かつ》市町村《しちようそん》の行政《ぎようせい》に參與《さんよ》する住民《じゆうみん》の意思《いし》を尊重《しゆうちよう》するの點《てん》に付《つき》最《もつと》も至當《しとう》なりと謂《い》はさるへからす

市町村《しちようそん》の廢置《はいち》分合《ぶんごう》竝《ならびに》境界變更《けうかいへんこう》に付《つき》何《いつ》れも内務大臣《ないむだいじん》の許可《きよか》を必要《ひつよう》となしたるは事件《じけん》の重大《じゆうだい》にして何《いつ》れも直接國《ちよくせつこく》の行政《ぎようせい》に變更《へんこう》を生《しよう》することあるか爲《ため》めなり

舊市制町村制《きゆうしせいちやうそんせい》に於《おい》ては境界變更《きようかいへんこう》の場合《ばあい》は事重大《ことじゆうだい》にあらすとなし關係《かんけい》市町村《しちようそん》及《およひ》土地《とち》所有者《しよゆうじや》の意見《いけん》を徵《ちよう》し市町村《しちよりそん》の上級《じようきゆう》監督官廳《かんとくかんちよう》の議決《ぎけつ》により直《たゞ》ちに之《これ》を定《さだ》むることゝなしたれとも本制《ほんせい》は此《かく》の如《ごと》きは却《かへつ》て爭議《そうぎ》を生《しよう》せるの弊《へい》あるものとなし右《みぎ》の如《ごと》く改正《かいせい》せられたるなり

市町村《しちようそん》自治體《じちたい》に屬《ぞく》する財產《ざいさん》は市町村《しちやうそん》と離《はな》れて存在《そんざい》することを得《う》るものにあらす從《したが》つて市町村《しちようそん》の廢置《はいち》分合《ぶんごう》により若《も》しくは其境界《そのきようかい》の變更《へんこう》により其獨立《そのどくりつ》を失《うしな》ひたる場合《ばあい》には其財產《そのざいさん》をも處分《しよぶん》するの必要《ひつよう》を生《しよう》するものとす而《しか》して其財產《そのざいさん》の處分《しよぶん》に關《くわん》しても亦《また》内務大臣《ないむだいしん》の許可《きよか》を要《よう》すへきものとせり

市町村《しちようそん》の區域《くいき》は主《しゆ》として從來《じゆうらい》より定《さだ》まれる區畫《くかく》に依《よ》れるものと定《さだ》めたれとも山間《さんかん》僻地《へきち》にありては其區域《そのくいき》の明亮《めうりよう》を欠《か》くもの少《すくな》からす或《あるひ》は其境界《そのきようかい》の劃然《かくぜん》たらさるか爲《た》め或《あ》る土地《とち》にして何《いづ》れの市町村《しちようそん》の區域《くいき》に屬《ぞく》するや明《あきら》かならさるものあり畢竟《ひつきよう》此《かく》の如《ごと》きの土地《とち》は其《その》の所屬《しよぞく》を定《さだ》むの最《もつと》も必要《ひつよう》なるものとす舊市制町《きゆうしせいちよう》村制《そんせい》に於《おい》ては此《かく》の如《ごと》き場合《はあい》に關《かん》し規定《きてい》を欠《か》きたり本制《ほんせい》にありては市町村區域《しちうそんくいき》の廢置《はいち》分合《ぶんごう》と全一《どういつ》の手續《てつゞき》によるへきものと定《さだ》めたり

【市】

第五條　市ノ境界ニ關スル爭論ハ府縣參事會之ヲ裁定ス其ノ裁定ニ不服アル市町村ハ行政裁判所ニ出訴スルコトヲ得

市ノ境界判明ナラサル場合ニ於テ前項ノ爭論ナキトキハ府縣知事ハ府縣參事會ノ決定ニ付スヘシ其決定ニ不服アル市町村ハ行政裁判所ニ出訴スルコトヲ得

第一項ノ裁定及前項ノ決定ハ文書ヲ以テ之ヲ爲シ其ノ理由ヲ附シ之ヲ關係市町村ニ交付スヘシ

第一項ノ裁定及第二項ノ決定ニ付テハ府縣知事ヨリモ訴訟ヲ提起スルコトヲ

得

〔町村〕第四條　町村ノ境界ニ關スル爭論ハ府縣參事會之ヲ裁定ス其ノ裁定ニ不服アル町村ハ行政裁判所ニ出訴スルコトヲ得

町村ノ境界判明ナラサル場合ニ於テ前項ノ爭論ナキトキハ府縣知事ハ府縣參事會ノ決定ニ付スヘシ其ノ決定ニ不服アル町村ハ行政裁判所ニ出訴スルコトヲ得

第一項ノ裁定及前項ノ決定ハ文書ヲ以テ之ヲ爲シ其ノ理由ヲ附シ之ヲ關係町村ニ交付スヘシ

第一項ノ裁定及第二項ノ決定ニ付テハ府縣知事ヨリモ訴訟ヲ提起スルコトヲ得

本條《ほんじよう》は市町村境界《しちようそんきようかい》に付《つき》爭議《そうぎ》の生《しよう》したる場合《はあい》竝《ならび》に境界《きようかい》の判明《はんめい》せさる場合《はあい》に關《くわん》する始審《ししん》の裁決《さいけつ》と終審《しゆうしん》の裁判《さいはん》とを規定《きてい》したるものなり元來《がんらい》市町村《しちようそん》の境界《きようかい》に關《くわん》する爭議《そうろん》は行政上《ぎようせいじよう》に於《お》ける市町村《しちようそん》自治體《じちたい》の權利《けんり》に關《くわん》するものなるを以《もつ》て公法《こうほう》の問題《もんだい》に屬《ぞく》するものと謂《い》はさるへからす故《ゆへ》に市町村《しちようそん》の境界《きようかい》に關《くわん》する事項《じこう》は個人《こじん》

の土地《とち》の境界《きやうかい》の爭議《たうぎ》の如《ごと》く司法裁判所《しほうさいはんしよ》に於《おい》て判決《はんけつ》すへき性質《せいしつ》のものにあらす本制《ほんせい》に於《おい》て訴願《そがん》の方法《ほうはふ》により府縣參事會《ふけんさんじくわい》をして之《これ》を裁定《さいてい》せしめ之《これ》に不服《ふふく》ある市町村《しちやうそん》は再《ふた》び行政裁判所《ぎやうせいさいはんしよ》に出訴《しつそ》することを得《え》せしめたり

市町村《しちやうそん》の境界《きやうかい》に關《くわん》する事項《じこう》は市町村自治體《しちやうそんじちたい》の利害《りがい》に關《くわん》するのみならす國《くに》の行《ぎやう》政《せい》にも影響《えいきやう》を及《およ》ほすものなり故《ゆへ》に本制《ほんせい》に於《おい》ては市町村《しちやうそん》の監督《かんとく》の任《にん》ある府縣知《ふけんち》事《じ》も亦《また》此問題《このもんだい》に關《くわん》し府縣參事會《ふけんさんじくわい》の裁定《さいてい》若《もし》くは決定《けつてい》に對《たい》し行政訴訟《ぎやうせいそしよう》を起《おこ》すことを得《う》るものとせり

第六條　勅令ヲ以テ指定スル市ノ區ハ之ヲ法人トス其ノ財産及營造物ニ關スル事務其ノ他法令ニ依リ區ニ屬スル事務ヲ處理ス

區ノ廢置分合又ハ境界變更其他區ノ境界ニ關シテハ前二條ノ規定ヲ準用ス但シ第四條ノ規定ヲ準用スル場合ニ於テハ關係アル市會ノ意見ヲモ徴スヘシ

東京市《とうきやうし》大阪市《おほさかし》京都市《きやうとし》の外《ほか》人口《じんこう》二十萬以上《まんいじやう》の市《し》に於《おい》ては特《とく》に勅令《ちよくれい》によりて區《く》を置《お》くことを許可《きよか》せり而《しか》して之等《これら》の區《く》は其區《そのく》の事務《じむ》に關《くわん》しては獨立《どくりつ》の人格《じんかく》を認《みと》めたり蓋《けだし》區《く》は市自治體《しじちたい》の行政上《ぎやうせいじやう》の便宜《べんぎ》の爲《た》め區分《くぶん》せられたる一區域《いつくいき》にして固《もと》

より市《し》自《じ》治《ぢ》體《たい》の一部《いちぶ》を構成《こうせい》するものと謂《い》はざるへからず然《じか》れども勅令《ちよくれい》によりて認《みと》められたる市《し》の一部《いちぶ》たる區《く》は自己《じこ》の財産竝《ざいさんならびに》營造物《へいぞうぶつ》を所有《しよゆう》し而《しか》して區《く》の特《とく》有《ゆう》の事務《じむ》を處理《しより》すへき必要《ひつよう》あり之等《これら》の財産竝事《ざいさんならびにじ》務《む》は全《まつた》く市《し》の財産竝《ざいさんならひ》に事務《じむ》と稱《しよう》することを得《え》ざるものあり故《ゆへ》に本制《ほんせい》に於《おい》ては特《とく》に勅令《ちよくれい》により指定《してい》せられたる市《し》の一部《いちぶ》たる區《く》に人格《じんかく》を與《あた》へ法人《ほうじん》と爲《な》したる所以《ゆへん》なり

右述《みぎのぶ》ふるか如《ごと》く市《し》の一部《いちぶ》たる區《く》を以《もつ》て法人《ほうじん》と見做《みな》したるか故《ゆへ》に其《その》廢置《はいち》分合竝《ぶんごうならびに》境界《きやうかい》の變更《へんこう》の場合《ばあい》に於《おい》ても區《く》及其《およびその》の關係《くわんけい》ある區《く》竝《ならび》に市《し》の意見《いけん》を徵《ちよう》すると市《し》の廢置《はいち》分合竝境界變更《ぶんごうならびにきようかいへんこう》の場合《ばあい》と同一《どういつ》の理由《りゆう》に依《よ》りたるなり

【市】 **第七條** 市ハ其ノ名稱ヲ變更セントスルトキハ内務大臣ノ許可ヲ受クヘシ

市役所ノ位置ヲ定メ若ハ之ヲ變更セントスルトキハ市ハ府縣知事ノ許可ヲ受クヘシ

前條ノ市カ其ノ區ノ名稱ヲ變更シ又ハ區役所ノ位置ヲ定メ若ハ之ヲ變更セントスルトキハ前項ノ例ニ依ル

【町村】 **第五條** 町村ノ名稱ヲ變更シ又ハ村ヲ町ト爲シ若ハ町ヲ村ト爲サントスルトキ

ハ町村ハ内務大臣ノ許可ヲ受クヘシ

町村役場ノ位置ヲ定メ又ハ之ヲ變更セントスルトキハ町村ハ府縣知事ノ許可ヲ受クヘシ

本條《ほんぢよう》は市町村《しちようそん》の名稱《めいしよう》の變更《へんこう》及《および》市町村《しちようそん》役場《やくは》の位置《いち》の設定《せつてい》變更《へんこう》の場合《はあい》の手續《てつゞき》を規《き》定《てい》したるものなり舊市《きゆうし》制町村《せいちようそん》制《せい》に於《おい》てはかゝる場合《はあい》の手續《てつゞき》を定《さだ》めたることなかりしか本制《ほんせい》に於《おい》て明《あきら》かに之《これ》か規定《きてい》を設《もう》けたるなり

第二款　市住民及其ノ權利義務

（市）第八條　市内ニ住所ヲ有スル者ハ其市住民トス

市住民ハ本法ニ從ヒ財産及營造物ヲ共有スル權利ヲ有シ市ノ負擔ヲ分任スル義務ヲ負フ

第二款　町村住民及其ノ權利義務

（町村）第六條　町村内ニ住所ヲ有スル者ハ其町村住民トス

町村住民ハ本法ニ從ヒ財産及營造物ヲ共用スル權利ヲ有シ町村ノ負擔ヲ分任スル義務ヲ負フ

市町村《じちようそん》住民《じうみん》とは市町村内《しちようそんない》に住所《じうしよ》を有《ゆう》する者《もの》を謂《い》ふ住所《じうしよ》とは民法《みんぽう》の規定《きてい》に基《もとづ》き各人《かくじん》か生活《せいかつ》の本據《ほんきよ》たる場所《ばしよ》を謂《い》ふ(拙著法學通論民法の部參照)蓋《けだし》立法例《りつぽうれい》に於《おい》て市町村《しちようそん》と其住民《そのじうみん》との關係《くわんけい》を定《さだ》むるに付《つき》ては二の方法《はう〳〵》あり一は本籍地《ほんせきち》によりて住民《じうみん》の資格《しかく》を定《さだ》めんとするにあり一は住所地《ちうしよち》によりて之《これ》を定《さだ》めんとするにあり本籍地《ほんせきち》主義《しゆぎ》によりて住民《じうみん》の資格《しかく》を定《さだ》めんとするときは人《ひと》か本籍地《ほんせきち》以外《いがい》に於《おい》て住所《じうしよ》を有《ゆう》する場合《はあい》換言《かんげん》せは寄留地《きりうち》を有《いう》する場合《はあい》にありては本籍地《ほんせきち》は殆《ほと》んと其人《そのひと》の虚名《きよめい》を止《とゞ》むるに過《すぎ》きす蓋《けだし》市町村内《しちようそんない》に住所《じうしよ》を有《ゆう》する人《ひと》をして市町村《しちようそん》の住民《じうみん》たる資格《しかく》を與《あた》へ公法上《こうほうじよう》(即ち市町村の行政上)權利《けんり》を有《いう》し義務《ぎむ》を負擔《ふたん》せしむるは住所《じうしよ》を有《ゆう》するものの現實《げんじつ》の利益《りえき》に基《もとづ》くものなるか故《ゆゑ》に本籍地《ほんせきち》は或場合《あるばあい》に於《おい》て生活《せいかつ》の本據《ほんきよ》たらさることあるか故《ゆへ》に全《まつた》く市町村自治體《しちようそんじちたい》の住民《じうみん》の資格《しかく》を定《さだ》むるの標準《ひようじゆん》となすに足《た》らさるなり故《ゆへ》に本制《ほんせい》は住所地《じうしよち》主義《しゆぎ》により住民《ちうみん》たる資格《しかく》を定《さだ》むることとなし從《したが》つて市町村《しちようそん》に住居《じうきよ》するものは其市町村《そのしちようそん》か本籍地《ほんせきち》たると將《は》た寄留地《きりうち》たるとを區別《くべつ》せす專《もつぱ》ら生活《せいかつ》の本據《ほんきよ》を有《いう》するや否《いな》やによりて住民《じうみん》たる權利義務《けんりぎむ》を認《みと》むるものとなせり

市《し》町村《ちようそん》住《ぢう》民《みん》の權《けん》利《り》義《ぎ》務《む》、市《し》町村《ちようそん》住《ぢう》民《みん》の權《けん》利《り》とは其《その》住《ぢう》民《みん》か市《し》町村《ちようそん》公共《こうきよう》の營造物《えいぞうぶつ》並《ならびに》其《その》財産《ざいさん》を共用《きようよう》するの權利《けんり》を謂《い》ふ公共《こうきよう》の營造物《えいぞうぶつ》とは市《し》町村《ちようそん》か其《その》住《ぢう》民《みん》をして共同《きようどう》に使用《しよう》せしむるの目的《もくてき》を以《もつ》て營造《えいぞう》せる建築物《けんちくぶつ》其他《そのた》の設備《せつび》を謂《い》ふ故《ゆゑ》に市《し》町村《ちようそん》住《ぢう》民《みん》の共同《きようどう》の使用《しよう》を目的《もくてき》とせさる建築物《けんちくぶつ》は假令《たとへ》市《し》町村《ちようそん》の費《ひ》用《よう》を以《もつ》て之《これ》を營造《えいぞう》すると雖《いへど》も之《これ》を公共《こうきよう》の營造物《えいぞうぶつ》と謂《い》ふを得《え》さるなり

市《し》町村《ちようそん》有《ゆう》の財産《ざいさん》を使用《しよう》するも亦《また》住《ぢう》民《みん》の權利《けんり》なりとす蓋《けだし》市《し》町村《ちようそん》は法人《ほうじん》として自《し》然《ぜん》人《じん》の如《ごと》く財産《ざいさん》を所有《しよいう》するを得《う》ること前述《ぜんじゆつ》の如《ごと》し而《しか》して住《ぢう》民《みん》か其《その》財産《ざいさん》を使用《しよう》することは例《たと》へは市《し》町村《ちようそん》有《ゆう》の土地《とち》を賃借《ちんがり》し積立《つみたて》金穀《きんこく》を讓《ゆづ》受くるか如《ごと》き之《これ》なり

市《し》町村《ちようそん》住《ぢう》民《みん》は前述《ぜんじゆつ》するか如《ごと》く市《し》町村《ちようそん》有《いう》の財産《ざいさん》を共用《きようよう》し其《その》營造物《えいぞうぶつ》を使用《しよう》するの權利《けんり》を有《いう》すると共《とも》に市《し》町村《ちようそん》の負擔《ふたん》を分任《ぶんにん》するの義務《ぎむ》あるものとす而《しか》して斯《か》かる權利《けんり》義務《ぎむ》の生《しよう》するは市《し》町村《ちようそん》に住所《ぢうしよ》を定《さだ》むるに基因《きいん》するものなれども此《この》負擔《ふたん》の義《ぎ》務《む》に付《つい》ては本制《ほんせい》に例外《れいがい》を認《みと》むる場合《ばあい》あり例《たと》へは市《し》町村《ちようそん》内《ない》に住所《ぢうしよ》を有《いう》せす一時《いちじ》滯在《たいざい》をなすものの所謂《いはゆる》羈旅《きりよ》の客《きやく》と雖《いへど》も其《その》滯在《たいざい》の日時《にちじ》の繼續《けいぞく》するにより滯在《たいざい》せる市《し》町村《ちようそん》の負擔《ふたん》を分任《ぶんにん》するの義務《ぎむ》ある如《ごと》き之《これ》なり（市制第百八十條町村制第

九十八條參照)又《ま》た住民《ぢうみん》にあらさるものと雖《いへ》も市町村内《しちようそんない》に土地家屋等《とちかをくとう》を所有《しよいう》するか或《あるひ》は營業所《えいぎようしよ》を設《もう》けて營業《えいぎよう》を爲《な》すものも亦《また》其市町村《そのしちようそん》の負擔《ふたん》を分任《ぶんにん》するの義《ぎ》務《む》あり(市制第百十九條町村制第九十九條參照)

〔市〕

第九條　帝國臣民ニシテ獨立ノ生計ヲ營ム年齡二十五年以上ノ男子二年以來市ノ住民ト爲リ其ノ市ノ負擔ヲ分任シ且其ノ市内ニ於テ地租ヲ納メ若クハ直接國税年額二圓以上ヲ納ムルトキハ其ノ市公民トス但シ貧困ノ爲公費ノ救助ヲ受ケタル後二年ヲ經サル者禁治產者準禁治產者及六年ノ懲役又ハ禁錮以上ノ刑ニ處セラレタル者ハ此限ニ在ラス

市ハ前項二年ノ制限ヲ特免スルコトヲ得

家督相續ニ依リ財產ヲ取得シタル者ニ付テハ其ノ財產ニ付被相續人ノ爲シタル納税ヲ以テ其ノ者ノ納税シタルモノト做ス

市公民ノ要件中其ノ年限ニ關スルモノハ市町村ノ廢置分合又ハ境界變更ノ爲中斷セラルルコトナシ

市税ヲ賦課セサル市ニ於テハ市公民ノ要件中市ノ負擔分任ニ關スル規定ヲ適

用セス

〔町村〕 第七條 帝國臣民ニシテ獨立ノ生計ヲ營ム年齡二十五年以上ノ男子二年以來町村ノ住民ト爲リ其ノ町村ノ負擔ヲ分任シ且其ノ町村內ニ於テ地租ヲ納メ若ハ直接國稅年額二圓以上ヲ納ムルトキハ其ノ町村公民トス但シ貧困ノ爲メ公費ノ救助ヲ受ケタル後二年ヲ經サル者、禁治產者、準禁治產者及六年ノ懲役又ハ禁錮以上ノ刑ニ處セラレタル者ハ此ノ限ニ在ラス

町村ハ前項二年ノ制限ヲ特免スルコトヲ得

家督相續ニ依リ財產ヲ取得シタル者ニ付テハ其ノ財產ニ付家督相續人ノ爲シタル納稅ヲ以テ其ノ者ノ納稅シタルモノト看做ス

町村公民ノ要件中其ノ年限ニ關スルモノハ市町村ノ廢置分合又ハ境界變更ノ爲中斷セラルルコトナシ

町村稅ヲ賦課セサル町村ニ於テハ町村公民ノ要件中町村ノ負擔分任ニ關スル規定ヲ適用セス

町村公民ノ數町村會議員定數ノ三倍ヨリ少キ場合ニ於テハ町村公民ノ要件ニ

關シ町村條件ヲ以テ別段ノ規定ヲ設クルコトヲ得

公民《こうみん》たるの要件《ようけん》

第《だい》一　帝國臣民《ていこくしんみん》にして獨立《どくりつ》の生計《せいけい》を營《いとな》む二十五年以上《ねんいじよう》の男子《だんし》たること

日本帝國《にほんていこく》の臣民《しんみん》にあらされは市町村《しちようそん》の公民《こうみん》たることを得《え》す從《したがつ》て日本《にほん》に滯在《たいざい》する外國人《がいこくじん》の如《ごと》き公民《こうみん》たることを得《え》さるなり獨立《どくりつ》の生計《せいけい》を營《いとな》むとは他人《たにん》の扶養《ふよう》を受《う》けさるを謂《い》ふ

第《だい》二　二年以來《ねんいらい》市町村《しちようそん》の住民《ぢうみん》となり市町村《じちようそん》の負擔《ふたん》を分任《ぶんにん》し地租《ちそ》若《もし》くは直接國税《ちよくせつこくぜい》を納《をさ》むること

市町村住民《じちようそんぢうみん》にして右《みぎ》に述《の》へたる二つの要件《ようけん》を具備《ぐび》するときは市町村公民《じちようそんこうみん》たるの權《けん》を收得《しゆうとく》すされと茲《こゝ》に例外《れいがい》の場合《ばあい》あり

一は貧困《ひんこん》の爲《た》め公費《こうひ》の救助《きうじよ》を受《う》けたる者《もの》は二年間公民《ねんかんこうみん》たるの權利《けんり》を停止《ていし》せしめたり蓋公費《けだしこうひ》を以《もつ》て救助《きうじよ》を受《う》けたるものは既《すで》に一度《ひとたび》獨立《どくりつ》の生計《せいけい》を失《うしな》ひたる者《もの》なるを以《もつ》て他《た》の要件《ようけん》を具《その》ふるに拘《かゝわ》らす公民權《こうみんけん》を附與《ふよ》すへきものにあらさる也《なり》

二は禁治產者《きんぢさんしや》、準禁治產者《じゆんきんぢさんしや》、之等《これら》は法律上無能力者《ほうりつじようむのうりよくしや》と認《みと》めたるものにして從《したが》つて

市町村《しちやうそん》自治體《にぢたい》の行政《ぎようせい》に參與《さんよ》するを得《え》さるものなるや明《あきら》かなり

三は六年《ねん》の懲役《ちようゑき》又《また》は禁錮《きんこ》以上《いじよう》の刑《けい》に處《しよ》せられたるもの之《これ》亦《また》刑法上《けいほうじよう》の犯罪人《はんざいにん》として公民《こうみん》たるの權利《けんり》を剝奪《はくだつ》したるなり

市町村《しちようそん》公民《こうみん》たるの要件《ようけん》の内《うち》二年《ねん》の制限《せいげん》に關《くわん》しては特《とく》に市町村會《しちようそんくわい》の議決《ぎけつ》により之《これ》を特免《とくめん》することを得《え》せしめたり

市町村《しちようそん》公民《こうみん》たるの權《けん》は市町村《しちようそん》自《じ》治體《たい》の行政事務《ぎようせいじむ》に參與《さんよ》するの權《けん》なるを以《もつ》て從《したが》て市町村《しちようそん》住民《ぢうみん》の中《うち》に於《おい》て右《みぎ》に述《の》へたる要件《ようけん》を具《その》ふるにあらされは公民《こうみん》たることを得《え》さるものとせり蓋《けだし》市《し》町村《ちようそん》の負擔《ふたん》を分擔《ぶんたん》する住民《ぢうみん》は他《た》の住民《ぢうみん》に比《ひ》し市町《しちよう》村《そん》の行政《ぎようせい》に重大《じうだい》の利害關係《りがいくわんけい》を有《ゆう》するや疑《うたがい》を容《い》れす而《しか》して地租《ちそ》に付《つき》其額《そのがく》を制限《せいげん》せさるは土地《とち》の所有者《しよゆうしや》は直接《ちよくせつ》市町村《しちようそん》の行政事務《ぎようせいじむ》に關係《くわんけい》する所大《ところだい》なりとの趣旨《しゆし》に基《もとつ》きたるものなり

家督相續《かとくそうぞく》の場合《はあい》に於《おい》ては相續人《そうぞくにん》は被相續人《ひそうぞくにん》の地位《ちい》を承繼《しようけい》するものなるか故《ゆへ》に被相續人《ひそうぞくにん》の納税《のうぜい》を相續人《そうぞくにん》の納税《のうぜい》と同一《とういつ》に看做《みな》すは最《もつと》も理由《りいう》あるものとす

市町村《じちようそん》の廢置《はいち》分合《ぶんごう》又《また》は境界變更《けいかいへんこう》の場合《はあい》にありては住民《ぢうみん》と市町村《しちようそん》との關係《くわんけい》に變《へん》

更《こう》を生《じよう》し従《したがつ》て此等《これら》の住民《ぢうみん》は廢置《はいち》分合《ぶんがふ》又《また》は境界《けいかい》變更《へんこう》の結果《けつか》公民《こうみん》たる要件《ようけん》の中《うち》二年《ねん》以來《いらい》繼續《けいぞく》して住所《ぢうしよ》を有《いう》するとの要件《ようけん》を欠《か》くに至《いた》るかゝる場合《はあい》に於《おい》ては本制《ほんせい》は公民《こうみん》たる要件《ようけん》を失《うしな》はさるものと定《さだ》めたり

市町村《じちやうそん》公民《こうみん》たる要件《ようけん》の中《うち》市町村《しちようそん》の負擔《ふたん》を分任《ぶんにん》することを要件《ようけん》となしたるは畢竟《ひつけう》之《これ》を分任《ぶんにん》せさる他《た》の住民《ぢうみん》に比《ひ》し市町村《しちようそん》の行政事務《ぎようせいじむ》に利害關係《りがいくわんけい》を有《ゆう》すること大《だい》なるか爲《た》めなり然《しかれ》とも市町村《しちようそん》にして財政上富裕《ざいせいじようふゆう》なる場合《はあい》には住民《ぢうみん》に市町村《しちようそん》税《ぜい》を賦課《ふか》せさることあり此《かく》の如《ごと》き市町村《しちようそん》にありては負擔分任《ふたんぶんにん》の事實《じじつ》は公民《こうみん》たるの要件《ようけん》たらさるに至《いた》るものと謂ふべし

市町村《じちようそん》公民《こうみん》たるの要件《ようけん》は前述《ぜんじゆつ》する所《ところ》の如《ごと》し然《しか》れとも貧弱《ひんじやく》なる小町村《しようちようそん》にありては或《あるい》は右《みぎ》の要件《ようけん》を具備《ぐび》する住民《ぢうみん》甚《はなに》た僅少《きんせう》なることあり此《かく》の如《ごと》き場合《はあい》に於《おい》て強《し》ひて前述《ぜんじゆつ》の要件《ようけん》を必要《ひつよう》とするときは却《かへつ》て一般《いつぱん》住民《ぢうみん》をして町村《ちようそん》の行政《ぎようせい》に參與《さんよ》するの機會《きくわい》を失《うしな》はしむるものと謂《い》はさるへからす此《かく》の如《ごと》き理由《りゆう》に依《よ》り本制《ほんせい》に於《おい》ては町村《ちようそん》公民《こうみん》の數《すう》か町村會議員《ちようそんくわいぎいん》の定數《ていすう》の三倍《はい》より少《すくな》き場合《はあい》には其町村《そのちようそん》に於《お》ける公民《こうみん》の要件《ようけん》を町村條例《ちようそんぢようれい》を以《もつ》て特《とく》に定《さだ》むることを得《う》るものとせり

舊市《きゆうし》制町村制《せいちようそんせい》に於《おい》ては公民《こうみん》たるの要件《ようけん》として「公權《こうけん》を有《ゆう》すへきことを規定《きてい》せり然《しか》れとも公權《こうけん》なる文字《もんじ》は舊刑法《きゆうけいほう》に規定《きてい》せられたる文字《もんじ》にして其權利《そのけんり》は參政權《さんせいけん》、官吏《かんり》となるの權《けん》、勳章年金《くんしようねんきん》位記《いき》貴號《きごう》恩給《おんきう》を有《いう》するの權《けん》、外國勳章佩用《がいこくくんしようはいよう》の權《けん》、兵籍《へいせき》に入《い》るの權《けん》、證人《しようにん》となるの權《けん》、後見人《こうけんにん》管財人《かんざいにん》となるの權《けん》、學校長敎師《がくこうちようきようし》となるの權《けん》等《とう》を指稱《じしよう》したるものなれとも刑法《けいほう》の改正《かいせい》と共《とも》に現行刑法《げんこうけいほう》に於《おい》ては公權《こうけん》なる文字《もんじ》を削除《さくじよ》せり元來《がんらい》現今《げんこん》にありては公權《こうけん》なる意味《いみ》は決《けつ》して舊刑法《きうけいほう》に指稱《ししよう》せるもののみに限《かぎ》るへきにあらす殊《こと》に公權《こうけん》なる文字《もんじ》の意義《いぎ》甚《はなは》た不明確《ふめいかく》なるか故《ゆへ》に畢竟本《ひつきようほん》制《せい》に於《おい》ては公民《こうみん》の要件《ようけん》として公權《こうけん》なる文字《もんじ》を削除《さくじよ》したるなり

【市】

第十條 市公民ハ市ノ選擧ニ參與シ市ノ名譽職ニ選擧セラルル權利ヲ有シ市ノ名譽職ヲ擔任スル義務ヲ負フ

左ノ各號ノ一ニ該當セサル者ニシテ名譽職ノ當選ヲ辭シ又ハ其職ヲ辭シ若ハ其職務ヲ實際ニ執行セサルトキハ市ハ一年以上四年以下其ノ市公民權ヲ停止シ場合ニ依リ其ノ停止期間以內其ノ者ノ負擔スヘキ市稅ノ十分ノ一以上四分ノ一以下ヲ增課スルコトヲ得

一　疾病ニ罹リ公務ニ堪ヘサル者
二　業務ノ爲常ニ市内ニ居ルコトヲ得サル者
三　年齢六十年以上ノ者
四　官公職ノ爲市ノ公務ヲ執ルコトヲ得サル者
五　四年以上名譽職、市吏員、名譽職參事會員、市會議員又ハ區會議員ノ職ニ任シ爾後同一ノ期間ヲ經過セサル者
六　其他市會ノ議決ニ依リ正當ノ理由アリト認ムル者

前項ノ處分ヲ受ケタル者其ノ處分ニ不服アルトキハ府縣參事會ニ訴願シ其ノ裁決ニ不服アルトキハ行政裁判所ニ出訴スルコトヲ得

第二項ノ處分ハ其ノ確定ニ至ル迄執行ヲ停止ス第三項ノ裁決ニ付テハ府縣知事又ハ市長ヨリモ訴訟ヲ提起スルコトヲ得

〔町村〕第八條　町村公民ハ町村ノ選擧ニ參與シ町村ノ名譽職ニ選擧セラルル權利ヲ有シ町村ノ名譽職ヲ擔任スル義務ヲ負フ

左ノ各號ノ一ニ該當セサル者ニシテ名譽職ノ當選ヲ辭シ又ハ其職ヲ辭シ若ハ

其職務ヲ實際ニ執行セサルトキハ町村ハ一年以上四年以下其ノ町村公民權ヲ停止シ場合ニ依リ其ノ停止期間以內其ノ者ノ負擔スヘキ町村稅ノ十分一以上四分ノ一以下ヲ增課スルコトヲ得

一　疾病ニ罹リ公務ニ堪ヘサル者

二　業務ノ爲メ常ニ町村內ニ居ルコトヲ得サル者

三　年齡六十年以上ノ者

四　官公職ノ爲町村ノ公務ヲ執ルコトヲ得サル者

五　四年以上名譽職町村吏員町村會議員又ハ區會議員ノ職ニ任シ爾後同一ノ期間ヲ經過セサル者

六　其ノ他町村會ノ議決ニ依リ正當ノ理由アリト認ムル者

前項ノ處分ヲ受ケタル者其ノ處分ニ不服アルトキハ府縣參事會ニ訴願シ其ノ裁決ニ不服アルトキハ行政裁判所ニ出訴スルコトヲ得

第二項ノ處分ハ其ノ確定ニ至ルマテ執行ヲ停止ス

第三項ノ裁決ニ付テハ府縣知事又ハ町村長ヨリモ訴訟ヲ提起スルコトヲ得

公民《こうみん》の權利《けんり》義務《ぎむ》、市町村《しちようそん》公民《こうみん》は選擧權《せんきよけん》と被《ひ》選擧權《せんきよけん》とを有《ゆう》す選擧權《せんきよけん》を有《ゆう》するとは市町村會議員《じちようそんくわいぎいん》を選擧《せんきよ》するの權利《けんり》を謂《い》ひ被《ひ》選擧權《せんきよけん》を有《ゆう》すとは名譽職《めいよしよく》を以《もつ》て其《そ》の議員《ぎいん》に選擧《せんきよ》せらるるの權利《けんり》を謂《い》ふまた一方《いつほう》にありて市町村《しちようそん》公民《こうみん》か名譽職《めいよしよく》を以《もつ》て其《そ》の議員《ぎいん》の職務《しよくむ》を擔任《たんにん》するは公民《こうみん》たるの義務《ぎむ》なりとす蓋此《けだしこの》義務《ぎむ》は他《た》の公法《こうほう》上《じよう》(行政法)の義務《ぎむ》の如《ごと》く强制《きようせい》して履行《りこう》せしめさるべからず其强制《そのきようせい》の方法《ほうほう》に關《かん》しては本制《ほんせい》は特殊《とくしゆ》の懲罰《ちようばつ》を設《もう》けたり然《さ》れとも公民《こうみん》たるの權利《けんり》義務《ぎむ》を絶對《ぜつたい》に强制《きようせい》するときは却《かへつ》て個人《こじん》の自由《じゆう》を侵害《しんがい》するものとなるを以《もつ》て特例《とくべつ》を設《まう》け名譽職《めいよしよく》を拒辭《きよじ》するを得《う》るの規定《きてい》を定《さだ》めたり本條第《ほんじようだい》二項《こう》第《だい》一より第六に定《さだ》めたる場合《ばあい》即《すなわ》ち之《これ》なり

市町村《しちようそん》の公民《こうみん》か故《ゆへ》なく名譽職《めいよしよく》を拒辭《きよじ》し又《また》は退職《たいしよく》し若《もしく》は職務《しよくむ》を擔當《たんとう》せさるか或《あるい》は之《これ》を執行《しつこう》せさるときは其制裁《そのせいさい》として本制《ほんせい》は二の方法《ほうほう》を規定《てい》せり一は其《その》公民《こうみん》權《けん》を停止《ていし》し一は之《これ》に金錢上《きんせんじよう》の苦痛《くつう》を課《か》するにあり蓋斯《けだしか》かる場合《ばあい》に公民權《こうみんけん》の停《てい》止《し》のみを以《もつ》てしては充分《じうぶん》の制裁《せいさい》となすに足《た》らすとし金錢上《きんせんじよう》の苦痛《くつう》をも併課《へいか》することを得《う》るものとしたるなり。

市町村住民《じちようそんじうみん》の公民權《こうみんけん》を停止《ていし》し其負擔《そのふたん》を增加《ぞうか》するは公民《こうみん》たる義務《さむ》の不履行《ふりこう》に對《たい》する制裁《せいさい》なりと雖《いへど》も此種《このしゆ》の制裁《せいさい》たるや元《もと》と個人《こじん》の自由《じゆう》の權利《けんり》と財產權《ざいさんけん》とに重《じう》大《だい》の關係《かんけい》を有《いう》するものなるを以《もつ》て此《こ》の處分《しよぶん》に對《たい》し不服《ふふく》なる塲合《ばあい》には訴願《そがん》竝《ならびに》行《ぎよ》政訴訟《せいそしよう》の方法《ほうほう》により救濟《きうさい》することを得《う》るものとせり本制《ほんせい》に於《おい》て右《みぎ》の塲合《ばあい》に於《おい》て府縣參事會《ふけんさんじかい》の裁決《さいけつ》に對《たい》し府縣知事《ふけんちじ》又《また》は市長《しちよう》にも行政訴訟《ぎようせいそしよう》を提起《ていき》することを許《ゆる》したるは公民《こうみん》の義務《ぎむ》の不履行《ふりこう》に對《たい》する處分《しよぶん》か處分《しよぶん》を受《う》けたる住民《じうみん》の自由《じゆう》財《ざい》產《さん》にのみ關《こん》するのみにあらすして國家《こくか》行政《ぎようせい》の當否《たうひ》に影響《えいきよう》する所《ところ》あるか爲《ため》なり

〔市〕

第十一條 市公民第九條第一項ニ揭ケタル要件ノ一ヲ闕キ又ハ同項但書ニ當ルニ至リタルトキハ其ノ公民權ヲ失フ

市公民租稅怠納處分中ハ其ノ公民權ヲ停止ス家資分散若ハ破產ノ宣告ヲ受ケ其ノ確定シタルトキヨリ復權ノ決定確定スルニ至ル迄又ハ禁錮以上ノ刑ノ宣告ヲ受ケタルトキヨリ其ノ執行ヲ終リ若ハ其ノ執行ヲ受クルコトナキニ至ル迄亦同シ陸海軍ノ現役ニ服スル者ハ市ノ公務ニ參與スルコトヲ得ス其ノ他ノ兵役ニ在ル者ニシテ戰時又ハ事變ニ際シ召集セラレタルトキ亦同シ

第九條　町村公民第七條第一項ニ掲ケタル要件ノ一ヲ闕キ又ハ同項但書ニ當ルニ至リタルトキハ其ノ公民權ヲ失フ

町村公民租税怠納處分中ハ其ノ公民權ヲ停止ス家資分散若ハ破産ノ宣告ヲ受ケ其ノ確定シタルトキヨリ復權ノ決定確定スルニ至ル迄又ハ禁錮以上ノ刑ノ宣告ヲ受ケタルトキヨリ其ノ執行ヲ終リ若ハ其ノ執行ヲ受クルコトナキニ至ル迄亦同シ

陸海軍ノ現役ニ服スル者ハ町村ノ公務ニ參與スルコトヲ得ル其ノ他ノ兵役ニ在ル者ニシテ戰時又ハ事變ニ際シ召集セラレタルトキ亦同シ

公民權喪失《こうみんけんそうしつ》の事由《りゆう》　市《し》町村《ちようそん》住民《ぢうみん》は一定《いつてい》の要件《ようけん》を具備《ぐび》するときは公民《こうみん》たるの權《けん》を取得《しゆとく》すること前述《ぜんじゆつ》する所《ところ》の如《ごと》し之《こ》れと同《おな》しく公民《こうみん》か其要件《そのようけん》の一を失《うし》ふときは公民《こうみん》たるの權《けん》を喪失《そうしつ》すること疑《うたがひ》を容《い》れす今《いま》其《その》喪失《そうしつ》の事由《じゆう》を示《しめ》せは

（イ）　國民籍《こくみんせき》を喪失《そうしつ》する場合《ばあい》　帝國《ていこく》の臣民《しんみん》にあらされは市町村《しちようそん》公民《こうみん》たることを得《え》さるか故《ゆへ》に帝國臣民《ていこくしんみん》にして或事由《あるじゆう》に基《もとづ》き日本《にほん》の臣民籍《しんみんせき》を失《うし》ふときは公民權《こうみんけん》をも失《うしな》ふものとす而《しか》して臣民籍《しんみんせき》の喪失《そうしつ》の事由《じゆう》に付《つき》ては國籍法《こくせきほう》に規定《きてい》あり其《その》一

例《れい》を謂《い》へは自己《じこ》の志望《しばう》により外國《がいこく》の國籍《こくせき》を取得《しゆとく》したる者《もの》は日本《にほん》の國籍《こくせき》を失《うしな》ふか如《ごと》き之《これ》なり(國籍法第二十條參照)

(ロ) 獨立《どくりつ》の生計《せいけい》を失《うしな》ふ場合《ばあい》、例《たと》へは他《た》の戸主《こぬし》の家族《かぞく》として其《その》扶養《ふよう》を受《う》くるに至《いた》るか如《ごと》き之《これ》なり

(ハ) 市町村《しちようそん》より住所《じうしよ》を移轉《いてん》すること、市町村《しちようそん》に繼續《けいぞく》して住所《じうしよ》を有《いう》することは公民《こうみん》の要件《ようけん》の一なるか故《ゆへ》に住所《じうしよ》の移轉《いてん》は自《をのづか》ら公民權《こうみんけん》の喪失《さうしつ》を來《きた》すものとす

(ニ) 市町村内《しちようそんない》の所有地《しよゆうち》を他人《たにん》に讓渡《ゆづりわた》したるにより地租《ちそ》を納《をさ》めさるに至《いた》れる場合《ばあい》若《もしく》は直接國税《ちよくせつこくぜい》を納《をさ》めさるに至《いた》れる場合《ばあい》、之等《これら》の場合《ばあい》は公民《こうみん》たるの權利《けんり》を喪失《さうしつ》するの原因《げんいん》たるや明《あきら》かなり

(ホ) 公費《こうひ》を以《もつ》て救助《きうじよ》を受《う》けたる場合《ばあい》、貧困《ひんこん》の爲《た》め公費《こうひ》の救助《きうじよ》を受《う》けたるときは既《すで》に獨立《どくりつ》の生計《せいけい》を營《いとな》むことを得《え》さるに至《いた》りしものなるにより公民《こうみん》たるの權利《けんり》を喪失《さうしつ》せしむべきものとせり然《しか》れとも其《その》喪失《さうしつ》の時期《じき》は之《これ》を二年《ねん》に限定《げんてい》せり

(ヘ) 禁治産《ちんぢさん》準禁治産《じゆんきんぢさん》の宣告《せんこく》を受《う》けたる者及《ものおよび》六年《ろくねん》の懲役《ちようえき》又《また》は禁錮《きんこ》以上《いじよう》の刑《けい》に處《しよ》せられたるもの　之等《これら》は獨立《どくりつ》の生計《せいけい》を爲《な》す能《あた》はざるか若《もしく》は市町村《しちようそん》の行政《ぎようせい》に

參《さん》與《よ》せしむへきものにあらさるか故《ゆへ》に當《とう》然《ぜん》公《こう》民《みん》の權《けん》を喪《そう》失《しつ》せしめたるなり

公《こう》民《みん》權《けん》停《てい》止《し》の事《じ》由《ゆう》、　公《こう》民《みん》權《けん》の喪《そう》失《しつ》と其《その》停《てい》止《し》とは之《これ》を區《く》別《べつ》するを要《よう》す蓋《けだし》喪《そう》失《しつ》とは剝《はく》奪《だつ》の如《ごと》く全《まつた》く公《こう》民《みん》たるの權《けん》利《り》を失《うしな》ふを謂《い》ふ反之停止《これにはんしていし》とは公《こう》民《みん》たる權《けん》利《り》を有《いう》せさるにあらす唯《たゞ》一《いつ》定《てい》の期《き》間《かん》其《その》權《けん》利《り》の行《こう》使《し》を停《とゞ》めらるるを謂《い》ふ從《したが》て其《その》停《てい》止《し》の事《じ》由《ゆう》の消《しよう》滅《めつ》するときは直《たゞ》ちに公《こう》民《みん》たるの權《けん》利《り》を行《こう》使《し》するを得《う》るに至《いた》るなり

（イ）租《そ》稅《ぜい》怠《たい》納《のう》處《しよ》分《ぶん》中《ちう》にある者《もの》、　市《し》町《ちよう》村《そん》の負《ふ》擔《たん》を分《ぶん》任《にん》するは公《こう》民《みん》たる要《よう》件《けん》の一なるか故《ゆへ》に公《こう》民《みん》にして其《その》負《ふ》擔《たん》を分《ぶん》任《にん》すること能《あた》はさる狀《じよう》態《たい》にあらんか公《こう》民《みん》たるの權《けん》を行《こう》使《し》せしむへきにあらす

（ロ）家《か》資《し》分《ぶん》產《さん》者《しや》、破《は》產《さん》者《しや》、之等《これら》は司《し》法《はふ》裁《さい》判《はん》所《しよ》の裁《さい》判《はん》により自《じ》己《こ》の負《ふ》債《さい》を完《かん》濟《さい》することを能《あた》はさるものとして私《し》法《はふ》上《じよう》法《はふ》律《りつ》行《かう》爲《ゐ》に付《つき》無《む》能《のう》力《りよく》者《しや》と爲《な》したるなり故《ゆへ》に本《ほん》制《せい》に於《をい》ても之等《これら》は市《し》町村《ちようそん》行政《ぎようせい》に參《さん》與《よ》せしむることを得《ゑ》さるものとなし其《その》狀《じよう》態《たい》の消《しよう》滅《めつ》する迄《まで》公《こう》民《みん》權《けん》の行《かう》使《し》を停《てい》止《し》すへきものとせり

（ハ）禁《きん》錮《こ》以《い》上《じよう》の刑《けい》の宣《せん》告《こく》を受《う》けたる者《もの》、此《かく》の如《ごと》き者《もの》は刑《けい》の宣《せん》告《こく》により其《その》身《しん》體《たい》の自《じ》由《ゆう》を拘《こう》束《そく》せられたるものなるか故《ゆへ》に其《その》自《じ》由《ゆう》の拘《こう》束《そく》を解《と》くるに至《いた》る迄《まで》公《こう》民《みん》權《けん》

を停止《ていし》すへきものとせり
公民《こうみん》權《けん》行使《かふし》の禁止《きんし》、陸海軍《りくかいぐん》の現役《げんえき》に服《ふく》する者若《ものもしく》は戰時《せんじ》事變《じへん》に召集《しようしゆう》せられたる者《もの》は市町村《しちようそん》の公民《こうみん》たる權利《けんり》を行使《かふし》することを禁止《きんし》したるは畢竟《ひつきようりくかいぐんじん》陸海軍人は專心《せんしん》精意《せいい》國事《こくじ》に盡粹《じゆんすい》すへく決《けつ》して市《し》町村行政《ちよくそんぎようせい》に參與《さんよ》するを許《ゆる》すへきにあらさるか故《ゆへ》なり

第三款　市條例及市規則

〔市〕第十二條　市ハ市住民ノ權利義務又ハ市ノ事務ニ關シ市條例ヲ設クルコトヲ得」
市ハ市ノ營造物ニ關シ市條例ヲ以テ規定スル者ノ外市規則ヲ設クルコトヲ得」
市條例及市規則ハ一定ノ公告式ニ依リ之ヲ告示スヘシ

第三款　町村條例及町村規則

【町村】第十條　町村ハ町村住民ノ權利義務又ハ町村ノ事務ニ關シ町村條例ヲ設クルコトヲ得
町村ハ町村ノ營造物ニ關シ町村條例ヲ以テ規定スルモノノ外町村規則ヲ設クルコトヲ得

町村條例及町村規則ハ一定ノ公告式ニ依リ之ヲ告示スヘシ

自主《じしゆ》の權《けん》、市町村《ちようそん》は前述《せんじゆつ》するか如《ごと》く國《くに》の行政區《ぎようせいく》畫《かく》なるを以《もつ》て其行政《そのぎようせい》に關《かん》する事項《じこう》は國《くに》の法律命令《ほうりつめいれい》を以《もつ》て定《さだ》むへきものなるや明《あきら》かなり然《しか》れとも市町村《しちようそん》に自治《じち》の權《けん》を附與《ふよ》したるは畢竟《ひつきよう》市町村《しちようそん》住民《じゆうみん》の公權《こうけん》を尊重《そんじよう》して其地方《そのちほう》の行政《ぎようせい》に參與《さんよ》するの特權《とくけん》を得《え》せしめたると一は古來《こらい》の沿革上《えんかくじよう》地方《ちほう》人民《じんみん》の風俗慣習《ふうぞくかんしゆう》を省《かへり》み特《とく》に國《くに》の行政《ぎようせい》より獨立《どくりつ》して市町村《しちようそん》固有《こゆう》の行政事務《ぎようせいじむ》を處理《しより》せしめんとするに外《ほか》ならす從《したが》つて國《くに》の法律命令《ほうりつめいれい》を以《もつ》て各市町村《かくしちようそん》に共通《きようつう》の概括的規定《がいかつてききてい》を設《もう》くるを得《え》ざることあり此《かく》のことき場合《ばあい》には豫《あらかじ》め法律命令《ほうりつめいれい》に於《おい》て其特例《そのとくれい》を設《もう》け得《う》へきことを規定《きてい》せさるへからす或《あるひ》は又《また》法律命令《ほうりつめいれい》に於《おひ》て市町村《しちようそん》固有《こゆう》の行政事務《ぎようせいじむ》に付《つ》き全《まつた》く規定《きてい》を設《もう》けす全々《ぜんぜん》市町村《しちようそん》の意思《いし》に一任《いちにん》せしむることあり右《みぎ》の二の場合《ばあい》に於《おひ》ては市町村《しちようそん》は其區域內《そのくいきない》の行政事務《ぎようせいじむ》を處理《しより》するに付《つ》き自《みづか》ら法規《ほうき》を制定《せいてい》することを得《う》るものとす之《これ》を自主《にち》の權《けん》と謂《い》ふ

自治《じち》の權《けん》と自主《じしゆ》の權《けん》との區別《くべつ》、自主《じしゆ》の權《けん》と自治《じち》の權《けん》とは之《これ》を混同《こんどう》せさることを要《よう》す自主《じしゆ》の權《けん》とは市町村《しちようそん》の固有《こゆう》の行政事務《ぎようせいじむ》及《および》市町村《しちようそん》住民《じゆうみん》の權利義務《けんりぎむ》に關《かん》し

法《ほう》律《りつ》命《めい》令《れい》（特に市制町村制及其附屬法令を謂ふ）に規《き》定《てい》なきか又《また》は之《これ》か特《とく》例《れい》を設《もう》け得《う》へきことを許《ゆる》せる事《じ》項《こう》に付《つき》法《ほう》規《き》を制《せい》定《てい》するの權《けん》を謂《い》ひ自《じ》治《ち》の權《けん》とは國《くに》の法《ほう》律《りつ》命《めい》令《れい》に遵《じゆん》據《きよ》し名《めい》譽《よ》職《しよく》を以《もつ》て行《ぎよう》政《せい》事《じ》務《む》を處《しよ》理《り》するを謂《い》ふ

市《し》町《ちよう》村《そん》か自《じ》主《しゆ》の權《けん》に基《もとづ》き制《せい》定《てい》する法《ほう》規《き》の種《しゆ》類《るい》、市《し》町《ちよう》村《そん》が制《せい》定《てい》する法《ほう》規《き》に二種《しゆ》あり市《し》町《ちよう》村《そん》條《じよう》例《れい》及《および》市《し》町《ちよう》村《そん》規《き》則《そく》是《これ》なり市《し》町《ちよう》村《そん》條《ぢよう》例《れい》とは市《し》町《ちよう》村《そん》の組《そ》織《しき》又《また》は市《し》町《ちよう》村《そん》と其《その》住《じう》民《みん》との關《かん》係《けい》換《かん》言《げん》せは住《じう》民《みん》の權《けん》利《り》義《ぎ》務《む》を規《き》定《てい》するものを謂《い》ひ市《し》町《ちよう》村《そん》規《き》則《そく》とは市《し》町《ちよう》村《そん》の設《せつ》置《ち》にかかる營《えい》造《ぞう》物《ぶつ》例《たと》へは瓦《が》斯《す》局《きよく》、水《すい》道《どう》、病《びよう》院《いん》、學《がつ》校《こう》、公《こう》園《えん》等《とう》の組《そ》織《しき》及《および》其《その》使《し》用《よう》の方《ほう》法《はふ》を規《き》定《てい》するものを謂《い》ふ

市《し》町《ちよう》村《そん》條《じよう》例《れい》及《および》市《し》町《ちよう》村《そん》規《き》則《そく》の制《せい》定《てい》に關《かん》する制《せい》限《げん》　市《し》町《ちよう》村《そん》自《じ》治《ち》體《たい》か條《じよう》例《れい》及《および》規《き》則《そく》を制《せい》定《てい》するに付《つき》ては三の制《せい》限《げん》あり一は條《じよう》例《れい》及《および》規《き》則《そく》は共《とも》に法《ほう》律《りつ》命《めい》令《れい》（特に市制町村制及其附屬法令を謂ふ）に抵《てい》觸《しよく》するを得《え》さること二は法《ほう》律《りつ》命《めい》令《れい》（同上）に明《めい》文《ぶん》なき事《じ》項《こう》に關《かん》すること三は法《ほう》律《りつ》命《めい》令《れい》（同上）に於《おい》て特《とく》例《れい》を設《もう》くることを許《ゆる》したる事《じ》項《こう》に關《かん》すること是《これ》なり舊《きう》市《し》制《せい》町《ちよう》村《そん》制《せい》に於《おい》ては明《めい》文《ぶん》を以《もつ》て此《この》制《せい》限《げん》を規《き》定《てい》したれとも之《これ》か規《き》定《てい》なきも右《みぎ》の制《せい》限《げん》の存《そん》すること明《あきら》かなるか故《ゆゑ》に本《ほん》制《せい》に於《おい》ては之《これ》か規《き》

定《てい》を削除《さくじよ》せしめたるなり

市町村《じちようそん》條例《じようれい》及《および》市町村《しちようそん》規則《きそく》の制定《せいてい》の形式《けいしき》　市町村《じちようそん》條例《じようれい》及《および》市町村《しちようそん》規則《きそく》を設《もう》け又《また》は之《これ》を改廢《かいはい》するには市町村會《しちようそんくわい》の決議《けつぎ》を經《へ》條例《じようれい》にありては內務大臣《ないむだいしん》の許可《きよか》を得《う》るを要《よう》す（市制第四十二條町村制第百四十五條參照）蓋條例《けだしじようれい》の制定《せいてい》に關《かん》し內務大臣《ないむだいしん》の許可《きよか》を必要《ひつよう》としたるは其規定《そのきてい》する所住民《ところぢうみん》の權利義務《けんりぎむ》に關《かん》するものなるか故《ゆへ》なり

條例及規則《じようれいおよびきそく》の效力《こうりよく》の發生《はつせい》は國《くに》の法律命令《ほうりつめいれい》に同《おな》しく公布《こうふ》の手續《てつづき》により生《しよう》するものとす而《しか》して其公布《そのこうふ》の手續《てつゞき》は一定《いつてい》の公告式《こうこくしき》により告示《こくじ》すへき者とせり舊市制《きうしせい》町村制《ちようそんせい》に於《おい》ては各地方《かくちはう》慣行《かんこう》の公告式《こうこくしき》により公告《こうこく》するものとせしも自治《じち》の觀念《かんねん》の發達《はつたつ》せる今日《こんにち》に於《おひ》ては却《かへつ》て各地《かくち》方共《ほうとも》に一定《いつてい》の公告式《こうこくしき》により其發布《そのはつぷ》を公告《こうこく》するを以《もつ》て當《とう》を得《え》たるものとなし本制《ほんせい》に於《おい》て斯《か》く規定《きてい》せり

第二章　市會

第一款　組織及選擧

〔市〕

第十三條　市會議員ハ其ノ被選擧權アル者ニ就キ選擧人之ヲ選擧ス

議員ノ定數左ノ如シ

一　人口五萬未滿ノ市　三十人

二　人口五萬以上十五萬未滿ノ市　三十六人

三　人口十五萬以上二十萬未滿ノ市　三十九人

四　人口二十萬以上三十萬未滿ノ市　四十二人

五　人口三十萬以上ノ市　四十五人

人口三十萬ヲ超ユル市ニ於テハ人口十萬、人口五十萬ヲ超ユル市ニ於テハ人口二十萬ヲ加フル毎ニ議員三人ヲ増加ス

議員ノ定數ハ市條例ヲ以テ特ニ之ヲ増減スルコトヲ得

議員ノ定數ハ總選擧ヲ行フ場合ニ非サレハ之ヲ増減セス但シ著シク人口ノ増減アリタル場合ニ於テ内務大臣ノ許可ヲ得タルトキハ此ノ限ニ在ラス

第二章　町村會

第一款　組織及選擧

第十一條　町村會議員ハ其ノ被選擧權アル者ニ就キ選擧人之ヲ選擧ス

議員ノ定數左ノ如シ

一　人口千五百未滿ノ町村　八人

二　人口千五百以上五千未滿ノ町村　十二人

三　人口五千以上一萬未滿ノ町村　十八人

四　人口一萬以上二萬未滿ノ町村　二十四人

五　人口二萬以上ノ町村　三十人

議員ノ定數ハ町村條例ヲ以テ特ニ之ヲ增減スルコトヲ得

議員ノ定數ハ總選擧ヲ行フニ非ラサレハ之ヲ增減セス但シ著シク人口ノ增減アリタル場合ニ於テ內務大臣ノ許可ヲ得タルトキハ此ノ限ニ在ラス

市《し》町村《ちようそん》は自《し》然人《ぜんじん》と同《おな》しく法律上人《ほうりつじようひと》たる資格《しかく》(之《これ》を人格《じんかく》と謂《い》ふ)を附與《ふよ》せられたること前述《ぜんじゆつ》する所《ところ》の如《ごと》く然《しか》れとも市町村《しちようそん》は自然人《しぜんじん》と異《こと》なり無形《むけい》の人格者《じんかくしや》(之《これ》を法《ほう》人《じん》と謂《い》ふ)なるを以て自然人《じぜんじん》の如《ごと》く意思《いし》の能力《のうりよく》を有《いう》するものにあらさるか故《ゆへ》に

自《みづか》ら其《その》意思《いし》を表示《ひようし》し其《その》區域《くいき》に關《かん》する行政事務《ぎようせいじむ》を處理《しより》すること能《あた》はす是《これ》に於《おい》てか市町村自治體《しちようそんじちたい》の爲《ため》めに其意思《そのいし》を發表《はつぴよう》し行政事務《ぎようせいじむ》を處理《しより》するの機關《きかん》を設《もう》くるの必要《ひつよう》を生《しよう》するなり

市町村自治體《しちようそんじちたい》の機關《きかん》　市町村自治體《しちようそんじちたい》の機關《きかん》を區別《くべつ》して二となす一を議決機關《ぎけつきかん》と謂《い》ひ一を行政機關《ぎようせいきかん》と謂《い》ふ議決機關《ぎけつきかん》とは市町村自治體《しちようそんじちたい》の意思《いし》を創成《そうせい》し發表《はつぴよう》する機關《きかん》にして市《し》にありては市會《しくわい》市參事會《しさんじくわい》町村《ちようそん》にありては町村會《ちようそんくわい》卽之《すなわちこれ》なり行政《ぎようせい》機關《きかん》とは議決機關《ぎけつきかん》によりて創成《そうせい》し發表《はつぴよう》せられたる市町村自治體《しちようそんにちたい》の意思《いし》を執行《しつこう》するの機關《きかん》にして市長《しちよう》町村長《ちようそんちよう》即之《すなわちこれ》なり

市町村會《じちようそんくわい》の組織《そしき》　市町村會《しちようそんくわい》を組織《そしき》すへき議員《ぎいん》は選擧《せんきよ》の方法《ほうほう》によりて之《これ》を定《さだ》め而《じか》して之《これ》を選擧《せんきよ》するものは一定《いつてい》の資格《しかく》を有《ゆう》する者《もの》に限《かぎ》るものとなし一般《いつぱん》の住民《にうみん》には之《これ》を許《ゆる》さす又被選擧人《またひせんきよにん》も其住民《そのぢうみん》の内《うち》一定《いつてい》の資格《しかく》を有《いう》するものに限《かぎ》りたり蓋《けだし》市町村住民《しちようそんぢうみん》をして一般《いつぱん》に選擧權《せんきよけん》及《および》被選擧權《ひせんきよけん》を有《ゆう》せしめさるは徒《いたづ》らに無資《むし》無產《むさん》の徒《と》をして市町村《しちようそん》の行政事務《ぎようせいじむ》に參與《さんよ》せしむるの必要《ひつよう》を認《みと》めさるのみならす却《かへつ》て弊害《へいがい》を生《しよう》するのものと趣旨《しゆし》によりたるなり

市町村會《しちようそんくわい》を組織《そしき》すへき議員《ぎいん》の定數《ていすう》は本制《ほんせい》に於《おい》て豫《あらかじ》め一定《いつてい》する所《ところ》なれとも地方《ちはう》區域《くいき》の廣狹《こうきよう》と人口《じんこう》の多寡《たか》とにより市町村條例《しちよそんじようれい》を以《もつ》て之《これ》か增減《ぞうげん》を爲《な》すことを得《う》るものとせり

〔市〕

第十四條　市公民ハ總テ選擧權ヲ有ス但シ公民權停止中ノ者又ハ第十一條第三項ノ場合ニ當ル者ハ此ノ限ニ在ラス

帝國臣民ニシテ直接市稅ヲ納ムル者其ノ額市公民ノ最多ク納稅スル者三人中ノ一人ヨリモ多キトキハ第九條第一項ノ要件ニ當ラスト雖モ選擧權ヲ有ス但シ六年ノ懲役又ハ禁錮以上ノ刑ニ處セラレタル者及第十一條第二項ノ公民權停止ノ條件又ハ同條第三項ノ場合ニ當ル者ハ此ノ限ニ在ラス

法人ニ關シテモ亦前項ノ例ニ依ル

直接市稅ヲ賦課セサル市ニ於テハ其ノ市內ニ於テ納ムル直接國稅ニ依リ前二項ノ規定ヲ適用ス

前三項ノ直接市稅及直接國稅ノ納額ハ選擧人名簿調製期日ノ屬スル會計年度ノ前年度ノ賦課額ニ依ル

〔町村〕 第十二條 町村公民ハ總テ選擧權ヲ有ス但シ公民權停止中ノ者又ハ第九條第三項ノ場合ニ當ル者ハ此ノ限ニ在ラス

帝國臣民ニシテ直接町村税ヲ納ムル者其ノ額町村公民ノ最多ク納税スル者三人中ノ一人ヨリモ多キトキハ第七條第一項ノ要件ニ當ラスト雖選擧權ヲ有ス但シ六年ノ懲役又ハ禁錮以上ノ刑ニ處セラレタル者及第九條第二項ノ公民權停止ノ條件又ハ同條第三項ノ場合ニ當ル者ハ此ノ限ニ在ラス

法人ニ關シテモ亦前項ノ例ニ依ル

直接町村税ヲ賦課セサル町村ニ於テハ其ノ町村内ニ於テ納ムル直接國税額ニ依リ第二項ノ規定ヲ適用ス

前三項ノ直接町村税及直接國税ノ納額ハ選擧人名簿調製期日ノ屬スル會計年度ノ前年度ノ賦課額ニ依ルヘシ

選擧權《せんきよけん》を有《いう》する者《もの》 市町村《しちようそん》に於《たい》て選擧權《せんきよけん》を有《いう》する者《もの》は現役《げんえき》の陸海軍々人《りくかいぐんぐんじん》並《なら》に戰時《せんじ》若《もしく》は事變《じべん》に際《さい》し兵役《へいえき》に服《ふく》するものを除《のぞ》き市制《しせい》にありては同第《どうだい》九條《じよう》の要件《ようけん》を具備《ぐび》する公民《こうみん》に限《かぎ》るを原則《げんそく》とす然《しかれ》とも本制《ほんせい》に於《おい》ては市町村《しちようそん》の公民《こうみん》にあらさ

ゐものに特例《とくれい》として選擧權《せんきよけん》のみを附與《ふよ》することを規定《きてい》せり其場《そのは》合《あい》幷《ならび》に資《し》格《かく》左《さ》の如《ごと》し

第《だい》一　帝《てい》國《こく》臣《しん》民《みん》にして其《その》納《おさ》むる所《ところ》の直接《ちよくせつ》市《し》町村《ちようそん》稅《ぜい》の額《がく》は市《し》町村《ちようそん》公《こう》民《みん》の最多《もつともおほ》く納《おさ》むる者《もの》三人《にん》中《ちう》の一人《にん》より多《おほ》きもの、此《かく》の如《ごと》き者《もの》は假令《たとへ》其《その》市《し》町村《ちようそん》住《ぢう》民《みん》にあらすと雖《いへど》も選《せん》擧《きよ》權《けん》を附《ふ》與《よ》したり蓋此《けだしかく》の如《ごと》き者《もの》は其《その》市《し》町村《ちようそん》に多《た》額《がく》の負《ふ》擔《たん》を分《ぶん》任《にん》するの結《けつ》果《か》其行政《そのぎようせい》事《じ》務《む》に付《つき》直接《ちよくせつ》利《り》害《がい》關《かん》係《けい》を有《いう》すること大《だい》なるを以《もつ》て特《とく》に其《その》選《せん》擧《きよ》權《けん》のみを附《ふ》與《よ》し公《こう》民《みん》權《けん》の一《いち》部《ぶ》を行《こう》使《し》せしむることを得《え》せしめたるなり

第《だい》二　法《はふ》人《じん》　選《せん》擧《きよ》權《けん》を有《いう》するものは市《し》町村《ちようそん》の公《こう》民《みん》に限《かぎ》るを原《げん》則《そく》となすの結《けつ》果《か》其《その》市《し》町村《ちようそん》內《ない》に本《ほん》店《てん》を有《いう》する會《くわい》社《しや》其《その》他《た》の法《はふ》人《じん》の如《ごと》きは假令《たとへ》市《し》町村《ちようそん》の負《ふ》擔《たん》の幾《いく》分《ぶん》を分《ぶん》任《にん》することありと雖《いへど》も選《せん》擧《きよ》權《けん》を有《いう》せさる原《げん》則《そく》とせり然《しか》れとも法《はふ》人《じん》にして市《し》町村《ちようそん》に對《たい》する直接《ちよくせつ》市《し》町村《ちようそん》稅《ぜい》の納入《のうにふ》額《がく》か第《だい》一の場《ば》合《あい》の如《ごと》くなるときは亦《また》選《せん》擧《きよ》權《けん》のみを附《ふ》與《よ》すへきものとせり蓋法人《けだしはふじん》(商法《しようはふ》により設《せつ》立《りつ》せられたる會《くわい》社《しや》をも含《ふく》む)と雖《いへど》も其《その》目《もく》的《てき》の範《はん》圍《え》內《ない》に在りては全《まつた》く自《し》然《ぜん》人《じん》と同《どう》樣《よう》に公《こう》法《にふ》私《し》法《はふ》上《じよう》の權《けん》利《り》を有《いう》し義《ぎ》務《む》を負《お》ふことを得《う》るか故《ゆゑ》に市《し》町村《ちようそん》の行《ぎよう》政《せい》事《じ》務《む》に付《つき》自《し》然《ぜん》人《にん》たる市《し》町村《ちようそん》公《こう》

民《みん》と全《をな》じく其《その》利害《りがい》關係《かんけい》を有《いう》すること疑《うたがい》を容《い》れす本制《ほんせい》に於《おい》て法人《はふじん》か選擧權《せんきよけん》を有《いう》するの要件《ようけん》として其納稅額《そののうぜいかく》に制限《せいげん》を加《くは》へたるは畢竟《ひつきよう》法人《はふじん》は意思《いし》能力《のうりよく》を有《いう》せす殊《こと》に法人《はふじん》の目的《もくてき》は主《しゆ》として其寄附《そのきふ》行爲《かつゐ》若《もし》くは定款《ていかん》に定《さだ》められたるものに限《かぎ》られ市町村行政事務《しちようそんぎようせいじむ》に關與《かんよ》する如《ごと》き事《こと》は其目的《そのもくてき》とせさるに因《よ》るものとす要之《これをようするに》法人《はふじん》に選擧權《せんきよけん》を附與《ふよ》したるは其法人《そのはふじん》か市町村《しちようそん》の負擔《たん》を分任《ぶんにん》すると多額《たがく》にして從《したが》つて市町村行政《しちようそんぎようせい》の議決《ぎけつ》に關《かん》し其法人《そのはふじん》の希望《きばう》する公民《こうみん》を參與《さんよ》せしめ得《う》るの機《き》會《かい》を得《う》せしめ以《もつ》て其法人《そのはふじん》の利益《りえき》を保護《ほご》せんとするの趣旨《しゆし》に出《い》てたるものなり

〔市〕

第十五條　選擧人ハ分チテ三級トス

選擧人中直接市稅ノ納額最多キ者ヲ合セテ選擧人全員ノ納ムル總額ノ三分ノ一ニ當ルヘキ者ヲ一級トス但シ一級選擧人ノ數議員定數ノ三分ノ一ヨリ少キトキハ納額最多キ者議員定數ノ三分ノ一ト同數ヲ以テ一級トス

一級選擧人ヲ除クノ外直接市稅ノ納額最多キ者ヲ合セテ選擧人全員ノ納ムル直接市稅ノ總額中一級選擧人ノ納ムル額ヲ除キ其ノ殘額ノ半ニ當ルヘキ者ヲ二級トシ其ノ他ノ選擧人ヲ三級トス但シ二級選擧人ノ場合ニハ前項但シ書ノ

規定ヲ準用ス

各級ノ間納稅額兩級ニ跨ル者アルトキハ上級ニ入ルヘシ兩級ノ間ニ同額ノ納稅者二人以上アルトキハ其ノ市內ニ住所ヲ有スル年數ノ多キ者ヲ以テ上級ニ入ル住所ヲ有スル年數同シキトキハ年長者ヲ以テシ年齡ニ依リ難キトキハ市長抽籤シテ之ヲ定ムヘシ

選擧人ハ毎級各別ニ議員定數ノ三分ノ一ヲ選擧ス但シ選擧區アル場合ニ於テ議員ノ數三分シ難キトキハ其ノ配當方法ハ第十六條ノ市條例中ニ之ヲ規定スヘシ

被選擧人ハ各級ニ通シテ選擧セラルヽコトヲ得

直接市稅ヲ賦課セサル市ニ於テハ第二項乃至第四項ノ納稅額ハ選擧人ノ市內ニ於テ納ムル直接國稅ニ依ルヘシ

第二項乃至第四項及前項ノ直接市稅及直接國稅ノ納額ニ關シテハ前條第五項ノ規定ヲ適用ス

〔町村〕第十三條　選擧人ハ分チテ二級トス

選擧人中直接町村稅ノ納額最多キ者ヲ合セテ選擧人全員ノ納ムル總額ノ半ニ當ルヘキ者ヲ一級トシ其他ノ選擧人ヲ二級トス但シ一級選擧人ノ數議員定數ノ二分ノ一ヨリ少キトキハ納額最多キ者議員定數ノ二分ノ一ト同數ヲ以テ一級トス

一級二級ノ間納稅額兩級ニ跨ル者アルトキハ一級ニ入ルヘシ兩級ノ間ニ同額ノ納稅者二人以上アルトキハ其ノ町村內ニ住所ヲ有スル年數ノ多キ者ヲ以テ一級ニ入ル住所ヲ有スル年數同シキトキハ年長者ヲ以テシ年齡ニ依リ難キトキハ町村長抽籤ニテ之ヲ定ムヘシ

選擧人ハ每級各別ニ議員定數ノ半數ヲ選擧ス

被選擧人ハ各級ニ通シテ選擧セラルルコトヲ得

直接町村稅ヲ賦課セサル町村ニ於テハ第二項及第三項ノ納稅額ハ選擧人ノ町村內ニ於テ納ムル直接國稅ニ依ルヘシ

第二項第三項及前項ノ直接町村稅及直接國稅ノ納額ニ關シテハ前條第五項ノ規定ヲ適用ス

特別ノ事情アリテ前七項ノ例ニ依リ難キ町村ニ於テハ町村條例ヲ以テ特例ヲ設クルコトヲ得

選擧等級《せんきよとうきう》を分《わか》ちたる理由《りゆう》　市町村住民《しちようそんにうみん》にして選擧權《せんぎよけん》を有《いう》するものを其納税額《そののうぜいがく》により等級《とうきう》を分《わか》ちたる所以《ゆえん》は市町村税《しちようそんぜい》を多《おほ》く負擔《ふたん》するものをして名譽職《めいよしよく》により市町村《しちようそん》の行政事務《ぎようせいじむ》に參與《さんよ》するの機會《きくわい》を多《おほ》からしめたるに外《ほか》ならす蓋自治《けだしじち》の權《けん》は名譽職《めいよしよく》によりて市町村《しちようそん》の行政《ぎようせい》の事務《じむ》に參與《さんよ》するにあるを以《もつ》て市町村《しちようそん》の住民《じうみん》にして相當《さうとう》の資産《しさん》を有《いう》し其負擔《そのふたん》を分任《ぶんにん》することを得《う》る者《もの》にあらされは其職務《そのしよくむ》を完《まつた》ふすることを得《え》す加之《しかのみならず》納税額《のうぜいがく》の多《おほ》き者《もの》は市町村行政《しちようそんぎようせい》に利害關係《りがいくわんけい》を有《いう》すること大《だい》なるを以《もつ》て選擧《せんきよ》の場合《はあい》に特別《とくべつ》の權《けん》を與《あた》へ納税額《のうぜいがく》の少《しよう》なる者《もの》に抑壓《よくあつ》せらるることを防《ふせ》きたるなり

選擧等級《せんきよとうきう》の區別《くべつ》　選擧等級《せんきよとうきふ》を定《さだ》むるに當《あた》りては市《し》は三級制《きふせい》を用《もち》ゐ町村《ちようそん》は二級《きふ》制《せい》を採《と》りたり蓋市《けだしし》は町村《ちようそん》に比《ひ》し人口《じんこう》多《おほ》きと貧富《ひんぷ》の懸隔《けんかく》夥《おびただ》しきによるなり

選擧人《せんゆよにん》の等級《とうきふ》を定《さだ》むるの方法《はうはう》　選擧人《せんきよにん》の等級《とうきふ》を定《さだ》むるに付《つき》ては二の方法《はうよう》あり一は法律《ほうりつ》により選擧人《せんきよにん》の納税額《のうぜいがく》を豫《あらかじ》め一定《いつてい》するにあり一は法律《はふりつ》に其納税額《そののうぜいがく》を

一定《いつてい》せす市町村《しちようそん》税《ぜい》の納税《のうぜい》總額《そうがく》を標準《ひようじゆん》とするにあり本制《ほんせい》は後《のち》の方法《はうはふ》を採用《さいよう》したり蓋《けだし》市町村《しちようそん》は各地方《かくちはう》の情況《じようきよう》により貧富《ひんぷ》の差《さ》を異《こと》にし選擧人《せんきよにん》の等級《とうきふ》を區別《くべつ》するに當《あた》り豫《あらかじ》め其《その》納税額《のうぜいがく》を一定《いつてい》することは能《あた》はさるによるなり

市制《しせい》に於《おい》ては一級二級《いつきふにきふ》の選擧人《せんきよにん》の數町村制《すうちようそんせい》に於《おい》ては一級選擧人《いつきふせんきよにん》の數《すう》か各議員《かくぎいん》定數《ていすう》の三分《ぶん》の一若《もし》くは二分《ぶ》の一より少《あく》なき場合《はあい》に於《おい》て其納税額《そのうぜいがく》の多《おほ》きものの議《ぎ》員《いん》の定數《ていすう》の三分《ぶん》の一若《もしく》は二分《ぶん》の一と同數《どうすう》を採《と》りて其等級《そのとうきふ》の選擧人《せんきよにん》と看做《みな》したる理由《りゆう》は蓋《けだし》一級若《きふもしく》は二級《きふ》の選擧人《せんきよにん》と選擧《せんきよ》し得《う》へき議員《ぎいん》とは少《すくな》くとも同數《どうすう》となし其選擧人等《そのせんきよにんら》は市町村議員《しちようそんぎいん》となりて其自治體《そのじちたい》の行政《ぎようせい》に參與《さんよ》するの機會《きくわい》を多《おほ》かめしむるのものに外《ほか》ならさるなり

選擧人《せんきよにん》の納《おさ》むる直接市町村税《ちよくせつしちようそんぜい》の額《がく》を定《さだ》むるは選擧人名簿調製期日《せんきよにんめいぼちようせいきじつ》の屬《ぞく》する會《くわい》計年度《けいねんど》の前年度《ぜんねんど》の賦課額《ふかがく》によるへきものとせり

選擧人《せんきよにん》の等級《とうきふ》を定《さだ》むるの方法《はうはつ》は右述《みぎのぶ》ふる所《ところ》の如《ごと》し然《しか》れとも山間僻地《さんかんへきち》にある町《ちよう》村《そん》に於《おい》ては公民《こうみん》たるの要件《えうけん》を特《とく》に町村條例《ちようそんじようれい》を以《もつ》て定《さだ》むることを得《う》へく従《したが》つて選擧人《せんきよにん》の等級《とうきふ》に付《つき》ても本制《ほんせい》は特《とく》に町村《ちようそん》に限《かぎ》り特別《とくべつ》の事情《じじよう》ありて本制《ほんせい》の規定《きてい》に

依《よ》る能《あた》はさる場合《ばあい》には町村條例《ちようそんじようれい》を以《もつ》て選擧人《せんきよにん》の等級《とうきふ》に付《つき》特例《とくれい》を定《さだ》むることを得《う》るものとせり

被《ひ》選擧權《せんきよけん》を有《いう》する者《もの》　被《ひ》選擧權《せんきよけん》を有《いう》する者《もの》は市町村公民《しちようそんこうみん》にして選擧權《せんきよけん》を有《いう》するものに限《かぎ》るものとす故《ゆへ》に市制《しせい》第《だい》十條《じようだい》第二項《こう》第《だい》三項《こう》に示《しめ》す者《もの》の如《ごと》きは假令《たとへ》選《せん》擧權《きよけん》を有《いう》するに拘《かかわ》らす被《ひ》選擧權《せんきよけん》を有《いう》せさるなり

選擧《せんきよ》の方法《はうはふ》　選擧《せんきよ》すへき議員《ぎいん》の數《すう》は各等級《かくとうきふ》を通《つう》して同數《どうすう》の人《ひと》を選擧《せんきよ》すへきものとす然《しか》れとも被《ひ》選擧人《せんきよにん》は必《かならず》しも其同級内《そのどうきふない》の者《もの》に限《かぎ》らすと爲《な》すは畢竟《ひつきよう》市《し》町村《ちようそん》會議《くわいぎ》員《いん》たるへきものは市町村自治體《しちようそんじぢたい》の議決機關《ぎけつきくわん》を組織《そしき》すへき一員《いちいん》なるか故《ゆへ》に公民《こうみん》の中最適才《うちもつともてきさい》を擧《あ》くるにあり從《したが》つて同級内《どうきふない》のもののみに限《かぎ》るとするは却《かへつ》て選擧人《せんきよにん》の等級《とうきふ》を分《わか》ちたる趣旨《しゆし》に反《はん》するものと謂《い》はさるへからす從《したが》つて一級《きふ》に屬《ぞく》する選擧人《せんきよにん》は二級《きふ》若《もし》くは三級《きふ》より被《ひ》選擧人《せんきよにん》を定《さだ》むることを得《う》へく又《また》一級《きふ》の公民《こうみん》にして二級若《きふもしく》は三級《きふ》の選擧人《せんきよにん》より選擧《せんきよ》せらるることあるなり

〔市〕　**第十六條**　市ハ條例ヲ以テ選擧區ヲ設クルコトヲ得二級又ハ三級選擧ノ爲ノミニ付亦同シ

選擧區ノ數及其ノ區域並各選擧區ヨリ選出スル議員數ハ前項ノ市條例中ニ之ヲ規定スヘシ

第六條ノ市ニ於テハ區ヲ以テ選擧區トス其ノ各選擧區ヨリ選出スル議員數ハ市條例ヲ以テ之ヲ定ムヘシ

選擧人ハ住所ニ依リ所屬ノ選擧區ヲ定ム市內ニ住所ナキ者ハ直接市稅若ハ直接國稅ノ賦課ヲ受ケタル物件又ハ營業所ノ所在ニ依リ物件又ハ營業所ニシテ數選擧區ニ在ル場合ニハ之ニ對スル課稅ノ最多キ所ニ依リ其ノ之ニ依リ難キ場合ニハ本人ノ申出ニ依リ其申出ナキトキハ市長其ノ選擧區ヲ定ムヘシ

選擧區ニ於テハ前條ノ規定ニ準シ選擧人ノ等級ヲ分ツヘシ但シ一級選擧人ノ數其ノ選出スヘキ議員配當數ヨリ少キトキハ納額最多キ者議員配當數ト同數ヲ以テ一級トス二級選擧人ニ付亦同シ

被選擧人ハ各選擧區ニ通シテ選擧セラルヽコトヲ得

選擧區《せんきよく》　市《し》ハ選擧《せんきよ》の便宜《べんぎ》の爲《た》めに市條例《しじようれい》を以《もつ》て選擧區《せんきよく》を設《もつ》くることを得《う》而《しか》して選擧區《せんきよく》は單《たん》に議員《ぎいん》選擧《せんきよ》の方法《はつはう》に付《つき》便宜《べんぎ》上《じよう》設《もつ》くる區域《いき》にして選擧區《せんきよく》自身《じしん》獨立《どくりつ》

して被選擧人《ひせんきょにん》を出《だ》すものにあらす然《しか》れとも市條例《しじょうれい》に於《おい》て選擧區《せんきょく》を設《もう》けたるときは各選擧區《かくせんきょく》より選出《せんしゆつ》すへき議員《ぎいん》の數《すう》も亦豫《またあらかじ》め一定《いつてい》し置《おく》の必要《ひつえう》あるものとす

勅令《ちょくれい》により指定《してい》せられたる市《し》の區《く》と選擧區《せんきょく》　選擧區《せんきょく》は議員選擧《ぎいんせんきょ》の便宜上《べんぎじょう》設《もう》くるものなること前述《ぜんじゆつ》する所《ところ》の如《ごと》し而《しか》して勅令《ちょくれい》により指定《してい》せられたる市《し》の區畫《くかく》たる區《く》は市行政《しぎょうせい》の便宜《べんぎ》の爲《た》めに設《もう》けられたるものにして從《したが》つて兩者《りょうしや》の觀念《くわんねん》は全《まつた》く異《こと》なるものと謂《い》はさるへからす然《しか》れとも本制《ほんせい》に於《おい》ては特《とく》に勅令《ちょくれい》により指定《してい》せられたる區《く》は之《これ》を以《もつ》て選擧區《せんきょく》となることを規定《きてい》せり畢竟兩者《ひつきょうりょうしや》の觀念《くわんねん》の混《こん》同《どう》を防《ふせ》くか爲《た》めに外《ほか》ならさるなり

市條例《しにょうれい》に於《おい》て選擧區《せんきょく》を設《もう》けたるときは其區内《そのくない》に住所《にゆうしょ》を有《いう》する公民《こうみん》は其區《そのく》に於《おい》て選擧《じんきょ》を爲《な》さささるへからす是《これ》に於《おい》てか其區《そのく》に於《お》ける選擧人《せんきょにん》の等級《とうきふ》を分別《ぶんべつ》するの必要《ひつえう》を生《しゆ》するなり而《しか》して選擧等級《せんきょとうきふ》を分《わか》つ方法《はうはう》は市制《しせい》第《だい》十五條《じょう》に規定《きてい》する所《ところ》に同《おな》し

市内《しない》に住所《ぢうしょ》を有《いう》せさる者《もの》にして選擧權《せんきょけん》を有《いう》する場合《ばあい》に於《おい》て市條例《しじょうれい》に於《おい》て選擧《せんきょ》區《く》を設《もう》けたるときは此《かく》の如《ごと》き選擧人《せんきょにん》は何《いづれ》の區《く》に於《おい》て選擧《せんきょ》を行《おこな》ふを得《う》るや本制《ほんせい》

は此《かく》の如《ごと》き選舉人《せんきよにん》は第《だい》一に納税《のうぜい》の目的物《もくてきぶつ》たる物件《ぶつけん》又《また》は其營業所《そのえいぎやうしよ》の所在地《しよざいち》によるものとなし若《も》し其物件或《そのぶつけんあるひ》は營業所《えいぎやうしよ》か各選舉區《かくせんきよく》に散在《さんざい》せるときは課税《かぜい》の多《たほ》き所《ところ》により定《さだ》むるものとなし第《だい》二に第《だい》一により難《がた》き時《とき》には本人《ほんにん》の申出《もおしいで》に依《よ》り其《その》申出《もおしいで》なきときは市長《しちやう》に於《おい》て職權《しよくけん》を以《もつ》て其選舉區《そのせんきよく》を定《さだ》むへきものとせり

市條例《しじようれい》に於《おい》て選舉區《せんきよく》を設《もう》けたるときと雖《いへど》も被選舉人《ひせんきよにん》は他《た》の選舉區內《せんきよくない》の者《もの》を選舉《せんきよ》することを得《う》蓋《けだし》被選舉人《ひせんきよにん》は市《し》の全部《ぜんぶ》を通《つう》して選舉《せんきよ》すへきものなるか故《ゆへ》なり

選舉區《せんきよく》は選舉《せんきよ》の便宜《べんぎ》の爲《た》め設《もう》くるものなること前述《ぜんじゆつ》する所《ところ》の如《ごと》し故《ゆへ》に選舉區《せんきよく》は選舉人《せんきよにん》の各等級《かくとうきふ》に通《つう》して之《これ》を設《もう》くるも可《か》なるへく又特《またとく》に二級《きふ》又《また》は三級《きふ》の選舉《せんきよ》のみに付《つ》きて之《これ》を設《もう》くるも可《か》なるへし

〔市〕 **第十七條** 特別ノ事情アルトキハ市ハ府縣知事ノ許可ヲ得區劃ヲ定メテ選舉分會ヲ設クルコトヲ得二級又ハ三級選舉ノ爲メノミニ付亦同シ

〔町村〕 **第十四條** 特別ノ事情アルトキハ町村ハ郡長ノ許可ヲ得區劃ヲ定メテ選舉分會ヲ設クルコトヲ得二級選舉ノ爲ノミニ付亦同シ

市《し》の公民《こうみん》の數甚《すうはなは》た多《おほ》く選舉《せんきよ》に夥《をびただ》しき時間《じかん》を要《えつ》する如《ごと》き又《また》は町村《ちやうそん》にして其區域《そのくいき》

極《きわ》めて廣《ひろ》く且《かつ》山谷《さんこく》相續《あいつつ》くか如《ごと》き事情《じじょう》あるときは一の選擧會《せんきょくわい》に於《おい》ては到底《とうてい》選擧《せんきょ》期日《きじつ》に選擧《せんきょ》を終了《しゆうりょう》せしむることを得《え》す或《あるひ》は山間僻地《さんかんへきち》の公民《こうみん》をして却《かへつ》て選擧權《せんきょけん》を拋棄《はうき》せしむるの奇觀《きかん》を生《しょう》することあり元來《がんらい》市町村《しちょうそん》公民《こうみん》をして其議員《そのぎいん》の選擧《せんきょ》に參與《さんよ》せしむるは普《あまね》く市町村《しちょうそん》住民《ぢうみん》の權利《けんり》を保護《ほご》するの精神《せいしん》に出《い》てたるものなるを以《もつ》て右《みぎ》の如《ごと》き市町村《しちょうそん》の事情《じじょう》ある場合《はあい》には特《とく》に公民《こうみん》をして普《あまね》く選擧權《せんきょけん》を行《かう》使《し》せしむるの方法《はうはう》を設《もう》けさるべからす本制《ほんせい》に於《おい》て一定《いつてい》の區劃《くかく》を定《さだ》めて選擧分《せんきょぶん》會《くわい》を設《もう》けたるは即《すなは》ち此趣旨《このしゆし》に基《もとづ》くものなり

〔市〕

第十八條 選擧權ヲ有スル市公民ハ被選擧權ヲ有ス

左ニ擧クハ者ハ被選擧權ヲ有セス其ノ之ヲ罷メタル後一月ヲ經過セサル者亦同シ

一　所屬府縣ノ官吏及有給吏員

二　其ノ市ノ有給吏員

三　撿事警察官吏及收稅官吏

四　神官神職僧侶其ノ他諸宗敎師

五　小學校ノ教員

市ニ對シ請負ヲ爲ス者及其ノ支配人又ハ主トシテ同一ノ行爲ヲ爲ス法人ノ無限責任社員重役及支配人ハ其ノ市ニ於テ被選擧權ヲ有セス

父子兄弟タル縁故アル者ハ同時ニ市會議員ノ職ニアルコトヲ得ス其ノ同時ニ選擧セラレタルトキハ同級ニ在リテハ得票ノ數ニ依リ其ノ多キ者一人ヲ當選者トシ同數ナルトキ又ハ等級若ハ選擧區ヲ異ニシテ選擧セラレタルトキハ年長者ヲ當選者トス其ノ時ヲ異ニシテ選擧セラレタルトキハ後ニ選擧セラレタル者議員タルコトヲ得ス

議員ト爲リタル後前項ノ縁故ヲ生シタル場合ニ於テハ年少者其ノ職ヲ失フ

市長市參與又ハ助役ト父子兄弟タル縁故アル者ハ市會議員ノ職ニ在ルコトヲ得ス

〔町村〕第十五條　選擧權ヲ有スル町村公民ハ被選擧權ヲ有ス

左ニ掲クル者ハ被選擧權ヲ有セス其ノ之ヲ罷メタル後一月ヲ經過セサル者亦同シ

一　所屬府縣郡ノ官吏及有給吏員

二　其ノ町村ノ有給吏員

三　檢事警察官吏及收稅官吏

四　神官神職僧侶其ノ他諸宗敎師

五　小學校敎員

町村ニ對シ請負ヲ爲ス者及其ノ支配人又ハ主トシテ同一ノ行爲ヲ爲ス法人ノ無限責任社員重役及支配人ハ其ノ町村ニ於テ被選擧權ヲ有セス

父子兄弟タル緣故アル者ハ同時ニ町村會議員ノ職ニ在ルコトヲ得ス其ノ同時ニ選擧セラレタルトキハ同級ニ在リテハ得票ノ數ニ依リ其ノ多キ者一人ヲ當選者トシ同數ナルトキ又ハ等級ヲ異ニシテ選擧セラレタルトキハ年長者ヲ當選者トス其ノ時ヲ異ニシテ選擧セラレタルトキハ後ニ選擧セラレタル者議員タルコトヲ得ス

議員ト爲リタル後前項ノ緣故ヲ生シタル場合ニ於テハ年少者其ノ職ヲ失フ

町村長又ハ助役ト父子兄弟タル緣故アル者ハ町村會議員ノ職ニ在ル事ヲ得ス

被選擧人《ひせんきよにん》の資格《しかく》、市町村《しちようそん》の住民《ぢうみん》にして選擧權《せんきよけん》を有《いう》する者《もの》は之《これ》れを公民《こうみん》とし被選《ひせん》擧人《きよにん》たる權《けん》を有《いう》するを原則《げんそく》とす然《しか》れとも左《さ》に掲《かか》くるものは種々《しゆ〱》の理由《りゆう》により市町村《しちようそん》の公民《こうみん》たるに拘《かかわ》らす被選擧權《ひせんきよけん》を附與《ふよ》せさるものとせり

第一《だいいち》、所屬《しよぞく》府縣《ふけん》の官吏《かんり》及《および》有給《いうきう》吏員《りいん》、蓋《けだし》此等《これら》の官吏《かんり》及《および》有給《いうきう》吏員《りいん》は市町村《しちようそん》行政《ぎようせい》事務《じむ》を監督《かんとく》するの地位《ちゐ》にあるを以《もつ》て若《もし》此等《これら》の者《もの》をして其《その》所屬《しよぞく》市町村《しちようそん》の議員《ぎいん》とするを得《う》る者《もの》とせは行政上《ぎようせいじやう》監督者《かんとくしや》と被《ひ》監督者《かんとくしや》との地位《ちゐ》を混合《こんごう》し從《したが》つて種々《しゆ〱》の弊害《へいがい》を生《しやう》するの恐《おそれ》あるか爲《ため》めなり

第二《だいに》　市町村《しちようそん》の有給《いうきう》吏員《りいん》、有給《いうきう》の市町村《しちようそん》吏員《りいん》が其《その》公民《こうみん》たるの權利《けんり》を取得《しゆとく》するは其《その》選任《せんにん》の結果《けつか》なりとす(市制第七十六條町村制第六十三條第三項參照)從《したが》つて此等《これら》の吏員《りいん》は名譽職《めいよしよく》により市町村《しちようそん》の行政事務《ぎようせいじむ》に參與《さんよ》すへき權《けん》を附與《ふよ》すへき者《もの》にあらす若此等《もしこれら》の吏員《りいん》をして市町村《しちようそん》の議員《ぎいん》たることを得《う》るものとせは市町村《しちようそん》に自治《じぢ》の權《けん》を認《みと》めたる趣旨《しゆし》に反《はん》するものと謂《い》はさるへからす要之市町村會《これをえうするにしちようそんくわい》の議員《ぎいん》は名譽職《めいよしよく》として市町村《しちようそん》の行政《ぎようせい》に參與《さんよ》すへきものなるを以《もつ》て其《その》有給《いうきう》吏員《りいん》をして之《これ》か資格《しかく》を認《みと》むへきものにあらさるなり

第三《だいさん》　檢事《けんじ》司法警察官《しはうけいさつくわん》及《および》收税官吏《しうぜいくわんり》、檢事《けんじ》、司法警察官《しはうけいさつくわん》は國竝《くにならびに》市町村《しちようそん》の司法行政《しはうぎやうせい》の事務《じむ》を司《つかさ》とるものなるか故《ゆゑ》に名譽職《めいよしよく》として市町村《しちようそん》の行政事務《ぎやうせいじむ》に參與《さんよ》するを許《ゆる》さゝるなり又《また》收税官吏《しうぜいくわんり》は國《くに》の税務行政《ぜいむぎやうせい》を司《つかさ》とるものにして其職務《そのしよくむ》の執行《しつこう》と市《し》町村會議《ちようそんくわいぎ》員《いん》の職責《しよくせき》と相容《あいい》れさるか故《ゆゑ》に被選擧權《ひせんきよけん》を認《みと》めさるなり

第四《だいし》　神官神職僧侶《しんくわんしんしよくそうりよ》其他《そのた》諸宗教師《しよしうきようし》、此等《これら》の者《もの》は其職務《そのしよくむ》とする所《ところ》市町村議員《しちようそんぎいん》の職《しよく》務《む》と相容《あいい》れさるものあるにより之《これ》か被選擧權《ひせんきよけん》を認《みと》めさるなり

第五《だいご》　小學校教員《しようがくかうきよういん》、小學校教員《しようがくかうきよういん》は市町村行政《しちようそんぎようせい》の中教育《ちうきよういく》に關《くわん》しては最大《さいだい》なる利害《りがい》關係《くわんけい》を有《いう》する者《もの》と謂《いわ》さるへからす故《ゆゑ》に教員《きよういん》をして議員《ぎいん》として市町村《しちようそん》の行政《ぎようせい》に參與《さんよ》せしむるは自治體《じちたい》の教育行政《きよういくぎようせい》より之《これ》を見《み》れは最必要《もつともひつえう》なるものと謂《い》はさるへからす本制《ほんせい》に於《おい》て小學校教員《しようがくかうきやういん》をして議員《ぎいん》たるを得《ゑ》さらしむるは畢竟《ひつけう》市町村《しちようそん》の教育《きよういく》に關《くわん》する行政《ぎようせい》は教員《きよういん》か市町村《しちようそん》の公民《こうみん》として利害關係《りがいくわんけい》を有《いう》するものにあらす教員《きよういん》は專心《せんしん》兒《じ》童《どう》の教育《きよういく》に勤《つと》め教育《きよういく》の方針等《はうしんとう》に關《くわん》しては議員《ぎいん》として參與《さんよ》するを許《ゆる》さゝるものとの趣旨《しゆし》に因《よ》りたるならん

第六《だいろく》　市町村《しちようそん》の請負《うけおひ》を爲《な》す者《もの》又《また》は主《しゆ》として請負《うけおひ》を爲《な》す法人《はうじん》の役員《やくいん》、此等《これら》の者《もの》は

市町村《しちようそん》に對《たい》し行政上若《ぎやうせいじやうもし》くは私法上權利《しはうじやうけんり》を有《いう》し義務《ぎむ》を負《を》ふ者《もの》なるか故《ゆゑ》に市町村《しちようそん》の利害《りがい》と自己《じこ》の利害《りがい》と相反《あいはん》する場合《はあい》生《しよう》するものとす從《したが》つて議員《ぎいん》として其行政《そのぎやうせい》に參與《さんよ》するは却《かへつ》て市町村《しちようそん》の行政事務《ぎやうせいじむ》に弊害《へいがい》を生《しよう》するの恐《おそれ》あるを以《もつ》て之《これ》か被選《ひせん》舉權《きよけん》を與《あた》へさることとなしたるなり舊市町村制《きうしせいちようそんせい》に於《おい》ては之《これ》か明文《めいぶん》を欠《か》ける爲《た》め屢々《しは〱》此點《このてん》に關《くわん》し行政上《ぎやうせいじやう》の爭議《そうぎ》を生《しやう》したることあり本制《ほんせい》は此理由《このりゆう》により之《これ》か明文《めいぶん》を設《もう》けたるなり

第六《だいろく》　父子兄弟《ふしけいてい》の縁故《えんこ》ある者《もの》、此等《これら》の者《もの》同時《どうじ》に議員《ぎいん》となるときは其親族《そのしんぞく》の關係《くわんけい》上意思《じやういし》の自由《じゆう》を抑制《よくせい》せられ從《したが》つて公平《こうへい》の議決《ぎけつ》を爲《な》すを得《え》さる弊害《へいがい》を生《しやう》することあり故《ゆゑ》に其一方《そのいつはう》をして職《しよく》を退《しりぞ》かしむることと爲《な》したり而《しか》して職《しよく》を退《しりぞ》くへき者《もの》を定《さだ》むるの方法《はうはう》は本制《ほんせい》に規定《きてい》する所《ところ》の如《ごと》し

市町村長市《しようそんちようし》參與《さんよ》又《また》は市町村助役《しちようそんじよやく》と父子兄弟《ふしきようだい》の縁故《えんこ》ある者《もの》も被選舉權《ひせんきよけん》を有《いう》せす蓋斯《けだしかゝ》る者《もの》を議員《ぎいん》と爲《な》すときは市町村長市《しちようそんちようし》參與《さんよ》又《また》は市町村助役《しちようそんじよやく》か其行政事務《そのぎやうせいじむ》を處理《じより》するに當《あた》り偏破《へんは》の行爲《こうゐ》を爲《な》すの弊害《へいがい》を生《しやう》するを防《ふせ》かんが爲《た》めに外《ほか》ならさるなり

〔市〕

第十九條　市會議員ハ名譽職トス

議員ノ任期ハ四年トシ總選擧ノ第一日ヨリ之ヲ起算ス

議員ノ定數ニ異動ヲ生シタル爲解任ヲ要スル者アルトキハ毎級各別ニ市長抽籤シテ之ヲ定ム選擧區アル場合ニ於テハ第十六條ノ市條例中ニ其ノ解任ヲ要スル者ノ選擧區及等級ヲ規定シ市長抽籤シテ之ヲ定ムヘシ但シ解任ヲ要スル選擧區及等級ニ闕員アルトキハ其ノ闕員ヲ以テ之ニ充ツヘシ

議員ノ定數ニ異動ヲ生シタル爲ニ新ニ選擧セラレタル議員ハ總選擧ニ依リ選擧セラレタル議員ノ任期滿了ノ日迄在任ス

選擧區又ハ其ノ配當議員數ノ變更アリタル場合ニ於テ之ニ關シ必要ナル事項ハ第十六條ノ市條例中ニ之ヲ規定スヘシ

〔町村〕

第十六條　町村會議員ハ名譽職トス

議員ノ任期ハ四年トシ總選擧ノ第一日ヨリ之ヲ起算ス

議員ノ定數ニ異動ヲ生シタル爲解任ヲ要スル者アルトキハ毎級各別ニ町村長抽籤シテ之ヲ定ム但シ解任ヲ要スル等級ニ闕員アルトキハ其ノ闕員ヲ以テ之

ニ充ツヘシ

議員ノ定數ニ異動ヲ生シタル爲新ニ選擧セラレタル議員ハ總選擧ニ依リ選擧セラレタル議員ノ任期滿了ノ日迄在任ス

名譽職《めいよしよく》、自《じ》治《じ》の權《けん》とは名譽職《めいよしよく》によりて市町村《しちようそん》の行政事務《ぎようせいじむ》に參與《さんよ》するを謂《い》ふ而《しか》して名譽職《めいよしよく》とは無給《むきう》にて職務《しよくむ》を採《と》るを謂《い》ふ此《ここ》に無給《むきう》と謂《い》ふは議員《ぎいん》は其職務上給《そのしよくむじようきう》料《りよう》として金錢《きんせん》の支給《しきゆう》を受《う》けすと謂《い》ふに過《す》きす必《かならす》しも絶對《ぜつたい》に金錢《きんせん》其他《そのた》の物品《ぶつぴん》を受《う》くるを得《え》すと謂《い》ふにあらす故《ゆゑ》に議員《ぎいん》か其職務《そのしよくむ》を執行《しつこう》するに當《あた》り要《えう》する旅費《りよひ》其他《そのた》の實費《じつぴ》は之《これ》か補償《ほしよう》を受《う》くることを得《う》へきものとす

議員《ぎいん》の任期《にんき》及《および》改選《かいせん》、市町村會議員《しちようそんかいぎいん》の任期《にんき》は四年《ねん》とし總選擧《そうせんきよ》の第一日《だいいちにち》より起算《きさん》すへきものとせり舊市制町村制《きうしせいちようそんせい》に於《おい》ては任期《にんき》を六年《ねん》と爲《な》し半數改選《はんすうかいせん》のことに規定《きてい》し其理由《そのりゆう》とするところは議員《ぎいん》の一半《はん》を殘留《ざんりゆう》せしむるときは他《た》の一半《はん》の改選《かいせん》せらるることあるも市町村行政事務《しちようそんぎようせいじむ》の繼續《けいぞく》を明亮《めいりよう》ならしめ議事《ぎじ》の進涉《しんしよう》に便《べん》ならんとの趣旨《しゆし》に基《もとづ》きたるものなれとも今日《こんにち》までの經驗《けいけん》に徴《ちよう》するときは必《かならす》しも議員《ぎいん》の一半《はん》を殘留《ざんりゆう》せしむるの必要《ひつえう》を認《みと》めさるのみならす舊市制町村制《きうしせいちようそんせい》の任期《にんき》

は永《なが》きに失《しつ》するの嫌《きら》ひあり且《か》つ郡制《ぐんせい》府縣制《ふけんせい》に於《おい》ても總數《そうすう》の改選《かいせん》の制《せい》を採《と》り之《これ》等《ら》の權衡《せんこう》を保《たも》つため本制《ほんせい》に於《おい》て總數改選《そうすうかいせん》の方法《ほうほう》を規定《きてい》したる所以《ゆえん》なり

議員《ぎいん》の定數《ていすう》の異動《いどう》による解任竝《かいにんならび》に新任《しんにん》市町村會議員《しちようそんかいぎいん》の定員《ていいん》は其《その》市町村《しようそん》の人口《じんこう》に比例《ひれい》して定《さだ》まれること前述《ぜんじゆつ》する所《ところ》の如《ごと》し然《しか》れとも市町村《しちようそん》の廢置分合《はいちぶんごう》により若《もしく》は境界《きようかい》の變更《へんこう》により又《また》は市町村《しちようそん》の盛衰《せいすゐ》により人口《じんこう》の増減《ぞうげん》を來《きた》すことあるは勢免《いきほひまぬが》るへからさる所《ところ》なり而《しか》して此《かく》の如《ごと》き場合《ばあい》にありては人口《にんこう》の増減《ぞうげん》の結果《けつくわ》議員《ぎいん》の定員《ていいん》に異動《いどう》を來《きた》すや疑《うたがひ》を入《い》れす本制《ほんせい》は此《この》の如《ごと》き場合《ばあい》を豫想《よそう》して議員《ぎいん》の定數《ていすう》の異動《いどう》による義員《ぎいん》の解任竝《かいにんならび》に新任《しんにん》の方法《はうほう》及《および》新任議員《しんにんぎいん》の任期《にんき》を定《さだ》めたるなり

〔市〕**第二十條** 市會議員中闕員ヲ生シ其ノ闕員議員定數ノ三分ノ一以上ニ至リタルトキ又ハ府縣知事市長若ハ市會ニ於テ必要ト認ムル𪜈ハ補闕選擧ヲ行フヘシ

補闕議員ハ其ノ前任者ノ殘任期間在任ス

補闕議員ハ前任者ノ選擧セラレタル等級及選擧區ニ於テ之ヲ選擧スヘシ

〔町村〕**第十七條** 町村會議員中闕員ヲ生シ其ノ闕員議員定數ノ三分ノ一以上ニ至リタルトキ又ハ郡長町村長若ハ町村會ニ於テ必要ト認ムルトキハ補闕選擧ヲ行フ

へシ

補闕議員ハ其ノ前任者ノ殘任期間在任ス

補闕議員ハ前任者ノ選擧セラレタル等級ニ於テ之ヲ選擧スヘシ

補《ほ》闕《けつ》選《せん》擧《きよ》、市《し》町《ちよう》村《そん》會《かい》議《ぎ》員《いん》其《その》任《にん》期《き》中《ちゆう》に死《し》亡《ばう》し若《もしく》は退《たい》職《しよく》するときは自《じ》治《ち》體《たい》の代《だい》議《ぎ》機《き》關《くわん》を組《そ》織《しき》すへき定《てい》員《いん》に缺《けん》欠《けつ》を生《しやう》するものなるを以《もつ》て直《たゞ》ちに之《これ》か選《せん》擧《きよ》を爲《な》すは本《ほん》制《せい》に議《ぎ》員《いん》の定《てい》數《すう》を定《さだ》めたる精《せい》神《しん》に最《もつとも》能《よ》く適《てき》合《ごう》するものと謂《い》はさるへからす然《しか》れとも議《ぎ》員《いん》の死《し》亡《ぼう》若《もしく》は退《たい》職《しよく》は相《あい》次《つ》ひて生《しよう》することあり此《かく》の如《ごと》き場《ば》合《あい》に一々《いち〳〵》補《ほ》闕《けつ》選《せん》擧《きよ》を行《おこな》ふへきものとするときは徒《いたづ》らに市《し》町《ちよう》村《そん》の負《ふ》擔《たん》を增《ま》すのみならす繁《はん》雜《ざつ》なる市《し》町《ちよう》村《そん》の行《ぎよう》政《せい》事《じ》務《む》をして一《いつ》層《そう》煩《はん》忙《ばう》に堪《たへ》さらしむるに至《いた》る故《ゆへ》に假《たと》令《ひ》議《ぎ》員《いん》に二三の缺《けつ》員《いん》を生《しやう》するも市《し》町《ちよう》村《そん》の行《ぎよう》政《せい》事《じ》務《む》を處《しよ》理《り》するに支《し》障《しよう》する所《ところ》なしとせは定《てい》期《き》選《せん》擧《きよ》を待《まつ》て之《これ》を補《ほ》闕《けつ》するを得《う》るものとせり而《しか》して本《ほん》制《せい》に於《おい》ては議《ぎ》員《いん》の定《てい》員《いん》の三分《ぶん》ノ一の闕《けつ》員《いん》を生《しやう》したるとき又《また》は監《かん》督《とく》官《かん》廳《ちよう》市《し》町《ちよう》村《そん》長《ちようし》市《し》町《ちよう》村《そん》會《かい》に於《おい》て必《ひつ》要《えう》と認《みと》めたる場《ば》合《あい》に臨《りん》時《じ》補《ほ》闕《けつ》選《せん》擧《きよ》を行《おこな》ふへきものと定《さだ》めたり盖《けだし》議《ぎ》員《いん》三分《ぶん》ノ一闕《けつ》員《いん》するときは市《し》町《ちよう》村《そん》の議《ぎ》決《けつ》機《き》關《かん》を組《そ》織《しき》すること能《あた》はさるものとして

補闕選擧《ほけつせんきよ》を必要《ひつよう》とせるにあり監督官廳《かんさくかんちよう》たる郡長府縣知事《ぐんちようふけんちじ》か補闕選擧《ほけつせんきよ》を行《おこな》はしむるは監督権《かんとくけん》の作用《さよう》に基《もとづ》くものとす

補闕議員《ほけつぎいん》の任期《にんき》　補闕《ほけつ》により議員《ぎいん》となりたる者《もの》は補闕《ほけつ》せられたる前任議員《ぜんにんぎいん》に代《かは》るものなるか故《ゆへ》に其任期《そのにんき》は前任議員《ぜんにんぎいん》と相通《あいつう》して四年《ねん》となるへきものとす

市町村會議員《しちようそんくわいぎいん》の選擧《せんきよ》は等級《とうきゆう》を區別《くべつ》し市《し》にありては選擧《せんきよ》の便宜《べんぎ》の爲《た》め選擧區《せんきよく》を設《もを》くるを得《う》ること前述《ぜんじゆつ》する所《ところ》の如《ごと》し故《ゆへ》に補闕選擧《ほけつせんきよ》の場合《はあい》にありても補闕議員《ほけつぎいん》は前任者《ぜんにんしや》の選擧《せんきよ》せられたる等級竝《とうきゆうならび》に選擧區《せんきよく》に於《おい》て選擧《せんきよ》すへきものとせり

〔市〕

第二十一條　市長ハ選擧期日前六十日ヲ期トシ其ノ日ノ現在ニ依リ選擧人ノ資格ヲ記載セル選擧人名簿ヲ調製スヘシ但シ選擧區アルトキハ選擧區毎ニ名簿ヲ調製スヘシ

第六條ノ市ニ於テハ市長ハ區長ヲシテ前項ノ名簿ヲ調製セシムヘシ

市長ハ選擧期日前四十日ヲ期トシ其ノ日ヨリ七日間毎日午前八時ヨリ午後四時迄市役所（第六條ノ市ニ於テハ區役所）又ハ告示シタル場所ニ於テ選擧人名簿ヲ關係者ノ縦覧ニ供スヘシ關係者ニ於テ異議アルトキハ縦覧期間内ニ之ヲ市

長(第六條ノ市ニ於テハ區長ヲ經テ)ニ申立ツルコトヲ得此ノ場合ニ於テハ市長ハ縱覽期間滿了後三日以內ニ市會ノ決定ニ付スヘシ市會ハ其ノ送付ヲ受ケタル日ヨリ七日以內ニ之ヲ決定スヘシ

前項ノ決定ニ不服アル者ハ府縣參事會ニ訴願シ其ノ裁決又ハ第五項ノ裁決ニ不服アル者ハ行政裁判所ニ出訴スルコトヲ得

第三項ノ決定及前項ノ裁決ニ付テハ市長ヨリモ訴願又ハ訴訟ヲ提起スルコトヲ得

前二項ノ裁決ニ付テハ府縣知事ヨリモ訴訟ヲ提起スルコトヲ得

前四項ノ場合ニ於テ決定若ハ裁決確定シ又ハ判決アリタルニ依リ名簿ノ修正ヲ要スルトキハ市長ハ其ノ確定期日前ニ修正ヲ加ヘ第六條ノ市ニ於テハ區長ヲシテ修正セシムヘシ

選擧人名簿ハ選擧期日前三日ヲ以テ確定ス

確定名簿ハ第三條又ハ第四條ノ處分アリタル場合ニ於テ府縣知事ノ指定スルモノヲ除クノ外其ノ確定シタル日ヨリ一年以內ニ於テ行フ選擧ニ之ヲ用ウ選

擧區アル場合ニ於テハ各選擧區ニ渉リ同時ニ調製シタルモノハ確定シタル日ヨリ一年以内ニ於テ行フ選擧ニ之ヲ用ヰ一部ノ選擧區限リ調製シタルモノハ確定シタル日ヨリ一年以内ニ該選擧區ニ於テノミ行フ選擧ニ之ヲ用ウ但シ名簿確定後裁決確定シ又ハ判決アリタルニ依リ名簿ノ修正ヲ要スルトキハ選擧ヲ終リタル後ニ於テ次ノ選擧期日前四日迄ニ之ヲ修正スヘシ

選擧人名簿ヲ修正シタルトキハ市長ハ直ニ其ノ要領ヲ告示シ第六條ノ市ニ於テハ區長ヲシテ之ヲ告示セシムヘシ

選擧分會ヲ設クルトキハ市長ハ確定名簿ニ依リ分會ノ區劃毎ニ名簿ノ抄本ヲ調製スヘシ第六條ノ市ニ於テハ區長ヲシテ之ヲ調製セシムヘシ

確定名簿ニ登錄セラレサル者ハ選擧ニ參與スルコトヲ得ス但シ選擧人名簿ニ登錄セラルヘキ確定裁決書又ハ判決書ヲ所持シ選擧ノ當日選擧場ニ到ル者ハ此ノ限ニ在ラス

前項但書ノ選擧人ハ等級ノ標準タル直接市稅又ハ直接國稅ニ依リ其ノ者ノ納額ニシテ名簿ニ登錄セラレタル一級選擧人中ノ最少額ヨリ多キトキハ一級ニ

於テ二級選擧人中ノ最少額ヨリ多キトキハ二級ニ於テ其ノ他ハ三級ニ於テ選擧ヲ行フヘシ

確定名簿ニ登錄セラレタル者選擧權ヲ有セサルトキハ選擧ニ選擧スルコトヲ得ス但シ名簿ハ之ヲ修正スル限ニ在ラス

第三項乃至第六項ノ場合ニ於テ決定若ハ裁決確定シ又ハ判決アリタルニ依リ名簿無效トナリタルトキハ更ニ名簿ヲ調製スヘシ其ノ名簿ノ調製、縱覽、修正、確異定及議ノ決定ニ關スル期日、期限及期間ハ府縣知事ノ定ムル所ニ依ル名簿ノ喪失シタルトキ亦同シ

選擧人名簿調製後ニ於テ選擧期日ヲ變更スル事アルモ其ノ名簿ヲ用キ縱覽、修正、確定及異議ノ決定ニ關スル期日、期限及期間ハ前選擧期日ニ依リ之ヲ算定ス

第十八條　町村長ハ選擧期日前六十日ヲ期トシ其ノ日ノ現在ニ依リ選擧人ノ資格ヲ記載セル選擧人名簿ヲ調製スヘシ

町村長ハ選擧期日前四十日ヲ期トシ其ノ日ヨリ七日間每日午前八時ヨリ午後四時迄町村役場又ハ告示シタル場所ニ於テ選擧人名簿ヲ關係者ノ縱覽ニ供ス

へシ關係者ニ於テ異議アルトキハ縱覽期間內ニ之ヲ町村長ニ申立ツル事ヲ得
此ノ場合ニ於テハ町村長ハ縱覽期間滿了後三日以內ニ町村會ノ決定ニ付スヘシ町村會ハ其送付ヲ受ケタル日ヨリ七日以內ニ之ヲ決定スヘシ
前項ノ決定ニ不服アル者ハ府縣參事會ニ訴願シ其ノ裁決又ハ第四項ノ裁決ニ不服アル者ハ行政裁判所ニ出訴スルコトヲ得
第二項ノ決定及前項ノ裁決ニ付テハ町村長ヨリモ訴願又ハ訴訟ヲ提起スルコトヲ得
前二項ノ裁決ニ付テハ府縣知事ヨリモ訴訟ヲ提起スルコトヲ得
前四項ノ場合ニ於テ決定若ハ裁決確定シ又ハ判決アリタルニ依リ名簿ノ修正ヲ要スルトキハ町村長ハ其ノ確定期日前ニ修正ヲ加フヘシ
選擧人名簿ハ選擧期日前三日ヲ以テ確定ス
確定名簿ハ第三條ノ處分アリタル場合ニ於テ府縣知事ノ指定スルモノヲ除クノ外其ノ確定シタル日ヨリ一年以內ニ於テ行フ選擧ニ之ヲ用ウ但シ名簿確定後裁決確定シ又ハ判決アリタルニ依リ名簿ノ修正ヲ要スルトキハ選擧ヲ終リ

タル後ニ於テ次ノ選擧期日前四日迄ニ之ヲ修正スヘシ
選擧人名簿ヲ修正シタルトキハ町村長ハ直ニ其ノ要領ヲ告示スヘシ
選擧分會ヲ設クルトキハ町村長ハ確定名簿ニ依リ分會ノ區劃毎ニ名簿ノ抄本ヲ調製スヘシ
確定名簿ニ登錄セラレサル者ハ選擧ニ參與スルコトヲ得ス但シ選擧人名簿ニ登錄セラルヘキ確定裁決書又ハ判決書ヲ所持シ選擧ノ當日選擧會場ニ到ル者ハ此ノ限ニ在ラス
前項但書ノ選擧人ハ等級ノ標準タル直接町村稅又ハ直接國稅ニ依リ其ノ者ノ納額ニシテ名簿ニ登錄セラレタル一級選擧人中ノ最少額ヨリ多キトキハ一級ニ於テ其ノ他ハ二級ニ於テ選擧ヲ行フヘシ但シ直接町村稅又ハ直接國稅ヲ以テ等級ノ標準ト爲ササル町村ニ於テハ選擧長ノ定ムル所ニ依ル
確定名簿ニ登錄セラレタル者選擧權ヲ有セサルトキハ選擧ニ參與スルコトヲ得ス但シ名簿ハ之ヲ修正スル限リニ在ラス
第二項乃至第五項ノ場合ニ於テ決定若ハ裁決確定シ又ハ判決アリタルニ依リ

名簿無效ト爲リタルトキハ更ニ名簿ヲ調製スヘシ其ノ名簿ノ調製、縱覽、修正、確定及異議ノ決定ニ關スル期日、期限及期間ハ郡長ノ定ムル所ニ依ル名簿ノ喪失シタルトキ亦同シ

選擧人名簿調製後ニ於テ選擧期日ヲ變更スル事アルモ其ノ名簿ヲ用キ縱覽、修正確定及異議ノ決定ニ關スル期日、期限及期間ハ前選擧期日ニ依リ之ヲ算定ス

選擧《せんきよ》の準備《じゆんび》、市《し》町村會議員《ちやうそんくわいぎゐん》の選擧《せんきよ》を行《おこな》ふ準備《じゆんび》に關《くわん》しては之《これ》を市《し》町村《ちやうそん》の行政機關《ぎやうせいきくわん》たる市《し》町村長《ちやうそんちやう》の職務《しよくむ》となしたり而《しか》して選擧《せんきよ》に關《くわん》する準備《じゆんび》とは第《だい》一選擧人名簿《せんきよじんめいぼ》の調製《てうせい》、第《だい》二選擧人名簿《せんきよじんめいぼ》の縱覽《じうらん》即之《すなはちこれ》なり

選擧人名簿《せんきよじんめいぼ》の調製《てうせい》の方法《はうはふ》、選擧人名簿《せんきよじんめいぼ》の調製《てうせい》の方法《はうはふ》に付《つき》ては二の方法《はうはふ》あり一は永續名簿《えいぞくめいぼ》の方法《はうはふ》により一は更新名簿《かうしんめいぼ》の方法《はうはふ》による永續名簿《えいぞくめいぼ》の方法《はうはふ》とは一旦《たん》調《てう》製《せい》せる選擧人名簿《せんきよじんめいぼ》の選擧人《せんきよにん》にして其《その》選擧資格《せんきよしかく》を失《うしな》ひたるもののみを削除《さくじよ》し其《その》名簿《めいぼ》を新《あらた》にせさるものを謂《い》ふ更新名簿《かうしんめいぼ》の方法《はうはふ》とは選擧毎《せんきよごと》に其《その》名簿《めいぼ》を新《あら》たに調《てう》製《せい》するを謂《い》ふ本制《ほんせい》に於《おい》ては舊市《きうし》制町村制《ちやうそんせい》と同《おな》しく更新名簿《かうしんめいぼ》の方法《はうはふ》を採用《さいよう》せり

選擧人名簿調製《せんきよじんめいぼてうせい》の時期《じき》、選擧人名簿《せんきよじんめいぼ》は選擧期日《せんきよきじつ》前《ぜん》六十日の現在《げんざい》に依《よ》り選擧人《せんきよにん》の

資《じ》格《かく》あるものを選《せん》擇《たく》し選《せん》擧《きよ》期《き》日《じつ》前《ぜん》六十日以《い》前《ぜん》に調《てう》製《せい》することを要《えう》す要之《えうするに》選《せん》擧《きよ》人《じん》名《めい》簿《ぼ》の調《てう》製《せい》には二十日間《かん》の日《にち》時《じ》を存《そん》するものとす

選《せん》擧《きよ》人《にん》名《めい》簿《ぼ》の縱《じう》覽《らん》、選《せん》擧《きよ》人《じん》名《めい》簿《ぼ》を選《せん》擧《きよ》期《き》日《じつ》四十日前《ぜん》より七日間《かん》一般《はん》關《くわん》係《けい》者《しや》の縱《じう》覽《らん》に供《きよう》せしむるは選《せ》擧《きよ》人《に》をして其《そ》の選《せん》擧《きよ》資《し》格《かく》の有《いう》無《む》を自《みづか》ら調《てう》査《さ》するの機《き》會《くわい》を與《あた》へしめたるのみならす選《せん》擧《きよ》資《し》格《かく》を有《いう》するものをして記《き》入《にふ》漏《もれ》の場《は》合《あひ》に異《い》議《ぎ》を申《まをし》立《た》ることを得《え》せしむるにあり若《も》し選《せん》擧《きよ》人《にん》名《めい》簿《ぼ》に關《くわん》し異《い》議《ぎ》あるものは縱《じう》覽《らん》期《き》間《かん》内《ない》に市《し》町《ちやう》村《そん》長《ちやう》に對《たい》し之《これ》か異《い》議《ぎ》を申《まをし》立《た》つることを得《え》せしめたり

而《しか》して選《せん》擧《きよ》人《じん》名《めい》簿《ぼ》に對《たい》する異《い》議《ぎ》の申《まをし》立《たて》期《き》間《かん》を其《その》縱《じう》覽《らん》期《き》間《かん》内《ない》と爲《な》したるは選《せん》擧《きよ》人《じん》名《めい》簿《ぼ》に關《くわん》する異《い》議《ぎ》の亂《らん》發《はつ》を防《はう》止《し》するの目《もく》的《てき》に外《ほか》ならす

異《い》議《ぎ》の決《けつ》定《てい》、裁《さい》決《けつ》に對《たい》する訴《そ》願《がん》訴《そ》訟《しよう》、選《せん》擧《きよ》人《じん》名《めい》簿《ぼ》に對《たい》する異《い》議《ぎ》の問《もん》題《だい》は市《し》町《ちやう》村《そん》住《ぢう》民《みん》の公《こう》民《みん》權《けん》に關《くわん》するものなるか故《ゆゑ》に市《し》町《ちやう》村《そん》會《くわい》の異《い》議《ぎ》の決《けつ》定《てい》に對《たい》しては其《その》異《い》議《ぎ》の申《まをし》立《たて》を爲《な》したるものをして不《ふ》服《ふく》の場《は》合《あひ》府《ふ》縣《けん》參《さん》事《じ》會《くわい》に訴《そ》願《がん》を提《てい》起《き》することを得《え》せしめたり、而《しか》して若《も》し府《ふ》縣《けん》參《さん》事《じ》會《くわい》の裁《さい》決《けつ》に對《たい》し不《ふ》服《ふく》ある場《は》合《あひ》には行《ぎやう》政《せい》訴《そ》訟《しよう》を起《おこ》すことを得《う》此《この》場《は》合《あひ》に於《おい》て府《ふ》縣《けん》知《ち》事《じ》よりも此《この》裁《さい》決《けつ》に對《たい》し訴《そ》訟《しよう》を提《てい》起《き》するこ

とを認《みと》めたるは蓋選擧人名簿《けだしせんきよじんめいは》の當否《たうひ》は單《たん》に關係者《くわんけいしや》の利害《りがい》のみに關《くわん》する所《ところ》にあらすして國《くに》の行政《ぎやうせい》に影響《えいきやう》する所《ところ》あるに依《よ》るなり

選擧人名簿《せんきよじんめいは》の修正《しうせい》、選擧人名簿《せんきよじんめいは》の修正《しうせい》は異議《いぎ》の申立《まをしたて》に依《よ》る決定《けつてい》又《また》は決定《けつてい》に對《たい》する裁決《さいけつ》若《もし》くは裁判《さいはん》に依《よ》るにあらされは爲《な》すことを得《え》す而《しか》して其《その》修正《しうせい》は選擧期《せんきよき》日前《じつぜん》に爲《な》す場合《はあひ》と其《その》確定後《かくていご》に爲《な》す場合《はあひ》との二あり決定《けつてい》裁決《さいけつ》又《また》は裁判《さいはん》か名簿《めいは》の確定期日前《かくていきじつぜん》に確定《かくてい》したる場合《はあひ》には市町村長《しちやうそんちやう》は名簿《めいは》の確定期日前《かくていきじつぜん》に之《これ》か修正《しうせい》を爲《な》さゝるへからす反之《これにはんし》名簿《めいは》確定後《かくていご》裁決《さいけつ》確定《かくてい》し又《また》は裁判《さいはん》ありたる場合《はあひ》には之《これ》か修正《しうせい》は次《つぎ》の、選擧期日前《せんきよきじつぜん》四日迄《まで》に爲《な》すを以《もつ》て足《た》るものとなせり蓋名簿《けだしめいは》確定《かくてい》の後《のち》は其《その》選擧《せんきよ》に關《くわん》しては名簿《めいは》の修正《しうせい》を許《ゆる》さゝるか故《ゆゑ》なり

選擧人名簿《せんきよじんめいは》確定《かくてい》の時期《じき》、名簿《めいは》確定《かくてい》の時期《じき》は市町村長《しちやうそんちやう》の告示《こくじ》せる選擧期日《せんきよきじつ》の前《ぜん》三日を以《もつ》てす

確定名簿《かくていめいは》の效力《かうりよく》、確定名簿《かくていめいは》は選擧《せんきよ》に關《くわん》する選擧人《せんきよにん》の資格《しかく》を定《さだ》めたるものなるを以《もつ》て此名簿《このめいは》に登錄《とうろく》なきものは選擧《せんきよ》を行《おこな》ふことを得《え》さるものと謂《いは》さるへからす蓋選擧人名簿《けだしせんきよじんめいは》か確定《かくてい》したるの後《のち》は假令《たとへ》其《その》名簿《めいは》のを修正《しうせい》すへき理由《りいう》か裁決《さいけつ》によ

り確定《かくてい》し若《もしく》は裁判《さいはん》により言渡《いひわた》さるると雖《いへど》も既《すで》に市町村長《しちやうそんちやう》に依り告示《こくし》せられたる選擧《せんきよ》に付《つい》ては此《この》確定名簿《かくていめいぼ》を修正《しうせい》するを許《ゆる》ささるか故《ゆゑ》なり然《しか》れとも絶對《ぜつたい》に確定名簿《かくていめいぼ》に登錄《とうろく》せられさる者《もの》をして選擧に參與《さんよ》することを得《え》さるものとするときは府縣參事會《ふけんさんじくわい》の裁決《さいけつ》の確定《かくてい》若《もしく》は行政裁判所《ぎやうせいさいはんしよ》の裁判《さいはん》により選擧人《せんきよにん》たることを認《みと》めたる者《もの》に對《たい》し其者《そのもの》の權利《けんり》を無視《むし》するの嫌《きらひ》あり故《ゆゑ》に本制《ほんせい》に於《おい》ては確定名簿《かくていめいぼ》に登錄《とうろく》せられさる者《もの》か選擧《せんきよ》に參與《さんよ》せんとする場合《ばあひ》には確定裁決書《かくていさいけつしよ》若《もしく》は裁判書《さいはんしよ》を選擧場《せんきよぢやう》に携帶《けいたい》し其資格《そのしかく》を證明《しようめい》すへきものとせり

舊市制町村制《きうしせいちやうそんせい》にありては確定名簿《かくていめいぼ》に登錄《とうろく》せられさるものは何人《なんぴと》と雖《いへど》も選擧《せんきよ》に關《くわん》することを得《え》さるものとなせしか本制《ほんせい》に於《おい》て斯《か》く變更《へんかう》したるなり

本制《ほんせい》に於《おい》て確定名簿《かくていめいぼ》に登錄《とうろく》せられさる者《もの》と雖《いへど》も前述《ぜんじゆつ》の場合《ばあひ》に於《おい》ては選擧《せんきよ》に參《さん》與《よ》することを認《みと》めたる上《うへ》は之《これ》か等級《とうきふ》を定《さだ》むるの必要《ひつえう》あり本制《ほんせい》に於《おい》ては其者《そのもの》の納税額《なふぜいかく》と確定名簿《かくていめいぼ》に登記《とうき》しある各等級《かくとうきふ》の選擧人《せんきよにん》の中《うち》の最少納税額《さいせうなふぜいかく》とを比較《ひかく》して之《これ》を定《さだ》むへきものとなしたり

確定名簿《かくていめいぼ》は選擧人《せんきよにん》の資格《しかく》を定《さだ》めたるものなりと雖《いへど》も其《そ》の名簿《めいぼ》に登錄《とうろく》せられた

る者《もの》は悉《ことごと》く選擧《せんきよ》に參與《さんよ》するを得《う》る者《もの》と爲《な》すことを得《え》す蓋《けだし》名簿《めいは》の確定《かくてい》の後《のち》選擧《せんきよ》の期日《きじつ》の間《あひた》に或《あるひ》は選擧人《せんきよにん》たるの資格《しかく》を失《うしな》ふことあり假令《たとへは》禁治産《きんちさん》、準備《じゆんび》禁治産《きんちさん》の宣告《せんこく》を受《う》け又《また》は破産《はさん》の決定《けつてい》を受《う》くるか如《ごと》き即之《すなはちこれ》なり此《かく》の如《ごと》き者《もの》は確定名簿《かくていめいは》に登録《とうろく》せられたるに拘《かゝ》わらす事實上《じじつじやう》選擧人《せんきよにん》たる資格《しかく》を喪失《そうしつ》せるものなるか故《ゆゑ》に選擧《せんきよ》に參與《さんよ》することを得《え》さるものとせり

確定名簿《かくていめいは》は其《その》確定《かくてい》の日《ひ》より一年《ねん》以内《いない》に行《おこな》ふ選擧《せんきよ》に付《つき》之《これ》を用《もち》ふることを得《う》へし

是即《これすなは》ち確定名簿《かくていめいは》の時《とき》に關《くわん》する效力《かうりよく》なりとす

確定名簿《かくていめいは》の無效《むかう》となる場合《はあひ》、選擧人名簿《せんきよじんめいは》に關《くわん》し關係人《くわんけいにん》か異議《いぎ》の申立《まをしたて》を爲《な》し其《その》決定若《ていもしく》は裁決《さいけつ》か確定《かくてい》し又《また》は判決《はんけつ》ありたるか爲《た》め名簿《めいは》確定《かくてい》の後《のち》に其名簿《そのめいは》か無效《むかう》となる場合《はあひ》に於《おい》ては市町村長《しちやうそんちやう》は更《さら》に選擧人名簿《せんきよにんめいは》を調製《てうせい》せさるへからす蓋《けだし》確定名《かくていめい》簿《は》か全部《ぜんぶ》無效《むかう》となれる場合《はあひ》にありては全選擧《ぜんせんきよ》か無效《むかう》となるか故《ゆゑ》に選擧名簿《せんきよめいは》を更新《かうしん》するの必要《ひつえう》を生《しやう》するや元《もと》より明《あきら》かなり而《しか》して確定名簿《かくていめいは》の無效《むかう》となれる場合《はあひ》に於《おい》て更新《かうしん》する選擧人名簿《せんきよにんめいは》の調製《てうせい》、縱覽《じうらん》、修正《しうせい》、確定《かくてい》及《および》異議《いぎ》の決定《けつてい》に對《たい》する期日《きじつ》期限《きげん》及《および》期間《きかん》は市町村長《しちやうそんちやう》より府縣知事《ふけんちじ》に申請《しんせい》して之《これ》を定《さだ》むへきものとせり

確定名簿《かくていめいは》か選擧期日《せんきよきじつ》の前《まへ》若《もしく》は其後《そののち》一年以内《ねんいない》に天災事變《てんさいじへん》により滅失《めつしつ》した場合《はあひ》には名簿《めいは》を更新《かうしん》するの必要《ひつえ》を生《しやう》するものとす此《こ》の場合《はあひ》に於《おい》ても其《その》調製《てうせい》、縱覽《じうらん》、修正《しうせい》、確定《かくてい》及《および》異議《いぎ》の決定《けつてい》に關《くわん》する期日《きじつ》、期限《げん》及《および》期間《かん》は前述《ぜんじゆつ》の塲合《はあひ》と同《おな》しく市町村《しちやうそん》の監督官廳《かんとくくわんちやう》なる府縣知事《ふけんちじ》の定《さだ》むる所《ところ》に依《よ》るものとせり

選擧人名簿《せんきよにんめいは》の調製《てうせい》と選擧期日《せんきよきじつ》との期間《きかん》は本制《ほんせい》に於《おい》て一定《てい》する所《ところ》なること前述《ぜんじゆつ》する所《ところ》の如《ごと》し而《しか》して名簿《めいは》の縱覽《じうらん》、修正《しうせい》、確定《かくてい》及《および》異議《いぎ》の決定《けつてい》に關《くわん》する期日《きじつ》、期限《きげん》及《および》期間《きかん》は名簿《めいは》調製《てうせい》の日《ひ》を基本《きほん》と爲《な》すものなるか故《ゆゑ》に名簿《めいは》調製後《てうせいご》に於《おい》て天災其他《てんさいそのた》止《やむ》を得《え》さる事情《じじやう》により選擧期日《せんきよきじつ》を變更《へんかう》することあるも右《みぎ》の事實《じじつ》に影響《えいきやう》を及《およ》ほすへきものにあらす本制《ほんせい》に於《おい》て選擧期日《せんきよきじつ》の變更《へんかう》あるに拘《かゝは》らす前選擧期日《ぜんせんきよきじつ》を基本《きほん》として之《これ》を定《さだ》むると云《い》ふは即《すなは》ち之《これ》に因《よ》るなり

【市】

第二十二條　市長ハ選擧期日前少クトモ七日間選擧會場、投票ノ日時及各級ヨリ選擧スヘキ議員數ヲ告示スヘシ選擧區アル場合ニ於テハ各級ヨリ選擧スヘキ議員數ヲ選擧區每ニ分別シ選擧分會ヲ設クル場合ニ於テハ併セテ其ノ等級及區劃ヲ告示スヘシ

各選擧區ノ選擧ハ同日時ニ之ヲ行ヒ選擧分會ノ選擧ハ本會ト同日時ニ之ヲ行フヘシ天災事變等ニ依リ同日時ニ選擧ヲ行フコト能ハサルトキハ市長ハ其ノ選擧ヲ終ラサル選擧會又ハ選擧分會ノミニ關シ更ニ選擧會場及投票ノ日時ヲ告示シ選擧ヲ行フヘシ

選擧ヲ行フ順序ハ先ツ三級ノ選擧ヲ行ヒ次ニ二級ノ選擧ヲ行ヒ次ニ一級ノ選擧ヲ行フヘシ天災事變等ニ依リ選擧ヲ行フコト能ハサルニ至リタルトキハ市長ハ其ノ選擧ヲ終ラサル等級ノミニ關シ更ニ選擧會場及投票ノ日時ヲ告示シ選擧ヲ行フ収シ

〔町村〕

第十九條 町村長ハ選擧期日前少クトモ七日間選擧會場、投票ノ日時及各級ヨリ選擧スヘキ議員數ヲ告示スヘシ選擧分會ヲ設クル場合ニ於テハ併セテ其ノ等級及區劃ヲ告示スヘシ

選擧分會ノ選擧ハ本會ト同日時ニ之ヲ行フヘシ天災事變等ニ依リ同日時ニ選擧ヲ行フコト能ハサルトキハ町村長ハ其ノ選擧ヲ終ラサル選擧會又ハ選擧分會ノミニ關シ更ニ選擧會場及投票ノ日時ヲ告示シ選擧ヲ行フヘシ

選擧ヲ行フ順序ハ先ツ二級ノ選擧ヲ行ヒ次ニ一級ノ選擧ヲ行フヘシ天災事變等ニ依リ選擧ヲ行フコト能ハサルニ至リタルトキハ町村長ハ其ノ選擧ヲ終ラサル等級ノミニ關シ更ニ選擧會場及投票ノ日時ヲ告示シ選擧ヲ行フヘシ

選擧《せんきよ》を行《おこな》ふ順序《じゆんじよ》、選擧《せんきよ》に付《つ》き等級《とうきふ》を分《わか》ちたるは多額《たかく》の納税者《なふぜいしや》をして市町村《しちやうそん》の行政《ぎやうせい》に參與《さんよ》するの機會《きくわい》を多《おほ》かちしむるの趣旨《しゆし》に出《い》でたるものなれとも被選擧權《ひせんきよけん》を有《いう》するものは各級相通《かくきふあひつう》して選擧《せんきよ》せらるゝを得《う》るか故《ゆゑ》に各級同時《かくきふどうじ》に選擧《せんきよ》を行《おこな》ふときは各級《かくきふ》に於《おい》て同一《どういつ》の人《ひと》を重復《じうふく》して選擧《せんきよ》することあり各級日時《かくきふにちじ》を異《こと》にして選擧《せんきよ》を行《おこな》ふは即《すなは》ち之《これ》か爲《た》めなり而《しか》して下級《かきふ》の選擧《せんきよ》を先《さき》にして上級《じやうきふ》の選擧《せんきよ》を後《あと》にしたるは下級《かきふ》の選擧人《せんきよにん》をして選擧人《せんきよにん》を選擇《せんたく》するの區域《くいき》を廣《ひろう》せしむると共《とも》に上級《じやうきふ》の選擧人《せんきよにん》をして下級《かきふ》の選擧《せんきよ》せさる者《もの》にして其《その》適才《てきさい》を容易《ようい》に選擧《せんきよ》するの便宜《べんぎ》を與《あた》へたるに外《ほか》ならす

選擧會場《せんきよくわいぢやう》と投票《たうへう》の日時《にちじ》、選擧會場及投票《せんきよくわいぢやうおよびたうへう》の日時《にちじ》は市町村長《しちやうそんちやう》之《これ》を決定《けつてい》し選擧《せんきよ》すへき議員《ぎゐん》の數《すう》を各等級《かくとうきふ》に區別《くべつ》して之《これ》を公告《こうこく》すへきものとせり

選擧區事務《せんきよくじむ》の統轄《とうくわつ》、勅令《ちよくれい》により定《さだ》まれる市内《しない》の區《く》にありては選擧《せんきよ》に關《くわん》する市長《しちやう》

の職務《しよくむ》は區長之《くちやうこれ》を爲《な》す而《しか》して各選擧區《かくせんきよく》の投票《たうへう》の日時《にちじ》を同《どう》一になしたるは蓋各《けだしかく》區《く》の選擧《せんきよ》は獨立《どくりつ》せる選擧《せんきよ》にあらす相合體《あひがつたい》して市《し》の選擧《せんきよ》を形成《けいせい》するものなるか故《ゆゑ》なり

選擧分會《せんきよぶんくわい》に於《お》ける投票《たうへう》選擧分會《せんきよぶんくわい》は便宜《べんぎ》の爲《た》めに設《まう》けられたるものにして其開《たうかい》會閉會《くわいへいくわい》は本會《ほんくわい》と同時《どうじ》になすへし其投票《そのたうへう》は本會《ほんくわい》と合算《がつさん》して其總數《そのそうすう》より當選者《たうせんしや》を定《さだ》むへきものとす其取締《そのとりしまり》の如《ごと》き亦本會《またほんくわい》と同《どう》一なり

本制《ほんせい》に於《おい》ては天災事變《てんさいじへん》の爲めに各選擧區《かくせんきよく》の投票及分會《たうへうおよびぶんくわい》と本會《ほんくわい》との投票《たうへう》を同《どう》一日時《にちじ》に終了《しうれう》するを得《え》さる場合《ばあひ》に其後《そのご》の投票《たうへう》の手續《てつゞき》を規定《きてい》せり畢竟例外《ひつきやうれいぐわい》の規定《きてい》なるが故《ゆゑ》に最嚴格《もつともげんかく》に解釋《かんしやく》せさるへからす

第二十三條　市長ハ選擧長ト爲リ選擧會ヲ開閉シ其ノ取締ニ任ス

各選擧區ノ選擧會ハ市長又ハ其ノ指名シタル吏員(第六條ノ市ニ於テハ區長)選擧長ト爲リ之ヲ開閉シ其ノ取締ニ任ス

選擧分會ハ市長ノ指名シタル吏員選擧分會長ト爲リ之ヲ開閉シ其ノ取締ニ任ス

市長（第六條ノ市ニ於テハ區長）ハ選擧人中ヨリ二人乃至四人ノ選擧立會人ヲ選任スヘシ但シ選擧區アルトキ又ハ選擧分會ヲ設ケタルトキハ各別ニ選擧立會人ヲ設クヘシ

選擧立會人ハ名譽職トス

〔町村〕

第二十條　町村長ハ選擧長ト爲リ選擧會ヲ開閉シ其ノ取締ニ任ス

選擧分會ハ町村長ノ指名シタル吏員選擧分會長ト爲リ之ヲ開閉シ其ノ取締ニ任ス

町村長ハ選擧人中ヨリ二人乃至四人ノ選擧立會人ヲ選任スヘシ但シ選擧分會ヲ設ケタルトキハ各別ニ選擧立會人ヲ設クヘシ

選擧立會人ハ名譽職トス

選擧事務《せんきよじむ》の統轄《とうくわつ》、選擧事務《せんきよじむ》の統轄《とうくわつ》は市町村自治體《しちやうそんじちたい》の吏員《りゐん》に一任《にん》せり即市町村長《すなはちしちやうそんちやう》は選擧長《せんきよちやう》となり其開會閉會幷《そのかいくわいへいくわいならび》に之《これ》か取締《とりしまり》を爲《な》し選擧區《せんきよく》選擧分會《せんきよぶんくわい》を設《まう》けたる時《とき》は市町村吏員《しちやうそんりゐん》を指名《しめい》して之《これ》か長《ちやう》と爲《な》す又《まち》市町村長《しちやうそんちやう》は選擧人中《せんきよにんちう》より二人《にん》乃至《ないし》四人《にん》の選擧立會人《せんきよたちあひにん》を選任《せんにん》し之等《これら》數人《すうにん》の集議體《しふぎたい》によりて選擧《せんきよ》の事務《じむ》を行《おこなふ》ものとす

選擧《せんきよ》立會人《たちあひにん》を名譽職《めいよしよく》となしたるは立會人《たちあひにん》は選擧人《せんきよにん》即《すなは》ち公民權《こうみんけん》を有《いう》するものより選任《せんにん》するか爲《た》めなり

〔市〕

第二十四條　選擧人ニ非サル者ハ選擧會場ニ入ルコトヲ得ス但シ選擧會場ノ事務ニ從事スル者、選擧會場ヲ監視スル職權ヲ有スル者又ハ警察官吏ハ此ノ限ニ在ラス

選擧會場ニ於テ演說討論ヲ爲シ若ハ喧擾ニ涉リ又ハ投票ニ關シ協議若ハ勸誘ヲ爲シ其ノ他選擧會場ノ秩序ヲ紊ス者アルトキハ選擧長又ハ分會長ハ之ヲ制止シ命ニ從ハサルトキハ之ヲ選擧會場外ニ退出セシムヘシ

前項ノ規定ニ依リ退出セシメラレタル者ハ最後ニ至リ投票ヲ爲スコトヲ得但シ選擧長ハ分會長會場ノ秩序ヲ紊スノ虞ナシト認ムル場合ニ於テ投票ヲ爲サシムルヲ妨ケス

〔町村〕

第二十一條　選擧人ニ非サル者ハ選擧會場ニ入ルコトヲ得ス但シ選擧會場ノ事務ニ從事スル者選擧會場ヲ監視スル職權ヲ有スル者又ハ警察官吏ハ此ノ限ニ在ラス

選擧會場ニ於テ演説討論ヲ爲シ若ハ喧擾ニ渉リ又ハ投票ニ關シ協議若ハ勸誘ヲ爲シ其ノ他選擧會場ノ秩序ヲ紊ス者アルトキハ選擧長又ハ分會長ハ之ヲ制止シ命ニ從ハサルトキハ之ヲ選擧會場ニ退出セシムヘシ

前項ノ規定ニ依リ退出セシメラレタル者ハ最後ニ至リ投票ヲ爲スコトヲ得但シ選擧長又ハ分會長會場ノ秩序ヲ紊スノ虞ナシト認ムル場合ニ於テ投票ヲ爲サシムルヲ妨ケス

選擧會場《せんきよくわいぢやう》は選擧人《せんきよにん》に對《たい》しては之《これ》を公開《こうかい》すと雖《いへと》も選擧人《せんきよにん》以外《いぐわい》の者《もの》をして其會場《そのくわいぢやう》に入《い》ることを許《ゆる》すときは選擧《せんきよ》の神聖《しんせい》を害《がい》し種々《しゆ〳〵》の弊害《へいがい》を生《しやう》するにより本制《ほんせい》に於《おい》ては之《これ》か出入《しゆつにふ》を禁《きん》したり然《しか》れとも選擧人《せんきよにん》に非《あ》らさる者《もの》の出入《しゆつにふ》を禁《きん》したるは畢竟選擧《ひつきやうせんきよ》に參與《さんよ》するの必要《ひつえう》なきものを禁《きん》したるに外《ほか》ならさるか故《ゆゑ》に會場《くわいぢやう》の取《とり》締《しまり》に付之《つきこれ》か職權《しよくけん》を行使《かうし》するを得《う》る警察官其他《けいさつくわんそのた》の官公吏《くわんこうり》の如《ごと》き元《もと》より出入《しゆつにふ》の自《じ》由《いう》を有《いう》するものと謂《い》はさるへからす

市町村議員《しちやうそんぎゐん》の選擧《せんきよ》の目的《もくてき》は市町村《しちやうそん》の議決機關《ぎけつきくわん》を組織《そしき》し其行政事務《そのぎやうせいじむ》を處理《しより》するに最《もつと》も適任《てきにん》なる者《もの》を選擧《せんきよ》するにあり從《した》かつて選擧人《せんきよにん》は市町村行政事務《しちやうそんぎやうせいじむ》に參與《さんよ》

せんか爲《ため》自己《じこ》の代理人《だいりにん》を選任《せんにん》せんとして選擧《せんきよ》を爲《な》すものにあらす選擧場《せんきよぢやう》に於《おい》て投票《たうへう》に關《くわん》し協議《けふぎ》若《もしく》は勸誘《くわんいう》を爲《な》すを禁《きん》したるは選擧人《せんきよにん》の意思《いし》の獨立《どくりつ》を保護《ほご》したるに外《ほか》ならす

選擧會場《せんきよくわいぢやう》は選擧人《せんきよにん》をして最公平《もつともこうへい》に他人《たにん》の干渉《かんせふ》を受《う》けすして自己《じこ》の信《しん》する適才《てきさい》を投票《たうへう》によりて選擧《せんきよ》するにあり彼《か》の選擧場《せんきよぢやう》に於《おい》て演説《えんぜつ》討論《たうろん》を爲《な》し喧擾《けんぜう》の行爲《かうゐ》を爲《な》すか如《ごと》きは間接《かんせつ》に選擧人《せんきよにん》の意思《いし》の自由《じいう》を制束《せいちう》するのみならす會場《くわいぢやう》の秩序《ちつじよ》を紊《みだ》すものとす本制《ほんせい》に於《おい》て此《かく》の如《ごと》き行爲《かうゐ》を爲《な》す者《もの》を會場外《くわいぢやうぐわい》に退出《たいしゆつ》せしむるを得《う》へきことを規定《きてい》せるは最至當《もつともしたう》なりとす然《しか》れとも此《かく》の如《ごと》き行爲《かうゐ》を爲《な》すものを會場外《くわいぢやうぐわい》に退出《たいしゆつ》せしむるは其目的《そのもくてき》とする所其行爲者《ところそのかうゐしや》の選擧權《せんきよけん》を喪失《さうしつ》せしむるにあらす唯《た》た會場《くわいぢやう》の秩序《ちつじよ》の維持《いぢ》にあるを以《もつ》て最後《さいご》に其者《そのもの》をして投票《たうへう》せしむるか又《また》は選擧長又《せんきよちやうまた》は分會長《ぶんくわいちやう》に於《おい》て其秩序《そのちつじよ》を紊《みだ》すの恐《おそ》れなき場合《はあひ》に投票《たうへう》せしむるを得《う》るものとせり

〔市〕

第二十五條　選擧ハ無記名投票ヲ以テ之ヲ行フ

投票ハ一人一票ニ限ル

選擧人ハ選擧ノ當日投票時間内ニ自ラ選擧會場ニ到リ選擧人名簿又ハ其抄ノ本ノ對照ヲ經テ投票ヲ爲スヘシ

投票時間内ニ選擧場ニ入リタル選擧人ハ其ノ時間ヲ過クルモ投票ヲ爲スコトヲ得

選擧人ハ選擧會場ニ於テ投票用紙ニ自ラ被選擧人一人ノ氏名ヲ記載シテ投函スヘシ但シ確定名簿ニ登録セラレタル毎級選擧人ノ數其ノ選擧スヘキ議員數ノ三倍ヨリ少キ場合ニ於テハ連名投票ノ法ヲ用ウヘシ

自ラ被選擧人ノ氏名ヲ書スルコト能ハサル者ハ投票ヲ爲スコトヲ得ス

投票用紙ハ市長ノ定ムル所ニ依リ一定ノ式ヲ用ウヘシ

選擧區アル場合ニ於テ選擧人名簿ノ調製後選擧人ノ所屬ニ異動ヲ生スルコトアルモ其ノ選擧人ハ前所屬ノ選擧區ニ於テ投票ヲ爲スヘシ

選擧分會ニ於テ爲シタル投票ハ分會長少クトモ一人ノ選擧立會人ト共ニ投票函ノ儘之ヲ本會ニ送致スヘシ

〔町村〕

第二十二條 選擧ハ無記名投票ヲ以テ之ヲ行フ

投票ハ一人一票ニ限ル

選舉人ハ選舉ノ當日投票時間內ニ自ラ選舉會場ニ到リ選舉人名簿又ハ其ノ抄本ノ對照ヲ經テ投票ヲ爲スヘシ

投票時間內ニ選舉會場ニ入リタル選舉人ハ其ノ時間ヲ過クルモ投票ヲ爲スコトヲ得

選舉人ハ選舉會場ニ於テ投票用紙ニ自ラ被選舉人一人ノ氏名ヲ記載シテ投函スヘシ但シ確定名簿ニ登錄セラレタル每級選舉人ノ數其ノ選舉スヘキ議員數ノ三倍ヨリ少キ場合ニ於テハ連名投票ノ法ヲ用ウヘシ

自ラ被選舉人ノ氏名ヲ書スルコト能ハサル者ハ投票ヲ爲スコトヲ得ス

投票用紙ハ町村長ノ定ムル所ニ依リ一定ノ式ヲ用ウヘシ

選舉分會ニ於テ爲シタル投票ハ分會長少クトモ一人ノ選舉立會人ト共ニ投票函ノ儘之ヲ本會ニ送致スヘシ

選《せ》舉《きよ》の方法《はつはふ》、選舉《せんきよ》は投票《たうへう》を以《もつ》て之《これ》を行《おこな》ふ故《ゆゑ》に口頭《こうとう》を以《もつ》て被選舉人《ひせんきよにん》を選定《せんてい》することを許《ゆる》さす且《かつ》投票《たうへう》を爲《な》すには市町村長《しちやうそんちやう》の定《さだ》むる一定《てい》の用紙《ようし》を使用《しよう》すへきものとす又《また》た投票《たうへう》の方法《はうはふ》には二種《しゆ》あり一は記名投票《きめいたうへう》と謂《い》ひ二を無記名投票《ひきめうたうへう》と謂《い》ふ記名投票《きめいたうへう》とは選擧人《せんきよにん》の氏名《しめい》をも記載《きさい》するを謂《い》ひ無記名投票《むきめいたうへう》とは單《たん》に被選擧人《ひせんきよにん》の氏名《しめい》のみを記載《きさい》するを謂《い》ふ本制《ほんせい》は選擧《せんきよ》の方法《はうはふ》に付《つい》ては無記名式《むきめいしき》を採用《さいよう》せり選擧《せんきよ》の形式《けいしき》、投票《たうへう》の形式《けいしき》には二種《しゆ》あり一を單記制《たんきせい》と謂《い》ひ二を連記制《れんきせい》と謂《い》ふ單記制《たんきせい》とは選擧《せんきよ》すへき議員《ぎゐん》の定數《ていすう》の如何《いかん》に拘《かゝは》らす選擧人《せんきよにん》は各《おの〳〵》其《その》投票用紙《たうへうようし》に一名《めい》の被選擧人《ひせんきよにん》の氏名《めい》を記載《きさい》するにあり連記制《れんきせい》とは各選擧人《かくせんきよにん》は選擧《せんきよ》すへき議員《ぎゐん》の定數《ていすう》を其《その》投票用紙《たうへうようし》に記載《きさい》することを得《う》へし蓋《けだし》單記制《たんきせい》は投票《たうへう》の有效無效《いうかうむかう》を調査《てうさ》するに最《もつと》も簡便《かんべん》にして此點《このてん》に於《おい》ては連記制《れんきせい》に勝《まさ》る所《ところ》ありと雖《いへど》も單記制《たんきせい》は或場合《あるはあひ》に於《おい》ては一回《くわい》の選擧《せんきよ》により定數《ていすう》の議員《ぎゐん》を選擧《せんきよ》すること能《あた》はさることあり例《たと》へは議員《ぎゐん》の定數《ていすう》か二人《にん》たる場合《はあひ》に各選擧人《かくせんきよにん》か一致《ち》して同一人《どういちにん》を投票《たうへう》せるときの如《ごと》き即之《すなはちこれ》なり連記制《れんきせい》に於《おい》ては此《かく》の如《ごと》き不便《ふべん》を生《しやう》することなし本制《ほんせい》に於《おい》ては原則《げんそく》として單記制《たんきせい》に依《よ》り唯《た》た毎級選擧人《まいきふせんきよにん》の數《すう》其《その》選擧《ぜんきよ》すへき議員數《ぎゐんすう》の三倍《ばい》より少《すくな》き場合《はあひ》に連記制《れんきせい》を採用《さいよう》すへきものとせり畢竟《ひつきやう》立法者《りつぱふしや》は此《かく》の如《ごと》き場合《はあひ》に於《おい》て單記制《たんきせい》に依《よ》るときは一回《くわい》の選擧《せんきよ》にては議員《ぎゐん》の定數《ていすう》を得《う》ること能《あた》はさることを顧《こ》

慮《りよ》したるに因るなり
舊《きう》市《し》制《せい》町《ちやう》村《そん》制《せい》に於《おい》ては選《せん》擧《きよ》は總《すべ》て連《れん》記《き》制《せい》を採《さい》用《よう》したれとも本《ほん》制《せい》に於《おい》ては從《じう》來《らい》の經《けい》驗《けん》に基《もとづ》き右《みぎ》に述《の》ふるか如《ごと》く單《たん》記《き》制《せい》を原《げん》則《そく》とし例《れい》外《ぐわい》として連《れん》記《き》制《せい》を採《と》ることゝせり

投《たう》票《へう》の手《て》續《つゞき》、選《せん》擧《きよ》人《にん》は市《し》町《ちやう》村《そん》長《ちやう》の定《さだ》めたる投《たう》票《へう》用《よう》紙《し》に自《みづか》ら被《ひ》選《せん》擧《きよ》人《にん》の氏《し》名《めい》を書《しよ》し直《ちよく》接《せつ》投《とう》函《かん》すへきものとせり從《したが》つて他《た》人《にん》をして投《たう》票《へう》を投《たう》函《かん》せしめ又《また》は他《た》人《にん》をして被《ひ》選《せん》擧《きよ》人《にん》の氏《し》名《めい》を書《か》かしむることを得《え》す舊《きう》市《し》制《せい》町《ちやう》村《そん》制《せい》に於《おい》ては投《たう》票《へう》は選《せ》擧《きよ》人《にん》自《みづか》ら選《せん》擧《きよ》係《がかり》長《ちやう》に差《さし》出《いだ》すへきものとなしたれとも從《じう》來《らい》之《これ》か爲めに屢《しば》々《〱》投《たう》票《へう》に關《くわん》する爭《さう》議《ぎ》の生《しやう》したるにより本《ほん》制《せい》にありては選《せん》擧《きよ》人《にん》自《みづか》ら投《たう》函《かん》すへきものとなしたるなり

〔市〕**第二十六條**　增員選擧及補闕選擧ヲ同時ニ行フ場合ニ於テハ一ノ選擧ヲ以テ合併シテ之ヲ行フ

〔町村〕**第二十三條**　增員選擧及補闕選擧ヲ同時ニ行フ場合ニ於テハ一ノ選擧ヲ以テ合併シテ之ヲ行フ

增員《ぞうゐん》選擧《せんきょ》及《および》補缺《ほけつ》選擧《せんきょ》を總選擧《そうせんきょ》と同時《どうじ》に合併《がつぺい》して行《おこな》ふこととなしたるは選擧《せんきょ》に關《くわん》する費用《ひよう》を節約《せつやく》すると事務《じむ》の繁雜《はんざつ》を避《さ》くるの目的《もくてき》に出《いで》てたるものなり

【市】

第二十七條　第十四條第二項又は第三項ノ規定ニ依リ選擧權ヲ有スル者ハ代人ヲ出シテ選擧ヲ行フコトヲ得但シ年齡二十五年以上ノ男子ニ非サル者、禁治產者及準禁治產者ハ必ス代人ヲ以テスヘシ

代人ハ帝國臣民ニシテ年齡二十五年以上ノ男子ニ限ル

第九條第一項但書ニ當ル者、第十條第二項ノ規定ニ依ル公民權停止中ノ者及第十一條第二項ノ公民權停止ノ條件又ハ同條第三項ノ場合ニ當ル者ハ代人タルコトヲ得ス又一人ニシテ數人ノ代理ヲ爲スコトヲ得ス

代人ハ委任狀其ノ他代理ヲ證スル書面ヲ選擧長又ハ分會長ニ示スヘシ

【町村】

第二十四條　第十二條第二項又ハ第三項ノ規定ニ依リ選擧權ヲ有スル者ハ代人ヲ出シテ選擧ヲ行フコトヲ得但シ年齡二十五年以上ノ男子ニ非サル者、禁治產者及準禁治產者ハ必ス代人ヲ以テスヘシ

代人ハ帝國臣民ニシテ年齡二十五年以上ノ男子ニ限ル

第七條第一項但書ニ當ル者、第八條第二項ノ規定ニ依ル公民權停止中ノ者及第九條第二項ノ公民權停止ノ條件又ハ同條第三項ノ場合ニ當ル者ハ代人タルコトヲ得ス又一人ニシテ數人ノ代理ヲ爲スコトヲ得ス

代人ハ委任狀其ノ他代理ヲ證スル書面ヲ選擧長又ハ分會長ニ示スヘシ

法律《はふりつ》により享有《きやういう》する權利《けんり》の執行《しつかう》に關《くわん》しては二の方法《はうはふ》あり一は權利《けんり》者《しや》か代理人《だいりにん》をして自己《じこ》の權利《けんり》を執行《しつかう》せしむるを得《う》るものと一は權利《けんり》者自《しやみづか》ら之《これ》を執行《しつかう》するの外他人《ほかたにん》をして之《これ》を執行《しつかう》せしむることを許《ゆる》さゝるもの之《これ》なり而《しか》して私法上《しはふじやう》(民事商事)の權利《けんり》は一般《はん》に代理人《だいりにん》によりて之《これ》を爲《な》すことを得《う》れとも公法上《こうはふじやう》(行政)の權利《けんり》は多《おほ》くは代人《だいにん》に依《よ》りて之《これ》を執行《しつかう》することを許《ゆる》さゝるなり市町村會議員《しちやうそんくわいぎゐん》を選擧《せんきよ》する權《けん》の如《ごと》き亦《また》其の一なり蓋《けだし》市町村會議員《ちやうそんくわいぎゐん》を選擧《せんきよ》するは選擧人《せんきよにん》か自治體《じちたい》の行《ぎやう》政《せい》に參與《さんよ》すへき適才《てきさい》を選任《せんにん》するにあり殊《こと》に選擧《せんきよ》は秘密投票《ひみつたうへう》(即直接無記名投票)により選擧人《せんきよにん》の意思《いし》を自由《じいう》に發表《はつぺう》することを得《え》せしめたるか故《ゆゑ》に投票《とうへう》を爲《な》すも亦《また》選擧人自《せんきよにんみづか》ら記名《きめい》して之《これ》を爲《な》すべきものとせさるへからす若《も》し一般《はん》に代理《だいり》人《にん》によりて之《これ》を爲《な》すことを得《う》るものとせは本制《ほんせい》に於《おい》て選擧人《せんきよにん》の權利《けんり》を充分《じうぶん》に

保《ほ》護《ご》したる趣旨《しゆし》を一貫《くわん》することを得《え》す

然《しか》れとも本制《ほんせい》に於《おい》ては市町村内《しちやうそんない》に住所《ぢうしよ》を有《いう》せさる自然人《しぜんじん》又《また》は法人《はふじん》にして其市《そのし》町村内《ちやうそんない》にて納《おさ》む直接《ちよくせつ》市町村《しちやうそん》税《ぜい》若《もしく》は直接《ちよくせつ》國税《こくぜい》の額《かく》か其市町村《そのしちやうそん》公民《こうみん》の最多《もつともおほ》く納税《なふぜい》する三人中《にんちう》の一人《にん》より多《おほ》きときは特《とく》に選擧權《せんきよけん》のみを附與《ふよ》するものとせること前述《ぜんじゆつ》する所《ところ》の如《ごと》し斯《か》かるものをして選擧權《せんきよけん》を行使《かうし》するに付《つ》き本人《ほんにん》（法人にありては其代表者）に限《かぎ》るものとするときは其選擧人《そのせんきよにん》か遠隔《ゑんかく》の地《ち》に住所《ぢうしよ》を有《いう》する場《ば》合《あひ》の如《ごと》き殆《ほと》んと其權利《そのけんり》を執行《しつかう》するの機會《きくわい》を得《え》さるに至《いた》るへし斯《かく》の如《ごと》きは本制《ほんせい》に於《おい》て之等《これら》の者《もの》に選擧權《せんきよけん》のみを附與《ふよ》したる精神《せいしん》に反《はん》するものなり此《こ》の理《り》由《いう》に基《もとつ》き本制《ほんせい》に於《おい》ては之等《これら》の選擧人《せんきよにん》に限《かぎ》り代人《だいにん》による投票《たうへう》を認《みと》めたるなり

市制《しせい》第《だい》十四條《でう》第《だい》二項《こう》及第三項《こう》及町村制《ちやうそんせい》第十二條《でう》第二項《こう》及第三項《こう》の場合《ばあひ》に限《かぎ》り代理《だいり》にする投票《たうへう》を許《ゆる》したること前述《ぜんじゆつ》する所《ところ》の如《ごと》し然《しか》れとも之等《これら》の選擧人《せんきよにん》にして禁治産《きんぢさん》若《もしく》は準禁治産《じゆんきんぢさん》の宣告《せんこく》を受《う》けたるものなるときは無能力者《むのうりよくしや》なるか故《ゆゑ》に自《みづか》ら選擧《せんきよ》を爲《な》すことを得《え》す從《したが》つて投票《たうへう》は必《かなら》す代人《だいにん》により爲《な》ささるへからさるなり

代人《だいにん》の資格《しかく》、帝國臣民《ていこくしんみん》にして年齢《ねんれい》二十五歳以上《さいいじやう》の男子《だんし》にして禁治産者準禁治産《きんぢさんしやじゆんきんぢさん》者《しや》又《また》は六年の懲役若《ちようえきもしく》は禁錮《きんこ》以上《いじやう》の刑《けい》に處《しよ》せられたる者《もの》にあらさること又公民《またこうみん》權停止中《けんていしちう》の者《もの》、其停止《そのていし》の條件《でうけん》に當《あた》る者《もの》は代人《だいにん》たるの資格《しかく》なきものとせり

右《みぎ》に述《の》へたる選擧人《せんきよにん》に代人《だいにん》による投票《たうへう》を許《ゆる》したるは投票《たうへう》に關《くわん》する例外《れいぐわい》の場合《ばあひ》なるか故《ゆゑ》に其代人《そのだいにん》も數人《すうにん》の代理《だいり》を爲《な》すことを得《え》さるものとせり

代理《だいり》の證明《しようめい》、代人《だいにん》は其代理《そのだいり》を證明《しようめい》する委任狀《ゐにんじやう》若《もしく》は書面《しよめん》を提出《ていしゆつ》することを要《えう》す從《したが》つて選擧人《せんきよにん》か豫《あらかじ》め選擧係又《せんきよがゝりまた》は分會長《ぶんくわいちやう》に宛《あ》て投票《たうへう》を爲《な》す自己《じこ》の代人《だいにん》の氏名《しめい》を通《つう》知《ち》し置《お》くか如《ごと》きは本制《ほんせい》に於《お》ける代人《だいにん》の資格《しかく》を證明《しようめい》する書面《しよめん》と謂《い》ふを得《え》さるなり

【市】

第二十八條　左ノ投票ハ之ヲ無效トス

一、成規ノ用紙ヲ用キサルモノ

二、現ニ市會議員ノ職ニ在ル者ノ氏名ヲ記載シタルモノ

三、一投票中二人以上ノ被選擧人ノ氏名ヲ記載シタルモノ

四、被選擧人ノ何人タルカヲ確認シ難キモノ

五、被選擧權ナキ者ノ氏名ヲ記載シタルモノ

六、被選擧人ノ氏名ノ外他事ヲ記入シタルモノ但シ爵位職業身分住所又ハ敬稱ノ類ヲ記入シタルモノハ此ノ限ニ在ラス

連名投票ノ法ヲ用ヰタル場合ニ於テハ前項第一號及第六號ニ該當スルモノ竝其ノ記入ノ人員選擧スヘキ定數ニ過キタルモノハ之ヲ効無トシ前項第二號第四號及第五號ニ該當スルモノハ其ノ部分ノミヲ無効トス

〔町村〕**第二十五條**　右ノ投票ハ之ヲ無效トス

一、成規ノ用紙ヲ用ヰサルモノ

二、現ニ町村會議員ノ職ニ在ル者ノ氏名ヲ記載シタルモノ

三、一投票中二人以上ノ被選擧人ノ氏名ヲ記載シタルモノ

四、被選擧人ノ何人タルカヲ確認シ難キモノ

五、被選擧權ナキ者ノ氏名ヲ記載シタルモノ

六、被選擧人ノ氏名ノ外他事ヲ記入シタルモノ但シ爵位職業身分住所又ハ敬稱ノ類ヲ記入シタルモノハ此ノ限ニ在ラス

連名投票ノ法ヲ用キタル場合ニ於テハ前項第一號及第六號ニ該當スルモノ並其ノ記入ノ人員選擧スヘキ定數ニ過キタルモノハ之ヲ無效トシ前項第二號第四號及第五號ニ該當スルモノハ其ノ部分ノミヲ無效トス

投票《たうへう》の有效無效《いうかうむかう》、本制《ほんせい》に於《おい》ては市町村會議員《しちやうそんくわいぎゐん》の選擧《せんきよ》に關《くわん》しては無記名《むきめい》單記《たんき》投票《たうへう》の制《せい》を採用《さいよう》し例外《れいぐわい》の場合《はあひ》として無記名《むきめい》連記《れんき》投票《たうへう》の制《せい》を併用《へいよう》したること前述《ぜんじゆつ》せる所《ところ》の如《ごと》し而《しか》して本條《ほんでう》に於《おい》て投票《たうへう》に關《くわん》する無效《むかう》の場合《はあひ》を明記《めいき》せり左《さ》の如《ごと》し

第一、成規《せいき》の用紙《ようし》を用《もち》ゐさるもの、投票《たうへう》は市町村長《しちやうそんちやう》の一定《てい》せる形式《けいしき》を備《そな》ふるものなるを要《えう》すること前述《ぜんじゆつ》する所《ところ》の如《ごと》し蓋《けだし》投票《たうへう》用紙《ようし》に一定《てい》の制限《せいげん》を爲《な》したるは種《しゆ》々の弊害《へいがい》の起《おこ》るを防《ふせ》くか爲《た》めなり從《したが》つて一定《てい》の用紙《ようし》を用《もち》ゐすして爲《な》したる投票《たうへう》は絕對《ぜつたい》に無效《むかう》なるものとせり

第二、現《げん》に市町村會議員《しちやうそんくわいぎゐん》の職《しよく》にある者《もの》の氏名《しめい》を記載《きさい》したるもの、現《げん》に其職《そのしよく》にある市町村會議員《しちやうそんくわいぎゐん》は市町村議決機關《しちやうそんぎけつきくわん》を組織《そしき》せる者《もの》にして選擧《せんきよ》により更《さら》に之《これ》か機關《きくわん》を組織《そしき》するの一員《ゐん》となるへき者《もの》にあらす畢竟《ひつきやう》議員《ぎゐん》は一人《にん》にして二人《にん》の資格《しかく》を兼《かね》ることを得《え》さるの趣旨《しゆし》に出《い》てたるものなり

第三、一投票《たうへう》中《ちう》二人《にん》以《い》上《じやう》の被選擧人《ひせんきよにん》の氏名《しめい》を記載《きさい》したるもの、本制《ほんせい》に於《おい》ては原則《げんそく》として單記《たんき》投票《たうへう》の制《せい》を採《と》りたるの結果《けつくわ》二名《めい》以《い》上《じやう》の被《へ》選擧人《せんきよにん》の氏名《しめい》あるものは對《ぜつ》對《たい》に無效《むかう》なるものとせり

第四、被選擧人《せんきよにん》の何人《なにびと》たるかを確認《かくにん》し難《がた》きもの、被選擧人《ひせんきよにん》は選擧權《せんきよけん》を有《いう》する市町《しちやう》村《そん》の公民《こうみん》たるを要《えう》すると前述《ぜんじゆつ》する所《ところ》の如し而《しか》して投票《へう》に記載《きさい》せる被選擧人《ひせんきよにん》の氏名《しめい》か選擧人名簿《せんきよにんめいぼ》に記載《きさい》せる何《いづ》れの選擧人《せんきよにん》に該當《がいたう》するや確實《かくじつ》ならさる場合《ばあひ》は之《これ》を無效《むかう》とせさるへからす

第五、被選擧權《ひせんきよけん》なき者《もの》の氏名《しめい》を記載《きさい》したるもの、之《これ》れ議員《ぎゐん》たるの資格《しかく》なきものなるか故《ゆゑ》に無效《むかう》たるや明《あきら》かなり

第六、被選擧人《ひせんきよにん》の氏名《しめい》の外《ほか》他事《たじ》を記入《きにふ》したるもの、投票《たうへう》は畢竟《ひつきやう》被選擧人《ひせんきよにん》の氏名《しめい》を記入《きにふ》し比較《ひかく》多數《たすう》の法《はふ》により當選《たうせん》を定《さだ》むるにあり從《したが》つて氏名《しめい》以外《いぐわい》のものを記入《きにふ》するも其《その》比較《ひかく》多數《たすう》を求《もと》むるには何等《なんら》の妨害《ばうがい》を與《あた》へるものにあらすと雖《いへど》も此《かく》の如き記載《きさい》を許《ゆる》すときは投票《たうへう》の目的《もくてき》を滅却《めつきやく》するのみならす、投票《たうへう》は遂《つひ》に一葉《えう》の記《き》錄《ろく》となりて種々《しゆ〴〵》の疑義《ぎぎ》を生《しやう》するの恐《おそれ》あるを以《もつ》て本制《ほんせい》は單《たん》に爵位《しやくゐ》職業《しよくげふ》身分《みぶん》住所《ぢゆうしよ》

又《また》は敬稱《けいしよう》の類《るゐ》のみの記入《きにふ》を許《ゆる》し其他《そのた》の記入《きにふ》は投票《たうへう》を無效《むかう》とすへきものとせり

著者《ちよしや》の考《かんが》ふる所《ところ》にては市町村内《しちやうそんない》に同《どう》一姓名《せいめい》の選擧人《せんきよにん》二人《にん》以上《いじやう》ある場合《ばあひ》に於《おい》ては此但書《このたゞしがき》の記載《きさい》は投票《たうへう》に最《もつとも》必要《ひつえう》なる記載事項《きさいじかう》たることを信《しん》するなり

連記投票《れんきたうへう》の場合《ばあひ》に於《お》ける投票《たうへう》の有效無效《いうかうむかう》、本制《ほんせい》に於《おい》ては確定名簿《かくていめいぼ》に登錄《とうろく》せられたる毎級選擧人《まいきふせんきよにん》の數《すう》か其選擧《そのせんきよ》すへき議員數《ぎゐんすう》の三倍《ばい》より少《すくな》き塲合《ばあひ》には特《とく》に連名《れんめい》投票《たうへう》を以《もつ》て投票《たうへう》すへきものとせること前述《ぜんじゆつ》する所《ところ》の如《ごと》し連名投票《れんへいたうへう》とは選擧《せんきよ》すへき議員《ぎゐん》の數《すう》に該當《がいたう》する被選擧人《ひせんきよにん》の氏名《しめい》を投票用紙《たうへうようし》に記入《きにふ》して投票《たうへう》することを謂《い》ふ而《しか》して投票《たうへう》に記載《きさい》したる人員《じんゐん》か選擧《せんきよ》すへき議員《ぎゐん》の定數《ていすう》を超過《てうくわ》したるときは之《これ》を無效《むかう》となし其定數《そのていすう》の記載人名《きさいじんめい》の中《うち》本條《ほんでう》第二號第四號第五號に該當《がいたう》する記入《きにふ》ありたるときは其記入《そのきにふ》のみを無效《むかう》となし他《た》の部分《ぶぶん》の記載《きさい》は之《これ》を有效《いうかう》とす尚《なほ》本條《ほんでう》第一號第六號は連名投票《れんめいたうへう》の場合《ばあひ》も無效《むかう》のものとせり

舊《きう》市制町村制《せいちやうそんせい》に於《おい》ては投票《たうへう》に關《くわん》しては連名投《れんめいたう》う《へう》の制《せい》を採用《さいよう》し且《かつ》選擧人《せんきよにん》か投票《たうへう》用紙《ようし》に選擧《せんきよ》すへき議員《ぎゐん》の定數《ていすう》を超過《てうくわ》する被選擧人《ひせんきよにん》の氏名《しめい》を記載《きさい》したるときには其末尾《そのまつび》より順次《じ》に其超過人員《そのてうくわじんゐん》を棄却《ききやく》し其定數《そのていすう》のみを有效《いうかう》と認《みと》めたり畢竟《ひつきやう》議

擧人《きよにん》の意思《いし》は被選擧人《ひせんきよにん》の才《さ》能の優劣《いうれつ》により投票《たうへう》記載《きさい》の順序《じゆんじよ》を定《さだ》めたるとの趣《しゆ》旨《し》に外《ほか》ならさるへし然《しか》れとも此《かく》の如《ごと》き趣旨《しゆし》は若《も》し其《その》記載《きさい》の順序《じゆんじよ》を識別《しきべつ》する能《あた》はさる場合《ばあひ》には殆《ほと》んと取捨《しゆしや》すること能《あた》はさるに至《いた》るへし故《ゆゑ》に本制《ほんせい》に於《おい》ては議《ぎ》員定數《ゐんていすう》に超過《てうくわ》するの投票《たうへう》は絶對《ぜつたい》に無效《むかう》のものとせり

選擧人《せんきよにん》か選擧《せんきよ》すへき議員《ぎゐん》の定數《ていすう》より少《すく》なき數《すう》を投票《たうへう》に記載《きさい》せる場合《ばあひ》は選擧人《せんきよにん》は其《その》不足《ふそく》する數《すう》に付《つき》選擧權《せんきよけん》を抛棄《はうき》したるものなるか又《また》は選擧人《せんきよにん》か他《た》に市町村《しちやうそん》行政《ぎやうせい》に參與《さんよ》せしむへき適才《てきさい》の者《もの》を被選擧人《ひせんきよにん》の中《うち》に見出《みいだ》すことを得《え》さるものと推定《すいてい》することを得《う》るか故《ゆゑ》に之《これ》を有效《いうかう》とせさるへからす

〔市〕第二十九條 投票ノ拒否及效力ハ選擧立會人之ヲ決定ス可否同數ナルトキハ選擧長之ヲ決定スヘシ

選擧分會ニ於ケル投票ノ拒否ハ其ノ選擧立會人之ヲ決定ス可否同數ナルトキハ分會長之ヲ決スヘシ

〔町村〕第二十六條 投票ノ拒否及效力ハ選擧立會人之ヲ決定ス可否同數ナルトキハ選擧長之ヲ決スヘシ

選擧分會ニ於ケル投票ノ拒否ハ其ノ選擧立會人之ヲ決定ス可否同數ナルトキハ分會長之ヲ決スヘシ

投《たう》票《へう》の拒《きよ》否《ひ》とは投《たう》票《へう》を爲《な》さんとする者《もの》か其《その》選《せん》擧《きよ》資《し》格《かく》を有《いう》せさるか若《も》しくは其《その》資《し》格《かく》を失《うしな》ひたるか又《また》は代《だい》人《にん》による投《たう》票《へう》にして代《だい》人《にん》か其《その》代《だい》理《り》の證《しよう》明《めい》を爲《な》す能《あた》はさる場《ば》合《あひ》に其《その》投《たう》票《へう》を爲《な》すことを拒《きよ》絶《ぜつ》するを謂《い》ふ投《たう》票《へう》の効《かう》力《りよく》とは本《ほん》制《せい》の規《き》定《てい》に照《てら》して投《たう》票《へう》か有《いう》效《かう》なるや無《む》效《かう》なるや即《すなは》ち前《ぜん》條《でう》に於《おい》て説《せつ》明《めい》せる要《えう》件《けん》を具《ぐ》備《び》するや否《いな》やを謂《い》ふ而《しか》して投《たう》票《へう》の拒《きよ》否《ひ》及《および》効《かう》力《りよく》に關《くわん》しては之《これ》か決《けつ》定《てい》を選《せん》擧《きよ》立《たち》會《あひ》人《にん》の集《しふ》議《ぎ》體《たい》に一任《にん》し其《その》集《しふ》議《ぎ》體《たい》の意《い》思《し》にして可《か》否《ひ》同《どう》數《すう》なる場《ば》合《あひ》に選《せん》擧《きよ》長《ちやう》をして決《けつ》せしむるものとせり

選《せん》擧《きよ》分《ぶん》會《くわい》に於《おい》ては單《たん》に投《たう》票《へう》の拒《きよ》否《ひ》に關《くわん》し立《たち》會《あひ》人《にん》をして決《けつ》定《てい》せしむるものとなしたるは分《ぶん》會《くわい》は單《たん》に投《たう》票《へう》のみを行《おこな》ふ所《ところ》にして其《その》投《たう》票《へう》の効《かう》力《りよく》は本《ほん》會《くわい》に於《おい》て定《さだ》むへきものなるか故《ゆゑ》なり

〔市〕

第三十條　市會議員ノ選擧ハ有効投票ノ最多數ヲ得タル者ヲ以テ當選者トス

但シ各級ニ於テ選擧スヘキ議員數ヲ以テ選擧人名簿ニ登錄セラレタル各級ノ

人員數ヲ除シテ得タル數ノ七分ノ一以上ノ得票アルコトヲ要ス
前項ノ規定ニ依リ當選者ヲ定ムルニ當リ得票ノ數同シキトキハ年長者ヲ取リ年齢同シキトキハ選擧長抽籤ニテ之ヲ定ムヘシ

〔町村〕**第二十七條**　町村會議員ノ選擧ハ有效投票ノ最多數ヲ得タル者ヲ以テ當選者トス但シ各級ニ於テ選擧スヘキ議員數ヲ以テ選擧人名簿ニ登錄セラレタル各級ノ人員數ヲ除シ得タル數ノ七分ノ一以上ノ得票アルコトヲ要ス
前項ノ規定ニ依リ當選者ヲ定ムルニ當リ得票ノ數同シキトキハ年長者ヲ取リ年齢同シキトキハ選擧長抽籤シテ之ヲ定ムヘシ

議員《ぎゐん》當選《たうせん》の認定《にんてい》に付《つき》ては二の方法《はうはふ》あり一は有効投票《いうかうたうへう》の過半數《くわはんすう》によりて當選《たうせん》を定《さだ》むるものとし二は其《その》比較多數《ひかくたすう》により之《これ》を定《さだ》むるにあり有効投票《いうかうたうへう》の過半數《くわはんすう》によりて定《さだ》むと謂《い》ふは例《たと》へは五千の有効投票《いうかうたうへう》の中《うち》に於《おい》て二千五百以上《いじやう》の投票《たうへう》を得《え》たる者《もの》を以《もつ》て當選《たうせん》とし從《したが》つて有効投票《いうかうたうへう》の過半數《くわはんすう》を得《う》る者《もの》なきときは當選者《たうせんしや》を得《え》さることとなる反之《これにはんし》有効投票《いうかうたうへう》の比較多數法《ひかくたすうはふ》により當選者《たうせんしや》を定《さだ》むるときは有効投票《いうかうたうへう》の中最《うちもつと》も多《おほ》き投票《たうへう》を得《え》たるものを以《もつ》て當選者《たうせんしや》となすか故《ゆゑ》に當選者《たうせんしや》を

生《しやう》せさることなし

元來《ぐわんらい》市《し》町村《ちやうそん》を獨立《どくりつ》せる自治體《じちたい》となし之《こ》れに人格《じんかく》(人《ひと》たる資格《しかく》)を與《あた》へたる以上《いじやう》は其《その》意思《いし》を創成《さうせい》し之《これ》を發表《はつぺう》すへき議決《ぎけつ》機關《きくわん》を組織《そしき》する議員《ぎゐん》の當選《たうせん》を認定《にんてい》するに當《あた》りては有效《いうかう》投票《たうへう》の過半數《くわはんすう》を以《もつ》て之《これ》を定《さだ》むるとするを理論上《りろんじやう》最《もつと》も至當《したう》なりとす極端《きよくたん》に之《これ》を論《ろん》すれは選擧人《せんきよにん》全體《ぜんたい》の意思《いし》の合致《がつち》により之《これ》を定《さだ》むるを以《もつ》て理論《りろん》に合《がつ》するものと謂《い》はさるへからす然《しか》れとも此《かく》の如《ごと》きは實際上《じつさいじやう》甚《はなはだ》不便《ふべん》を生《しやう》するのみならす多數《たすう》の議員《ぎゐん》を選擧《せんきよ》するに當《あた》りては有效《いうかう》投票《たうへう》の過半數《くわはんすう》の方法《はうはふ》により其《その》當選《たうせん》を定《さだ》むるとするも屢々《しば〳〵》再選擧《さいせんきよ》を爲《な》すの煩忙《はんはう》を來《きた》し市町村《しちやうそん》の行政事務《ぎやうせいじむ》に支障《ししやう》を生《しやう》すること少《すくな》からさるか故《ゆゑ》に本制《ほんせい》に於《おい》ては議員《ぎゐん》の選擧《せんきよ》に付《つき》比較《ひかく》多數《すう》の方法《はうはふ》によるを原則《げんそく》とし且《か》つ得票《とくへう》の最少限度《さいせうげんど》を制限《せいげん》するものとせり

本制《せんたい》に於《おい》ては有效《いうかう》投票《たうへう》の最多數《さいたすう》を得《え》たるものにして其《その》得票《とくへう》の數《すう》か各級《かくきふ》の議員《ぎゐん》數《すう》を以《もつ》て選擧人《せんきよにん》名簿《めいは》記載《きさい》の選擧人《せんきよにん》の數《すう》を除《ぢよ》して得《え》たる數《すう》の七分《ぶん》の一以上《いじやう》に達《たつ》するにあらされは當選者《たつせんしや》となすことを得《え》す從《したが》つて或《あ》る場合《はあひ》に於《おい》ては一回《くわい》の選《せん》擧《きよ》のみにては選擧《せんきよ》すへき議員《ぎゐん》の數《すう》を當選《たうせん》せしむること能《あた》はさることあり蓋本《けだしほん》

制《せい》に於《おい》て比《ひ》較《かく》多《た》數《すう》の方《はう》法《はふ》に右《みぎ》の如《ごと》き制《せい》限《げん》を設《きつ》けたるの結《けつ》果《くわ》に外《ほか》ならさるなり投《とう》票《へう》の數《すう》同《おな》しき場《ば》合《あひ》に年《ねん》長《ちやう》者《しや》を當《たう》選《せん》者《しや》となすは年《ねん》長《ちやう》者《しや》を以《もつ》て行《ぎやう》政《せい》事《じ》務《む》に經《けい》驗《けん》あるものとの推《すい》定《てい》に基《もと》づくに外《ほか》ならす而《しか》して年《ねん》齡《れい》相《あひ》等《ひと》しき場《ば》合《あひ》には最《もつとも》公《こう》平《へい》なる抽《ちう》籤《せん》の方《はつ》法《はふ》に依《よ》るへきものとせり

〔市〕**第三十一條**　選擧長又ハ分會長ハ選擧錄ヲ調製シテ選擧又ハ投票ノ顚末ヲ記載シ選擧又ハ投票ヲ終リタル後之ヲ朗讀シ選擧立會人二人以上ト共ニ之ヲ署名スヘシ

各選擧區ノ選擧長ハ選擧錄（第六條ノ市ニ於テハ其謄本）ヲ添ヘ當選者ノ住所氏名ヲ市長ニ報告スヘシ

選擧分會長ハ投票函ト同時ニ選擧錄ヲ本會ニ送致スヘシ

選擧錄ハ投票選擧人名簿其ノ他ノ關係書類ト共ニ選擧及當選ノ效力確定スルニ至ル迄之ヲ保存スヘシ

〔町村〕**第二十八條**　選擧長又ハ分會長ハ選擧錄ヲ調製シテ選擧又ハ投票ノ顚末ヲ記載シ選擧又ハ投票ヲ終リタル後之ヲ朗讀シ選擧立會人二人以上ト共ニ之ヲ署

名スヘシ
選擧分會長ハ投票函ト同時ニ選擧錄ヲ本會ニ送致スヘシ
選擧錄ハ投票選擧人名簿其ノ他ノ關係書類ト共ニ選擧及當選ノ效力確定スルニ至ル迄之ヲ保存スヘシ

選擧長《せんきよちやう》又《また》は分會長《ぶんくわいちやう》か選擧錄《せんきよろく》を調製《てうせい》し選擧《せんきよ》又《また》は投票《たうへう》の顚末《てんまつ》を朗讀《ろうどく》するは選擧《せんきよ》又《また》は投票《たうへう》の次第《しだい》を一般《はん》選擧人《せんきよにん》に知悉《ちしつ》せしむると同時《どうじ》に選擧人《せんきよにん》をして異議《いぎ》あるや否《いな》やを知《し》らしむるにあり蓋《けだし》選擧錄《せんきよろく》は選擧人《せんきよにん》名簿《めいぼ》其《そ》の他《た》の關係《くわんけい》書類《しよるゐ》と相待《あひま》ちて選擧《せんきよ》竝《ならび》に投票《たへう》の有效《いうかう》無效《むかう》を定《さだ》むるに付訴願《そがん》、訴訟《そしよう》の證據《しようこ》書類《しよるゐ》となるへきものなるを以《もつ》て選擧長《せんきよちやう》又《また》は分會長《ぶんくわいちやう》か選擧立會人《せんきよたちあひにん》と署名《しよめい》の上《うへ》其《その》記錄《きろく》の確實《かくじつ》なることを保證《ほしよう》すると共《とも》に其《その》選擧《せんきよ》及《および》當選《たうせん》の效力《かうりよく》の確定《かくてい》するまて換言《くわんげん》せは選擧《せんきよ》者《もしく》は當選《たうせん》に關《くわん》する訴願《そがん》の確定《かくてい》又《また》は之《これ》に關《くわん》する行政《ぎやうせい》訴訟《そしよう》の裁決《はんけつ》あるまて保存《ほぞん》するの必要《ひつえう》あるものにして其《その》保存《ほぞん》の責任《せきにん》は選擧長《せんきよちやう》に屬《ぞく》するものとす

【市】

第三十二條　當選者定マリタルトキハ市長ハ直ニ當選者ニ當選ノ旨ヲ告知シ第六條ノ市ニ於テハ區長ヲシテ之ヲ告知セシム

當選者當選ヲ辭セントスルトキハ當選ノ告知ヲ受ケタル日ヨリ五日以內ニ之ヲ市長ニ申出ツヘシ

一人ニシテ數級又ハ數選擧區ニ於テ當選シタルトキハ最終ニ當選ノ告知ヲ受ケタル日ヨリ五日以內ニ何レノ當選ニ應スヘキカヲ市長ニ申立ツヘシ其ノ期間內ニ之ヲ申立テサルトキハ市長抽籤シテ之ヲ定ム

第十八條第二項ニ掲ケサル官吏ニシテ當選シタル者ハ所屬長官ノ許可ヲ受クルニ非サレハ之ニ應スルコトヲ得ス

前項ノ官吏ハ當選ノ告知ヲ受ケタル日ヨリ二十日以內ニ之ニ應スヘキ旨ヲ市長ニ申出テサルトキハ其ノ當選ヲ辭シタルモノト看做ス第三項ノ場合ニ於テ何レノ當選ニ應スヘキカヲ申立テサルトキハ總テ之ヲ辭シタルモノト看做スヘシ

〔町村〕**第二十九條**　當選者定マリタルトキハ町村長ハ直ニ當選者ニ當選ノ旨ヲ告知スヘシ

當選者當選ヲ辭セントスルトキハ當選ノ告知ヲ受ケタル日ヨリ五日以內ニ之ヲ町村長ニ申立ツヘシ

一人ニシテ兩級ニ於テ當選シタルトキハ最終ニ當選ノ告知ヲ受ケタル日ヨリ五日以內ニ何レノ當選ニ應スヘキカヲ町村長ニ申立ツヘシ其ノ期間內ニ之ヲ申立テサルトキハ町村長抽籤シテ之ヲ定ム

第十五條第二項ニ掲ケサル官吏ニシテ當選シタル者ハ所屬長官ノ許可ヲ受クルニ非サレハ之ニ應スルコトヲ得ス

前項ノ官吏ハ當選ノ告知ヲ受ケタル日ヨリ二十日以內ニ之ニ應スヘキ旨ヲ町村長ニ申立テサルトキハ其ノ當選ヲ辭シタルモノト看做ス第三項ノ場合ニ於テ何レノ當選ニ應スヘキカヲ申立テサル時ハ總テ之ヲ辭シタルモノト看做ス

選舉長《せんきよちやう》又《また》は分會長《ぶんくわいちやう》か選舉《せんきよ》及《および》投票《たうへう》の顚末《てんまつ》を朗讀《らうどく》するは選舉人《せんきよにん》をして投票《たうへう》の結果《けつくわ》を報告《はうこく》するにあり而《しか》して開票《かいへう》の後《のち》當選者《たうせんしや》定《さだ》まりたるときは選舉會《せんきよくわい》は之《これ》を以《もつ》て終了《しうれう》するものなるか故《ゆゑ》に市町村長《しちやうそんちやう》は當選者《たうせんしや》に當選《たうせん》の告知《こくち》を爲《な》ささるへからす然《しか》れとも市町村《しちやうそん》の公民《こうみん》は一定《てい》の事由《じいう》あるときは其議員《そのぎゐん》たるの職《しよく》を辭《じ》するを得《う》るか故《ゆゑ》に此《かく》の如《ごと》き事情《じじやう》ある者《もの》に對《たい》しては之《これ》か就職《しうしよく》を强制《きやうせい》すること能《あた》はす故《ゆゑ》に本條《ほんでう》に規定《きてい》する期間內《きかんない》に辭任《じにん》の申立《まをしたて》を爲《な》すときは之《これ》を許《ゆる》すものとせり

選擧《せんきよ》に付《つき》等級《とうきふ》を區別《くべつ》し又《また》は市《し》に於《おい》て選擧《せんきよ》執行《しつかう》の便宜《べんぎ》の爲《た》め選擧區《せんきよく》を設《まう》くるも被選擧權《ひせんきよけん》を有《いう》するものは各等級《かくとうきふ》又《また》は各區《かくく》を通《つう》して選擧《せんきよ》せらるるを得《う》るか故《ゆゑ》に一人《にん》にして數級《すうきふ》の選擧《せんきよ》若《もしく》は數區《すうく》の選擧《せんきよ》に當選《たうせん》することあり例《たと》へば某《なにがし》にして一級《き》選擧《せんきよ》と二級選擧《きふせんきよ》とに當選《たうせん》し或《あるひ》は甲區《かふく》と乙區《おつく》との選擧《せんきよ》に當選《たうせん》するか如《ごと》き即之《すなはちこれ》なり此《かく》の如《ごと》き場合《ばあひ》には一人《にん》にして議員《ぎゐん》たる資格《しかく》を二重《ぢう》に有《いう》するものなるか故《ゆゑ》に其何《そのいづ》れの等級若《とうきふもしく》は區《く》の當選《たうせん》に應《おう》すへきやを定《さだむ》るの必要《ひつえう》を生《しやう》するものとす而《しか》して市町村長《しちやうそんちやう》より其何《そのいづ》れの當選《たうせん》に應《おう》すへきやの告知《こくち》に對《たい》し申出《まをしいで》を爲《な》ささるときは官吏《くわんり》を除《のぞ》くの外《ほか》當選《たうせん》を承諾《しようだく》したるものと看做《みな》し市町村長《しちやうそんちやう》に於《おい》て抽籤《ちうせん》を以《もつ》て其何《そのいづ》れの當選《たうせん》を受諾《じゆだく》すへきやを定《さだ》むへきものとせり畢竟官吏《ひつきやうくわんり》以外《いぐわい》の公民《こうみん》は當然《たうぜん》議員《ぎゐん》を就職《しうしよく》するの義務《ぎむ》あるものとの趣旨《しゆし》に基付《もとづけ》るものなり舊市制町村制《きうしせいちやうそんせい》に於《おい》ては本制《ほんせい》と反對《はんたい》の規定《きてい》を爲《な》せり即《すなは》ち兩級若《りやうきふもしく》は兩區《りやうく》の當選者《たうせんしや》か市町村長《しちやうそんちやう》の當選《たうせん》の告知《こくち》を受《う》け一定《てい》の期間内《きかんない》に其何《そのいづれ》の當選《たうせん》に應《おう》すへきやを申立《まをしたて》さるものは總《すべ》て其當選《そのたうせん》を辭《じ》したるものとせり然《しか》れとも告知《こくち》に對《たい》する申出《まをしいで》なきの一事《じ》を以《もつ》て當選者《たうせんしや》か議員《ゐん》たるを故意《こい》に辭《じ》したるものとして之《こ》れに制裁《せいさい》を加《くは》ふるは苛酷《かこく》

に失《しつ》するものなり
當選《たうせん》したる者《もの》か市町村《しちやうそん》の屬《ぞく》する府縣《ふけん》以外《いぐわい》の所屬《しよぞく》の官吏《くわんり》なるときは議員《ぎゐん》となることを得《う》ること前述《ぜんじゆつ》する所《ところ》の如《ごと》し然《しか》れとも官吏《くわんり》は元《もと》國家《こくか》の行政《ぎやうせい》の一機關《きくわん》を組《そ》織《しき》し職務《しよくむ》權限《けんげん》を有《いう》し殊《こと》に所屬長官《しよぞくちやうくわん》の命《めい》を奉《ほう》すへきものなるか故《ゆゑ》に所屬長官《しよぞくちやうくわん》の許可《きよか》を受《う》くるにあらされは議員《ぎゐん》の當選《たうせん》に應《おう》することを得《え》さるものとせり從《したが》つて之等《これら》の官吏《くわんり》は數級若《すうきふもしく》は數區《すうく》の選擧《せんきよ》に當選《たうせん》したる場合《ばあひ》に於《おい》て市町村長《しちやうそんちやう》の告知《こくち》に對《たい》し應諾《おうだく》の申出《まをしいで》を爲《な》ささるときには其當選《そのたうせん》を辭《じ》したるものとせり畢竟官吏《ひつきやうくわんり》は長官《ちやうくわん》の許否《きよひ》を條件《でうけん》とせる被選擧權者《ひせんきよけんしや》なるか故《ゆゑ》なり

〔市〕**第三十三條**　市會議員ノ當選ヲ辭シタル者アルトキハ市長ハ直ニ之ヲ補フヘキ當選者ヲ定ムヘシ此場合ニ於テハ第三十條ノ規定ヲ準用ス

〔町村〕**第三十條**　町村會議員ノ當選ヲ辭シタル者アルトキハ町村長ハ直ニ之ヲ補フヘキ當選者ヲ定ムヘシ此ノ場合ニ於テハ第二十七條ノ規定ヲ準用ス

市町村會議員《しちやうそんくわいぎゐん》か當選《たうせん》を辭《じ》したる場合《ばあひ》には市町村長《しちやうそんちやう》は直《たゞち》に其後補《そのこうほ》者《しや》を選定《せんてい》せさるへからす其後補《そこうほ》者《しや》の選定《せんてい》に關《くわん》しては其《その》辭任《にん》者《しや》を當選《たうせん》せさるものと看做《みな》して

其次《そのじ》點者《てんしゃ》を當選者《たうせんしゃ》と定《さだ》むへきものとす而《しか》して後補者《こうはしゃ》の選定《せんてい》に付《つき》ても市制《しせい》第三十條町村制《ちやうそんせい》第二十七條の規定《きてい》によるへきものとせり

〔市〕**第三十四條**　選擧ヲ終リタルトキハ市長ハ直ニ選擧錄ノ謄本ヲ添ヘ之ヲ府縣知事ニ報告スヘシ

第三十二條第二項ノ期間ヲ經過シタルトキ同條第三項若ハ第五項ノ申立アリタルトキ又ハ同條第三項ノ規定ニ依リ抽籤ヲ爲シタルトキハ市長ハ直ニ當選者ノ住所氏名ヲ告示シ併セテ之ヲ府縣知事ニ報告スヘシ

〔町村〕**第三十一條**　選擧ヲ終リタルトキハ町村長ハ直ニ選擧錄ノ謄本ヲ添ヘ之ヲ郡長ニ報告スヘシ

第二十九條第二項ノ期間ヲ經過シタルトキ、同條第三項若ハ第五項ノ申立アリタルトキ又ハ同條第三項ノ規定ニ依リ抽籤ヲ爲シタルトキハ町村長ハ直ニ當選者ノ住所氏名ヲ告示シ併セテ之ヲ郡長ニ報告スヘシ

市町村長《しちやうそんちやう》をして選擧錄《せんきよろく》の謄本《たうほん》を添《そ》へて選擧《せんきよ》に關《くわん》するの事項《じこう》を郡長府縣知事《ぐんちやうふけんちじ》に報告《はうこく》せしむるの義務《ぎむ》を負《お》はしめたるは蓋《けだし》市町村會議員《しちやうそんくわいぎゐん》は市町村自治體《しちやうそんじちたい》の議決《ぎけつ》

機關《きくわん》を組織《そしき》し從《したが》つて議員《ぎゐん》の選擧《せんきよ》は市町村長《しちやうそんちやう》竝《ならび》に其自治《そのじち》團體《だんたい》に一任《にん》すへきか如《ごと》しと雖《いへど》も選擧《せんきよ》及《および》當選《たうせん》の效力如何《かうりよくいかん》は市町村《しちやうそん》住民《ぢうみん》の權利《けんり》に重大《ぢうだい》の關係《くわんけい》を有《いう》するものにして其監督《そのかんとく》の任《にん》にある郡長府縣《ぐんちやうふけん》知事《ちじ》は其效力如何《そのかうりよくいかん》を監督《かんとく》し異議《いぎ》ある場合《ばあひ》には郡長府縣知事《ぐんちやうふけんちじ》は自《みづか》ら之《これ》か處分《しよぶん》の方法《はうはふ》を講《かう》することを得《う》本制《ほんせい》に於《おい》て市町村《しちやうそん》長《ちやう》か選擧《せんきよ》及《および》當選《たうせん》の顚末《てんまつ》を報告《はうこく》するの義務《ぎむ》あるは則《すなはち》之《これ》か爲《た》めなり

〔市〕**第三十五條**　選擧ノ規定ニ違反スルコトアルトキハ選擧ノ結果ニ異動ヲ生スルノ虞アル場合ニ限リ其ノ選擧ノ全部又ハ一部ヲ無效トス

〔町村〕**第三十二條**　選擧ノ規定ニ違反スルコトアルトキハ選擧ノ結果ニ異動ヲ生スルノ虞アル場合ニ限リ其ノ選擧ノ全部又ハ一部ヲ無效トス

市町村會議員《しちやうそんくわいぎゐん》の選擧《せんきよ》は本制《ほんせい》に定《さだ》めたる規定《きてい》により執行《しつかう》すへきものなるか故《ゆゑ》に若《も》し選擧《せんきよ》か規定《きてい》に違反《ゐはん》せるときは其選擧《そのせんきよ》は効力《かうりよく》を生《しやう》せしむへきものにあらす然《しか》れとも本制《ほんせい》に於《お》ける選擧《せんきよ》に關《くわん》する規定《きてい》は或《あるひ》は選擧人《せんきよにん》の資格《しかく》を定《さだ》めたるものあり或《あるひ》は被選擧人《せんきよにん》の資格《しかく》を定《さだ》めたるものあり或《あるひ》は又《また》投票《たうへう》の手續《てつゞき》當選《たうせん》の要件《えうけん》を定《さだ》めたるものあり從《したが》つて選擧《せんきよ》の規定《きてい》に違反《ゐはん》したる場合《ばあひ》に於《おい》ても當選《たうせん》の結果《けつくわ》に

影響《えいきやう》せさることあり或《あるひ》は其《その》結《けつ》果《くわ》に影響《えいきやう》するか爲《た》め當《たう》選《せん》者《しや》を變《へん》更《かう》せさるへからさる場《は》合《あひ》あり斯《かく》の如《ごと》くなるか故《ゆゑ》に本《ほん》制《せい》に於《おい》ては選《せん》擧《きよ》の規《き》定《てい》に違《ゐ》反《はん》せる場《は》合《あひ》に於《たい》て其《その》違《ゐ》反《はん》により選《せん》擧《きよ》の一部《ぶ》又《また》は全《ぜん》部《ぶ》に影響《えいきやう》を生《しやう》すへき場《は》合《あひ》に限《かぎ》り其《その》一部《ぶ》又《また》は全《ぜん》部《ぶ》を無《む》効《かう》とすへきものとせり而《しか》して如《い》何《か》なる規《き》定《てい》に違《ゐ》反《はん》したる場《は》合《あひ》か其《その》結《けつ》果《くわ》の影響《えいきやう》を及《およ》ほすへきものなるや否《いな》やは其《その》場《は》合《あひ》の事《じ》情《じやう》により之《これ》を定《さだ》めさるへからす今《いま》其《その》例《れい》を示《しめ》せは當《たう》選《せん》者《しや》の一人《にん》か被《ひ》選《せん》擧《きよ》人《にん》たるの要《えう》件《けん》を缺《か》く場《は》合《あひ》に於《おい》ては其《その》者《もの》の當《たう》選《せん》か無《む》効《かう》となるものにして此《この》場《は》合《あひ》に於《たい》ては選《せん》擧《きよ》の一部《ぶ》か無《む》効《かう》となるにあり又《また》選《せん》擧《きよ》人《にん》名《めい》簿《は》の調《てう》製《せい》の手《て》續《つゞき》に欠《けつ》缺《く》ありたるか爲《た》め選《せん》擧《きよ》の名《めい》簿《は》か無《む》効《かう》となれる場《は》合《あひ》にありては當《たう》選《せん》者《しや》の資《し》格《かく》の如《い》何《かん》に拘《かゝは》らす選《せん》擧《きよ》の全《ぜん》部《ぶ》を無《む》効《かう》とせさるへからす要之《る》選《せん》擧《きよ》の無《む》効《かう》は當《たう》選《せん》の無《む》効《かう》をも包《はう》含《がん》すれとも當《たう》選《せん》の無《む》効《かう》は必《かならす》しも選《せん》擧《きよ》の無《む》効《かう》を豫《よ》想《さう》することを得《え》す

〔市〕

第三十六條　選擧人選擧又ハ當選ノ効力ニ關シ異議アルトキハ選擧ニ關シテハ選擧ノ日ヨリ當選ニ關シテハ第三十四條第二項ノ告示ノ日ヨリ七日以内ニ之ヲ市長ニ、申立ツルコトヲ得此ノ場合ニ於テハ市長ハ七日以内ニ市會ノ決定

ニ付スヘシ市會ハ其ノ送付ヲ受ケタル日ヨリ十四日以内ニ之ヲ決定スヘシ

前項ノ決定ニ不服アル者ハ府縣參事會ニ訴願スルコトヲ得

府縣知事ハ選擧又ハ當選ノ効力ニ關シ異議アルトキハ選擧ニ關シテハ第三十四條第一項ノ報告ヲ受ケタル日ヨリ當選ニ關シテハ同條第二項ノ報告ヲ受ケタル日ヨリ二十日以内ニ之ヲ府縣參事會ノ決定ニ付スルコトヲ得

前項ノ決定アリタルトキハ同一事件ニ付爲シタル異議ノ申立及市會ノ決定ハ無効トス

第二項若ハ第六項ノ裁決又ハ第三項ノ決定ニ不服アル者ハ行政裁判所ニ出訴スルコトヲ得

第一項ノ決定ニ付テハ市長ヨリモ訴願ヲ提起スルコトヲ得

第二項若ハ前項ノ裁決又ハ第三項ノ決定ニ付テハ府縣知事又ハ市長ヨリモ訴訟ヲ提起スルコトヲ得

市會議員ハ選擧又ハ當選ニ關スル決定若ハ裁決確定シ又ハ判決アル迄ハ會議ニ列席シ議事ニ參與スルノ權ヲ失ハス

〔町村〕第三十三條　選擧人選擧又ハ當選ノ効力ニ關シ異議アルトキハ選擧ニ關シテハ選擧ノ日ヨリ當選ニ關シテハ第三十一條第二項ノ告示ノ日ヨリ七日以內ニ之ヲ町村長ニ申立ツルコトヲ得此ノ場合ニ於テハ町村長ハ七日以內ニ町村會ノ決定ニ付スヘシ町村會ハ其ノ送付ヲ受ケタル日ヨリ十四日以內ニ之ヲ決定スヘシ

前項ノ決定ニ不服アル者ハ府縣參事會ニ訴願スルコトヲ得

郡長ハ選擧又ハ當選ノ効力ニ關シ異議アルトキハ府縣知事ノ指揮ヲ受ケ選擧ニ關シテハ第三十一條第一項ノ報告ヲ受ケタル日ヨリ當選ニ關シテハ同條第二項ノ報告ヲ受ケタル日ヨリ二十日以內ニ之ヲ處分スルコトヲ得

前項ノ處分アリタルトキハ同一事件ニ付爲シタル異議ノ申立及町村會ノ決定ハ無効トス

第三項ノ處分ニ不服アル者ハ府縣參事會ニ訴願シ其ノ裁決又ハ第二項若ハ第六項ノ裁決ニ不服アル者ハ行政裁判所ニ出訴スルコトヲ得

第一項ノ決定及第二項又ハ前項ノ裁決ニ付テハ町村長ヨリモ訴願又ハ訴訟ヲ

提起スルコトヲ得

第二項第五項又ハ前項ノ裁決ニ付テハ府縣知事ヨリモ訴訟ヲ提起スルコトヲ得

町村會議員ハ選擧又ハ當選ニ關スル處分、決定若ハ裁決確定シ又ハ判決アル迄會議ニ列席シ議事ニ參與スルノ權ヲ失ハス

選擧及當選《せんきよおよびたうせん》の効力《かうりよく》に付異議《ゐぎ》ある場合《ばあひ》には二の方法《はうはふ》により其《その》救濟《きうさい》を爲《な》すことを認《みと》めたり即《すなは》ち一は異議《ゐぎ》ある選擧人《せんきよにん》をして訴願《そぐわん》の方法《はうはふ》により其効力《そのかうりよく》の有無《いうむ》を定むるにあり一は監督官廳《かんとくくわんちやう》の監督權《かんとくけん》の行使《かうし》により之《これ》を定《さだ》むるもの即之《すなはちこれ》なり本條《ほんでう》は選擧及當選《せんきよおよびたうせん》の効力《かうりよく》に關《くわん》し異議《ゐぎ》ある場合《ばあひ》の手續《てつゞき》を規定《きてい》したるものなり

選擧及當選《せんきよおよびたうせん》の効力《かうりよく》に關《くわん》し異議《いぎ》を申立《まをした》つことを得《う》るものは第一、選擧人《せんきよにん》なりとす從《したが》つて選擧權《せんきよけん》を有《いう》せさる市町村住民《しちやうそんぢうみん》は其効力《そのかうりよく》に關《くわん》し異議《いぎ》を申立《まをした》つことを得《え》さるや明《あきら》かなり蓋本制《けだしほんせい》に於《おい》て選擧人《せんきよにん》に此權《このけん》を附與《ふよ》したるは選擧權《せんきよけん》の保護《ほご》より生《しやう》するものなり第二、郡長府縣知事《ぐんちやうふけんちじ》なりとす蓋郡長府縣知事《けだしぐんちやうふけんちじ》は市町村自治體《しちやうそんじちたい》の監督《かんとく》の任《にん》に當《あた》るものなるか故《ゆゑ》なり

異議《いぎ》の申立《まをしたて》に對《たい》する決定《けつてい》、選擧及當選《せんきよおよびたうせん》の效力《かうりよく》に關《くわん》し選擧人《せんきよにん》より市町村長《しちやうそんちやう》に異議《いぎ》の申立《まをしたて》ありたるときは市町村長《しちやうそんちやう》は市町村會《しちやうそんくわい》をして之《これ》か當否《たうひ》を決定《けつてい》せしむへきものとす而《しか》して異議《いぎ》の申立期日《まをしたてきじつ》、市町村會《しちやうそんくわい》の決定《けつてい》に付《ふ》すへき期間並《きかんならびに》市町村會《しちやうそんくわい》の決定《けつてい》すへき期間《きかん》を本條《ほんでう》の如《ごと》く短期日《たんきじつ》に定《さだ》めたる所以《ゆゑん》のものは畢竟議員《ひつきやうぎゐん》の職務《しよくむ》は市町村《しちやうそん》の行政《ぎやうせい》に必要欠《ひつえうか》くへからさるものなるか故《ゆゑ》に最急速《もつともきふそく》に之《これ》か當否《たうひ》を定《さだ》むへきものとなしたるなり

郡長府縣知事《ぐんちやうふけんちじ》か選擧及當選《せんきよおよびたうせん》の效力《かうりよく》に關《くわん》して異議《いぎ》ある場合《ばあひ》には郡長《ぐんちやう》は所屬府縣《しよぞくふけん》知事《ちじ》の指揮《しき》を受《う》けて適宜《てきぎ》の處分《しよぶん》を爲《な》し府縣知事《ふけんちじ》は其市《そのし》の選擧及當選《せんきよおよびたうせん》の當否《たうひ》を府縣參事會《ふけんさんじくわい》をして決定《けつてい》せしむるものとす

訴願及訴訟《そがんおよびそしよう》、市町村會《しちやうそんくわい》の決定《けつてい》郡長《ぐんちやう》の處分《しよぶん》に對《たい》し不服《ふふく》ある場合《ばあひ》には訴願《そがん》の方法《はうはふ》により府縣參事會《ふけんさんじくわい》に之《これ》か救濟《きうさい》を求《もと》むることを得《う》へし又府縣參事會《またふけんさんじくわい》の裁決《さいけつ》に不服《ふふく》ある場合《ばあひ》には行政裁判所《ぎやうせいさいはんしよ》に訴訟《そしよう》を提起《ていき》することを得《う》へし

市町村會議員《しちやうそんくわいぎゐん》は當選《たうせん》により其就職《そのしうしよく》を強制《きやうせい》せらるゝものにして從《したが》つて一且《たん》就職《しうしよく》したる以上《いじやう》は直《たゞち》に市町村《しちやうそん》の議決機關《ぎけつきくわん》を組織《そしき》し其行政事務《そのぎやうせいじむ》を處理《しより》せさるへから

す假令《たとへ》當選《たうせん》又《また》は選擧《せんきよ》の効力《かうりよく》に關《くわん》して異議《いぎ》の申出《まをしいで》あり或《あるひ》は訴願《そがん》訴訟《そしよう》の提起《ていき》ありたるときと雖《いへど》も其異議《そのいぎ》又《また》は訴願《そがん》の確定《かくてい》せるか若《もし》くは訴訟《そしよう》の判決《はんけつ》あるまでは其職《そのしよく》務《む》を遂行《ついかう》せさるへからす反之《これにはんし》議員《ぎゐん》の就職《しうしよく》ありたるに拘《かゝは》らす選擧《せんきよ》又《また》は當選《たうせん》無効《むかう》の申出《まをしいで》訴願《そがん》、若《もしく》は訴訟《そしよう》の提起《ていき》ありたるか爲《た》め其議員《そのぎゐん》か市町村會《しちやうそんくわい》の會議《くわいぎ》に加《くは》はることを得《え》さるものとせは市町村《しちやうそん》は其異議《そのゐぎ》、訴願《そがん》若《もしく》は訴訟《そしよう》の確定《かくてい》するまて議決機《ぎけつき》關《くわん》を欠《か》くの結果《けつくわ》を生《しやう》することあり此《かく》の如《ごと》きは決《けつ》して市町村行政《しちやうそんぎやうせい》の進渉《しんせふ》を計《はか》るものにあらす本制《ほんせい》に於《おい》て市町村會議員《しちやうそんくわいぎゐん》をして選擧《せんきよ》又《また》は當選《たうせん》に關《くわん》する決定《けつてい》若《もしく》は裁決《さいけつ》の確定《かくてい》し又《また》は判決《はんけつ》あるまて會議《くわいぎ》に列席《れつせき》し議事《ぎじ》に參與《さんよ》することを得《ね》せしめたるは右《みぎ》に述《の》ふる理由《りいう》に基《もとゝ》くものなり

〔市〕

第三十七條　當選無効ト確定シタルトキハ市長ハ直ニ第三十條ノ例ニ依リ更ニ當選者ヲ定ムヘシ

選擧無効ト確定シタルトキハ更ニ選擧ヲ行フヘシ

議員ノ定數ニ足ル當選者ヲ得ルコト能ハサルトキハ其ノ不足ノ員數ニ付更ニ選擧ヲ行フヘシ此ノ場合ニ於テハ第三十三條第一項但書ノ規定ヲ適用セス

〔町村〕**第三十四條** 當選無効ト確定シタルトキハ町村長ハ直ニ第二十七條ノ例ニ依リ更ニ當選者ヲ定ムヘシ

選舉無効ト確定シタルトキハ更ニ選舉ヲ行フヘシ

議員ノ定數ニ足ル當選者ヲ得ルコト能ハサルトキハ其ノ不足ノ員數ニ付更ニ選舉ヲ行フヘシ此ノ場合ニ於テハ第二十七條第一項但書ノ規定ヲ適用セス

當《たう》選《せん》無《む》効《かう》の場《は》合《あひ》、當《たう》選《せん》の効力《かうりよく》に關《くわん》し異《い》議《ぎ》の申立《まをしたて》訴《そ》願《がん》若《もしく》は訴《そ》訟《しよう》の提《てい》起《き》の結《けつ》果《くわ》其《その》當《たう》選《せん》か無《む》効《かう》と確《かく》定《てい》したる場《は》合《あひ》には其《その》當《たう》選《せん》者《しや》は其《その》資《し》格《かく》を喪《さう》失《しつ》するや明《あきら》か、なり此《こ》の場《は》合《あひ》に其《その》補《ほ》缺《けつ》を求《もと》むるには更《さら》に選《せん》舉《きよ》を爲《な》すを要《えう》せす直《たゞち》に先《さき》の選《せん》舉《きよ》の結《けつ》果《くわ》に基《もとづ》き比《ひ》較《かく》多《た》數《すう》の方《はう》法《はふ》により其《その》次《じ》點《てん》者《しや》を當《たう》選《せん》者《しや》と定《さだ》むるものとす但《たゞ》し此《こ》の場《は》合《あひ》に於《おい》ても市《し》制《せい》第三十條町《ちやう》村《そん》制《せい》第二十七條の規《き》定《てい》を適《てき》用《よう》すへきものとせり

選《せん》舉《きよ》無《む》効《かう》の場《は》合《あひ》、選《せん》舉《きよ》の無《む》効《かう》は當《たう》然《ぜん》當《たう》選《せん》の無《む》効《かう》を生《しやう》するものなること前《ぜん》述《じゆつ》する所《ところ》の如《ごと》し從《したが》つて選《せん》舉《きよ》無《む》効《かう》と確《かく》定《てい》したるときは更《さら》に選《せん》舉《きよ》を行《おこな》ひて當《たう》選《せん》者《しや》を定《さだ》めさるへからす

一回《くわい》の選《せん》舉《きよ》により議《ぎ》員《ゐん》の定《てい》數《すう》を得《え》られさる場《は》合《あひ》、本《ほん》制《せい》に於《おい》ては市《し》町村會議《ちやうそんくわいぎ》員《ゐん》の

選《せん》擧《きよ》に付《つき》無《む》記《き》名《めい》單《たん》記《き》投《とう》票《へう》の制《せい》を採《さい》用《よう》し且《かつ》其《その》當《たう》選《せん》者《しや》を定《さだ》むるには比《ひ》較《かく》多《た》數《すう》の方《はう》法《はふ》に加《くは》ふるに議《ぎ》員《ゐん》定《てい》數《すう》と得《とく》票《へう》との比《ひ》例《れい》的《てき》の制《せい》限《げん》を加《くは》へたること前《ぜん》述《じゆつ》する所《ところ》の如《ごと》し從《したが》つて一回《くわい》の選《せん》擧《きよ》のみにては議《ぎ》員《ゐん》の定《てい》數《すう》を當《たう》選《せん》せしむることを得《え》さる場《は》合《あひ》の生《しやう》することと理《り》論《ろん》上《じやう》明《あきら》かなり此《かく》の如《ごと》き結《けつ》果《くわ》を生《しやう》したる場《は》合《あひ》に於《おい》ては其《その》不《ふ》足《そく》議《ぎ》員《ゐん》を如《い》何《か》にして補《おぎな》ふことを得《う》るや本《ほん》條《でう》第三項の規《き》定《てい》は即《すなは》ち右《みぎ》の場《は》合《あひ》に於《お》ける選《せん》擧《きよ》の方《はう》法《はふ》なりとす此《こ》の補《ほ》足《そく》の選《せん》擧《きよ》の方《はう》法《はふ》か一般《はん》の選《せん》擧《きよ》と異《こと》なるの點《てん》は即《すなは》ち完全《くわんぜん》に比《ひ》較《かく》多《た》數《すう》の方《はう》法《はふ》により議《ぎ》員《ゐん》の當《たう》選《せん》を定《さだ》め議員定數《ぎゐんていすう》と得《とく》票《へう》との比例《れい》的《てき》制《せい》限《げん》を除外《ぢよぐわい》したるにあり之《これ》を詳言《ひやうげん》すれは此《こ》の場《は》合《あひ》に於《お》ける當《たう》選《せん》者《しや》の得《とく》票《へう》は有《いう》效《かう》投《とう》票《へう》の最《さい》多《た》數《すう》を得《う》れは可《か》なり決《けつ》して其《その》得《とく》票《へう》か議《ぎ》員《ゐん》定《てい》數《すう》を以《もつ》て被《ひ》選《せん》擧《きよ》人《にん》の數《すう》を除《ぢよ》して得《え》たる數《すう》の七分の一以《い》上《じやう》なることを必《ひつ》要《えう》とせさるなり蓋《けだし》立《りつ》法《はふ》者《しや》か第二回《くわい》の補《ほ》足《そく》選《せん》擧《きよ》に付《つき》右《みぎ》の制《せい》限《げん》を除外《ぢよぐわい》したるは第二回の補《ほ》足《そく》選《せん》擧《きよ》に於《おい》ても亦《また》定《てい》數《すう》の議《ぎ》員《ゐん》を得《え》られさることを顧《こ》慮《りよ》したるに外《ほか》ならさるなり

【市】

第三十八條 市會議員ニシテ被選擧權ヲ有セサル者ハ其職ヲ失フ禁錮以上ノ刑ニ處セラレタル者ヲ除クノ外其ノ被選擧權ノ有無ハ市會之ヲ決定ス

市長ハ市會議員中被選擧權ヲ有セサル者アリト認ムルトキハ之ヲ市會ノ決定ニ付スヘシ

第一項ノ決定ヲ受ケタル者其ノ決定ニ不服アルトキハ府縣參事會ニ訴願シ其ノ裁決又ハ第四項ノ裁決ニ不服アルトキハ行政裁判所ニ出訴スルコトヲ得

第一項ノ決定及前項ノ裁決ニ付テハ市長ヨリモ訴願又ハ訴訟ヲ提起スルコトヲ得

前二項ノ裁決ニ付テハ府縣知事ヨリモ訴訟ヲ提起スルコトヲ得

第三十六條第八項ノ規定ハ第一項及前三項ノ場合ニ之ヲ準用ス

第一項ノ決定ハ文書ヲ以テ之ヲ爲シ其ノ理由ヲ付シ之ヲ本人ニ交付スヘシ

〔町村〕第三十五條　町村會議員ニシテ被選擧權ヲ有セサル者ハ其ノ職ヲ失フ禁錮以上ノ刑ニ處セラレタル者ヲ除クノ外其ノ被選擧權ノ有無ハ町村會之ヲ決定ス」

町村長ハ町村會議員中被選擧權ヲ有セサル者アリト認ムルトキハ之ヲ町村會ノ決定ニ付スヘシ

第一項ノ決定ヲ受ケタル者其ノ決定ニ不服アルトキハ府縣參事會ニ訴願シ其

ノ裁決又ハ第四項ノ裁決ニ不服アルトキハ行政裁判所ニ出訴スルコトヲ得

第一項ノ決定及前項ノ裁決ニ付テハ町村長ヨリモ訴願又ハ訴訟ヲ提起スルコトヲ得

第二項ノ裁決ニ付テハ府縣知事ヨリモ訴訟ヲ提起スルコトヲ得

第三十三條第八項ノ規定ハ第一項及前三項ノ場合ニ之ヲ準用ス

第一項ノ決定ハ文書ヲ以テ之ヲ爲シ其ノ理由ヲ付シテ之ヲ本人ニ交付スヘシ

選擧《せんきよ》により當選《たうせん》したる場合《はあひ》に其當選者《そのたうせんしや》か彼選擧權《ひせんきよけん》を有《いう》せさるや否《いな》やに付《つ》き當《たう》選《せん》に關《くわん》する異議《いぎ》の申立《まをしたて》訴願《そぐわん》若《もしく》は訴訟《そしよう》の提起《ていき》ありたるに當《あた》りては其被選擧人《そのひせんきよにん》の資格《しかく》の有無《いうむ》は決定《けつてい》裁決《さいけつ》又《また》は裁判《さいばん》により之《これ》を定《さだ》むることを得《う》へし然《しか》れとも當選《たうせん》者《しや》か事實上《じじつじやう》彼選擧權《ひせんきよけん》を有《いう》せさるに拘《かゝは》らす當選《たうせん》の結果《けつくわ》議員《ぎゐん》を就職《しうしよく》し又《また》は當選《たうせん》の當時《たうじ》は被選擧權《ひせんきよけん》を有《いう》したるも就職《しうしよく》の後議員《のちぎゐん》たるの資格《しかく》を喪失《さうしつ》せる場合《はあひ》に於《おい》ては其議員《そのぎゐん》をして其職《そのしよく》を失《うしな》はしむるの手續《てつゞき》を定《さだ》めさるへからす本條《ほんでう》は即《すなは》ち之《これ》をなり

市町村會議員《しちやうそんくわいぎゐん》か就職《しうしよく》したる後《のち》其議員《そのぎゐん》たるの要件《えうけん》を有《いう》せさること明《あきら》かなる場合

には其《その》議《ぎ》員《ゐん》は當《たう》然《ぜん》其《その》職《しよく》を失《うしな》ふものとなし其《その》資《し》格《かく》の要《えう》件《けん》の欠《けつ》缺如《い》何《かん》は市《し》町《ちやう》村《そん》會《くわい》をして決《けつ》定《てい》せしむへきものとなし市《し》町《ちやう》村《そん》長《ちやう》をして之《これ》か手《て》續《つゞき》をなさしめたり禁《きん》錮《こ》以《い》上《じやう》の刑《けい》に處《しよ》せられたる者《もの》を除《のぞ》きたるは畢《ひつ》竟《きやう》刑《けい》罰《ばつ》の有《いう》無《む》は司《し》法《はふ》裁《さい》判《はん》所《しよ》の裁《さい》判《はん》を待《ま》つへきものなるか故《ゆゑ》なり
市《し》町《ちやう》村《そん》會《くわい》議《ぎ》員《ゐん》たる要《えう》件《けん》の有《いう》無《む》は市《し》町《ちやう》村《そん》公《こう》民《みん》の權《けん》利《り》に關《くわん》するものなるか故《ゆゑ》に市《し》町《ちやう》村《そん》會《くわい》をして之《これ》か要《えう》件《けん》を議《ぎ》決《けつ》せしむると同《どう》時《じ》に其《そ》の決《けつ》定《てい》を受《う》けたる者《もの》か不《ふ》服《ふく》ある場《ば》合《あひ》には訴《そ》願《ぐわん》及《および》訴《そ》訟《しよう》を提《てい》起《き》することを得《う》るものとせり市《し》町《ちやう》村《そん》會《くわい》の決《けつ》定《てい》及《および》府《ふ》縣《けん》參《さん》事《じ》會《くわい》の裁《さい》決《けつ》に對《たい》し市《し》町《ちやう》村《そん》長《ちやう》に訴《そ》願《ぐわん》及《および》訴《そ》訟《しよう》を提《てい》起《き》するの權《けん》を認《みと》めさるは議《ぎ》員《ゐん》たるの要《えう》件《けん》に關《くわん》する事《じ》項《こう》は市《し》町《ちやう》村《そん》公《こう》民《みん》の權《けん》利《り》に關《くわん》することとなると同《どう》時《じ》に市《し》町《ちやう》村《そん》自《じ》治《ち》體《たい》の行《ぎやう》政《せい》に屬《ぞく》するものなるか故《ゆゑ》なり
議《ぎ》員《ゐん》の要《えう》件《けん》に關《くわん》する府《ふ》縣《けん》參《さん》事《じ》會《くわい》の裁《さい》決《けつ》に對《たい》し府《ふ》縣《けん》知《ち》事《じ》に訴《そ》訟《しよう》を提《てい》起《き》するの權《けん》を認《みと》めたるは議《ぎ》員《ゐん》の要《えう》件《けん》の有《いう》無《む》は市《し》町《ちやう》村《そん》自《じ》治《ち》體《たい》の行《ぎやう》政《せい》事《じ》務《む》に屬《ぞく》し從《したが》つて其《そ》の監《かん》督《とく》の任《にん》にある府《ふ》縣《けん》知《ち》事《じ》をして上《じやう》級《きふ》官《くわん》廳《ちやう》として其《その》裁《さい》決《けつ》の當《たう》否《ひ》に意《い》見《けん》を挾《さしはさ》むの餘《よ》地《ち》を存《そん》せしめたるなり

市町村會《しちやうそんくわい》の決定《けつてい》又《また》は府縣參事會《ふけんさんじくわい》の裁決《さいけつ》により被選擧權《ひせんきよけん》を喪失《さうしつ》せるものと認定《にんてい》せられたる議員《ぎゐん》は其決定《そのけつてい》又《また》は裁決《さいけつ》の確定《かくてい》する迄若《までもしく》は行政裁判《ぎやうせいさいはん》の裁判《さいはん》あるまで議員《ぎゐん》の職《しよく》にありて會議《くわいぎ》に參與《さんよ》することを得《う》へし

本條《ほんでう》に於《おい》て議員《ぎゐん》の被選擧權《ひせんきよけん》の喪失《さうしつ》に關《くわん》する市町村會《しちやうそんくわい》の決定《けつてい》を其《そ》の議員《ぎゐん》に送付《そうふ》せしむるものとなしたるは其《そ》の議員《ぎゐん》をして不服《ふふく》ある場合《ばあひ》に訴願訴訟《そがんそしよう》を提起《ていき》するに充分《じつぶん》の證據《しようこ》を供《きよう》せしむるの目的《もくてき》に外《ほか》ならす

〔市〕**第三十九條**　第二十一條第三十六條ノ場合ニ於テ府縣參事會ノ決定及裁決ハ府縣知事、市會ノ決定ハ市長直ニ之ヲ告示スヘシ

〔町村〕**第三十六條**　第十八條及第三十三條ノ場合ニ於テ府縣參事會ノ決定及裁決ハ府縣知事、郡長ノ處分ハ郡長、町村會ノ決定ハ町村長直ニ之ヲ告示スヘシ

選擧人名簿《せんきよにんめいは》の調製《てうせい》、選擧若《せんきよもしく》は當選《たうせん》の效力《かうりよく》に關《くわん》する異議《いぎ》の申出《まをしいで》に對《たい》し府縣參事會《ふけんさんじくわい》の決定裁決《けつていさいけつ》市町村會《しちやうそんくわい》の決定《けつてい》郡長《ぐんちやう》の處分《しよぶん》は直《たゞち》に府縣知事《ふけんちじ》郡長市町村長《ぐんちやうしちやうそんちやう》をして之《これ》を告示《こくし》せしむるは畢竟《ひつきやう》市町村《しちやうそん》の住民《ぢうみん》をして決定《けつてい》の内容《ないよう》を知《し》らしむるにあり

〔市〕**第四十條**　本法又ハ本法ニ基キテ發スル勅令ニ依リ設置スル議會ノ議員ノ選

擧ニ付テハ衆議院議員選擧ニ關スル罰則ヲ準用ス

前項ノ罰則中選擧人ニ關スル規定ハ第二十七條ノ代人ニ之ヲ準用ス

〔町村〕第三十七條　本法又ハ本法ニ基キテ發スル勅令ニ依リ設置スル議會ノ議員ノ選擧ニ付テハ衆議院議員選擧ニ關スル罰則ヲ準用ス

前項ノ罰則中選擧人ニ關スル規定ハ第二十四條ノ代人ニ之ヲ準用ス

市《し》町村會《ちやうそんくわい》の議員《ぎゐん》の選擧《せんきよ》に關《くわん》し違法《ゐはふ》の行爲《かうゐ》ありたる場合《はあひ》に其《そ》の關係《くわんけい》者《しや》を處罰《しよばつ》するには衆議院議員選擧法《しうぎゐんぎゐんせんきよはふ》の罰則《ばつそく》に關《くわん》する部分《ぶぶん》の規定《きてい》を準用《じゆんよう》すへきものとす而して代人《だいにん》によりて選擧《せんきよ》を爲《な》す場合《はあひ》には其《そ》の代人《だいにん》に對《たい》し罰則《ばつそく》を科《くわ》することを得《う》るものとせり左《さ》に衆議院議員選擧法《しうぎゐんぎゐんせんきよはふ》の中《うち》罰則《ばつそく》に關《くわん》する規定《きてい》を摘録《てきろく》せん

衆議院議員選擧法罰則の部

第八十六條　詐僞の方法を以て選擧人名簿に登録せられたる者又は第三十四條第二項の場合に於て虚僞の宣言を爲したるものは十圓以上五十圓以下の罰金に處す

第八十七條　選擧の前後を問はす左の各號に該當する處爲ある者は一月

以上一年以下の輕禁錮とに處し又は十圓以上百圓以下の罰金に處す

一、選擧に關し直接又は間接に金錢、物品、手形其の他の利益若は公私の職務を選擧人又は選擧運動者に供與し又は供與せんことを申込みたる者又は供與若は申込を承諾せんことを周旋勸誘したる者竝供與を受け若は申込を承諾したる者

二、選擧に關し酒食、遊覽等其の方法及名義の何たるを問はす人を饗應接待し又は饗應接待を受けたる者又は選擧會場、開票所若は投票所に往復する爲船車馬の類を供給し及其の供給を受けたる者又は旅費若は休泊料の類を代辨し及其の代辨を受けたる者竝此等の約束を爲し又は約束を受けたる者

三、選擧に關し選擧人又は其の關係ある社寺、學校、會社、組合、市町村等に對する用水、小作、債權、寄附其の他利害の關係を利用し選擧人を誘導したる者及其の誘導に應したる者

前項の場合に於て其の收受したる物件は之を沒收し既に費用したるもの

は其の價を追徵す

第八十八條　左の各號に該當する者は二月以上二年以下の輕禁錮に處し五圓以上百圓以下の罰金を附加す

一、選擧に關し選擧人に暴行脅迫を加へ若は之を拐引したる者

二、選擧人に對し往來の便を妨け又は詐僞の手段を以て選擧權の行使を妨害し若は投票を爲さしめたる者

三、選擧に關し選擧人又は其の關係ある社寺、學校、會社、組合、市町村等に對する用水、小作、債權、其の他利害の關係を利用し選擧人を威逼したる者

第八十九條　選擧事務に關係ある官吏、吏員、立會人及監視者選擧人の投票したる被選擧人の氏名を表示したる者は二月以上二年以下の輕禁錮に處し五圓以上百圓以下の罰金を附加す其の表示したる事實虛僞なるとき亦同し

第九十條　投票所又は開票所に於て正當の事由なくして選擧人の投票に關渉し又は被選擧人の氏名を認知するの方法を行ひたる者は一月以上一

年以下の輕禁錮に處し又は十圓以上百圓以下の罰金に處す
法令の規定に依らすして投票函を開き又は投票函中の投票を取出したる者の罰亦前項に同し

第九十一條　投票管理者、開票管理者。選擧長、立會人若は選擧監視者に暴行を加へ又は選擧會場、開票所若は投票所を騷擾し又は投票、投票函其の他關係書類を抑留、毀壞、奪取したる者は四月以上四年以下の輕禁錮に處す
多衆を嘯聚して前項の罪を犯したる者は輕禁獄に處す其の情を知て嘯聚に應し勞を助けたる者は一月以上五年以下の輕禁錮に處す

第九十二條　選擧人、議員後補者若は選擧運動者を脅迫し又は選擧會場、開票所を騷擾し又は投票、投票函其の他關係書類を抑留、毀壞、奪取するの目的を以て多衆を嘯聚したる者は六月以上三年以下の輕禁錮に處す其の情を知て嘯聚に應し勢を助けたる者は十五日以上三月以下の輕禁錮に處す
犯罪者第九十三條の物件を攜帶したるときは各本刑に一等を加ふ

第九十三條　選擧人、議員候補者及選擧運動者にして選擧に關し銃砲、槍戟、

刀劍、竹槍、棍棒其の他人を殺傷するに足るへき物件を携帶したる者は二年以下の輕禁錮又は五圓以上二百圓以下の罰金に處す

警察官吏又は憲兵は必要と認むるときは場合に於て前項の物件を領置することを得

第九十四條　前條記載の物件を携帶して選擧會場、開票所若は投票所に入りたる者は前條の例に依り一等を加ふ

第九十五條　選擧に關し氣勢を張るの目的を以て多衆集合し若は隊伍を組みて往來し又は煙火、篝火、松明の類を用ゐ若は鐘鼓、法螺、喇叭の類を鳴らし旗幟其の他の標章を用うる等の所爲を爲し警察官吏の制止を受くるも仍其の命に從はさる者は十五日以上六月以下の輕禁錮に處し又は五圓以上百圓以下の罰金に處す

第九十六條　第八十九條乃至第九十五條の所爲を爲さしむるの目的を以て演說又は新聞紙、雜誌、引札、張札其の他何等の方法を以てするに拘らす人を敎唆したる者は其の各條に依り處斷す但し新聞紙雜誌に在りては仍其

の署名したる編輯人を處斷す

第九十七條　當選を妨くるの目的を以て演說又は新聞紙、雜誌、引札、張札其の他何等の方法を以てするに拘らす議員候補者に關し虛僞の事實を公にしたる者は六月以下の輕禁錮に處し五十圓以下の罰金を附加す新聞紙、雜誌に在りては前條但書の例に依る

第九十八條　選擧人たることを得さる者にして投票を爲したる者及氏名を詐稱して投票を爲したる者は一月以上二年以下の輕禁錮に處し十圓以上百圓以下の罰金を附加す

第九十九條　立會人正當の事故なくして本法に定めたる義務を闕くときは五圓以上五十圓以下の罰金に處す

第百條　第九十二條第二項第九十三條及第九十四條の罪を犯したる場合に於ては其の携帶したる物件を沒收す

第百一條　當選人其の選擧に關し選擧に關する犯罪に依り刑に處せられたるときは其の當選を無效とす

第百二條　選擧に關する犯罪に依り刑に處せられたる者は裁判の宣告を以て刑期後仍二年以上八年以下選擧人及被選擧人たることを禁す

第百三條　本法に依り處罰すへき犯罪は六箇月を以て時效に罹る

〔町村〕**第三十八條**　特別ノ事情アル町村ニ於テハ郡長ハ府縣知事ノ許可ヲ得テ其ノ町村ヲシテ町村會ヲ設ケス選擧權ヲ有スル町村公民ノ總會ヲ以テ之ニ充テシムルコトヲ得

町村總會ニ關シテハ町村會ニ關スル規定ヲ準用ス

本制《ほんせい》に於《おい》て市町村會議員《しちやうそんくわいぎゐん》の定數《ていすう》を定《さだ》め市町村公民《しちやうそんこうみん》をして選擧《せんきよ》の方法《はうはふ》により議員《ぎゐん》を選定《せんてい》せしむるは畢竟《ひつきやうし》市町村公民《ちやつそんこうみん》の全部《ぜんぶ》を擧《あ》けて議員《ぎゐん》となして市町村《しちやそうん》の行《ぎやう》政事務《せいじむ》に參與《さんよ》せしむるを得《え》さるの事情《じじやう》あるに起因《きいん》するものとす元來《ぐわんらい》市町村公《しちやうそんこう》民《みん》をして其行政事務《そのぎやうせいじむ》に參與《さんよ》するの權《けん》を認《みと》めたる以上《いじやう》は出來得《できう》へくんは悉《ことごと》く之《これ》を議會《ぎくわい》に集《あつ》め議員《ぎゐん》として各自《かくじ》の利益《りえき》を保護《ほご》し市町村《しちやうそん》の行政事務《ぎやうせいじむ》を處理《しより》せしむるは最《もつと》も必要《ひつえう》なることにして市町村《しちやうそん》に自治《じぢ》の權《けん》を認《みと》めたる精神《せいしん》に合《がつ》するものと謂《い》はさるへからす小町村《せうちやうそん》の如《ごと》きは人口寡少《じんこうくわせう》にして此《こ》の趣旨《しゆし》を貫《つらぬ》くには最適《もつともてき》

當《たう》なるものとす然《しか》れとも本制《ほんせい》に於《おい》ては議員《ぎゐん》の定數《ていすう》を定《さだ》め其《そ》の選定《せんてい》は選擧《せんきよ》に依《よ》るを元則《げんそく》となしたるか故《ゆゑ》に小町村《せうちやうそん》に於《おい》て町村《らやうそん》公民《こうみん》の全部《ぜんぶ》を以《もつ》て町村會《ちやうそんくわい》に代《か》ゆるものと爲《な》すは本制《ほんせい》に於《お》ける町村《ちやうそん》の議決機關《ぎけつきくわん》の組織《そしき》に付《つき》變例《へんれい》を認《みと》むることゝなるを以《もつ》て特《とく》に郡長《ぐんちやう》より府縣知事《ふけんちじ》の許可《きよか》を仰《あふ》きて町村公民會《ちやうそんこうみんくわい》をして之《こ》れに代《か》はらしむるを得《う》るものとせり而《しか》して其《そ》の特別《とくべつ》の事情《じじやう》如何《いかん》は府縣知事《ふけんちじ》の認定《にんてい》に歸《き》する所《ところ》なれとも小町村《せうちやうそん》にして其《そ》の公民《こうみん》の數《すう》極《きは》めて少《すくな》き場合《ばあひ》に於《おい》て然《しか》りとす町村總會《ちやうそんそうくわい》は町村公民《ちやうそんこうみん》の全部《ぜんぶ》の會合《くわいがふ》なれとも之《これ》を以《もつ》て町村會《ちやうそんくわい》に代《か》へたるときは其《そ》の會議《くわいぎ》に關《くわん》しては町村會《ちやうそんくわい》に關《くわん》する規定《きてい》を準用《じゆんよう》すへきものとせり

第二欵　職務權限

〔市〕**第四十一條**　市會ハ市ニ關スル事件及法律勅令ニ依リ其ノ權限ニ屬スル事件ヲ議決ス

第二欵　職務權限

〔町村〕**第三十九條**　町村會ハ町村ニ關スル事件及法律勅令ニ依リ其ノ權限ニ屬スル事件ヲ議決ス

市町村《しちやうそん》は獨立《どくりつ》せる自治體《じちたい》として人格《じんかく》を有《いう》し議決機關《ぎけつきくわん》として市町村會《しちやうそんくわい》を設《まう》け其《その》公民《こうみん》の中《うち》より選擧《せんきよ》により當選《たつせん》せる者《もの》を以《もつ》て之《これ》を組織《そしき》すること前述《ぜんじゆつ》する所《ところ》の如《ごと》し而《しか》して市町村會《しちやうそんくわい》の職務《しよくむ》權限《けんげん》は本制《ほんせい》に準據《じゆんきよ》し市町村《しちやうそん》の行政《ぎやうせい》に關《くわん》する一切《さい》の事《じ》件《けん》を處理《しより》するものとす然《し》れとも市町村《しちやうそん》は一方《はう》にありては國《くに》の行政《ぎやうせい》區劃《くわく》なるか故《ゆゑ》に其《そ》の行政事務《ぎやうせいじむ》の內《うち》にも亦國《またくに》の行政《ぎやうせい》に屬《ぞく》するものあり學者《がくしや》か市町村《しちやうそん》の行政《ぎやうせい》事務《じむ》を固有事務《こいうじむ》と委任事務《ゐにんじむ》とに分《わか》ち固有事務《こいうじむ》とは市町村自治體《しちやうそんじちたい》の行政事務《ぎやうせいじむ》を謂《い》ひ委任事務《ゐにんじむ》とは法律勅令《はふりつちよくれい》により特《とく》に市町村會《しちやうそんくわい》の職務權限《しよくむけんげん》に屬《ぞく》せしめたる事務《じむ》を謂《い》ふものなりと說明《せつめい》するは畢竟之《ひつきやうこれ》に依《よ》るなり本條《ほんでう》に於《おい》て市町村《しちやうそん》に關《くわん》する事件《じけん》とは所謂固有事務《いはゆるこいうじむ》にして法律勅令《はふりつちよくれい》により其權限《そのけんげん》に屬《ぞく》する事件《じけん》とは所謂《いはゆる》委任事務《にんじむ》を指《さ》すものと解《かい》すへきなり

市町村會《しちやうそんくわい》は市町村自治體《しちさうそんじちたい》の議決機關《ぎけつきくわん》なりとするも外部《ぐわいぶ》に對《たい》し市町村《しちやうそん》を代表《だいへう》して行政事務《ぎやうせいじむ》を處理《しより》するものは市町村會《しちやうそんくわい》にあらすして市町村長《しちやうそんちやう》なりとす要之《えうするに》市町村會《しちやうそんくわい》は議決機關《ぎけつきくわん》として行政機關《ぎやうせいきくわん》たる市町村長《しちやうそんちやう》に對《たい》し市町村《しちやうそん》の意思《いし》を創製《さうせい》し之《これ》を表示《へうし》するものなりと謂《い》ふを至當《したう》とす

第四十二條　市會ノ議決スヘキ事件ノ概目左ノ如シ

一、市條令及市規則ヲ設ケ又ハ改廢スル事

二、市費ヲ以テ支辨スヘキ事業ニ關スル事但シ第九十三條ノ事務及法律勅令ニ規定アルモノハ此ノ限ニ在ラス

三、歳入出豫算ヲ定ムル事

四、決算報告ヲ認定スル事

五、法令ニ定ムルモノヲ除クノ外使用料、手數料、加入金、市稅又ハ夫役現品ノ賦課徵收ニ關スル事

六、不動產ノ管理處分及取得ニ關スル事

七、基本財產及積立金穀等ノ設置管理及處分ニ關スル事

八、歳入出豫算ヲ以テ定ムルモノヲ除クノ外新ニ義務ノ負擔ヲ爲シ及權利ノ拋棄ヲ爲ス事

九、財產及營造物ノ管理方法ヲ定ムル事但シ法律勅令ニ規定アルモノハ此ノ限ニ在ラス

十、市吏員ノ身元保證ニ關スル事

十一、市ニ係ル訴願訴訟及和解ニ關スル事

〔町村〕 **第四十條** 町村會ノ議決スヘキ事件ノ概目左ノ如シ

一、町村條例及町村規則ヲ設ケ又ハ改廢スル事

二、町村費ヲ以テ支辨スヘキ事業ニ關スル事但シ第七十七條ノ事務及法律勅令ニ規定アルモノハ此ノ限ニアラス

三、歳入出豫算ヲ定ムル事

四、決算報告ヲ認定スル事

五、法令ニ定ムルモノヲ除クノ外使用料、手數料、加入金、町村税又ハ夫役現品ノ賦課徵收ニ關スル事

六、不動産ノ管理處分及取得ニ關スル事

七、基本財産及積立金穀等ノ設置管理及處分ニ關スル事

八、歳入出豫算ヲ以テ定ムルモノヲ除クノ外新ニ義務ノ負擔ヲ爲シ及權利ノ拋棄ヲ爲ス事

九、財産及營造物ノ管理方法ヲ定ムル事但シ法律勅令ニ規定アルモノハ此ノ限ニ在ラス

十、町村吏員ノ身元保證ニ關スル事

十一、町村ニ係ル訴願訴訟及和解ニ關スル事

第一、市《し》町村《ちやうそん》條例《じうれい》及《および》規則《きそく》の設定《せつてい》竝《ならびに》改廢《かいはい》、市《し》町村《ちやうそん》條例《でうれい》及《および》規則《きそく》の如何《いか》なるものなるやは先《さき》に之《これ》を述《の》へたり而《しか》して議會《ぎくわい》か條例《でうれい》規則《きそく》を設《まう》け若《もし》くは之《これ》を改廢《かいはい》するは市《し》町村《ちやうそん》自治體《じちたい》の最《もつとも》特殊《とくしゆ》なる權限《けんげん》にして之《これ》を自主《じしゆ》の權《けん》と謂《い》ふ

第二、市《し》町村費《ちやうそんひ》を以《もつ》て支辨《しべん》すへき事業《じげふ》に關《くわん》する事《こと》、市《し》町村費《ちやうそんひ》を以《もつ》て支辨《しべん》すへき事業《じげふ》とは市《し》町村《ちやうそん》固有《こいう》の事務《じむ》として其《そ》の負擔《ふたん》に屬《ぞく》すへき事業《じげふ》を謂《い》ふ換言《くわんげん》せは市《し》町村《ちやうそん》の行政《ぎやうせい》の目的《もくてき》に於《おい》て企《くはだ》てたる事業《じげふ》にして國《くに》の行政《ぎやうせい》郡府縣《ぐんふけん》の行政《ぎやうせい》の目的《もくてき》より生《しやう》したるものにあらさるを謂《い》ふ然《しか》れとも市制《しせい》第九十三條町村制《ちやうそんせい》第七十七條の事務《じむ》は其《そ》性質《せいしつ》國《くに》又《また》は郡府縣《ぐんふけん》の行政事務《ぎやうせいじむ》にして市《し》町村《ちやうそん》固有《こいう》の行政事務《ぎやうせいじむ》にあらす本制《ほんせい》に於《おい》て之等《これら》の行政事務《ぎやうせいじむ》に要《えう》する費用《ひよう》を以《もつ》て市《し》町村《ちやうそん》の負擔《ふたん》となしたるは全ゝ市《し》町村《ちやうそん》をして國《くに》又《また》は郡府縣《ぐんふけん》の行政事務《ぎやうせいじむ》の費用《ひよう》を負擔《ふたん》すへき特例《とくれい》を規定《きてい》した

るに外《ほか》ならす其《そ》の費用《ひよう》の性質《せいしつ》に至《いた》つては他《た》の市町村固有《しちやうそんこいう》の行政事務《ぎやうせいじむ》に付負擔《つきふたん》すへき費用《ひよう》と全《まつた》く之《これ》を區別《くべつ》するの必要《ひつえう》を生《しやう》するものにして市町村會《しちやうそんくわい》は此《かく》の如《ごと》き費用《ひよう》に付《つき》ては議決《ぎけつ》の權限《けんげん》なきものとす故《ゆゑ》に本條但書《ほんでうたゞしがき》に於《おい》て之《これ》を除外《ぢよぐわい》せり又《また》市町村《しちやうそん》は本制以外《ほんせいいぐわい》の法律勅令《はふりつちよくれい》により國及郡府縣《くにおよびぐんふけん》の行政事務《ぎやうせいじむ》を處理《しより》し且其費用《かつそのひよう》を負擔《ふたん》すへき場合生《はあひしやう》するか故《ゆゑ》に之等《これら》の費用《ひよう》に付《つき》ても亦議會《またぎくわい》の議決權《ぎけつけん》を除外《ぢよぐわい》したるなり

第三、歳入出豫算《さいにふしゆつよさん》を定《さだ》むる事《こと》、歳入出豫算《さいにふしゆつよさん》とは一會計年度《くわいけいねんど》の收入支出《しうにふししゆつ》にして豫知《よち》することを得《う》へき金額《きんがく》の見積《みつもり》を謂《い》ふ而《しか》して此見積《このみつもり》は毎年市町村長之《まいねんしちやうそんちやうこれ》を調製《てうせい》して市町村會《しちやうそんくわい》の議決《ぎけつ》に附《ふ》すへきものとす

第四、決算報告《けつさんはうこく》を認定《にんてい》する事《こと》、決算報告《けつさんはうこく》とは市町村會《しちやうそんくわい》に於《おい》て議決《ぎけつ》せる豫算《よさん》に基《もとづ》き一會計年度《くわいけいねんど》の終《をは》りに收入役《しうにふやく》の提出《ていしゆつ》せる收入支出《しうにふししゆつ》の決算《けつさん》の報告《ようこく》を謂《い》ふ而《しか》して收入役《しうにふやく》は其《そ》の收入支出《しうにふししゆつ》に付市町村會《つきしちやうそんくわい》の認定《にんてい》により始《はじ》めて其責任《そのせきにん》を免《まぬが》るゝことを得《う》へし

第五、使用料《しようれう》、手數料《てすうれう》、加入金《かにふきん》、市町村税《しちやうそんぜい》、夫役現品賦課徴收《ふやくげんぴんふくわちようしう》に關《くわん》する事《こと》、使用料《しようれう》とは市《し》

町村《ちやうそん》の設置《せつち》にかゝる營造物《えいぞうぶつ》の使用《よう》に對《たい》する價《あたへ》を謂《い》ひ、手數料《てすうれう》とは市町村吏員《しちやうそんりゐん》か一個人《こじん》の請求《せいきう》により市町村《しちやうそん》の行政事務《ぎやうせいじむ》及之《およびこれ》に關《くわん》する證明《しようめい》、帳簿《ちやうは》の閲覽等《えつらんとう》に付《つき》特《とく》別《べつ》の勞務《らうむ》を爲《な》すに依《よ》る市町村《しちやうそん》の收入《しうにふ》を謂《い》ひ加入金《かにふきん》とは市町村《しちやうそん》の或《あ》る一部《ぶ》の住《ぢう》民《みん》に限《かぎ》り慣行《くわんかう》により市町村《しちやうそん》の財産《ざいさん》又《また》は營造物《えいぞうぶつ》を使用《しよう》するの權利《けんり》ある場合《はあひ》に新《あら》たに其市町村《そのしちやうそん》の他《た》の住民《ぢうみん》か之《これ》か使用《しよう》を許可《きよか》せらるゝに當《あた》り徴收《ちようしう》せらるゝ價《あたへ》を謂《い》ひ市町村税《しちやうそんぜい》とは法律《はふりつ》に於《おい》て定《さだ》めたる範圍《はんゐ》に於《おい》て市町村《しちようそん》の費用《ひよう》を支辨《しべん》せんか爲《た》めに市町村住民《しちようそんぢうみん》に賦課《ふくわ》するの税《ぜい》を謂《い》ひ夫役《ふやく》とは市町村《しちようそん》の公共事業《こうきようじむ》の爲《た》め市《し》町村住民《ちようそんぢうみん》をして各自《かくじ》の勞力《らうむ》を提供《ていきよう》せしむることを謂《い》ひ現品《げんぴん》の賦課徴收《ふくわちようしう》とは等《ひと》しく市町村公共事業《しちようそんこうきようじむ》の爲《た》めに必要《ひつえう》なる現品《げんぴん》(即《すなは》ち物品《ぶつぴん》)を住民《ぢうみん》より取立《とりた》て又《また》は課《くわ》(割《わ》り當《あ》つる)するを謂《い》ふ

以上述《いじやうの》へたる市町村《しちようそん》の收入《しうにふ》は或《あるひ》は法律命令《はふりつめいれい》に於《おい》て其《そ》の種類《しゆるゐ》と金額《きんがく》とを一定《てい》することあり而《しか》して市町村會《ちやうそんくわい》か之《これ》を議決《ぎけつ》して其《そ》の金額《きんがく》を定《さだ》め種類《しゆるゐ》を決《けつ》するは法《はふ》律命令《りつめいれい》に於《おい》て規定《きてい》せさる範圍《はんゐ》に限《かぎ》るへきものとす

第六、不動産《ふどうさん》の管理處分及取得《くわんりしよぶんおよびしゆとく》に關《くわん》する事《こと》、市町村《しちようそん》は公法上《こうはふじやう》(行政法上《ぎやうせいはふじやう》)法人《はふじん》として

權利《けんり》を有《いう》し義務《ぎむ》を負《お》ふと共《とも》に又《また》私法上《しはじやう》(民法商法上《みんはふしやうはふじやう》)自然人《しぜんじん》の如《ごと》く不動産《ふどうさん》(即《すなは》ち土《と》地《ち》建物《たてもの》)の所有者《しよいうしや》たることを得《う》へし而《しか》して其《そ》の不動産《ふどうさん》の管理《くわんり》、處分《しよぶん》(賣却《はいきやく》譲渡《じやうと》、質入《しちいれ》書入《かきいれ》等《とう》)及《およ》び取得《しゆとく》(買入《かひいれ》、譲受等《ゆづりうけとう》)を爲《な》すには市町村會《しちようそんくわい》に於《おい》て之《これ》を定《さだ》むへきものとす

第七、基本財産《きほんざいさん》及《およ》び積立金穀等《つみたてきんこくとう》の設置《せつち》管理《くわんり》及《およ》び處分《しよぶん》に關《くわん》する事《こと》、市町村《しちようそん》は法律上《はふりつじやう》法人《はふじん》として公法上《こうはふじやう》並《ならび》に私法上《しはふじやう》權利《けんり》を有《いう》し義務《ぎむ》を負擔《ふたん》するものなるか故《ゆゑ》に是等《これら》の權利《けんり》を執行《しつかう》し義務《ぎむ》を履行《りかう》するに付《つい》ては費用《ひよう》の支出《ししゆつ》を要《えう》す而《しか》して費用《ひよう》を支出《ししゆつ》するに付《つい》ては市町村《しちうそん》は一定《てい》の基本財産《きほんざいさん》を所有《しよいう》するの必要《ひつえう》を生《しやう》す市町村《しちようそん》の基本財産《きほんざいさん》としては不動産《ふどうさん》及《およ》び積立金穀《つみたてきんこく》を以《もつ》て其《そ》の設置《せつち》、管理《くわんり》並《ならび》に處分《しよぶん》も亦《また》市町村會《しちようそんくわい》の議決《ぎけつ》によるへきものとす

第八、歳入出豫算《さいにふしゆつよさん》を以《もつ》て定《さだ》むるものを除《のぞ》く外《ほか》新《あらた》に義務《ぎむ》を負擔《ふたん》し及《およ》び權利《けんり》の拋棄《はうき》を爲《な》す事《こと》、市町村《しちようそん》の一會計年度《くわいけいねんど》に於《お》ける收入支出《しうにふししゆつ》は市町村會《しちようそんくわい》に於《おい》て議決《ぎけつ》せる豫算《よさん》に準據《じゆんきよ》すへきものなると前述《ぜんじゆつ》する所《ところ》の如《ごと》し然《しか》れとも豫算《よさん》は單《たん》に未來《みらい》に於《お》ける收入支出《しうにふししゆつ》の見積《みつもり》に過《す》きさるを以《もつ》て市町村《しちようそん》か緊急《きんきふ》の必要《ひつえう》に迫《せま》られ新《あらた》なる支出《ししゆつ》を要《えう》する場合《はあひ》若《もしく》は市町村《しちようそん》に最有利《もつともいうり》なる事業《じげふ》を經營《けいえい》せんとする場合《はあひ》には豫算《よさん》によ

り其《そ》の費用《ひよう》を支出《ししゆつ》すること能《あた》はす然《しか》れとも此《かく》の如《ごと》き場合《ばあひ》に其《そ》の支出《ししゆつ》を爲《な》さす若《もし》くは有利《いうり》なる事業《じげふ》を經營《けいえい》せさるは自治體《じぢたい》の幸福《かうふく》を増進《ぞうしん》するを目的《もくてき》とする行《ぎやう》政《せい》の趣旨《しゆし》に反《はん》するものと謂《い》はさるへからす故《ゆゑ》に本制《ほんせい》に於《おい》ては公債《こうさい》を募集《ぼしふ》して之等《これら》の支出《ししゆつ》を爲《な》し又《また》は事業《じげふ》を經營《けいえい》することを得《う》るものとせり新《あらた》に義務《ぎむ》を負擔《ふたん》しと謂《い》ふは即之等《すなはちこれら》の類《るゐ》を謂《い》ふなり又《また》市町村長《しちようそんちよう》か市町村會《しちようそんくわい》の議決《ぎけつ》せる豫算《よさん》により收入《しうにふ》を爲《な》さんとする場合《ばあひ》に種々《しゆ〴〵》の事情《じじやう》により之《これ》か收入《しうにふ》を爲《な》すこと能《あた》はさる場合《ばあひ》あり例《たと》へは市町村稅《しちようそんぜい》を其《そ》の住民《ぢうみん》に賦課《ふくわ》したるに納稅者《なふぜいしや》か無視力《むしりよく》なるか爲《た》め到底《たうてい》一定《いつてい》の金額《きんがく》を徴收《ちようしう》するを得《え》さるか如《ごと》き即之《すなはちこれ》なり畢竟《ひつきよう》市町村《しちようそん》か事實上《じじつじやう》納《なふ》稅者《ぜいしや》に其《そ》の權利《けんり》を行使《かうし》するも其《そ》の目的《もくてき》を達《たつ》する能《あた》はさるにあり此《かく》の如《ごと》き場合《ばあひ》には市町村會《しちようそんくわい》の議決《ぎけつ》により其《そ》の權利《けんり》の拋棄《はうき》をなすを得《う》るものとす

第九、財産及營造物《ざいさんおよびえいぞうぶつ》の管理方法《くわんりはうはふ》を定《さだ》むる事《こと》、市町村有《しちようそんいう》の財産及營造物《ざいさんおよびえいぞうぶつ》は市町村自治體《しちようそんじぢたい》の行政《ぎやうせい》の目的《もくてき》に使用《しよう》すへきものなるか故《ゆゑ》に其《そ》の管理《くわんり》の方法《はうはふ》の如《ごと》き亦《また》市町村會《しちようそんくわい》に於《おい》て之《これ》を定《さだ》むへきものとす然《しか》れとも市町村有《しちようそんいう》の財産及營造物《ざいさんおよびえいぞうぶつ》の中《うち》にも國《くに》若《もし》くは府縣《ふけん》の行政《ぎやうせい》の目的《もくてき》の爲《た》め特《とく》に其《そ》の管理方法《くわんりはうはふ》を法律命令《はふりつめいれい》により規定《きてい》す

る場合《はあひ》あり此《かく》の如《ごと》き場合《はあひ》にありては市町村會《しちやうそんくわい》は之《これ》か議決權《ぎけつけん》を有《いう》せさるや明《あきら》かなり

第十、市町村吏員《しちやうそんりゐん》の身元保證《みもとほしよう》に關《くわん》する事《こと》、市町町吏員《しちやうそんりゐん》にして金錢《きんせん》其《そ》の他《た》物品《ぶつぴん》の出《すい》納《とふ》を司《つかさ》とる者《もの》を收入役《しうにふやく》と謂《い》ふ而《しか》して收入役《しうにふやく》は其《そ》の職務《しよくむ》の執行《しつかう》より生《しやう》する損害《そんがい》の保證《ほしよう》として身元保證金《みもとほしようきん》を納《おさ》むることを要《えう》す其《そ》の金額《きんがく》を定《さだ》め之《これ》を徵收《ちようしう》するは市町村會《しちやうそんくわい》の議決《ぎけつ》によるものとす

第十一、市町村《しちやうそん》に係《かゝは》る訴願訴訟《そがんそしよう》及和解《およびわかい》に關《くわん》する事《こと》、市町村《しちやうそん》は法人《はふじん》として人格《じんかく》を有《いう》し公法《こうはふ》(行政法上《ぎやうせいはふじやう》)私法《しはふ》(民法商法《みんはふしやうはふ》)に於《おい》て權利《けんり》を有《いう》し義務《ぎむ》を負《お》ふのみならす手續法上《てつゞきはふじやう》(民事《みんじ》訴訟法《そしようはふ》、行政裁判法《ぎやうせいさいばんはふ》訴願法等《そがんはふとう》)訴訟行爲《そしようかうゐ》を爲《な》すことを得《う》而《しか》して其《そ》の訴願訴訟及和解《そかんそしようおよびわかい》に關《くわん》する事件《じけん》に付《つき》ては市町村會《しちやうそんくわい》の議決《ぎけつ》によるへきものとす

以上列擧《いじやうれつきよ》する事項《じこう》は市町村會《しちやうそんくわい》の權限《けんげん》に屬《ぞく》する主要《しゆえう》なるものとす而《しか》して市町村會《しちやうそんくわい》は此《こ》の他《た》其《そ》の行政事務《ぎやうせいじむ》に關《くわん》する一切《さい》の事件《じけん》を議決《ぎけつ》するの權限《けんげん》を有《いう》するなり

〔市〕

第四十三條 市會ハ其ノ權限ニ屬スル事項ノ一部ヲ市參事會ニ委任スルコトヲ得

市《じ》に於《お》ける行政《ぎやうせい》の議決機關《ぎけつきくわん》は本制《ほんせい》にありては市會《しくわい》と市參事會《しさんじくわい》の二つなること前述《ぜんじゆつ》する所《ところ》の如《ごと》し而《しか》して市參事會《しさんじくわい》は他方《たはう》にありては市行政《しぎやうせい》の執行機關《しつかうきくわん》(又《また》行政《ぎやうせい》機關《きくわん》とも謂《い》ふ)たる市長《しちやう》の諮問機關《しもんきくわん》として自已《じこ》の意見《いけん》を發表《はつぺう》することを得《う》市參《しさん》事會《じくわい》か此《かく》の如《ごと》く一方《はう》にありては市長《しちやう》を補佐《ほさ》し他方《たはう》にありては議決機關《ぎけつきくわん》として獨立《どくりつ》せる意見《いけん》を發表《はつぺう》することを得《え》せしめたるは畢竟《ひつきやう》市《し》の如《ごと》き行政事務《ぎやうせいじむ》の復雜《ふくざつ》にして且《かつ》繁忙《はんはう》なるものに至《いた》りては其《そ》の行政《ぎやうせい》の執行《しつかう》を爲《な》すに際《さい》し其《そ》の當否《たうひ》を悉《ことごと》く市會《しくわい》をして議決《ぎけつ》せしめたる後《のち》市長《しちやう》をして執行《しつかう》せしむるとするときは事務《じむ》の執行《しつかう》を遲延《ちえん》せしむるのみならす其《そ》の時機《じき》を失《うしな》ふことあり故《ゆゑ》に事件《じけん》の重大《ぢうだい》ならすして簡易《かんい》なるものは市參事會《しさんじくわい》をして市會《しくわい》に代《かは》りて之《これ》を議決《ぎけつ》せしむるを得《う》ると爲《な》すは行政《ぎやうせい》の目的《もくてき》を達《たつ》するに最策《もつともさく》の得《え》たるものなりとす然《しか》れとも市《し》の行政《ぎやうせい》に關《くわん》する事件《じけん》は市會《しくわい》の權《け》限《ぐ》に屬《ぞく》するを本則《ほんそく》となすに依《よ》り本條《ほんでう》に於《おい》て特《とく》に或《ある》一部《ぶ》の行政事項《ぎやうせいじこう》を市參事會《しさんじくわい》に委任《ゐにん》して議決《ぎけつ》せしむることを得《う》るものとせり舊市《きつし》制《せい》にありては市參事會《しさんじくわい》は市會《しくわい》の議決《ぎけつ》せる事項《じこう》を執行《しつかう》するの機關《きくわん》なりしを本制《ほんせい》に於《たい》て斯《か》く其《そ》の權限《けんぐ》を變更《へんかう》したるなり

〔市〕第四十三條　市會ハ法律勅令ニ依リ其ノ權限ニ屬スル選擧ヲ行フヘシ

〔町村〕第四十一條　町村會ハ法律勅令ニ依リ其ノ權限ニ屬スル選擧ヲ行フヘシ

法律勅令《はふりつちよくれい》に於《おい》て市町村會《しちやうそんくわい》をして選擧《せんきよ》に依《よ》り定《さだ》むへきものとなしたる事項《じかう》は市《し》町村會《ちやうそんくわい》の職權《しよくけん》たると共《とも》に其《そ》の義務《ぎむ》となれるものなり例《たと》へは議長《ぎちやう》の選擧《せんきよ》、市町村《しちやうそん》吏員《りゐん》の選擧《せんきよ》の如《ごと》き即之《すなはちこれ》たり蓋《けだし》市町村《しちやうそん》をして獨立《どくりつ》せる自治體《じちたい》となし其《そ》の固有《こいう》の行政事務《ぎやうせいじむ》を處理《しより》するの權《けん》を認《みと》めたる以上《いじやう》は其《そ》の吏員《りゐん》の選任《せんにん》の如《ごと》き亦國《またくに》の任免《にんめん》する官吏《くわんり》を以《もつ》て之《これ》に充《あ》つへきにあらす必《かなら》す市町村會《しちやうそんくわい》をして選擧《せんきよ》の方法《はうはふ》により之《これ》を選任《せんにん》せしめさるへからす

〔市〕第四十五條　市會ハ市ノ事務ニ關スル書類及計算書ヲ檢閲シ市長ノ報告ヲ請求シテ事務ノ管理、議決ノ執行及出納ヲ檢査スルコトヲ得

市會ハ議員中ヨリ委員ヲ選擧シ市長又ハ其ノ指名シタル吏員立會ノ上實地ニ就キ前項市會ノ權限ニ屬スル事件ヲ行ハシムルコトヲ得

〔町村〕第四十二條　町村會ハ町村ノ事務ニ關スル書類及計算書ヲ檢閲シ町村長ノ報告ヲ請求シテ事務ノ管理、議決ノ執行及出納ヲ檢査スルコトヲ得

町村會ハ議員中ヨリ委員ヲ選擧シ町村長又ハ其ノ指名シタル吏員立會ノ上實地ニ就キ前項町村會ノ權限ニ屬スル事件ヲ行ハシムルコトヲ得

行政事務《ぎやうせいじむ》の檢査《けんさ》、市町村會《しちやうそんくわい》は行政事務《ぎやうせいじむ》の檢査《けんさ》の方法《はうはふ》として市町村《しちやうそん》の行政事務《ぎやうせいじむ》に關《くわん》する書類《しよるゐ》及《および》計算書《けいさんしよ》を檢閲《けんえつ》し又《また》市町村長《しちやうそんちやう》をして事務《じむ》の報告書《はうこくしよ》を提出《ていしゆつ》せしめ之《これ》によりて事務《じむ》の管理《くわんり》の當否《たうひ》市町村會《しちやうそんくわい》の議決《ぎけつ》せる事項《じこう》の果《はた》して執行《しつかう》せられたるや否《いな》や收入役《しうにふやく》は市町村會《しちやうそんくわい》にて議決《ぎけつ》せる豫算《よさん》に準據《じゆんきよ》して收入支出《しうにふししゆつ》をなしたるや否《いな》やを調査《てうさ》するを得《う》へし而《じか》して此《こ》の場合《はあひ》に於《おい》ては市町村長《しちやうそんちやう》は此《こ》の請求《せいきう》に應《おう》するの義務《ぎむ》あるものとす

市町村會《しちやうそんくわい》か委員《ゐゐん》を選擧《せんきよ》して右《みぎ》に述《の》へたる權《けん》限を行《おこな》はしむることを得《う》るとせるは畢竟《ひつきやう》檢査《けんさ》の事項《じこう》にして甚《はなはだ》復雜《ふくざつ》せるときは到底《たうてい》議會《ぎくわい》に於《おい》ては滿足《まんぞく》の檢査《けんさ》を行《おこな》ふこと能《あた》はさるにより實地《じつち》に就《つ》き委員《ゐゐん》を選定《せんてい》して吏員《りゐん》立會《たちあひ》の上《うへ》之《これ》か檢査《けんさ》を行《おこな》はしむるは最《もつとも》至《し》當《たう》なるものとす

〔市〕

第四十六條　市會ハ市ノ公益ニ關スル事件ニ付意見書ヲ市長又ハ監督官廳ニ提出スルコトヲ得

〔町村〕**第四十三條**　町村會ハ町村ノ公益ニ關スル事件ニ付意見書ヲ町村長又ハ監督官廳ニ提出スルコトヲ得

市町村行政《しちやうそんぎやうせい》の目的《もくてき》は主《しゆ》として市町村《しちやうそん》の利益《りえき》を計《はか》り其《そ》の住民《ぢうみん》の幸福《かうふく》を増進《ぞうしん》するにあり從《したが》つて苟《いやしく》も市町村《しちやうそん》の利益《りえき》を得《え》其《そ》の住民《ぢうみん》の幸福《かうふく》を増進《ぞうしん》するに必要《ひつえう》なる事件《じけん》は採《と》つて以《もつ》て市町村《しちやうそん》の行政《ぎやうせい》に應用《おうよう》せさるへからす然《しか》れとも本制《ほんせい》に於《おい》て市町村會《しちやうそんくわい》の職務《しよくむ》權限《けんぐ》を定《さだ》めたるにより市町村會《しちやうそんくわい》は單《たん》に其《そ》の議決機關《ぎけつきくわん》たるに過《す》きさるか如《ごと》くなれと市町村會《しちやうそんくわい》をして議事《ぎじ》に參與《さんよ》するのみを以《もつ》て滿足《まんぞく》するときは市町村《しちやうそん》の繁榮《はんえい》を望《のぞ》むこと能《あた》はす故《ゆゑ》に本制《ほんせい》に於《おい》ては市町村會《しちやうそんくわい》をして市町村《しちやうそん》の公益《こうえき》に關《くわん》する事件《じけん》に付《つき》市町村長《しちやうそんちやう》又《また》は其《そ》の監督官廳《かんとくくわんちやう》に對《たい》して意見《いけん》を發表《はつぺう》するの機會《きくわい》を與《あた》へしめたり

〔市〕**第四十七條**　市會ハ行政廳ノ諮問アルトキハ意見ヲ答申スヘシ

市會ノ意見ヲ徵シテ處分ヲ爲スヘキ場合ニ於テ市會成立セス、招集ニ應セス若ハ意見ヲ提出セス又ハ市會ヲ招集スルコト能ハサルトキハ當該行政廳ハ其ノ意見ヲ俟タスシテ直ニ處分ヲ爲スコトヲ得

第四十四條

町村會ハ行政廳ノ諮問アルトキハ意見ヲ答申スヘシ

町村會ノ意見ヲ徴シテ處分ヲ爲スヘキ場合ニ於テ町村會成立セス、招集ニ應セス若ハ意見ヲ提出セス又ハ町村會ヲ招集スルコト能ハサルトキハ當該行政廳ハ其ノ意見ヲ俟タスシテ直ニ處分ヲ爲スコトヲ得

市町村《しちやうそん》は獨立《どくりつ》せる自治體《じちたい》にして其《そ》の固有《こいう》の行政事務《ぎやうせいじむ》に付《つい》ては自《みづか》ら之《これ》を處理《しより》するものなりと雖《いへど》も一方《はう》にありては其《そ》の事務《じむ》の效果《かうくわ》如何《いかん》は國《くに》の行政《ぎやうせい》に大《だい》なる影響《えいきやう》を及《およ》ほすへきものなるか故《ゆゑ》に監督官廳《かんとくくわんちよう》は常《つね》に市町村《しちやうそん》の行政事務《ぎやうせいじむ》の監督《かんとく》を怠《おこた》らさるへし而《しか》して監督官廳《かんとくくわんちやう》か市町村《しちやうそん》會《わい》に對《たい》し行政事務《ぎやうせいじむ》に付《つき》諮問《しもん》を爲《な》したるときは市町村會《しちやうそんくわい》は之《これ》に對《たい》し意見《いけん》を陳述《ちんじゆつ》するの義務《ぎむ》あるものとす監督官廳《かんとくくわんちよう》か市町村《しちようそん》の行政事務《ぎようせいじむ》を處分《しよぶん》するに當《あた》り先《ま》つ市町村會《しちやうそんくわい》に諮問《しもん》して其《そ》の意見《いけん》を答申《たふしん》せしむるは主《しゆ》として市町村《しちようそん》の獨立《どくりつ》を尊重《そんちよう》せるに外《ほか》ならす然《しか》れとも此《かく》の如《ごと》き場合《ばあひ》に於《おい》て議員《ぎゐん》の數《すう》に不足《ふそく》あるか爲《ため》議會《ぎくわい》成立《せいりつ》せさるか或《あるひ》は議員《ぎかん》か其《そ》の招集《せうしふ》に應《おう》せさるか若《もく》は議會《ぎくわい》か意見《いけん》を發表《はつぺう》せさる場合《ばあひ》に於《おい》ては到底《たうてい》諮問《しもん》の目的《もくてき》を達《たつ》すること能《あた》はす斯《か》かる場合《ばあひ》には監督官廳《かんとくくわんちよう》は其《そ》の監督權《かんとくけん》の行使《かうし》により任《にん》

意《い》に之《これ》か處分《しよぶん》を爲《な》すを得《う》るものとせり

〔市〕第四十八條　市會ハ議員中ヨリ議長及副議長一人ヲ選擧スヘシ

議長及副議長ノ任期ハ議員ノ任期ニ依ル

〔町村〕第四十五條　町村會ハ町村長ヲ以テ議長トス町村長故障アルトキハ其ノ代理者議長ノ職務ヲ代理ス町村長及其ノ代理者共ニ故障アルトキハ年長ノ議員議長ノ職務ヲ代理ス年齢同シキトキハ抽籤ヲ以テ之ヲ定ム

市會議長及副議長《しくわいぎちやうおよびふくぎちやう》と其《そ》の任期《にんき》、市會《しくわい》に於《お》ける議長及副議長《ぎちやうおよびふくぎちやう》は市會議員《しくわいぎゐん》の互選《ごせん》によりて之《これ》を定《さだ》め其《そ》の任期《にんき》は四年とす

舊市制《きうしせい》に於《おい》ては議長及代理者《ぎちやうおよびだいりしや》を議員《ぎゐん》の互選《ごせん》によりて之《これ》を定《さだ》め其《そ》の任期《にんき》を一ケ年とし毎暦年《まいれきねん》の始《はじ》めに之《これ》を改選《かいせん》するものと爲《な》したれとも本制《ほんせい》に於《おい》て之《これ》を改正《かいせい》せり町村會議長及其《ちやうそんくわいぎちやうおよびそ》の代理者《だいりしや》、町村會《ちやうそんくわい》に於《おい》ては其《そ》の議長《ぎちやう》は町村長《ちやうそんちやう》を以《もつ》てし町村《ちやうそん》長故障《ちやうこしやう》ある時《とき》は助役《じよやく》之《これ》か職務《しよくむ》を代理《だいり》し助役《じよやく》も故障《こしやう》ある場合《はあひ》に始《はじ》めて議員《ぎゐん》の年《ねん》長者《ちやうしや》をして之《これ》か代理《だいり》を爲《な》さしむ

市會《しくわい》と町村會《ちやうそんくわい》とに於《お》ける議長《ぎちやう》の選任《せんにん》の方法《はうはふ》の異《こと》なること前述《ぜんじゆつ》する所《ところ》の如《ごと》し元《がん》

來《らい》市《し》町村會《ちやうそんくわい》は市《し》町村行政事務《ちやうそんぎやうせいじむ》に關《くわん》し議決機關《ぎけつきくわん》として市《し》町村《ちやうそん》の意思《いし》を創成《さうせい》し且《かつ》其《そ》の執行機關《しつかうきくわん》たる市《し》町村吏員《ちやうそんりゐん》を監督《かんとく》するの權《けん》を有《いう》するものとする以上《いじやう》は議會《ぎくわい》に於《おい》て市《し》町村吏員《ちやうそんりゐん》をして議決事項《ぎけつじかう》に參與《さんよ》せしむへきものにあらす議決機關《ぎけつきくわん》即ち市《し》町村會《ちやうそんくわい》)と執行機關《しつかうきくわん》(即ち市《し》町村長《ちやうそんちやう》)とを區別《くべつ》するは市《し》町村自治行政《ちやうそんじちぎやうせい》の原則《げんそく》なりとす故《ゆゑ》に市會《しくわい》に於《おい》ては議長及副議長《ぎちやうおよびふくぎちやう》は市會議員《しくわいぎゐん》の中《うち》より之《これ》を選擧《せんきよ》すへきものとせり然《しか》れとも町村《ちやうそん》の如《ごと》きに於《おい》ては町村長及其《ちやうそんちやうおよびそ》の助役《じよやく》は其《そ》の行政事務《ぎやうせいじむ》に最《もつとも》通曉《つうげう》せる者《もの》と看做《みな》すも敢《あへ》て事實《じじつ》に反《はん》することなく且町村長《かつちやうそんちやう》は町村《ちやうそん》の行政《ぎやうせい》の執《しつ》行機關《かうきくわん》として單獨《たんどく》にて町村《ちやうそん》の行政事務《ぎやうせいじむ》を處理《しより》するものなるを以《もつ》て町村會《ちやうそんくわい》に於《おい》て町村會議員《ちやうそんくわいぎゐん》と相接觸《あひせつしよく》して議決機關《ぎけつきくわん》の行爲《かうゐ》に參與《さんよ》するは最必要《もつともひつえう》なるものとせるに外《ほか》ならす然《しか》れとも町村長《ちやうそんちやう》か町村會《ちやうそんくわい》の議長《ぎちやう》たるに付町村制《つきちやうそんせい》第四十九條の外《ほか》議決權《ぎけつけん》を有《いう》することとなし故《ゆゑ》に町村長及助役《ちやうそんちやうおよびじよやく》をして町村會《ちやうそんくわい》の議長《ぎちやう》として議決《ぎけつ》機關《きくわん》の決議《けつぎ》に參與《さんよ》せしむるも別《べつ》に弊害《へいがい》を生《しやう》せさるのみならす却《かへつ》て行政《ぎやうせい》の統一を計《はか》るの點《てん》に於《おい》て良好《りやうかう》なる結果《けつくわ》を奏《そう》することを得《う》へし此《こ》の理由《りいう》に基《もとつ》き本制《ほんけん》に於《おい》ては舊町村制《きうちやうそんせい》と同しく町村會《ちやうそんくわい》の議長の選任《せんにん》に付其《つきそ》の特例《とくれい》を設《まう》けたるなり

〔市〕 **第四十九條**　議長故障アルトキハ副議長之ニ代ハリ議長及副議長共ニ故障アルトキハ年長ノ議員議長ノ職務ヲ代理ス年齢同シキトキハ抽籤ヲ以テ之ヲ定ム議長は議會の議事を整理し議場の秩序を維持するの職務あるものなるか故に議長にして故障ある場合に於ては之か職務を代理して行ふへき者を定め置くの必要あり前條町村制第二項及本條は之か順序を規定せるものなり

〔市〕 **第五十條**　市長及其ノ委任又ハ囑託ヲ受ケタル者ハ會議ニ列席シテ議事ニ參與スルコトヲ得但シ議決ニ加ハルコトヲ得ス

前項ノ列席者發言ヲ求ムルトキハ議長ハ直ニ之ヲ許スヘシ但シ之カ爲メ議員ノ演説ヲ中止セシムルコトヲ得ス

〔町村〕 **第四十六條**　町村長及其ノ委任又ハ囑託ヲ受ケタル者ハ會議ニ列席シテ議事ニ參與スルコトヲ得但シ議決ニ加ハルコトヲ得ス

前項ノ列席者發言ヲ求ムルトキハ議長ハ直ニ之ヲ許スヘシ但シ之カ爲議員ノ演説ヲ中止セシムルコトヲ得ス

市《し》會《くわい》に於《お》ては議長《ぎちやう》及《および》副議長《ふくぎちやう》は議員《ぎゐん》の中《うち》より選擧《せんきよ》せらる從《したが》つて市長《しちやう》及《および》其《そ》の委任《ゐにん》

若《もし》くは囑託《ぞくたく》を受《う》けたる吏《り》員《ゐん》か市會《しくわい》の議事《ぎじ》に參與《さんよ》するは單《たん》に市行政《しぎやうせい》の事務《じむ》を執《しつ》行《かう》するの一員《ゐん》として備《そな》はるものにして從《したが》つて議事《ぎじ》の議決《ぎけつ》に加《くは》はることを得《え》さるや明《あきら》なり

反之町村《これにはんしちやうそん》に於《おい》ては町村長若《ちやうそんちやうもし》くは其《そ》の代理《だいり》か町村會《ちようそんくわい》の會議《くわいぎ》に列席《れつせき》するは議長《ぎちやう》としての資格《しかく》に基《もとづ》くものなり然《しか》れとも町村長《ちやうそんちやう》も亦町村《またちやうそん》の執行機關《しつかうきくわん》なるか故《ゆゑ》に其《そ》の會議《くわいぎ》に付議決《つきぎけつ》に加《くは》ふることを得《え》さること市長《しちやう》と異《こと》なる所《ところ》なし

市町村長及其《しちやうそんちやうおよびそ》の委任《ゐにん》若《もし》くは囑託《しよくたく》を受《う》けたる者《もの》か議會《ぎくわい》に列席《れつせき》するは單《たん》に市町村《しちやうそん》の執行機關《しつかうきくわん》たるに基《もと》つくと雖《いへど》も議事《ぎじ》に列席《れつせき》せしめたる以上《いじやう》は其《そ》の行政《ぎやうせい》の議決《ぎけつ》事項《じこう》に付意見《つきいけん》を發表《はつぺう》するの機會《きくわい》を與《あた》へさるへからす故《ゆゑ》に是等《これら》の列席者《れつせきしや》か發言《はつごん》を求《もと》めたるときは之《これ》を許可《きよか》せさるへからす然《しか》れとも議員《ぎゐん》は議會《ぎくわい》の一員《いん》として當然《たうぜん》議事《ぎじ》に關《くわん》し辯難攻撃《べんなんこうげき》を爲《な》すの權《けん》を有《いう》するか故《ゆへ》に之《これ》か爲《た》めに議員《ぎゐん》の演說《えんぜつ》を中止《ちうし》すへきものにあらす畢竟本制《ひつきやうほんせい》に於《おい》ては議員《ぎゐん》の意見《いけん》を尊重《そんちよう》したるに外《ほか》ならさるなり

第五十一條 市會ハ市長之ヲ招集ス議員定數ノ三分ノ一以上ノ請求アルトキ

ハ市長ハ之ヲ招集スヘシ

市長ハ必要アル場合ニ於テハ會期ヲ定メテ市會ヲ招集スルコトヲ得

招集及會議ノ事件ハ開會ノ日ヨリ少クトモ三日前ニ之ヲ告知スヘシ但シ急施ヲ要スル場合ハ此ノ限ニ在ラス

市會開會中急施ヲ要スル事件アルトキハ市長ハ直ニ之ヲ其ノ會議ニ付スルコトヲ得三日前迄ニ告知ヲ爲シタル事件ニ付亦同シ

市會ハ市長之ヲ開閉ス

〔町村〕

第四十七條　町村會ハ町村長之ヲ招集ス議員定數三分ノ一以上ノ請求アルトキハ町村長ハ之ヲ招集スヘシ

町村長ハ必要アル場合ニ於テハ會期ヲ定メテ町村會ヲ招集スルコトヲ得

招集及會議ノ事件ハ開會ノ日ヨリ少クトモ三日前ニ之ヲ告知スヘシ但シ急施ヲ要スル場合ハ此ノ限ニ在ラス

町村會開會中急施ヲ要スル事件アルトキハ町村長ハ直ニ之ヲ其ノ會議ニ付スルコトヲ得三日前迄ニ告知ヲ爲シタル事件ニ付亦同シ

町村會ハ町村長之ヲ開閉ス

市町村會《しちやうそんくわい》の招集《せうしふ》は市町村長《しちやうそんちやう》の爲《な》す所《ところ》とす之《これ》か招集《せうしふ》を爲《な》すに二の場合《はあひ》あり

第一、市町村長《しちやうそんちやう》の意見《いけん》に基《もとづ》く場合《はあひ》、市町村長《しちやうそんちやう》は市町村行政《しちやうそんぎやうせい》の執行機關《しつかうきくわん》として市町村會《しちやうそんくわい》の議決《ぎけつ》せる事項《じこう》を執行《しつかう》し直接《ちよくせつ》に外部《ぐわいぶ》に對《たい》して市町村《しちやうそん》を代表《だいへう》する者《もの》なるを以《もつ》て其《そ》の事務《じむ》の執行上《しつかうじやう》議會《ぎくわい》を招集《せうしふ》するの必要《ひつえう》を生《しやう》したるときは職權《しよくけん》を以《もつ》て之《これ》を招集《せうしふ》することを得《う》へし舊市制町村制《きうしせいちやうそんせい》に於《おい》ては市町村會《しちやうそんくわい》の招集《せうしふ》は議長《ぎちやう》の職權《しよくけん》に屬《ぞく》せしめたるの結果《けつくわ》市《し》の行政《ぎやうせい》にありては議長《ぎちやう》は議決機關《ぎけつきくわん》の一員《ゐん》にして平素《へいそ》市《じ》の行政事務《ぎやうせいじむ》の執行《しつかう》に與《あづ》からさるか故《ゆゑ》に招集《せうしふ》の時機《じき》を失《しつ》するの嫌《きらひ》なきにあらす殊《こと》に多《おほ》くの場合《はあひ》は市長《しちやう》の請求《せいきう》に基《もとづ》くものなるか故《ゆゑ》に本制《ほんせい》に於《おい》ては總《すべ》て市町村會《しちやうそんくわい》の招集《せうしふ》は執行機關《しつかうきくわん》の職權《しよくけん》と爲《な》したるなり

第二、市町村會議員《しちやうそんくわいぎゐん》の三分の一以上《いじやう》の請求《せいきう》ありたる場合《はあひ》、議員《ぎゐん》は市町村《しちやうそん》の議決機關《ぎけつきくわん》を組織《そしき》する一員《ゐん》にして各市町村會《かくしちやうそんくわい》の職權《しよくけん》に屬《ぞく》する行政事務《ぎやうせいじむ》に付《つき》議決《ぎけつ》を爲《な》すに當《あた》り評決權《ひやうけつけん》を有《いう》するのみならす市町村《しちやうそん》の行政《ぎやうせい》に關《くわん》する事件《けん》に對《たい》しては自己《じこ》の意見《いけん》を發表《はつぺう》し市町村行政《しちやうそんぎやうせい》の改善《かいぜん》を計《はか》らさるへからす而《しか》して之《これ》か爲《た》めに議會《ぎくわい》

に於《おい》て議《ぎ》案を提出《ていしゆつ》することを得《う》へし從《したが》つて此《かく》の如《ごと》き場合《ばあひ》に議員《ぎゐん》の意見《いけん》を採用《さいよう》し其《そ》の提出《ていしゆつ》に係《かゝは》る議案《ぎあん》を議決《ぎけつ》するか爲《た》めに議會《ぎくわい》を招集《せうしふ》するは市町村《しちやうそん》の行政事《ぎやうせいじ》務《む》の改善《かいぜん》を計《はか》るに最適當《もつともてきたう》なるものと謂《い》はさるへからす然《しか》れとも議員《ぎゐん》か意見《いけん》を發表《はつぴやう》し又《また》は議案《ぎあん》を提出《ていしゆつ》して議會《ぎくわい》の招集《せうしふ》を請求《せいきう》するに當《あた》り一々市町村長《しちやうそんちやう》に於《おい》て之《これ》を招集《せうしふ》すへきものとせは市町村《ちやうそん》の行政事務《ぎやうせいじむ》をして煩忙《はんはう》ならしむるの恐《おそれ》あり故《ゆゑ》に本制《ほんせい》に於《おい》ては議員《ぎゐん》の三分の一以上《いじやう》より請求《せいきう》ありたる場合《ばあひ》に限《かぎ》り之《これ》を招集《せうしう》すへきものとせり

招集及會議《せうしふおよびくわいぎ》すへき事件《じけん》の告知《こくち》、少《すくな》くとも開會《かいくわい》の三日以前《いぜん》に之《これ》を議員《ぎゐん》に告知《こくち》すへきものと爲《な》したるは議員《ぎゐん》をして豫《あらかじ》め其《そ》の議事《ぎじ》に付考慮《つきかうりよ》せしむると且《かつ》招集《せうしふ》に應《おう》するの準備《じゆんび》を爲《な》すの期間《きかん》を與《あた》へたるにあり然《しか》れとも急施《きふし》を要《えう》するに付《つき》招集《せうしふ》を爲《な》す場合《ばあひ》の如《ごと》きは例外《れいぐわい》となし三日の期間《きかん》を存《そん》することを要《えう》せさるなり而《しか》して急施《きふし》の事件《じけん》の如何《いか》なるものなるやは元《もと》より市町村長《しちやうそちやう》の判斷《はんだん》により決《けつ》すへきものとす議會《ぎくわい》の開會中《かいくわいちう》に於《おい》ては急施《きうし》を要《えう》する事件《にけん》は議事日程《ぎじにつてい》の順序《じゆんじよ》に拘《かゝは》らす直《たゞち》に會議《くわいぎ》に付《ふ》することを得《う》へく又《また》三日以前《いぜん》に告知《こくち》を爲《な》したる事件《じけん》も市町村長《しちやうそんちやう》の

意見《いけん》により同《どう》一に取扱《とりあつか》ふことを得《う》るものとせり

市《し》町村長《ちやうそんちやう》は議會《ぎくわい》の招集《せうしふ》を爲《な》すと共《とも》に其《そ》の開會竝《かいくわいならび》に閉會《へいくわい》を爲《な》すの權限《けん〲》を有《いう》す

〔市〕第五十二條　市會ハ議員定數ノ半數以上出席スルニ非サレハ會議ヲ開クコトヲ得ス但シ第五十四條ノ除斥ノ爲半數ニ滿タサルトキ、同一ノ事件ニ付招集再回ニ至ルモ仍半數ニ滿タサルトキ又ハ招集ニ應スルモ出席議員定數ヲ闕キ議長ニ於テ出席ヲ催告シ仍半數ニ滿タサルトキハ此ノ限ニ在ラス

〔町村〕第四十八條　町村會ハ議員定數ノ半數以上出席スルニ非サレハ會議ヲ開クコトヲ得ス但シ第五十條ノ除斥ノ爲半數ニ滿タサルトキ、同一ノ事件ニ付招集再回ニ至ルモ仍半數ニ滿タサルトキ又ハ招集ニ應スルモ出席議員定數ヲ闕キ議長ニ於テ出席ヲ催告シ仍半數ニ滿タサルトキハ此ノ限ニ在ラス

市町村行政《しちやうそんぎやうせい》の議決機關《ぎけつきくわん》たる市町村會《しちやうそんくわい》の組織《そしき》に付《つき》議員《ぎゐん》の員數《ゐんすう》を定《さだ》めたる以上《いじやう》は議會《ぎくわい》の權限《けん〲》に屬《ぞく》する事項《じかう》を議決《ぎけつ》するに當《あた》りては其《そ》の全員《ぜんゐん》の出席《しゆつせき》によりて議事《ぎじ》を爲《な》すへきものとするを以《もつ》て最《もつとも》理《り》論《ろん》に適合《てきがふ》するものと謂《い》はさるへからす然《しか》れとも議員《ぎゐん》の全員《ぜんゐん》か出席《しゆつせき》するにあらされは會議《くわいぎ》を開《ひら》くことを得《え》すとなすときは

遂《つひ》に會議《くわいぎ》を開《ら》くことを得《え》さる場合《はあひ》頻繁《ひんはん》として生《しやう》するの恐《おそれ》あり故《ゆゑ》に本制《はんせい》に於《おい》ては議員《ぎゐん》の半數《はんすう》以上《いじやう》の出席《しゆつせき》により議事《ぎじ》を爲《な》すことを得《う》るものとせり

會議《くわいぎ》を開《ひら》くには議員《ぎゐん》の半數《はんすう》以上《いじやう》の出席《しゆつせき》を必要《ひつえう》とすること前述《ぜんじゆつ》する所《ところ》の如《ごと》し然《しか》れとも議員《ぎゐん》か半數《はんすう》以上出席《いじやうしゆつせき》するを得《え》さる場合《はあひ》あり

一、議員《ぎゐん》か除斥《ぢよせき》せらるゝ場合《はあひ》、會議《くわいぎ》の事件《じけん》か或《あるひ》は出席議員《しゆつせきぎゐん》の一身上《しんじやう》に關《くわん》するか若《も》しくは父《ふ》母《は》、祖《そ》父《ふ》母《は》、妻《さい》子《し》孫《そん》、兄《けい》弟《てい》姉《し》妹《まい》の一身上《しんじやう》に關《くわん》するときは其《そ》の議員《ぎゐん》は會議《くわいぎ》に加《くは》はることを得《え》す從《したが》つて其《そ》の議員《ぎゐん》か除斥《ぢよせき》せられたるか爲《た》め出席議員《しゆつせきぎゐん》の數《すう》議員《ぎゐん》定數《ていすう》の三分の一以下《いか》に減《げん》することあり此《かく》の如《ごと》き場合《はあひ》に於《おい》ては議員《ぎゐん》の除斥《ぢよせき》の結果《けつくわ》半數《すう》を降《くだ》るものなるか故《ゆゑ》に他《た》の出席議員《しゆつせきぎゐん》をして會議《くわいぎ》を爲《な》さしむることを得《う》るものとせり

二、再招集《さうせうしふ》を爲《な》すも半數以上《はんすういじやう》招集《せうしふ》に應《おう》せさる場合《はあひ》、同《どう》一事件《じけん》に付《つき》再回招集《さいくわいせうしふ》を爲《な》して尚《なほ》半數以上《はんすういじやう》の議員《ぎゐん》之《これ》に應《たう》せさる場合《はあひ》の如《ごと》き到底會議《たうていくわいぎ》を開《ひら》くこと能《あた》はさるものと看《み》做《な》ささるへからす故《ゆゑ》に此《こ》の場合《はあひ》にも半數以下《はんすういか》の出席議員《しゆつせきぎゐん》をして會議《くわいぎ》を爲《な》すことを得《え》せしめたり

三、出席《しゆつせき》議員《ぎゐん》半數《はんすう》に滿《み》たさる場合《はあひ》、會議《くわいぎ》を開《ひら》くには議員《ぎゐん》か議場《ぎぢよう》に出席《しゆつせき》することを必要《ひつえう》とす蓋《けだし》市町村會《しちよつそんくわい》は一定《てい》の議場《ぎぢよう》に於《おい》て公開《こうかい》により議決《ぎけつ》するものなるか故《ゆゑ》に假令《たとへ》議員《ぎゐん》にして招集《せつしふ》に應《おう》して出頭《しゆつとう》するも議場《ぎぢよう》に出席《しゆつせき》せさるときは會議《くわいぎ》を開《ひら》くことを得《え》さること前述《ぜんじゆつ》する場合《はあひ》と異《こと》なる所《ところ》なし此《かく》の如《ごと》き現象《げんしよう》の生《しよう》するは多《おほ》くは出席《しゆつせき》議員《ぎゐん》か會議《くわいぎ》中《ちう》任意《にんい》に退場《たいぢよう》するか若《もし》くは出頭《しゆつとう》するも入場《にふぢよう》を肯《がへん》せさるに基《き》因《ゐん》するものとす故《ゆゑ》に議長《ぎちよう》に其《そ》の出席《しゆつせき》するや否《いな》やを催告《さいこく》せしめ尚《なほ》半數《はんすう》に滿《み》たさる場合《はあひ》には半數《はんすう》以下《いか》により會議《くわいぎ》を開《ひら》くことを得《う》るものとせり本制《ほんせい》に於《おい》て此《こ》の場合《はあひ》に付《つき》特《とく》に例外《れいぐわい》を設《まう》けたるは半數《はんすう》以上《いじよう》の議員《ぎゐん》か其《そ》の招集《せつしふ》に應《おう》したるに拘《かゝは》らす議員《ぎゐん》の任意《にんい》により議場《ぎぢよう》に出席《しゆつせき》せさる如《ごと》きは議員《ぎゐん》の職責《しよくせき》を重《おも》んせさるものとなし從《したが》つて此《かく》の如《ごと》き議員《ぎゐん》の出席《しゆつせき》の有無《いうむ》により會議《くわいぎ》の開催《かいさい》に影響《えいきよう》を及《およ》ほすことを防《ふせ》きたるに外《ほか》ならさるなり

〔市〕**第五十三條**　市會ノ議事ハ過半數ヲ以テ決ス可否同數ナルトキハ議長ノ決スル所ニ依ル

〔町村〕**第四十九條**　町村會ノ議事ハ過半數ヲ以テ決ス可否同數ナルトキハ議長ノ決

スル所ニ依ル

議《ぎ》決《けつ》の方法《はつはふ》、市《し》町村會《ちやうそんくわい》の議事《ぎじ》は出席《しゆつせき》議員《ぎゐん》の過半數《くわはんすう》を以《もつ》て其《そ》の可否《かひ》を定《さだ》むへきものとなし可否《かひ》同數《どうすう》の場合《はあひ》には議長《ぎちやう》の意思《いし》によりて可否《かひ》を決《けつ》するものとせり議《ぎ》長《ちやう》か可否《かひ》を決《けつ》するとは即《すなはち》議《ぎ》長《ちやう》か議《ぎ》決《けつ》に加《くは》はると同《どう》一の結果《けつくわ》を生《しやう》す若《も》し議長《ぎちやう》か議員《ぎゐん》として既《すで》に評決《ひやうけつ》に加《くは》はりたるときは議長《ぎちやう》は二重《ぢう》の議決權《ぎけつけん》を有《いう》すると同《どう》一の結果《けつくわ》となるなり

舊市制町村制《きうしせいちやうそんせい》に於《おい》ては市町村會《しちやうそんくわい》の議決《ぎけつ》は出席議員《しゆつせきぎゐん》の可否《かひ》の多數《たすう》によりて之《これ》を定《さだ》むるものとせり蓋舊市《けだしきうし》制町村制《せいちやうそんせい》か比較《ひかく》多數《たすう》の方法《はうはふ》により議決《ぎけつ》すへきものとなしたるの趣旨《しゆし》は過半數《くわはんすう》の方法《はつはふ》により議決《ぎけつ》を爲《な》すものとせは往々《わう〱》議決《ぎけつ》を爲《な》すこと能《あた》はさる場合《はあひ》を生《しやう》することあり例《たと》へは議員《ぎゐん》の意見《いけん》區《く》々に別《わか》るゝ場合《はあひ》の如《ごと》き之《こ》れなり故《ゆゑ》に之《これ》か弊害《へいがい》の生《しやう》するを慮《おもんぱか》りたるにあり

然《しか》れとも集議制《しふぎせい》により議事《ぎじ》を爲《な》すに當《あた》りては過半數《くわはんすう》によりて之《これ》を定《さだ》むると爲《な》すは多數《たすう》の意見《いけん》を採用《さいよう》するものにして最穩當《もつともをんたう》なるものと謂《い》はさるへからす或《あるひ》は議員《ぎゐん》の意見《いけん》區《く》々に別《わか》るゝ場合《はあひ》に議決《ぎけつ》を爲《な》す能《あた》はさることの生《しやう》することあら

んもかゝる場合《ばあひ》は極《きは》めて稀《まれ》なりとの經驗《けいけん》に基《もとづ》き本制《ほんせい》に於《おい》ては過半數《くわはんすう》の方法《はうはふ》を採用《さいよう》したるなり

〔市〕　**第五十四條**　議長及議員ハ自己又ハ父母、祖父母、妻、子孫、兄弟、姉妹ノ一身上ニ關スル事件ニ付テハ其ノ議事ニ參與スルコトヲ得ス但シ市會ノ同意ヲ得タルトキハ會議ニ出席シ發言スルコトヲ得

〔町村〕　**第五十條**　議長及議員ハ自己又ハ父母、祖父母、妻、子孫、兄弟、姉妹ノ一身上ニ關スル事件ニ付テハ其ノ議事ニ參與スルコトヲ得ス但シ町村會ノ同意ヲ得タルトキハ會議ニ出席シ發言スルコトヲ得

本條《ほんでう》は議決《ぎけつ》の公平《こうへい》を保《たも》たんか爲《た》めに議員《ぎゐん》の議決權《ぎけつけん》に制限《せいげん》を加《くは》へたるものなり

蓋《けたし》父《ふ》母《ほ》兄弟《けいてい》若《もし》くは妻子《さいし》の一身上《しんじやう》に關《くわん》する事件《じけん》又《また》は自己《じこ》の一身上《しんじやう》に關《くわん》する事件《じけん》に付《つき》ては議員《ぎゐん》か公平《こうへい》なる評決《ひやうけつ》を爲《な》すを得《え》さるものと看做《みな》したるに外《ほか》ならす然《しか》れとも市町村會《しちやうそんくわい》の同意《どうい》を得《え》たるときに限《かぎ》り出席《しゆつせき》して發言《はつごん》を爲《な》すことのみを許《ゆる》したり

〔市〕　**第五十五條**　法律勅令ニ依リ市會ニ於テ選擧ヲ行フトキハ本法中別段ノ規定

アル場合ヲ除クノ外一人毎ニ無記名投票ヲ爲シ有效投票ノ過半數ヲ得タル者ヲ以テ當選者トス過半數ヲ得タル者ナキトキハ最多數ヲ得タル者二人ヲ取リ之ニ就キ決選投票ヲ爲サシム其ノ二人ヲ取ルニ當リ同數者アルトキハ年長者ヲ取リ年齢同シキトキハ議長抽籤シテ之ヲ定ム此ノ決選投票ニ於テハ多數ヲ得タル者ヲ以テ當選者トス同數ナルトキハ年長者ヲ取リ年齢同シキトキハ議長抽籤シテ之ヲ定ム

前項ノ場合ニ於テハ第二十五條及第二十八條ノ規定ヲ準用シ投票ノ效力ニ關シ異議アルトキハ市會之ヲ決定ス

第一項ノ選擧ニ付テハ市會ハ其ノ議決ヲ以テ指名推選又ハ連名投票ノ法ヲ用ウルコトヲ得其ノ連名投票ノ法ヲ用ウル場合ニ於テハ前二項ノ例ニ依ル

〔町村〕**第五十一條**　法律勅令ニ依リ町村會ニ於テ選擧ヲ行フトキハ一人毎ニ無記名投票ヲ爲シ有效投票ノ過半數ヲ得タル者ヲ以テ當選者トス過半數ヲ得タル者ナキトキハ最多數ヲ得タル者二人ヲ取リ之ニ就キ決選投票ヲ爲サシム其ノ二人ヲ取ルニ當リ同數者アルトキハ年長者ヲ取リ年齢同シキトキハ議長抽籤シ

テ之ヲ定ム此ノ決選投票ニ於テハ多數ヲ得タル者ヲ以テ當選者トス同數ナルトキハ年長者ヲ取リ年齡同シキトキハ議長抽籤シテ之ヲ定ム

前項ノ場合ニ於テハ第二十二條及第二十五條ノ規定ヲ準用シ投票ノ效力ニ關シ異議アルトキハ町村會之ヲ決定ス

第一項ノ選擧ニ付テハ町村會ハ其ノ決議ヲ以テ指名推選又ハ連名投票ノ法ヲ用ウルコトヲ得其ノ連名投票ヲ用ウル場合ニ於テハ前二項ノ例ニ依ル

市《し》町村會《ちやうそんくわい》に於《お》ける選擧《せんきよ》の方法《はうはふ》、市《し》町村會《ちやうそんくわい》か本制《ほんせい》其《そ》の他《た》法律勅令《はふりつちよくれい》により選擧《せんきよ》を爲《な》す場合《はあひ》に於《おい》て其《そ》の選擧《せんきよ》の方法《はうはふ》は無記名單記投票《むきめいたんきたうへう》の方法《はうはふ》により而《しか》して過半數《くわはんすう》の得票者《とくへうしや》を以《もつ》て當選者《たうせんしや》と爲《な》す過半數《くわはんすう》の得票者《とくへうしや》を當選者《たうせんしや》と定《さだ》めたるは市《し》町村會議《ちやうそんくわいぎ》員《ゐん》の選擧《せんきよ》の場合《はあひ》と異《こと》なる所《ところ》なり蓋《けだし》市《し》町村會《ちやうそんくわ》議《ぎ》員《ゐん》の多數《たすう》の意見《いけん》を採用《さいよう》せんとするの趣旨《しゆし》に出《い》てたるものなり然《しか》れとも議員《ぎゐん》の意見《いけん》にして區別《くべつ》に分《わか》るる場合《はあひ》にありては到底《たうてい》過半數《くわはんすう》により當選者《たうせんしや》を定《さだ》むること能《あた》はす斯《か》かる場合《はあひ》には止《や》むを得《え》す比較多數《ひかくたすう》の方法《はうはふ》により最多數《さいたすう》の得票者《とくへうしや》二人を選定《せんてい》し更《さら》に決選投票《けつせんたうへう》を行《おこな》ひ最多數《さいたすう》の得票者《とくへうしや》を以《もつ》て當選者《たうせんしや》となすものとせり決選投票《けつせんたうへう》の場合《はあひ》に於《おい》て過半數《くわはんすう》

の方法《はうはふ》によらさるは畢竟再《ひつきやうさい》三選擧《せんきよ》を行《おこな》ふの繁累《はんるゐ》を避《さ》けんか爲《た》めに外《ほか》ならさるなり

市町村會《しちやうそんくわい》に於《おい》て選擧《せんきよ》を行《おこな》ふ場合《ばあひ》に其《そ》の選擧《せんきよ》の方法竝投票《はうはふならびにたうへう》の効力等《かうりよくとう》に關《くわん》しては市町村會議《しちやうそんくわいぎ》員《ゐん》選擧《せんきよ》の場合《ばあひ》の規定《きてい》を準用《じゆんよう》すへきものとせり而《しか》して其《そ》の投票《たうへう》の效力《かうりよく》に關《くわん》し異議《いぎ》ある場合《ばあひ》に市町村會《しちやうそんくわい》をして決定《りつてい》せしむへきものとなしたるは畢竟《ひつきやう》市町村會《しちやうそんくわい》の權限《けんげん》に屬《ぞく》する事項《じかう》を議決《ぎけつ》するにあるか爲《た》めなり

市町村會《しちやうそんくわい》に於《お》ける選擧《せんきよ》は無記名單記投票《むきめいたんきたうへう》の方法《はうはふ》に依《よ》るを原則《げんそく》とすれども特《とく》に市町村會《しちやうそんくわい》の議決《ぎけつ》により連名投票《れんめいたうへう》の方法《はうはふ》により若《もし》くは選擧《せんきよ》の代《かは》りに某《ぼう》を指名《しめい》して推選《すいせん》することを得《う》蓋市町村會《けだししちやうそんくわい》の議決《ぎけつ》は即投票《すなはちたうへう》と同《どう》一の效力《かうりよく》を有《いう》するものにして議決《ぎけつ》により選擧《せんきよ》の方法《はうはふ》を定《さだ》むるを得《う》ると爲《な》すも他《た》に弊害《へいがい》を生《しやう》することなきのみならす却《かへつ》て手續《てつゞき》を簡易《かんい》ならしむるの利益《りえき》あるものとす

〔市〕

第五十六條　市會ノ會議ハ公開ス但シ左ノ場合ハ此ノ限ニ在ラス

一、市長ヨリ傍聴禁止ノ要求ヲ受ケタルトキ

二、議長又ハ議員三人以上ノ發議ニ依リ傍聴禁止ヲ可決シタルトキ

前項議長又ハ議員ノ發議ハ討論ヲ須キス其ノ可否ヲ決スヘシ

〔町村〕**第五十二條**　町村會ノ會議ハ公開ス但シ左ノ場合ハ此ノ限ニ在ラス

一、議長ノ意見ヲ以テ傍聽ヲ禁止シタルトキ

二、議員二人以上ノ發議ニ依リ傍聽禁止ヲ可決シタルトキ

前項議員ノ發議ハ討論ヲ須キス其ノ可否ヲ決スヘシ

市町村會《しちやうそんくわい》は市町村行政《しちやうそんぎやうせい》の議決機關《ぎけつきくわん》として其《そ》の權限《けんぐ》に屬《ぞく》する行政事務《ぎやうせいじむ》を議決《ぎけつ》するものなるか故《ゆゑ》に其《そ》の議決《ぎけつ》たるや市町村住民《しちやうそんぢうみん》の利益《りえき》に關《くわん》するものにして從《したが》つて其《そ》の議決《ぎけつ》の公平《こうへい》を保《たも》たんか爲《た》めには宜《よろ》しく之《これ》を公開《こうかい》と爲《な》し議事《ぎじ》の傍聽《はうちやう》の自《じ》由《いう》を許《ゆる》すへきものとす加之《しかのみならず》議會《ぎくわい》の公開《こうかい》は一方《はう》に於《おい》ては間接《かんせつ》に住民《ぢうみん》に於《おい》て議事《ぎじ》の監視《かんし》を爲《な》すと共《とも》に市町村行政《しちようそんぎやうせい》の事務《じむ》に付《つき》其《そ》の得失《とくしつ》を了知《れうち》するの機會《きくわい》を與《あた》ふるにあり此《こ》の趣旨《しゆし》に基《もと》づき本制《ほんせい》に於《おい》ては議會《ぎくわい》は公開《こうかい》すへきを本則《ほんそく》となしたる所以《ゆゑ》なり

然《しか》れとも議會《ぎくわい》の議事《ぎじ》の中《うち》には或《あるひ》は私人《しにん》の名譽《めいよ》に關《くわん》することあり或《あるひ》は市町村《しちやうそん》の安寧《あんねい》を害《がい》するの恐《おそれ》あるものあり此《かく》の如《ごと》き場合《ばあひ》にも議事《ぎじ》を公開《こうかい》すへきものとせ

は却《かへつ》て議決《ぎけつ》の公平《こうへい》を闕《か》き又《また》は市町村《しちやうそん》の秩序《ちつじよ》を亂《みだ》すの結果《けつくわ》を惹《ひ》き起《おこ》すの憂あり故《ゆゑ》に議長《ぎちやう》の意見《いけん》により議事《ぎじ》を秘密《ひみつ》に附《ふ》するの必要《ひつえう》あるものとなすときは傍聴《はうちやう》を禁止《きんし》することを得《う》るものとせり

舊《きう》市制《せい》町村制《ちやうそんせい》に於《おい》ては市町村會《しちやうそんくわい》の傍聴《はうちやう》を禁止《きんし》するは一に議長《ぎちやう》の意見《いけん》にのみ依《よ》りたるものなれとも本制《ほんせい》に於《おい》ては議員《ぎゐん》二人以上《にんにじやう》か傍聴禁止《はうきやうきんし》の發議《はつぎ》を爲《な》し市町村會《しちやうそんくわい》に於《おい》て之《これ》を可決《かけつ》したる場合《ばあひ》にも亦《また》議會《ぎくわい》の傍聴《はうちやう》を禁止《きんし》することを許《ゆる》したり然《しか》れとも此《こ》の場合《ばあひ》に討論《たうろん》を用《もち》ゐすして可否《かひ》を決《けつ》すへきものとなしだるは傍聴《はつきやう》禁止《きんし》に關《くわん》する討論《たうろん》は其《そ》の事情《じじやう》たる等《ひと》しく傍聴《はうちやう》を許《ゆる》すへきものにあらさるか故《ゆゑ》なり若《も》し傍聴禁止《はうちやうきんし》の理由《りいう》に付《つき》討論《たうろん》を許《ゆる》すとせは其《そ》の後《ご》の議事《ぎじ》に付《つき》之《これ》か禁止《きんし》を爲《し》したる趣旨《しゆし》を没却《はつきやく》するに至《いた》らん

〔市〕**第五十七條** 議長ハ會議ヲ總理シ會議ノ順序ヲ定メ其ノ日ノ會議ヲ開閉シ議場ノ秩序ヲ保持ス

〔町村〕**第五十三條** 議長ハ會議ヲ總理シ會議ノ順序ヲ定メ其ノ日ノ會議ヲ開閉シ議場ノ秩序ヲ保持ス

議場整理《ぎぢやうせいり》の權《けん》は議長《ぎちやう》の權限《けんぐ》に屬《ぞく》す而《しか》して議場《ぎじやう》の整理《せいり》とは議事日程《ぎじにつてい》を定《さだ》め、會議《くわいぎ》の開始《かいし》、閉鎖《へいさ》を命《めい》し議場《ぎぢやう》の秩序《ちつじよ》を保《たも》たしむる等《とう》議場《ぎぢやう》に於《お》ける諸般《しよはん》の事務《じむ》を處理《しより》することを謂《い》ふ

〔市〕**第五十八條**　議員ハ選擧人ノ指示又ハ委囑ヲ受クヘカラス

議員ハ會議中無禮ノ語ヲ用キ又ハ他人ノ身上ニ涉リ言論スルコトヲ得ス

〔町村〕**第五十四條**　議員ハ選擧人ノ指示又ハ委囑ヲ受クヘカラス

議員ハ會議中無禮ノ語ヲ用キ又ハ他人ノ身上ニ涉リ言論スルコトヲ得ス

市町村會議員《しちやうそんくわいぎゐん》は市町村《しちやうそん》の議決機關《ぎけつきくわん》を組織《そしき》するの一員《ゐん》なること前述《ぜんじゆつ》する所《ところ》の如《ごと》し而《しか》して選擧人《せんきよにん》か議員《ぎゐん》を選擧《せんきよ》するは各自《かくじ》の代理人《だいりにん》を選定《せんてい》するものにあらす公《こう》民《みん》たるの權利《けんり》に基《もとづ》き市町村行政《しちやうそんぎやうせい》に參與《さんよ》するに付最適才《つきもつともてきさい》を撰擇《せんたく》し各自《かくじ》の利益《りえき》と市町村《しちやうそん》の幸福《かうふく》を增進《ぞうしん》せんとするにあり從《したが》つて議員《ぎゐん》は最公平《もつともこうへい》に誠實《せいじつ》に市町村《しちやうそん》の利益《りえき》と住民《ぢうみん》の福利《ふくり》とを鑑《かんが》みて議事《ぎじ》に參與《さんよ》せさるへからす議員《ぎゐん》か選擧人《せんきよにん》の指圖《さしづ》を受《う》けて議事《ぎじ》に與《あづ》かるか又《また》は其《そ》の依托《いたく》を受《う》けて賛否《さんぴ》を決《けつ》するか如《ごと》きは却《かへつ》て市《し》町村《ちようそん》の行政《ぎようせい》に弊害《へいがい》を生《しよう》するものと謂はさるへからす

市《し》町《ちやう》村《そん》會《くわい》議《ぎ》員《ゐん》は各自《かくじ》の品位《ひんゐ》を保《たも》つと共《とも》に相互《あひたがひ》に尊敬《そんけい》の意《い》を表《へ》せさるへからす從《したが》つて議場《ぎぢやう》に於《おい》て言論《げんろん》を爲《な》す場合《ばあひ》に於《おい》ては無禮《ぶれい》の言《げん》を交へ若《もしく》は身上《しんじやう》に對《たい》し攻《こう》擊《げき》を加《くは》ふる等《とう》の事《こと》を爲《た》すへからす畢竟此《ひつきやうかく》の如《ごと》きは個人《こじん》の私事《しじ》に亘《わた》るものにして公《おほやけ》の議場《ぎぢやう》に於《おい》て行《おこな》はるへきものにあらさるなり

〔市〕**第五十九條**　會議中本法又ハ會議規則ニ違ヒ其ノ他議場ノ秩序ヲ紊ス議員アルトキハ議長ハ之ヲ制止シ又ハ發言ヲ取消サシメ命ニ從ハサルトキハ當日ノ會議ヲ終ル迄發言ヲ禁止シ又ハ議場外ニ退去セシメ必要アル場合ニ於テハ警察官吏ノ處分ヲ求ムルコトヲ得

議場騷擾ニシテ整理シ難キトキハ議長ハ當日ノ會議ヲ中止シ又ハ之ヲ閉ツルコトヲ得

〔町村〕**第五十五條**　會議中本法又ハ會議規則ニ違ヒ其ノ他議場ノ秩序ヲ紊ス議員アルトキハ議長ハ之ヲ制止シ又ハ發言ヲ取消サシメ命ニ從ハサルトキハ當日ノ會議ヲ終ル迄發言ヲ禁止シ又ハ議場外ニ退去セシメ必要アル場合ニ於テハ警察官吏ノ處分ヲ求ムルコトヲ得

議場騒擾ニシテ整理シ難キトキハ議長ハ當日ノ會議ヲ中止シ又ハ之ヲ閉ツルコトヲ得

議長《ぎちやう》は議場整理《ぎぢやうせいり》の權限《けんげん》を有《いう》すること前述《ぜんじゆつ》する所《ところ》の如《ごと》し故《ゆゑ》に議員《ぎゐん》にして本法《ほんはふ》其《そ》の他會議《たくわいぎ》規則《きそく》に違反《ゐはん》するか又《また》は議場《ぎぢやう》の秩序《ちつじよ》を紊《みだ》すの行爲《かうゐ》ありたる時《とき》は議長《ぎちやう》は右《みぎ》の權限《けんげん》に基《もとづ》き其《そ》の議員《ぎゐん》に對《たい》し發言《はつげん》を取消《とりけ》さしめ之《これ》を肯《がへん》せさるときは發言《はつげん》の禁止《きんし》を命《めい》し尙進《なほすゝ》んで警察官《けいさつくわん》をして其《そ》の議員《ぎゐん》の身體《しんたい》をも拘束《かうそく》せしむることを得《う》へし

一二の議員《ぎゐん》か議場《ぎぢやう》の秩序《ちつじよ》を紊《みだ》すか如《ごと》きは單《たん》に其《そ》の議員《ぎゐん》のみを排除《はいぢよ》して議事《ぎじ》を進行《しんかう》せしむることを得《う》へしと雖《いへど》も議員《ぎゐん》の多數《たすう》か喧擾《けんさう》を爲《な》し議場《ぎぢやう》の秩序《ちつじよ》を紊《みだ》し之《これ》か爲《た》め議事《ぎじ》を進行《しんかう》せしむること能《あた》はさる場合《ばあひ》には到底右《たうていみぎ》の方法《はうはふ》を以《もつ》て之《これ》を制止《せいし》することを得《え》す故《ゆゑ》に斯《か》かる場合《ばあひ》には議長《ぎちやう》をして其《そ》の日《ひ》の會議《くわいぎ》を中止《ちうし》し若《も》しくは之《これ》を閉鎖《へいさ》するを得《え》せしめたり

【市】

第六十條　傍聽人公然可否ヲ表シ又ハ喧騷ニ涉リ其ノ他會議ノ妨害ヲ爲ストキハ議長ハ之ヲ制止シ命ニ從ハサルトキハ之ヲ退場セシメ必要アル場合ニ於

テハ警察官吏ノ處分ヲ求ムルコトヲ得

傍聽席騒擾ナルトキハ議長ハ總テノ傍聽人ヲ退場セシメ必要アル場合ニ於テハ警察官吏ノ處分ヲ求ムルコトヲ得

【町村】第五十六條　傍聽人公然可否ヲ表シ又ハ喧騒ニ渉リ其ノ他會議ノ妨害ヲ爲ストキハ議長ハ之ヲ制止シ命ニ從ハサルトキハ之ヲ退場セシメ必要アル場合ニ於テハ警察官吏ノ處分ヲ求ムルコトヲ得

傍聽席騒擾ナルトキハ議長ハ總テノ傍聽人ヲ退場セシメ必要アル場合ニ於テハ警察官吏ノ處分ヲ求ムルコトヲ得

市町村會《しちやうそんくわい》の會議《くわいぎ》を公開《こうかい》となし一般《はん》住民《ぢうみん》をして隨意《ずゐい》に之《これ》か傍聽《ばうちやう》を許《ゆる》したるは一は議員《ぎゐん》をして市町村《しちやうそん》の行政事務《ぎやうせいじむ》を公平且誠實《こうへいかつせいじつ》に議《ぎ》せしむることを住民《ぢうみん》をして知《し》らしむると共《とも》に二は、議事《ぎじ》に直接利害關係《ちよくせつりがいくわんけい》ある住民《ぢうみん》をして其《そ》の事件《じけん》の當否《たうひ》の議決《ぎけつ》を伺《うかゞ》はしむるにあり然《しか》れとも傍聽人《ばうちやうにん》は單《たん》に議事《ぎじ》を聽問《ちやうもん》するに止《とゞ》まり之《これ》か議決《ぎけつ》に參與《さんよ》するものにあらさるか故《ゆゑ》に議場《ぎぢやう》の議事《ぎじ》の妨害《ばうがい》を爲《な》すを許《ゆる》さゝるや明《あきら》かなり而《しか》して議長《ぎちやう》の議場《ぎぢやう》の整理《せいり》の權限《けんげん》は傍聽者《ばうちやうしや》にして之《これ》か秩序《ちつじよ》を紊《みだ》す者《もの》に

對《たい》し警察官《けいさつくわん》をして身體《しんたい》を拘束《かうそく》せしむるの權《けん》をも包含《はうがん》するものなり
傍聽席《はうちよ・せき》の喧騷《けんさう》なる場合《ばあひ》には總《すべ》て傍聽者《はうちやうしや》を退塲《たいぢやう》せしむるにあらされは到底《たうてい》議塲《ぎぢやう》の秩傍《ちつじよ》を維持《いぢ》すること能《あた》はす

〔市〕**第六十一條** 市會ニ書記ヲ置キ議長ニ隷屬シテ庶務ヲ處理セシム
書記ハ議長之ヲ任免ス

〔町村〕**第五十七條** 町村會ニ書記ヲ置キ議長ニ隷屬シテ庶務ヲ處理セシム
書記ハ議長之ヲ任免ス

市《し》町村會《ちやうそんくわい》の議事《ぎじ》に關《くわん》する事務《じむ》を處理《しより》せしむるか爲《た》めに書記《しよき》を任命《にんめい》す而《しか》して書《しよ》記《き》は議長《ぎちやう》の下《もと》に使用《しよう》さるるものにして其《そ》の任免《にんめん》は議長《ぎちやう》の權限《けんげん》に屬《ぞく》す舊市制町《きうしせいちよ》村制《そんせい》に於《おい》ては書記《しよき》は市町村會《しちやうそんくわい》に於《おい》て選任《せんにん》すへきものとなしたれとも書記《しよき》の任《にん》免《めん》の如《ごと》きは市町村《しちやうそん》の行政事務《ぎやうせいじむ》に重大《ぢうだい》の關係《くわんけい》あるものにあらす故《ゆゑ》に本制《ほんせい》に於《おい》ては議長《ぎちやう》に此《こ》の權限《けんげん》を附與《ふよ》したり

〔市〕**第六十二條** 議長ハ書記ヲシテ會議錄ヲ調製シ會議ノ顚末及出席議員ノ氏名ヲ記載セシムヘシ

會議錄ハ議長及議員二人以上之ニ署名スルコトヲ要ス其ノ議員ハ市會ニ於テ之ヲ定ムヘシ

議長ハ會議錄ヲ添ヘ會議ノ結果ヲ市長ニ報告スヘシ

【町村】

第五十八條　議長ハ書記ヲシテ會議錄ヲ調製シ會議ノ顛末及出席議員ノ氏名ヲ記載スヘシ

會議錄ハ議長及議員二人以上之ニ署名スルコトヲ要ス其ノ議員ハ町村會ニ於テ之ヲ定ムヘシ

會議《くわいぎ》錄《ろく》の調製《てうせい》、會議《くわいぎ》錄《ろく》の調製《てうせい》は議長《ぎちやう》の職權《しよくけん》に屬《ぞく》し議長《ぎちやう》は書記《しよき》をして之《これ》を調製《てうせい》せしむ出席議員《しゆつせきぎゐん》の氏名《しめい》を記載《きさい》すへきものとなしたるは出席議員《しゆつせきぎゐん》の數《すう》は會議《くわいぎ》の成《せい》立《りつ》の要件《えうけん》なるか故《ゆゑ》なり

會議《くわいぎ》錄調製《ろくてうせい》の目的《もくてき》、會議《くわいぎ》錄《ろく》の目的《もくてき》は一は後日《ごじつ》に於《おい》て其《そ》の議決《ぎけつ》に付《つき》異議《いぎ》の申立《まをしたて》、訴《そ》願《がん》訴訟等《そしようとう》の起《おこ》りたる場合《ばあひ》に證明《しようめい》の用《よう》に供《きよう》するにあり一は議事《ぎじ》の顛末《てんまつ》を知《し》るの材料《ざいれう》となすにあり議長及議員《ぎちやうおよびぎゐん》二人《にん》以《じ》上之《じやうこれ》に署名《しよめい》を要《よう》するとするは會議《くわいぎ》錄《ろく》の誤《ご》謬《びよう》なきことを保證《ほしよう》するにあり而《しか》して議員《ぎゐん》の誰某《たれかれ》か之《こ》れに署名《しよめい》すへきや否《いな》やは

一に議會《ぎくわい》に於《おい》て定《さだ》むへきものとせり然《しか》れとも出席議員《しゆつせきぎゐん》たることを必要《ひつえう》とするは論《ろ》を俟たざるなり

町村會《ちやうそんくわい》に於《おい》ては町村長《ちやうそんちやう》は町村會《ちやうそんくわい》の議長《ぎちやう》として常《つね》に會議《くわいぎ》に出席《しゆつせき》すれとも市《し》に於《おい》て市長《しちやう》は市會《しくわい》の議長《ぎちやう》を兼ねることを得《え》す從《したが》つて會議《くわいぎ》に常《つね》に列席《れつせき》するものにあらさるを以《もつ》て市會議長《しくわいぎちやう》は會議録《くわいぎろく》を添《そ》へて之《こ》れに會議《くわいぎ》の結果《けつくわ》を報告《はつこく》するの必要《ひつえう》生《しやう》するなり

〔市〕**第六十三條**　市會ハ會議規則及傍聽人取締規則ヲ設クヘシ

會議規則ニハ本法及會議規則ニ違反シタル議員ニ對シ市會ノ議決ニ依リ三日以内出席ヲ停止シ又ハ二圓以下ノ過怠金ヲ科スル規定ヲ設クルコトヲ得

〔町村〕**第五十九條**　町村會ハ會議規則及傍聽人取締規則ヲ設クヘシ

會議規則ニハ本法及會議規則ニ違反シタル議員ニ對シ町村會ノ議決ニ依リ三日以内出席ヲ停止シ又ハ二圓以下ノ過怠金ヲ科スル規定ヲ設クルコトヲ得

市町村會《しちやうそんくわい》の會議規則《くわいぎきそく》及傍聽人取締規則《およびばうちやうにんとりしまりきそく》に關《くわん》しては本制《ほんせい》は議會《ぎくわい》に之《これ》か制定《せいてい》の權限《げん》を與《あた》へたり畢竟之等《ひつきやうこれら》の規則《きそく》は市町村自治體《しちやうそんじちたい》の議決機關《ぎけつきくわん》の内部《ないぶ》の事務《じむ》に關す

るものなるか故《ゆゑ》なり而《しか》して議員《ぎゐん》にして會議規則《くわいぎきそく》及本法《およびほんはふ》の規定《きてい》に違反《ゐはん》せるものに出席停止《しゆつせきていし》及僅少《およびきんせう》の過怠金《くわたいきん》の制裁《せいさい》を加《くは》ふることの規定《きてい》を設《まう》くるを得《え》せしめたり此《か》の如《ごと》き制裁《せいさい》は議員《ぎゐん》に對《たい》し苛酷《かこく》のものにもあらす且《かつ》一種《しゆ》の矯正《けうせい》の手段《しゆだん》たるに過《す》きすとの趣旨《しゆし》に基《もと》きたるものなり

第三章　市參事會

第一款　組織及選擧

〔市〕**第六十四條**　市ニ市參事會ヲ置キ左ノ職員ヲ以テ之ヲ組織ス

一、市長

二、助役

三、名譽職參事會員

前項ノ外市參與ヲ置ク市ニ於テハ市參與ハ參事會員トシテ其ノ擔任事業ニ關スル場合ニ限リ會議ニ列席シ議事ニ參與ス

市參事會《しさんじくわい》の地位《ちゐ》、市參事會《しさんじくわい》は一方《ぱう》に於《おい》ては市《し》の行政《ぎようせい》の議決機關《ぎけつきくわん》として市會《しくわい》より委《ゐ》任《にん》を受《う》けたる事《じ》項《こう》を議《ぎ》決《けつ》するの權《けん》限《ぐ》を有《いう》し一方《はう》に於《おい》ては市《し》長《ちやう》の諮《し》問《もん》機《き》關《くわん》として市《し》長《ちやう》より市《し》會《くわい》に提《てい》出《しゆつ》する議《ぎ》案《あん》に付《つき》意《い》見《けん》を述《の》ふるの權《けん》限《ぐ》を有《いう》す此《かく》の如《ごと》く市《し》に於《おい》ては町《ちやう》村《そん》と異《こと》なり特《とく》に市《し》參《さん》事《じ》會《くわい》なるものを設《まう》けたるは畢《ひつ》竟《きやう》市《し》の行《ぎやう》政《せい》事《じ》務《む》は頗《すこぶ》る復《ふく》雜《ざつ》にして市の執《しつ》行《かう》機《き》關《くわん》たる市《し》長《ちやう》一人《にん》を以《もつ》てしては到《たう》底《てい》其《そ》の事《じ》務《む》を處《しよ》理《り》すること能《あた》はす亦《また》輕《けい》易《い》なる議《ぎ》事《じ》に關《くわん》し一々市《し》會《くわい》を招《せう》集《しふ》するか如《ごと》きは却《かへつ》て事《じ》務《む》を澁《じふ》滯《たい》せしむるものとの趣《しゆ》旨《し》に基《もとづ》き本《ほん》制《せい》に於《おい》ては市《し》參《さん》事《じ》會《くわい》をして市《し》行《ぎやう》政《せい》の一部《ぶ》の議《ぎ》決《けつ》機《き》關《くわん》たると共《とも》に執《しつ》行《かう》機《き》關《くわん》に對《たい》する諮《し》問《もん》機《き》關《くわん》たる資《し》格《かく》を併《へい》有《いう》せしめたり

舊《きう》市《し》制《せい》町《ちやう》村《そん》制《せい》に於《おい》ては市《し》參《さん》事《じ》會《くわい》は市《し》行《ぎやう》政《せい》の執《しつ》行《かう》機《き》關《くわん》にして市《し》長《ちやう》は單《たん》に其《そ》の執《しつ》行《かう》機《き》關《くわん》たる市《し》參《さん》事《じ》會《くわい》を外《ぐわい》部《ぶ》に對《たい》して代《だい》表《へう》するに過《す》きす故《ゆゑ》に舊《きう》市《し》制《せい》町《ちやう》村《そん》制《せい》に依《よ》るときは町《ちやう》村《そん》にありては執《しつ》行《かう》機《き》關《くわん》は特《とく》任《にん》制《せい》にして町《ちやう》村《そん》長《ちやう》之《これ》に任《にん》し市《し》の執《しつ》行《かう》機《き》關《くわん》は集《しふ》議《ぎ》制《せい》にして市《し》參《さん》事《じ》會《くわい》之《これ》を司《つかさ》とりたり本《ほん》制《せい》に於《おい》ては市《し》は町《ちやう》村《そん》と同《おな》しく其《そ》の執《しつ》行《かう》機《き》關《くわん》を特《とく》任《にん》制《せい》となし市《し》長《ちやう》町《ちやう》村《そん》長《ちやう》をして之《こ》れに當《あた》らしめたるの外《ほか》市《し》は其《そ》の行《ぎやう》政《せい》事《じ》務《む》の復《ふく》雜《ざつ》せるか爲《た》め市《し》參《さん》事《じ》會《くわい》をして之《これ》か補《ほ》助《じよ》を爲さしめたるに過《すぎ》す

元來《ぐわんらい》市《し》町村《ちようそん》を以《もつ》て獨立《どくりつ》せる自治體《じちたい》と爲《な》し其《そ》の住民《じうみん》をして市町村《しちようそん》の行政事務《ぎようせいじむ》に參與《さんよ》することを許《ゆる》したる以上《いじよう》は其《そ》の議決機關《ぎけつきくわん》たると將《は》た執行機關《しつかうきくわん》たるとを問《と》はす等《ひと》しく市町村公民《しちようそんこうみん》の團體《だんたい》たる集議制《しふぎせい》によりて之《これ》を組織《そしき》するものと爲《な》すは最正當《もつともせいたう》なるものと謂《い》はさるへからす然《しか》るに本制《ほんせい》に於《おい》て直《たゞち》に市《し》の執行機關《しつかうきくわん》として集議制《しふぎせい》を廢《はい》し有給吏員《いうきふりゐん》たる市長《しちよう》をして之《これ》に代《かは》らしめたるは果《はた》して自治制《じちせい》を認《みと》めたる行政《ぎようせい》の趣旨《しゆし》に適合《てきがふ》せる法制《はふせい》なるや否《いな》や殆《ほと》んと郡制府縣制《ぐんせいふけんせい》と相選《あひゑら》ふの餘地《よち》なからしめたるものなり

市參事會《じさんじくわい》の組織《そしき》、市參事會《しさんじくわい》を組織《そしき》する人員《じんゐん》は本條《ほんでう》に列記《れつき》する所《ところ》の如《ごと》し市長及助役《しちようおよびじよやく》を之《これ》に加《くは》へたるは市長及助役《しちようおよびじよやく》は市行政《しぎようせい》の執行機關若《しつかうきくわんもし》くは其《そ》の補助機關《ほじよきくわん》たるか故《ゆゑ》に其《そ》の議事《ぎじ》に參與《さんよ》するの必要《ひつえう》あるか爲《た》めなり

市參與《じさんよ》を置《お》く市《し》に於《おい》て之《これ》を市參事會員《しさんじくわいゐん》の中《うち》に加《くは》へたるは蓋《けだし》市《し》參與《さんよ》は市《し》の經營《けいえい》に屬《ぞく》する特別《とくべつ》の事業《じげふ》を擔任《たんにん》し特種《とくしゆ》の權限《けんげん》を有《いう》するか故《ゆゑ》に重要《ぢうえう》の職《しよく》となし特《とく》に之《これ》をして會員《くわいゐん》として議事《ぎじ》に參與《さんよ》せしめたるなり

【市】

第六十五條　名譽職參事會員ノ定數ハ六人トス但シ第六條ノ市ニ在リテハ市

條例ヲ以テ十二人迄之ヲ增加スルコトヲ得

名譽職參事會員ハ市會ニ於テ其ノ議員中ヨリ之ヲ選擧スヘシ其ノ選擧ニ關シテハ第二十五條第二十八條及第三十條ノ規定ヲ準用シ投票ノ效力ニ關シ異議アルトキハ市會之ヲ決定ス

名譽職參事會員中闕員アルトキハ直ニ補闕選擧ヲ行フヘシ

名譽職參事會員ノ任期ハ市會議員ノ任期ニ依ル但シ市會議員ノ任期滿了ノ場合ニ於テハ後任名譽職參事會員選擧ノ日迄在任ス

名譽職參事會員《めいよしよくさんじくわいゐん》の定員及其《ていゐんおよびそ》の選擧《せんきよ》、名譽職參事會員《めいよしよくさんじくわいゐん》は主《しゆ》として執行機關《しつかうきくわん》たる市《し》長《ちよう》の諮問機關《しもんきくわん》たると共《とも》に平易《へいゐ》にして且急速《かつきふそく》を要《えう》する事項《じこう》にして市會《しくわい》より委任《ゐにん》を受《う》けたるものを議決《ぎけつ》するの機關《きくわん》なるか故《ゆゑ》に其《そ》の定員《ていゐん》の如《ごと》きも少數《せうすう》ならさるへからす故《ゆゑ》に本制《ほんせい》に於《おい》ては名譽職《めいよしよく》による參事會員《さんじくわいゐん》は其定數《そのていすう》を六人《にん》と爲《な》し唯《た》た勅令《ちよくれい》により區《く》を設《まう》けたる市《し》にありてのみ特《とく》に十二人《にん》迄《まで》に增員《ぞうゐん》することを認《みと》めたり而《しか》して名譽職參事會員《めいよしよくさんじくわいゐん》は市會議員中《しくわいぎゐんちう》より選擧《せんきよ》すへきものと爲したるは畢《ひつ》竟《きよう》名《めい》譽職參事會員《よしよくさんじくわいゐん》をして一方《はう》にありては諮問機關《しもんきくわん》として市長《しちよう》を補助《ほじよ》し一方《はう》に

ありては議《ぎ》決《けつ》機《き》關《くわん》の一員《ゐん》として市《し》會《くわい》の議《ぎ》事《じ》に參《さん》與《よ》し議《ぎ》事《じ》の內《ない》容《よう》を審《つまびら》かにするに便《べん》ならしめたるなり

名《めい》譽《よ》職《しよく》參《さん》事《じ》會《くわい》員《ゐん》の選《せん》擧《きよ》の手《て》續《つゞき》は市《し》會《くわい》議《ぎ》員《ゐん》選《せん》擧《きよ》の手《て》續《つゞき》に從《したが》ふへきものとなし投《とう》票《へう》の效《かう》力《りよく》に付《つき》異《い》議《ぎ》あるときは市《し》會《くわい》に於《おい》て決《けつ》定《てい》すへきものとなしたり

名《めい》譽《よ》職《しよく》參《さん》事《じ》會《くわい》員《ゐん》の補《ほ》闕《けつ》選《せん》擧《きよ》、市《し》參《さん》事《じ》會《くわい》員《ゐん》か死《し》亡《ばう》其《そ》の他《た》の事《じ》故《こ》により闕《けつ》員《ゐん》を生《しやう》したるときは直《たゞち》に之《これ》か補《ほ》闕《けつ》選《せん》擧《きよ》を行《おこな》ふへきものとす市《し》會《くわい》議《ぎ》員《ゐ》に闕《けつ》員《ゐん》を生《しやう》したる場《ば》合《あひ》には次《つぎ》の總《そう》選《せん》擧《きよ》の場《ば》合《あひ》に合《あは》せて補《ほ》闕《けつ》選《せん》擧《きよ》を行《おこな》ふを原《げん》則《そく》となしたるに反《はん》し市《し》參《さん》事《じ》會《くわい》員《ゐん》の補《ほ》闕《けつ》は直《たゞち》に之《これ》を行《おこな》ふへきものと爲《な》したるは畢《ひつ》竟《きやう》市《し》參《さん》事《じ》會《くわい》員《ゐん》は常《つね》に市《し》長《ちやう》の行《ぎやう》政《せい》事《じ》務《む》の執《しつ》行《かう》に參《さん》與《よ》し且《かつ》市《し》會《くわい》より委《ゐ》任《にん》を受《う》けたる行《ぎやう》政《せい》事《じ》務《む》をは議《ぎ》決《けつ》するの職《しよく》權《けん》あり從《したが》つて其《そ》の會《くわい》員《ゐん》の闕《けつ》缺《く》は直《たゞち》に市《し》行《ぎやう》政《せい》の進《しん》涉《せふ》に少《すく》なからさる故《こ》障《しやう》を生《しやう》するものなりとの理《り》由《いう》に基《もとづ》くものとす

名《めい》譽《よ》職《しよく》參《さん》事《じ》會《くわい》員《ゐん》の任《にん》期《き》、市《し》參《さん》事《じ》會《くわい》員《ゐん》の任《にん》期《き》は市《し》會《くわい》議《ぎ》員《ゐん》と同《おな》しく四年となしたり

而《しか》して市《し》參《さん》事《じ》會《くわい》員《ゐん》は市《し》行《ぎやう》政《せい》の執《しつ》行《かう》機《き》關《くわん》たる市《し》長《ちやう》に對《たい》する諮《し》問《もん》機《き》關《くわん》たるのみならす法《はふ》令《れい》により附《ふ》與《よ》せられたる權《けん》限《げん》を行《おこな》ふへきものなるにより任《にん》期《き》滿《まん》限《げん》の後《のち》

直《たゞち》に其《そ》の任《にん》を退《しりぞ》くことを得《う》るものとせは市《し》の行政事務《ぎやうせいじむ》を澁滯《しふたい》せしむるに至《いた》る故《ゆゑ》に本制《ほんせい》に於《おい》ては市會議員《しくわいぎゐん》は任期滿了《にんきまんれう》により其《そ》の任《にん》を退《しりぞ》くものなるに拘《かゝは》らす市參事會員《しさんじくわいゐん》は後任《こうにん》市參事會員《しさんじくわいゐん》の選擧《せんきよ》の日《ひ》迄《まで》在任《ざいにん》するものとせり

舊市制《きうしせい》に於《おい》ては名譽職參事會員《めいよしよくさんじくわいゐん》は市公民《しこうみん》の中《うち》より選擧《せんきよ》すへきものとなし其《そ》の任期《にんき》の如《ごと》きも市會議員《しくわいぎゐん》とは何等《なんら》の關係《くわんけい》なきものとなしたり畢竟《ひつきやう》舊市制《きうしせい》に於《おい》ては市參事會員《しさんじくわいゐん》を以《もつ》て市《し》の行政《ぎやうせい》の執行機關《しつかうきくわん》となしたるの結果《けつくわ》其《そ》の議決機關《ぎけつきくわん》を組織《そしき》する市會議員《しくわいぎゐん》とは全々《ぜん〳〵》其《そ》の職務《しよくむ》を異《こと》にするにより市會議員《しくわいぎゐん》と區別《くべつ》して選擧《せんきよ》を行《おこな》ふへきものとなしたるなり然《しか》れども本制《ほんせい》に於《おい》ては市參事會《しさんじくわい》の地位《ちゐ》を全《まつた》く變更《へんかう》し且《かつ》市會《しくわい》の職權《しよくけん》の一部《ぶ》を行《おこな》ふへきものとなしたるにより市會議員《しくわいぎゐん》の內《うち》より選出《せんしゆつ》すへきものとなしたり立法《りつぱふ》の精神《せいしん》より見《し》るときは本制《ほんせい》に於《おけ》る市參事會《しさんじくわい》に關《くわん》する規定《きてい》は舊市制《きうしせい》の市參事會《しさんじくわい》を以《もつ》て執行機關《しつかうきくわん》たる場合《はあひ》に於《お》ける事項《じこう》を定《さだ》めたるか如《ごと》きものあり從《したが》つて理論《りろん》一貫《くわん》せさる如《ごと》きものありと雖《いへど》も其《そ》の規定《きてい》の運用《うんよう》は蓋《けだし》執行者《しつかうしや》の技術《ぎじゆつ》如何《いかん》にあるなり

第六十六條　市參事會ハ市長ヲ以テ議長トス市長故障アルトキハ市長代理者

之ヲ代理ス

本條《ほんでう》は市參事會《しさんじくわい》に於《お》ける議長《ぎちやう》を定《さだ》めたるものなり

第二欵

第六十七條 市參事會ノ職務權限左ノ如シ

一、市會ノ權限ニ屬スル事件ニシテ其ノ委任ヲ受ケタルモノヲ議決スル事

二、市長ヨリ市會ニ提出スル議案ニ付市長ニ對シ意見ヲ述フル事

三、其ノ他法令ニ依リ市參事會ノ權限ニ屬スル事件

市參事會《しさんじくわい》は市《し》行政《ぎやうせい》の一部《ぶ》の議決機關《ぎけつきくわん》たり市長《しちやう》より市會《しくわい》に提出《ていしゆつ》する議案《ぎあん》に對《たい》し意見《いけん》を述《の》ふるに付《つき》ては市《し》の執行機關《しつかうきくわん》に對《たい》する諮問機關《しもんきくわん》たり又《また》法律命令《はふりつめいれい》により附與《ふよ》せられたる權限《けんぐ》に基《もとづ》き委任事務《ゐにんじむ》を處理《しより》するに付《つき》ては獨立《どくりつ》の執行機關《しつかうきくわん》たり舊市制《きうしせい》に於《おい》ては市參事會《しさんじぐわい》は市行政《しぎやうせい》の執行機關《しつかうきくわん》として市會《しくわい》の議決《ぎけつ》せる事務《じむ》を執行《しつかう》するの權限《けんぐ》を有《いう》したれとも本制《ほんせい》に於《おい》ては其《そ》の職務《しよくむ》は皆之《みなこれ》を市長《しちやう》の權限《けんぐ》に屬《ぞく》せしめたり從《したが》つて外部《ぐわいぶ》に對《たい》して市《し》を代表《だいへう》するものは市參事會《しさんじくわい》にあらすして市長《しちやう》なりとす

〔市〕**第六十八條** 市參事會ハ市長之ヲ招集ス名譽職參事會員定數ノ半數以上ノ請求アルトキハ市長ハ之ヲ招集スヘシ

市長《しちやう》は市參事會《しさんじくわい》の議長《ぎちやう》となるものにして市參事會《しさんじくわい》の議《ぎ》に付《ふ》すへき事件《じけん》は自《みづか》ら之《これ》を準備《じゆんび》せさるへからす又《また》其《そ》の招集《せうしふ》をも司《つかと》るものとす

名譽職參事會員《めいよしよくさんじくわいゐん》は市會議員《しくわいぎゐん》と異《ことな》り常《つね》に市行政《しぎやうせい》の議決《ぎけつ》若《もしく》は執行《しつかう》に參與《さんよ》するものなるか故《ゆゑ》に會員《くわいゐん》の內《うち》より議事《ぎじ》を開《ひら》くへき請求《せいきう》ありたる場合《ばあひ》には市長《しちやう》は之《これ》か招集《せうしふ》を爲《な》さゝるへからす而《しか》して其《そ》の招集《せうしふ》を爲《な》すを會員《くわいゐん》の半數以上《はんすういじやう》の請求《せいきう》ある場合《ばあひ》に限《かぎ》りたるは蓋之《けだしこれ》か制限《せいげん》なきときは會議《くわいぎ》を頻繁《ひんはん》に開《ひら》かさるへからさることとなり延て市《し》の事務《じむ》に煩累《はんるゐ》を及《およ》ほすことあるを防《ふせ》きたるに外《ほか》ならす

〔市〕**第六十九條** 市參事會ノ會議ハ傍聽ヲ許サス

市參事會《しさんじくわい》の職務權限《しよくむけんげん》は前述《ぜんじゆつ》する所《ところ》の如《ごと》し而《しか》して本條《ほんでう》に於《おい》て市參事會《しさんじくわい》の會議《くわいぎ》を公會《こうくわい》せさる所以《ゆゑん》は畢竟《ひつきやう》市參事會《しさんじくわい》に於《おい》て議決《ぎけつ》する事件《じけん》の多數《たすう》は議長《しちやう》か市會《しくわい》へ提出《ていしゆつ》する議案《ぎあん》に對《たい》し意見《いけん》を述《の》ふる事若《こともしく》は市行政《しぎやうせい》の執行《しつかう》に付《つき》當否《たうひ》の意見《いけん》を述《の》ふる等尙《とうなほ》公然外部《こうぜんぐわいぶ》に發表《はつぺう》するを得《え》さる事項《じこう》にして若《も》し之《これ》か公會《こうくわい》を許《ゆる》すときは市會《しくわい》

に提出《ていしゆつ》せさる以前《いぜん》に於《おい》て既《すで》に外部《ぐわいぶ》に發表《はつぺう》せらるるの恐《おそれ》あり斯《か》かるときは種々《しゆ〳〵》の弊害《へいがい》を生《しやう》するに至《いた》るや疑《うたがひ》を容《い》れす是《こ》れ即《すなはち》傍聽《はうちやう》を禁《きん》したる所以《ゆゑん》なり

〔市〕

第七十條　市參事會ハ議長又ハ其ノ代理者及名譽職參事會員定數ノ半數以上出席スルニアラサレハ會議ヲ開クコトヲ得ス但シ第二項ノ除斥ノ爲名譽職參事會員其ノ半數ニ滿タサルトキ、同一事件ニ付招集再回ニ至ルモ仍名譽職參事會員其ノ半數ニ滿タサルトキ又ハ招集ニ應スルモ出席名譽職參事會員定數ヲ闕キ議長ニ於テ出席ヲ催告シ仍半數ニ滿タサルトキハ此ノ限ニ在ラス

議長及參事會員ハ自己又ハ父母、祖父母、妻、子孫、兄弟姉妹ノ一身上ニ關スル事件ニ付テハ其ノ議事ニ參與スルコトヲ得ス但シ市參事會ノ同意ヲ得タルトキハ會議ニ出席シ發言スルコトヲ得

議長及其ノ代理者共ニ前項ノ場合ニ當ルトキハ年長ノ名譽職參事會員議長ノ職務ヲ代理ス

市參事會員《しさんじくわいゐん》か定數《ていすう》の半數《はんすう》以《い》上出席《じやうしゆつせき》するにあらされは會議《くわいぎ》を開《ひら》くことを得《え》さるものとなしたる事《こと》之《こ》れに例外《れいぐわい》を設《まう》けたる事《こと》の理由《じいう》は市會《しくわい》の場合《はあひ》に述《の》へたる所《ところ》

の如《ごと》し

市會議員《しくわいぎゐん》か親族關係《しんぞくくわんけい》ある者《もの》の一身上《しんじやう》に關《くわん》する事件《じけん》若《もしく》は自已《じこ》の一身上《しんじやう》に關《くわん》する事件《じけん》に付《つい》ては議事《ぎじ》に與《あづか》ることを得《え》さる事《こと》の理由《りいう》亦《また》市《し》會議員《くわいぎゐん》に就《つき》て述《の》へたる所《ところ》に同《おな》し

〔市〕**第七十一條**　第四十四條第四十七條第五十條第五十一條第二項及第五項第五十三條第五十五條第五十七條乃至第五十九條第六十一條竝第六十二條第一項及第二項ノ規定ハ市參事會ニ之ヲ準用ス

本條《ほんでう》に準用《じゆんよう》すへき規定《きてい》の內容《ないよう》は先《さ》に各條《かくでう》に就《つ》きて述《の》ふる所《ところ》を了解《れうかい》すれは明《あきら》かならん

第四章　市吏員

第一欵　組織選擧及任免

〔市〕**第七十二條**　市ニ市長及助役一人ヲ置ク但シ第六條ノ市ノ助役ノ定數ハ內務大臣之ヲ定ム

助役ノ定數ハ市條例ヲ以テ之ヲ増加スルコトヲ得

特別ノ必要アル市ニ於テハ市條例ヲ以テ市參與ヲ置クコトヲ得其ノ定數ハ其ノ市條例中ニ之ヲ規定スヘシ

第三章　町村吏員

第一款　組織選擧及任免

〔町村〕**第六十條**　町村ニ町村長及助役一人ヲ置ク但シ町村條例ヲ以テ助役ノ定數ヲ増加スルコトヲ得

市町村長《しちやうそんちやう》は市町村行政《しちやうそんぎやうせい》の執行機關《しつかうきくわん》として市町村會《しちやうそんくわい》に於《おい》て議決《ぎけつ》せる事件《じけん》を執行《しつかう》するものとす舊市制町村制《きうしせいちやうそんせい》に於《おい》ては市《し》の執行機關《しつかうきくわん》は集議制《しふぎせい》を採《と》り市參事會《しさんじくわい》を以《もつ》て町村長《ちやうそんちやう》の職務《しよくむ》を司《つかさ》とらしめたれとも本制《ほんせい》に於《おい》ては市町村《ちやうそん》の執行機關《しつかうきくわん》は等《ひと》しく特任制《とくにんせい》に依《よ》り市町村長《しちやうそんちやう》を以《もつ》て之《これ》か職務《しよくむ》を司《つかさ》とらしむることゝせり是《これ》本制《ほんせい》と舊制《きうせい》との大《だい》なる立法上《りつぱうじやう》の差異《さい》なりとす

市町村助役《しちやうそんじよやく》は市町村長《しちようそんちよう》の代理《だいり》となり其《そ》の職務《しよくむ》を補佐《ほさ》するものとす而《しか》して其《そ》の

定員《ていゐん》は一人《にん》とすれとも地方《ちはう》の廣狹《くわうけふ》人口《じんこう》の稠密《ちようみつ》の差《さ》により行政事務《ぎやうせいじむ》の煩忙《はんはう》なる所《ところ》にありては條例《でうれい》を以《もつ》て之《これ》を増加《ぞうか》することを得《う》へし

本制《ほんせい》は市《し》に市《し》參與《さんよ》なるものを置《お》くことを認《みと》めたり蓋《けだし》市《し》助役《じよやく》は單《たん》に內《うち》にありて市長《しちやう》を補佐《ほさ》し外《そと》に對《たい》しては市長《しちやう》の代理《だいり》として市長《しちやう》の故障《こしやう》ある場合《ばあひ》に限《かぎ》り單獨《たんどく》に事務《じむ》を執行《しつかう》することを得《う》れとも大都市《だいとし》にありては市長《しちやう》一人《にん》を以《もつ》ては特種《とくしゆ》の事件《じけん》を處理《しより》するに當《あた》り助役《じよやく》をして代理《だいり》せしむるを得《ゑ》さることあり此《こ》の理由《りいう》に基《もとづ》き市《し》參與《さんよ》なるものを設《まう》け之《こ》れに特種《とくしゆ》の獨立《どくりつ》權《けん》限を附與《ふよ》し市《し》參與《さんよ》の名《な》を以《もつ》て之《これ》か處分《しよぶん》を爲《な》すを得《え》せしめたり之《こ》れ舊市制《きうしせい》に於《おい》て規定《きてい》せさる事項《じかう》なりとす

〔市〕**第七十三條**　市長ハ有給吏員トシ其ノ任期ハ四年トス

內務大臣ハ市會ヲシテ市長候補者三人ヲ選擧推薦セシメ上奏裁可ヲ請フヘシ

市長ハ內務大臣ノ認可ヲ受クルニ非サレハ任期中退職スルコトヲ得ス

〔市〕**第七十五條**　助役ハ有給吏員トシ其ノ任期ハ四年トス

助役ハ市長ノ推薦ニ依リ市會之ヲ定メ市長職ニ在ラサルトキハ市會ニ於テ之ヲ選擧シ府縣知事ノ許可ヲ受クヘシ

前項ノ場合ニ於テ府縣知事ノ不認可ニ對シ市長又ハ市會ニ於テ不服アルトキハ内務大臣ニ具狀シテ認可ヲ請フコトヲ得

助役ハ府縣知事ノ認可ヲ受クルニ非サレハ任期中退職スルコトヲ得ス

〔町村〕**第六十一條**　町村長及助役ハ名譽職トス

町村ハ町村條例ヲ以テ町村長又ハ助役ノ有給トナスコトヲ得

〔町村〕**第六十二條**　町村長及助役ノ任期ハ四年トス

〔町村〕**第六十三條**　町村長ハ町村會ニ於テ之ヲ選擧ス

助役ハ町村長ノ推薦ニ依リ町村會之ヲ定ム町村長職ニ在ラサルトキハ前項ノ例ニ依ル

名譽職町村長及名譽職助役ハ其ノ町村公民中選擧權ヲ有スル者ニ限ル

有給町村長及有給助役ハ第七條第一項ノ規定ニ拘ラス在職ノ間其ノ町村ノ公民トス

〔町村〕**第六十四條**　町村長ヲ選擧シ又ハ助役ヲ定メ若ハ選擧シタルトキハ府縣知事ノ認可ヲ受クヘシ

前項ノ場合ニ於テ府縣知事ノ不認可ニ對シ町村長又ハ町村會ニ於テ不服アルトキハ内務大臣ニ具狀シテ認可ヲ請フコトヲ得

有給町村長及有給助役ハ三ケ月前ニ申立ツルトキハ任意退職スルコトヲ得

〔市〕**第六十六條**　市長有給市參與及助役ハ第九條第一項ノ規定ニ拘ラス在職ノ間其ノ市ノ公民トス

市長及市《しちやうおよびし》助役《じよやく》、市長及市《しちやうおよびし》助役《じよやく》を有給吏員《いうきふりゐん》と爲《な》したるは市《し》の如《ごと》き人口稠密《にんこうちうみつ》にして其《そ》の區域《くゐき》廣《ひろ》く從《したが》つて行政《ぎやうせい》の事務《じむ》復雜《ふくざつ》せるか故《ゆゑ》に之《これ》か行政《ぎやうせい》の執行《しつかう》の任《にん》に當《あた》るに、は專《もつぱ》ら行政事務《ぎやうせいじむ》に精通《せいつう》し專門《せんもん》の知識《ちしき》を有《いう》する者《もの》ならさるへからす殊《こと》に市長及《しちやうおよび》市助役《しじよやく》は市《し》行政《ぎやうせい》の執行《しつかう》を以《もつ》て其《そ》の本務《ほんむ》となすにあらされは彼《か》の名譽職《めいよしよく》による町村長《ちようそんちやう》の如《ごと》く自己《じこ》の本業《ほんげふ》の側《かたは》ら市《し》行政《ぎやうせい》の事務《じむ》に參與《さんよ》するか如《ごと》き者《もの》の能《よ》く爲《な》す所《ところ》にあらす故《ゆゑ》に之《これ》を有給《いうきふ》となし恰《あたか》も國《くに》の官吏《くわんり》の如《ごと》く專神《せんしん》以《もつ》て市《し》の事務《じむ》を司《つかさど》らしめんとしたるにあり

町村長及町村助役《ちようそんちようおよびちようそんじよやく》、町村長及町村助役《ちようそんちようおよびちようそんじよやく》は名譽職《めいよしよく》となし其《そ》の町村公民《ちようそんこうみん》の中《うち》より選《せん》擧《きよ》するを原則《げんそく》とす蓋《けだし》町村公民《ちようそんこうみん》をして町村《ちようそん》の行政事務《ぎようせいじむ》に參與《さんよ》し名譽職《めいよしよく》により其《そ》

の町村長《ちようそんちよう》となるの權利《けんり》を認《みと》め且《か》つ此《この》權利《けんり》は同時《どうじ》に町村《ちやうそん》公民《こうみん》の義《ぎ》務《む》となしたるの理由《りいう》は町村《ちようそん》の行政事《ぎやうせいじ》務《む》は市《し》の行政《ぎ、うせい》事務《む》の如《ごと》く復雑せるものにあらす故《ゆゑ》に町《ちよう》村公民《そんこうみん》をして其《そ》の本業《ほんげふ》の側《かは》ら名《めい》譽職《しよく》により行政事《ぎやうせいじ》務《む》を處理《しより》せしむるは却《かへつ》て町《ちよう》村公民《そんこうみん》をして自《じ》治《ち》行政《ぎやうせい》の事《じ》務《む》を練磨《れんま》せしむるのみならす町村《ちようそん》の經費《けいひ》を節約《せつやく》する點《てん》に於《おい》ても最適當《もつともてきたう》なりとす

町村長及町村助役《ちようそんちやうおよびちようそんじよやく》は名譽職《めいよしよく》により其《そ》の職《しよく》にあるを原則《げんそく》とすれとも町村《ちようそん》の事情《じじやう》により其《そ》の公民中《こうみんちう》に適任《てきにん》の者《もの》を發見《はつけん》せさるか或《あるひ》は町村《ちようそん》の區域《くゐき》大《だい》にして人口稠《じんこうちよう》密《みつ》の爲《た》め到底《たうてい》名譽職《めいよしよく》による町村長《ちようそんちよう》を以《もつ》てしては其《そ》の行政事務《ぎやうせいじむ》の執行《しつかう》に不充分《ふじうぶん》なることあり此《かく》の如《ごと》き場合《はあひ》に町村長若《ちようそんちようもし》くは町村《ちようそん》助役《じよやく》を有給《いうきう》となすことを得《う》るものとし而《しか》して其《そ》の場合《はあひ》は町村《ちようそん》條例《でうれい》を以《もつ》て定《さだ》むへきものとせり

市長《しちよう》の任《にん》命、市長《しちよう》は市《し》の吏員《りゐん》なれとも他《た》の市町村《しちようそん》吏員《りゐん》と其《そ》の任命《にんめい》の方法《はうはふ》を異《こと》にす例《たと》へは他《た》の市町村《しちようそん》の吏員《りゐん》は市町村會《しちようそんくわい》に於《たい》て一名毎《めいごと》に之《これ》を選擧《せんきよ》すれとも市長《しちよう》は本條《ほんでう》に規定《きてい》するか如《ごと》く市會《しくわい》に於《おい》て選擧《せんきよ》するにあらす之《これ》を推薦《すゐせん》するにあり故《ゆゑ》に其《そ》の任命《にんめい》は裁可《さいか》によるものとす三人《にん》の候補者《こうほしや》を推薦《すゐせん》するに當《あた》りては市會《しくわい》は

比《ひ》較《かく》多《た》數《すう》の方《はう》法《はふ》により最《さい》多《た》數《すう》の得《とく》票《へう》者《しや》三人《にん》を候《こう》補《ほ》者《しや》として推《すゐ》薦《せん》すれとも其《そ》の三人《にん》の中《うち》の多《た》數《すう》の投《たう》票《へう》を得《え》たる者《もの》必《かならず》しも裁《さい》可《か》を得《う》へきと謂《い》ふにあらす裁《さい》可《か》は任《にん》命《めい》の形《けい》式《しき》にして推《すゐ》薦《せん》は單《たん》に任《にん》命《めい》せらるへき資《し》格《かく》を有《いう》する者《もの》を定《さだ》めたるに過《す》きす推《すゐ》薦《せん》せられたる者《もの》にして裁《さい》可《か》を得《え》さることあるは即《すなはち》之《こ》れか爲《た》めなり

町村長《ちようそんちよう》の選《せん》擧《きよ》、町村長《ちようそんちよう》は町村《ちようそん》の公《こう》民《みん》にして選《せん》擧《きよ》權《けん》を有《いう》するものより之《これ》を選《せん》擧《きよ》し名《めい》譽《よ》職《しよく》たるを原《げん》則《そく》とす而《しか》して其《そ》の選《せん》擧《きよ》は町村會《ちようそんくわい》に於《おい》て之《これ》を行《おこな》ふものとす蓋《けだし》町《ちよう》村《そん》をして獨《どく》立《りつ》せる自《じ》治《ち》體《たい》となし其《そ》の町村《ちようそん》の公《こう》民《みん》をして町村《ちようそん》固《こ》有《いう》の行《ぎやう》政《せい》事《じ》務《む》を處《しよ》理《り》せしむることを認《みと》めたる以《い》上《じやう》は町村《ちようそん》公《こう》民《みん》をして選《せん》擧《きよ》の方《はう》法《はふ》により町村長《ちようそんちよう》となるものを定《さだ》め名《めい》譽《よ》職《しよく》により簡《かん》易《い》なる行《ぎやう》政《せい》事《じ》務《む》を統《とう》轄《くわつ》せしむるは最《もつとも》必《ひつ》要《えう》なることにして之《これ》を選《せん》擧《きよ》するは亦《また》町村《ちようそん》の義《ぎ》務《む》なりとす町村會《ちようそんくわい》に於《おい》て之《これ》か選《せん》擧《きよ》を行《おこな》ふは即《すなは》ち之《これ》か爲《た》めなり

有《いう》給《きふ》の町村長《ちようそんくわい》は其《そ》の町村《ちようそん》の公《こう》民《みん》たることを必《ひつ》要《えう》とせす蓋《けだし》町村《ちようそん》にして有《いう》給《きふ》の町《ちよう》村長《そんちやう》を選《せん》擧《きよ》するは多《おほ》くは其《そ》の町村《ちようそん》の公《こう》民《みん》の中《うち》名《めい》譽《よ》職《しよく》による町村長《ちようそんちよう》たる適《てき》才《さい》なきか若《もしく》は其《そ》の町村《ちようそん》の行《ぎやう》政《せい》事《じ》務《む》にして名《めい》譽《よ》職《しよく》の町村長《ちようそんちよう》をして處《しよ》理《り》せしむるに不《ふ》

適當《てきたう》なる場合《はあひ》に生《しやう》するものなるにより其《そ》の町村《ちやうそん》の公民《こうみん》以外《いぐわい》に之《これ》か適才《てきさい》を求《もと》めしむるを得《う》ることとせさるへからさる必要《ひつえう》あるに外《ほか》ならさるなり

市村町長《しちやうそんちやう》の任期《にんき》、市町村長《しちやうそんちやう》の任期《にんき》は各々《おの〳〵》四年なりとす

市助役《しじよやく》及《および》町村助役《ちやうそんじよやく》の選擧《せんきよ》、市助役《しじよやく》は有給職《いうきふしよく》となしたるは市助役《しじよやく》は市長《しちやう》を補佐《ほさ》し煩忙《はんばう》復雜《ふくざつ》なる行政事務《ぎやうせいじむ》を處理《しより》するものなるか故《ゆゑ》に名譽職《めいよしよく》に依《よ》る公民《こうみん》をして之《こ》れか職《しよく》を司《つかさ》にらしむるに不適當《ふてきたう》なるによるなり其《そ》の選擧《せんきよ》か市長《しちやう》の推薦《すゐせん》によるものとなしたるは市長《しちやう》は專《もつぱ》ら市《し》の行政事務《ぎやうせいじむ》を執行《しつかう》するものにして之《これ》か補佐《ほさ》に最《もつと》も適當《てきたう》せる人物《じんぶつ》を選擇《せんたく》するに便《べん》なる地位《ちゐ》にあり且《かつ》自己《じこ》の希望《きばう》する者《もの》をして助《じよ》役たらしむるは施政《しせい》の上《うへ》に於《おい》て意見《いけん》の一致《ち》するに都合《つがふ》善《よ》き場合《はあひ》多《おほ》きか故《ゆゑ》なり市會《しくわい》に於《おい》て之《これ》を定《さだ》むるとなしたるは助役《じよやく》は他《た》の官吏《くわんり》と異《こと》なり市《し》の吏員《りゐん》なるの故《ゆゑ》に專《もつぱ》ら市《し》の議決機關《ぎけつきくわん》をして之《これ》を定《さだ》めしめたるなり

町村助役《ちやうそんじよやく》は名譽職《めいよしよく》によるを原則《げんそく》とすれとも有給職《いうきふしよく》となすことを得《う》へし而《しか》して其《そ》の選任《せんにん》は市助役《しじよやく》に等《ひと》しく町村長《ちやうそんちやう》の推薦《すゐせん》により町村會《ちやうそんくわい》に於《おい》て之《これ》を定《さだ》むるものとなしたり

市長市助役《しちやうしじよやく》竝《ならびに》有給町村長《いうきふちやうそんちやう》及《および》有給町村助役《いうきふちやうそんじよやく》は市町村公民《しちやうそんこうみん》より選任《せんにん》するを要《えう》せす且《かつ》有給《いうきふ》の職《しよく》なるか故《ゆゑ》に他《た》の名譽職《めいよし》による市吏員《りゐん》若《もしく》は市町村會議員《しちやうそんくわいぎゐん》と異《こと》なり其《そ》の職《しよく》を退《しりぞ》くに當《あた》り一定《てい》の條件《でうけん》を要《えう》するものにあらす蓋《けだし》市町村公民《ちやうそんこうみん》か名《めい》譽職によ り市町村吏員《しちやうそんりゐん》若《もしく》は市町村會議員《しちやうそんくわいぎゐん》となるは其《そ》の權利《けんり》たると同時《どうじ》に其《そ》の義務《ぎむ》なるに因《よ》り其《そ》の職《しよく》を退《しりぞ》くに當《あた》りても義務《ぎむ》を免《まぬが》るへき理由《りいう》の存《そん》することを要《えう》するや明《あきら》かなり然《しか》れとも市長市助役《しちやうしじよやく》及有給町村長助役《およびいうきふちやうそんちやうじよやく》か其《そ》の職《しよく》にあるは單《たん》に選任《せんにん》に基《もとづ》くものにして其《そ》の權利《けんり》に基《もとづ》くものにあらす亦《また》其《そ》の義務《ぎむ》にもあらさるなり故《ゆゑ》に其《そ》の自由意思《じいうゐし》により進退《しんたい》を決《けつ》せしむるは個人《こじん》の自由《じいう》の權利《けんり》を尊重《そんちやう》するの點《てん》より見《み》るも最正當《もつともせいたう》のことなりとす只《たゞ》其《そ》の職《しよく》を突然《とつぜん》退《しりぞ》くか爲《た》め市町村《しちやうそん》の行政《ぎやうせい》事務《じむ》に支障《ししやう》を生《しやう》するか如《ごと》きは元《もと》より制限《せいげん》を設《まう》けさるへからす市長《しちやう》は內務大臣《ないむだいじん》市助役《しじよやく》は府縣知事《ふけんちじ》の認可《にんか》により退職《たいしよく》を許《ゆる》したるは其《そ》の選任《せんにん》の場合《ばあひ》にも認可《にんか》を要《えう》するか故《ゆゑ》なり有給町村長及助役《いうきふちやうそんちやうおよびじよやく》は三ヶ月前《ぜん》に申立《まをした》つるときは任意退職《にんいたいしよく》を爲《な》すことを得《え》せしめたるは町村《ちやうそん》の行政事務《ぎやうせいじむ》は簡易《かんい》にして退職《たいしよく》により後任者《こうにんしや》を選《せん》任《にん》するに容易《ようい》なりとの趣旨《しゆし》に基《もとづ》きたるなり

市《し》助役《じよやく》及《および》町村長《ちようそんちよう》町村助役《ちようそんじよやく》の選任《せんにん》に付《つき》府《ふ》縣《けん》知事《ちじ》の認可《にんか》を必用《ひつえう》となしたるは蓋《けだし》町《ちよう》村長《そんちよう》助役《じよやく》は市町村《しちようそん》の吏員《りゐん》にして國《くに》又《また》は府《ふ》縣《けん》に直屬《ちよくぞく》する吏員《りゐん》にあらされとも然《しか》れとも市町村《しちようそん》は又《また》國《くに》の行政《ぎようせい》區畫《くくわく》の一部《ぶ》をなすものなるか故《ゆゑ》に其《そ》の行政《ぎやうせい》を司《つかさど》とる吏員《りゐん》の才能《さいのう》如何《いかん》は國《くに》の一般《はん》行政《ぎやうせい》に至大《しだい》の關係《くわんけい》を有《いう》するのみならす市町村《しちようそん》吏員《りゐん》は市町村《しちようそん》固有《こいう》の行政事務《ぎやうせいじむ》のみならす法令《はふれい》により特《とく》に委任《ゐにん》せられたる國《くに》の行政《ぎやうせい》事務《じむ》を行《おこな》ふものなるにより其《そ》の選任《せんにん》に付《つ》き監督官廳《かんとくくわんちやう》に於《おい》て其《そ》の當否《たうひ》を選定《せんてい》し許否《きよひ》するの權《けん》あるや朋《あきら》かなり故《ゆゑ》に監督官廳《かんとくくわんちよう》に於《おい》て之《これ》か選任《せんにん》を認可《にんか》せさることあり此《かく》の如《ごと》き場合《はあひ》に於《おい》ては狀《じやう》を具《ぐ》して內務大臣《ないむだいじん》に認可《にんか》を請《こ》はさるへからす內務大臣《ないむだいじん》に於《おい》ても之《これ》を認可《にんか》せさる場合《はあひ》には更《さら》に他《た》の者《もの》を選定《せんてい》するの外《ほか》なかるへし

市《し》町村《ちようそん》助役《じよやく》竝《ならびに》有給《いうきふ》町村長《ちようそんちよう》及《および》助役《じよやく》は市町村《しちやうそん》公民《こうみん》の中《うち》より選擧《せんきよ》することを必要《ひつえう》とせさること前述《ぜんじゆつ》する所《ところ》の如《ごと》し然《しか》れとも其《そ》の執行《しつかう》する事務《じむ》は公民《こうみん》たる權利《けんり》の執行《しつかう》を爲《な》すものなるか故《ゆゑ》に之《これ》に公民權《こうみんけん》を附與《ふよ》するの必要《ひつえう》あり而《しか》して其《そ》の公民《こうみん》たる權利《けんり》を取得《しゆとく》するは推薦《すゐせん》若《もしく》は選擧《せんきよ》の時《とき》にあらすして就職《しうしよく》の時《とき》なりとす

第七十四條　市參與ハ名譽職トス但シ定數ノ全部又ハ一部ヲ有給吏員ト爲スコトヲ得此ノ場合ニ於テハ第七十二條第三項ノ市條例中ニ之ヲ規定スヘシ
市參與ハ市會ニ於テ之ヲ選擧シ内務大臣ノ認可ヲ受クヘシ
名譽職市參與ハ市公民中選擧權ヲ有スル者ニ限ル

市《し》參與《さんよ》の地位《ちゐ》、市《し》參與《さんよ》は市《し》行政《ぎやうせい》の一部《ぶ》を擔任《たんにん》し之《これ》か執行《しつかう》を爲《な》す機關《きくわん》なり故《ゆゑ》に其《そ》の地位《ちゐ》より謂《い》へは市長《しちやう》の代理《だいり》にあらす市長《しちよう》と相待《あひま》ちて市《し》の執行機關《しつかうきくわん》を組織《そしき》するものなり此《こ》の點《てん》に於《おい》て市助役《しじよやく》と異《こな》なる所《ところ》なり助役《じよやく》は市長《しちよう》を補助《ほじよ》するの機關《きくわん》にして市長故障《しちようこしよう》ある場合《はあひ》に之《これ》か代理《だいり》をなすにより本制《ほんせい》に於《おい》て市參與《しさんよ》なる職《しよく》を設《まう》けたるの理由《りいう》は蓋大都市《けだしだいとし》にありては其《そ》の行政事項《ぎやうせいじこう》頻雜《はんざつ》にして到底《たうてい》市長《しちよう》一人《にん》にしては充分《じつぶん》の効果《かうくわ》を得《え》さるにより助役《じよやく》をして之《これ》か代理《だいり》を爲《な》さしむるとするも助役《じよやく》の權限《けんげん》は單《たん》に補助機關《ほじよきくわん》たるに過《す》きさるか故《ゆゑ》に獨立《どくりつ》して特種《とくしゆ》の事務《じむ》を擔任《たんにん》すること能《あた》はす是《こゝ》に於《おい》てか市《し》の特種事務《とくしゆじむ》の執行機關《しつかうきくわん》として此《こ》の職《しよく》を定《さ》めたるにあり市參與《しさんよ》を名譽職《めいよしよく》たるを原則《げんそく》としたるは一方《はう》に於《おい》ては市《し》の費用《ひよう》を節約《せつやく》するにあり一方《はう》に於《おい》ては市公民《しこうみん》をして市行政《しぎやうせい》の執行《しつかう》を司《つかさど》とらしめんとするに

あり故《ゆゑ》に名譽職《めいよしよく》市參與《しさんよ》は其《そ》の市《し》の公民中選擧權《こうみんちうせんきよけん》を有《いう》する者《もの》より市會《しくわい》に於《おい》て選《せん》擧《きよ》することとせり

〔市〕第七十七條　市長市參與及助役ハ第十八條第二項ニ掲ケタル職ト兼ヌルコトヲ得ス又其ノ市ニ對シ請負ヲ爲スコトヲ得ス

市長ト父子兄弟タル縁故アル者ハ市參與又ハ助役ノ職ニ在ルコトヲ得ス

市參與ト父子、兄弟タル縁故アル者ハ助役ノ職ニ在ルコトヲ得ス

父子、兄弟タル縁故アル者ハ同時ハ市參與又ハ助役ノ職ニ在ルコトヲ得ス第八十八條第五項ノ規定ハ此ノ場合ニ之ヲ準用ス

〔町村〕第六十五條　町村長及助役ハ第十五條第二項ニ掲ケタル職ト兼ネルコトヲ得ス又其ノ町村ニ對シ請負ヲ爲シ及同一行爲ヲ爲ス者ノ支配人又ハ主トシテ同一ノ行爲ヲ爲ス法人ノ無限責任社員、重役及支配人タルコトヲ得ス

町村長ト父子、兄弟タル縁故アル者ハ助役ノ職ニ在ルコトヲ得ス

父子、兄弟タル縁故アル者ハ同時ニ助役ノ職ニ在ルコトヲ得ス第十五條第五項ノ規定ハ此ノ場合ニ之ヲ準用ス

市町村長《しちようそんちよう》市《し》參與《さんよ》及《および》助役《じよやく》か一、所屬府縣《しよぞくふけん》の官吏《くわんり》二、其《そ》の市町村《しちようそん》の有給吏員《いうきふりゐん》三、檢事《けんじ》警察官吏《けいさつくわんり》及《および》收稅官吏《しうぜいくわんり》四、神官僧侶《しんくわんそうりよ》其《そ》の他《た》諸宗敎師《しよしうけうし》五、小學校敎員《せうがくかうけうゐん》の職《しよく》と相兼《あひか》ぬることを許《ゆる》さざるは先《さき》に市町村《しちようそん》會議員《わいぎゐん》か之等《これら》の職《しよく》を兼《か》ぬるを得《え》さるに付述《つきの》へたる所《ところ》と其《そ》の理由《りいう》を等《ひとし》ふす

市町村長《しちようそんちよう》か市町村《しちようそん》に對《たい》し請負行爲《うけおひかうゐ》を爲《な》すことを得《え》さるは畢竟契約當事者《ひつきやうけいやくたうじしや》の資格《しかく》を一人《にん》にて具《そな》ゆることとなり權利義務《けんりぎむ》の兩者《りやうしや》を一身《しん》に引受《ひきう》くるの結果《けつくわ》と爲るに依《よ》り之《これ》を許《ゆる》さざるにあり

市町村長《しちようそんちよう》か市參與《しさんよ》又《また》は其《そ》の助役《じよやく》と父子兄弟《ふしけいてい》の緣故《えんこ》ある場合《はあひ》に市參與《しさんよ》、助役《じよやく》をして其《そ》の職《しよく》に在《あ》るを許《ゆる》さざるは蓋《けだし》市町村長《しちようそんちよう》は市町村《しちようそん》の行政《ぎやうせい》の執行機關《しつかうきくわん》として單獨《たんどく》にて其《そ》の行政事務《ぎやうせいじむ》を處理《しより》する權限《けんげん》を有《いう》すれとも實際上《じつさいじやう》市參與《しさんよ》助役《じよやく》の補助《ほじよ》を受《う》くると甚大《はなはだだい》なるものと謂《い》はさるへからす而《しか》して市町村長《しちようそんちよう》と市參與《しさんよ》又《また》は助役《じよやく》とか其《そ》の行政事務《ぎやうせいじむ》の執行上意見《しつかうじやういけん》を異《こと》にする場合《はあひ》の如《ごと》き元《もと》より市町村長《しちようそんちよう》の意見《いけん》により事務《じむ》の執行《しつかう》を爲《な》すへきものなりと雖《いへど》も市參與助役《しさんよじよやく》の意見《いけん》にして公明常理《こうめいじやうり》に合《がつ》するものなるときは市參與助役《しさんよじよやく》の意見《いけん》も亦《また》市町村會《しちようそんくわい》の採用《さいよう》する所《ところ》とな

る場《は》合《あひ》あり然《しか》るに若《も》し市《し》町村長《ちやうそんちやう》と市《し》參與《さんよ》又《また》は助役《じよやく》とか父子兄弟《ふしけいてい》たるの緣故《えんこ》あるときは事務《じむ》の執行《しつかう》に付《つき》公平《こうへい》を缺《か》くの恐《おそれ》あり故《ゆゑ》に市《し》參與《さんよ》又《また》は助役《じよやく》か其《そ》の職《しよく》に居《を》ることを得《え》さるものとせり

市《し》參與《さんよ》と市《し》助役《じよやく》と父子兄弟《ふしけいてい》の緣故《えんこ》ある場合《はあひ》には助役《じよやく》をして其《そ》の職《しよく》に居《を》ることを許《ゆる》さす

市《し》參與《さんよ》若《もしく》は助役《じよやく》か二人以上《にんいじやう》ある場合《はあひ》に其《そ》の間《あひだ》に父子兄弟《ふしけいてい》の緣故《えんこ》を新《あら》たに生《しやう》したるときは其《そ》の年少者《ねんせうしや》をして職《しよく》を退《しりぞ》かしむるものとすること市《し》町村會議員《ちやうそんくわいぎゐん》の場合《はあひ》に同《おな》し

〔市〕第七十八條　市長有給市參與及助役ハ府縣知事ノ許可ヲ受クルニ非サレハ他ノ報償アル業務ニ從事スルコトヲ得ス

市長有給市參與及助役ハ會社ノ重役又ハ支配人其ノ他ノ事務員タルコトヲ得ス

〔町村〕第六十六條　有給町村長及有給助役ハ郡長ノ許可ヲ受クルニ非サレハ他ノ報償アル業務ニ從事スルコトヲ得ス

有給町村長及有給助役ハ會社ノ重役又ハ支配人其ノ他ノ事務員タルコトヲ得ス

市町村《しちようそん》の有給吏員《いうきふりゐん》は煩忙《はんはう》なる市町村《しちようそん》の行政事務《ぎやうせいじむ》を處理《しより》するものにして特《とく》に本《ほん》制《せい》に於《おい》て有給《いうきふ》を許《ゆる》したるは畢竟《ひつきやう》一定《てい》の給料《きふれう》を得《え》て專心《せんしん》其《そ》の職《しよく》を盡《つく》すへきか爲《た》めなり故《ゆゑ》に他《た》の報償《はうしやう》ある業務《げふむ》に從事《じつじ》せんとするには特《とく》に其《そ》の業務《げふむ》か職務《しよくむ》の執《し》行《かう》に碍害《はうがい》を及《およ》ほさゝるものならさるへからす郡長府《ぐんちようふ》縣《けん》知《ち》事《じ》の許可《きよか》を必要《ひつえう》としたるは即之《すなはちこれ》か爲《た》めなり會社《くわいしや》の重役《ぢうやく》支配人《しはいにん》其《そ》の他《た》の事務員《じむゐん》となるを得《え》さるは蓋《けだ》之等《これら》の職務《しよくむ》は一定《てい》の報償《はうしよう》を受《う》けて會社《くわいしや》の業務《げふむ》に常《つね》に從事《じうじ》すへきものにして有《い》給吏員《きうりゐん》の職《しよく》と相兼《あひか》ぬるときは必《かなら》す或《ある》一方《はう》の職務《しよくむ》を拋棄《はうき》せさるへからさるに至《いた》るか故《ゆゑ》なり

〔市〕

第七十九條 市ニ收入役一人ヲ置ク但シ市條例ヲ以テ副收入役ヲ置クコトヲ得

第七十五條第一項乃至第三項第七十七條第一項及第四項竝前條ノ規定ハ收入役及副收入役ニ第七十六條ノ規定ハ收入役ニ之ヲ準用ス

市長市參與又ハ助役ト父子兄弟タル緣故アル者ハ收入役又ハ副收入役ノ職ニ在ルコトヲ得ス收入役ト父子兄弟タル緣故アル者ハ副收入役ノ職ニ在ルコトヲ得ス

〔町村〕**第六十七條**　町村ニ收入役一人ヲ置ク但シ特別ノ事情アル町村ニ於テハ町村條例ヲ以テ副收入役一人ヲ置クコトヲ得

收入役及副收入役ハ有給吏員トシ其ノ任期ハ四年トス

收入役及副収入役ハ町村長ノ推薦ニ依リ町村會之ヲ定メ郡長ノ認可ヲ受クヘシ

前項ノ場合ニ於テ郡長ノ不認可ニ對シ町村長又ハ町村會ニ於テ不服アルトキハ府縣知事ニ具狀シテ認可ヲ請フコトヲ得

第六十三條第四項ノ規定ハ收入役ニ第六十五條第一項及前條ノ規定ハ收入役及副收入役ニ之ヲ準用ス

町村長又ハ助役ト父子兄弟タル緣故アル者ハ收入役又ハ副收入役ノ職ニ在ルコトヲ得ス收入役ト父子兄弟タル緣故アル者ハ副收入役ノ職ニ在ルコトヲ得

ス

特別ノ事情アル町村ニ於テハ郡長ノ許可ヲ得テ町村長又ハ助役ヲシテ收入役ノ事務ヲ兼掌セシムルコトヲ得

市町村《しちようそん》は獨立《どくりつ》の自治體《じちたい》として人格《じんかく》を有《いう》し而《しか》して市町村行政《しちようそんぎようせい》に關《くわん》する費用《ひよう》は自《みづか》ら之《これ》か負擔《ふたん》を爲《な》すへきか故《ゆゑ》に茲《こゝ》に收入支出《しうにふししゆつ》の事務《じむ》を生《しやう》す元來《ぐわんらい》市町村《しちようそん》の收入支出《しうにふししゆつ》に關《くわん》する事務《じむ》は等《ひと》しく其《そ》の行政事務《ぎやうせいじむ》の一部《ぶ》に屬《ぞく》するものなるを以《もつ》て其《そ》の行政《ぎやうせい》の執行機關《しつかうきくわん》たる市町村長《しちようそんちよう》に於《おい》て之《これ》を處理《しより》することを得《う》るものなれとも此《かく》の如《ごと》く收入支出《しうにふししゆつ》の命令者《めいれいしや》と實際《じつさい》の出納者《すいとうしや》と同《どい》一の人《ひと》に委任《ゐにん》するときは收入《しうにふ》の監督《かんとく》を闕《か》くを以《もつ》て種々《しゆ〳〵》の弊害《へいがい》を生《しやう》し收入金《しうにふきん》の費消《ひせう》或《あるひ》は不法支出《ふはふししゆつ》の事《こと》あるも容易《ようい》に之《これ》か發見《はつけん》に苦《くるし》むことあり故《ゆゑ》に本制《ほんせい》に於《おい》ては特《とく》に收入役《しうにふやく》なる職《しよく》を設《まう》け實際《じつさい》の出納者《すいとうしや》を市町村長《しちやうそんちよう》の職務《しよくむ》より分離獨立《ぶんりどくりつ》せしめたり町村長又《ちようそんちようまた》は町村助役《ちようそんじよやく》か町村《ちようそん》の情況《じやうけう》により郡長《ぐんちやう》の許可《きよか》を得《え》て收入役《しうにふやく》の事務《じむ》を兼掌《けんしよう》するは一の例外《れいぐわい》に屬《ぞく》するものにして本條《ほんでう》の趣旨《しゆし》にはあらさるなり

市町村《しちようそん》に收入役《しうにふやく》を設《まう》けたるは收支命令者《しうしめいれいしや》と實際《じつさい》の出納《すいとう》を爲《な》す者《もの》とを分離獨立《ぶんりどくりつ》

せしむるにあること前述《ぜんじゆつ》する所《ところ》の如《ごと》し而《しか》して市町村長市《しちやうそんちようし》參與《さんよ》又《また》は助役《じよやく》は收支《しうし》命令者《めいれいしや》の地位《ちゐ》にありて收入役《しうにふやく》に收支《しうし》を命《めい》し且其《かつそ》の收支《しうし》の情況《じやうけう》を監督《かんとく》するものなるか故《ゆゑ》に之等《これら》の者《もの》は收入役《しうにふやく》を兼《かぬ》ることを許《ゆる》ささるなり

然《しか》れとも小町村《せうちやうそん》に於《おい》て行政事務《ぎやうせいじむ》甚《はなは》た簡易《かんい》にして資力《しりよく》乏《とぼ》しきときは收入役《しうにふやく》を置《お》くの費用《ひよう》を節約《せつやく》せしめ町村長又《ちようそんちようまた》は助役《じよやく》をして出納《すいとう》の事務《じむ》を掌《つかさ》とらしむることを得《え》せしめたり然《しか》れとも此事《このこと》たるや例外《れいぐわい》に屬《ぞく》するものなるか故《ゆゑ》に特《とく》に郡長《ぐんちやう》の許可《きよか》を必要《ひつえう》とせり

市町村長市《しちやうそんちようし》參與《さんよ》又《また》は助役《じよやく》と父子兄弟《ふしけいてい》の緣故《えんこ》あるものは收入役《しうにふやく》の職《しよく》に在《あ》ることを得《え》さるは收支命令者《しうしめいれいしや》と出納《すいとう》を司《つかさ》とるものとの職《しよく》を兼務《けんむ》するを得《え》さるの趣旨《しゆし》に基《もとづ》けり

〔市〕

第八十條　第六條ノ市ノ區ニ區長一人ヲ置キ市有給吏員トシ市長之ヲ任免ス

第七十七條第一項及第七十八條ノ規定ハ區長ニ之ヲ準用ス

勅令《ちよくれい》を以《もつ》て指定《してい》せられたる市《し》の行政區分《ぎやうせいくぶん》たる區《く》は其《そ》の所有《しよいう》に係《かゝ》る財產及營造《ざいさんおよびえいざう》物《ぶつ》に關《くわん》する事務《じむ》に付《つき》ては獨立《どくりつ》せる人格《にんかく》を有《いう》し從《したがつ》て之等《これら》の事務《じむ》を處理《しより》するか爲《た》

めに區長《くちやう》を置《お》く然《しか》れとも區《く》は元《も》と市《し》の一部分《ぶぶん》にして市《し》と離《はな》れて獨立《どくりつ》せる行政《ぎやうせい》區畫《しくわく》たるにあらす等《ひと》しく市《し》の行政《ぎようせい》の一部《ぶ》を行《おこな》ふものなるか故《ゆゑ》に區長《くちやう》も亦《また》市吏《しり》員《ゐん》の一員《ゐん》たるや疑《うたがひ》を容《い》れす之《これ》を有給吏員《いつきふりゐん》となしたるは市長《しちやう》の場合《ばあひ》に述《の》へたる所《ところ》に同《おな》し市長《しちやう》に之《これ》か任免《にんめん》の權《けん》を與《あた》へたるは市長《しちやう》をして直接《ちよくせつ》區《く》の行政事務《ぎようせいじむ》に通《つう》する適才《てきさい》を選《えら》ばしめ自《みづか》ら之《これ》か監督《かんとく》の權《けん》を行《おこな》ふを得《え》せしめたるにあり

〔市〕

第八十一條　第六條ノ區カ區收入役一人又ハ區收入役及區副收入役各一人ヲ置ク

區收入役及區副收入役ハ第八十六條ノ吏員中市長、助役、市收入役市副收入役又ハ區長トノ間及其ノ相互ノ間ニ父子兄弟タル緣故アラサル者ニ就キ市長之ヲ命ス

區收入役又ハ區副收入役ト爲リタル後市長、助役、市收入役、市副收入役又ハ區長トノ間ニ父子兄弟タル緣故生シタルトキハ區收入役又ハ區副收入役ハ其ノヲ失フ

前項ノ規定ハ區收入役及區副收入役相互ノ間ニ於テ區副收入役ニ之ヲ準用ス

勅令《ちよくれい》により指定《してい》せられたる區《く》は法人《はふじん》として其《そ》の財産及營造物《ざいさんおよびえいざうぶつ》を所有《しよいう》し之《これ》に關《くわん》する行政事務《ぎやうせいじむ》を處理《しより》するものなるか故《ゆゑ》に區自身《くじしん》の費用《ひよう》を負擔《ふたん》せさるへからす又區《またく》は市《し》の行政《ぎやうせい》の一部《ぶ》を司《つかさ》とるものなるか故《ゆゑ》に市《し》の收支《しうし》をも爲《な》さゝるへからす區《く》に區收入役及區副收入役《くしうにふやくおよびくふくしうにふやく》を設《まう》くるは即之《すなはちこれ》か爲《た》めなり而《しか》して區收入役及區副收入役《くしうにふやくおよびくふくしうにふやく》は區長《くちやう》と等《ひと》しく市《し》の吏員《りゐん》なりとす之《これ》か任命《にんめい》の權《けん》を市長《しちよう》に屬《ぞく》せしめたるは即之《すなはちこれ》か爲《た》めなり

區收入役《くしうにふやく》又《また》は區副收入役《くふくしうにふやく》か市長《しちよう》、助役《じよやく》、市《し》收入役《しうにふやく》、市《し》副收入役《ふくしうにふやく》と父子兄弟《ふしけいてい》の緣故《えんこ》ある場合《ばあひ》に其《そ》の職《しよく》を失《うしな》はしめたるは市收入役及市副收入役《しうにふやくおよびしふくしうにふやく》の場合《はあひ》に述《の》へたる所《ところ》に同《おな》し

〔市〕

第八十二條　第六條ノ市ヲ除キ其ノ他ノ市ハ處務便宜ノ爲區ヲ劃シ區長及其ノ代理者一人ヲ置クコトヲ得

前項ノ區長及其ノ代理者ハ名譽職トス市會ニ於テ市公民中選擧權ヲ有スル者ヨリ之ヲ選擧ス

內務大臣ハ前項ノ規定ニ拘ラス區長ヲ有給吏員ト爲スヘキ市ヲ指定スルコト

ヲ得

前項ノ區ニ付テハ第八十條第八十一條第九十四條第二項第九十七條第四項第九十八條及第九十九條ノ規定ヲ準用スルノ外必要ナル事項ハ勅令ヲ以テ之ヲ定ム

【町村】第六十八條　町村ハ處務便宜ノ爲區ヲ劃シ區長及其ノ代理者一人ヲ置クコトヲ得

區長及其ノ代理者ハ名譽職トス町村會ニ於テ町村公民中選擧權ヲ有スル者ヨリ之ヲ選擧ス

勅令《ちよくれい》により指定《してい》せられたる區《く》は法人《はふじん》の資格《しかく》を有《いう》すること本制《ほんせい》に規定《きてい》する所《ところ》の如《ごと》し其《そ》の他《た》の市《し》及町村《およびちようそん》に關《くわん》しては本制《ほんせい》は概活的《がいくわつてき》の規定《きてい》を設《まう》け市町村吏員《しちようそんりゐん》の職《しよく》務《む》權限《けんげん》を定《さだ》めたり然《しか》れとも之等《これら》の市《し》又《また》は町村《ちようそん》も區域《くいき》の廣濶《くわうくわつ》なるか又《また》は人口《じんこう》の稠密《ちようみつ》にして施改《しせい》の便《べん》を計《はか》らんとせは之《これ》を數區《すうく》に區劃《くくわく》することを許《ゆる》し之《これ》に區長《くちよう》及代理者《およびたいりしや》なる執行機關《しつかうきくわん》を設置《せつち》し市町村長《しちようそんちよう》の指揮《しき》を受《う》けて其《そ》の區内《くない》の行政事務《ぎようせいじむ》を執行《しつかう》するものとせり而《しか》して數區《すうく》に分割《ぶんくわく》すること及之《およびこれ》に委任《ゐにん》する行政事務《ぎやうせいじむ》の

範圍《はんゐ》に關《くわん》しては之《これ》か制限《せいげん》を設《まう》けさるを以《もつ》て地方《ちはう》の情況《じやうけう》により市町村長《しちやうそんちやう》に於《おい》て適宜《てきぎ》に之《これ》を定《さだ》むるを得《う》るの餘地《よち》を存《そん》するものとす此《かく》の如《ごと》く右《みぎ》の市町村内《しちやうそんない》に設《せつ》置《ち》する區《く》は獨立《どくりつ》の自治體《じちたい》にあらす區長及其《くちやうおよびそ》の代理者《だいりしや》も亦其《またそ》の區《く》の固有《こいう》の事務《じむ》を處理《しより》するにあらす只市町村《たゞしちやうそん》の行政事務《ぎやうせいじむ》を便宜上補佐執行《べんぎじやうほさしつかう》するに過《す》きす

區長及其《くちやうおよびそ》の代理者《だいりしや》は市町村會《しちやうそんくわい》に於《おい》て其《そ》の公民權《こうみんけん》を有《いう》するものより選擧《せんきよ》し名譽《めいよ》職《しよく》と爲《な》すを原則《げんそく》とすれとも内務大臣《ないむだいじん》は特《とく》に區長《くちやう》を有給吏員《いうきふりゐん》と爲《な》すへき市《し》を指《し》定《てい》することを得《う》るものとせり蓋勅令《けだしちよくれい》により指定《してい》せられざる市《し》と雖《いへど》も俄《にはか》に人口《じんこう》の增殖《ぞうしよく》を來《きた》し其《そ》の行政事務《ぎやうせいじむ》の擴大《くわつだい》せる場合《ばあひ》に當《あた》りては區長《くちやう》を有給《いうきふ》となし行政《ぎやうせい》事務《じむ》に付專問智識《つきせんもんちしき》あるものを選定《せんてい》するの必要《ひつえう》あるや明《あきら》かなり故《ゆゑ》に本制《ほんせい》に於《おい》て特《とく》に之《これ》が規程《きてい》を設《まう》けたるなり而《しか》して内務大臣《ないむだいじん》か有給區長《いうきふくちやう》を指定《してい》せる市《し》に於《おい》て其《そ》の區長《くちやう》を任命《にんめい》する場合《ばあひ》に當《あた》りては勅令《ちよくれい》により指定《してい》せる市《し》の區長選任《くちやうせんにん》の規程《きてい》によるへきものとせり

第八十三條 市ハ臨時又ハ常設ノ委員ヲ置クコトヲ得

委員ハ名譽職トス市會ニ於テ市會議員、名譽職參事會員又ハ市公民中選擧權ヲ

有スル者ヨリ之ヲ選擧ス但シ委員長ハ市長又ハ其ノ委任ヲ受ケタル市參與若ハ助役ヲ以テ之ニ充ツ

常設委員ノ組織ニ關シテハ市條例ヲ以テ別段ノ規定ヲ設クルコトヲ得

〔町村〕**第六十九條**　町村ハ臨時又ハ常設ノ委員ヲ置クコトヲ得

委員ハ名譽職トス町村會ニ於テ町村會議員、又ハ町村公民中選擧權ヲ有スル者ヨリ之ヲ選擧ス但シ委員長ハ町村長又ハ其ノ委任ヲ受ケタル助役ヲ以テ之ニ充ツ

常設委員ノ組織ニ關シテハ町村條例ヲ以テ別段ノ規程ヲ設クルコトヲ得

委員《ゐゝん》の設置《せつち》、市町村委員《しちやうそんゐゝん》を設《まう》くるは一は市町村公民《しちやうそんこうみん》をして市町村《しちやうそん》の行政事務《ぎやうせいじむ》の執行《しつかう》に直接《ちよくせつ》參與《さんよ》して之《これ》により自《みづか》ら實務《じつむ》の經驗《けいけん》を得《え》て地方自治《ちはうじち》の精神《せいしん》を解得《かいとく》せしむると一は市町村《しちやうそん》の執行機關《しつかうきくわん》の事務《じむ》の執行《しつかう》を補助《ほじよ》し自治《じち》の効果《かうくわ》を擧《あ》けんとするにあり而《しか》して委員《ゐゝん》の設置《せつち》に關《くわん》しては市町村會《しちやうそんくわい》の議決《ぎけつ》により其《そ》の事務《じむ》の情況《じやうきやう》に應《おう》し或《あるひ》は臨時《りんじ》に之《これ》を設《まう》け或《あるひ》は之《これ》を常設《じやうせつ》と爲《な》すことを得《う》へし

委員《ゐゝん》は右《みぎ》に述《の》へたる二の目的《もくてき》より設《まう》くるものにして從《したが》つて名譽職《めいよしよく》となす而《しか》し

て之《これ》か選擧《せんきよ》に付《つ》きても市町村會議員《しちやうそんくわいぎゐん》市參事會員《しさんじくわいゐん》の中《うち》より選出《せんしゆつ》するものと市町《ちやう》村《そん》公民《こうみん》の中《うち》より選出《せんしゆつ》するものとあり何《いづ》れも市町村長《しちやうそんちやう》に從屬《じうぞく》するものにして其の委員長《ゐゐんちやう》は市町村長《しちやうそんちやう》又《また》は之《これ》か委任《ゐにん》を受《う》けたる市參與《しさんよ》又《また》は助役《じよやく》なりとす委員《ゐゐん》の設置《せつち》は處務便宜《しよむべんぎ》の爲《ため》に設《まう》くるものなるか故《ゆゑ》に本制《ほんせい》に之《これ》か組織《そしき》に關《くわん》し規《き》定《てい》せすして市町村條例《しちやうそんでうれい》に讓《ゆづ》りたるなり

〔市〕 **第八十四條** 市公民ニ限リテ擔任スヘキ職務ニ在ル吏員ニシテ市公民權ヲ喪失シ若ハ停止セラレタルトキ又ハ第十一條第三項ノ場合ニ當ルトキハ其ノ職ヲ失フ職ニ就キタルカ爲市公民タル者ニシテ禁治産若ハ準禁治産ノ宣告ヲ受ケタルトキ又ハ第十一條第二項若ハ第三項ノ場合ニ當ルトキ亦同シ

前項ノ職務ニ在ル者ニシテ禁錮以上ノ刑ニ當ルヘキ罪ノ爲豫審又ハ公判ニ付セラレタルトキハ監督官廳ハ其ノ職務ノ執行ヲ停止スルコトヲ得此ノ場合ニ於テハ其ノ停止期間報酬又ハ給料ヲ支給スルコトヲ得ス

〔町村〕 **第七十條** 名譽職町村長及名譽職助役其ノ他町村公民ニ限リテ擔任スヘキ職務ニ在ル吏員ニシテ町村公民權ヲ喪失シ若ハ停止セラレタルトキ又ハ第九條

第三項ノ場合ニ當ルトキハ其ノ職ヲ失フ職ニ就キタルカ爲町村公民タル者ニシテ禁治產若ハ準禁治產ノ宣告ヲ受ケタルトキ又ハ第九條第二項若ハ第三項ノ場合ニ當ルトキ亦同シ

前項ノ職務ニ在ル者ニシテ禁錮以上ノ刑ニ當ルヘキ罪ノ爲豫審又ハ公判ニ付セラレタルトキハ監督官廳ハ其ノ職務ノ執行ヲ停止スルコトヲ得此ノ場合ニ於テハ其ノ停止期間報酬又ハ給料ヲ支給スルコトヲ得ス

市町村《しちようそん》吏員《りゐん》にして公民權《こうみんけん》を有《いう》することを其《そ》の就職《しうしよく》の要件《えうけん》となす場合《はあひ》に於《おい》ては公民權《こうみんけん》の喪失《さうしつ》若《もしく》は停止《ていし》は其《そ》の職務《しよくむ》を喪失《さうしつ》するの原因《げんいん》たるや明《あきら》かなり又《また》陸海軍《りくかいぐん》の現役《げんえき》に服《ふく》する者《もの》も市町村《しちようそん》吏員《りゐん》たるを得《え》さるか故《ゆゑ》に吏員《りゐん》に就職《しうしよく》の後《のち》現役《げんえき》に服せるもの亦《また》其《そ》の吏員《りゐん》たるの職務《しよくむ》を失《うしな》はや疑《うたがひ》なし

市町村《しちようそん》の有給《いうきふ》吏員《りゐん》にして就職《しうしよく》の結果《けつくわ》公民《こうみん》たるの權利《けんり》を取得《しゆとく》するもの例《たと》へは市《し》長市《ちようし》參與《さんよ》、有給町村長《いうきふちようそんちよう》、及助役《およびじよやく》の如《ごと》きは禁治產《きんぢさん》準禁治產《じゆんきんぢさん》の宣告《せんこく》又《また》は陸海軍《りくかいぐん》現役《げんえき》の服職《ふくしよく》若《もしく》は公民權《こうみんけん》役停止《ていし》の事由《じいう》發生《はつせい》により其《そ》の職《しよく》を失《うしな》はしめたり

右《みぎ》に述《の》へたる吏員《りゐん》か禁錮《きんこ》以上《いじやう》の犯罪人《はんざいにん》として豫審《よしん》又《また》は公判《こうはん》に付《ふ》せられたる場《ば》

合《あひ》に監督官廳《かんとくくわんちよう》をして其《そ》の職務《しよくむ》の執行《しつかう》を停止《ていし》することを得《え》せしめたるは畢竟《ひつきやう》後《ご》日犯罪確定《じつはんざいかくてい》の場合《ばあひ》に職務《しよくむ》の執行《しつかう》に付故障《つきこしやう》を生《しやう》することを憂《うれ》ひたるに外《ほか》ならす其《そ》の停止期間報酬《ていしきかんはうしう》又《また》は給料《きふれう》の支拂《しはらひ》を停止《ていし》するは職務《しよくむ》の執行《しつかう》を停止《ていし》したるの結果《けつくわ》なり然《しか》れとも右《みぎ》に述《の》へたる吏員《りゐん》の豫審《よしん》免訴《めんそ》又《また》は公判《こうはん》に於《おい》て無罪《ひざい》となりたるときは其《そ》の職務《しよくむ》の執行《しつかう》の停止《ていし》を解《と》かさるへからす要之停止《えうするにていし》は單《たん》に一時《じ》の處分《しよぶん》にして喪失《さうしつ》と異《こと》なり從《したが》つて此《こ》の場合《ばあひ》に職務《しよくむ》を喪失《さうしつ》するは刑《けい》の宣告《せんこく》によるものとす

〔市〕第八十五條　前數條ニ定ムル者ノ外市ニ必要ノ有給吏員ヲ置キ市長之ヲ任免ス

前項吏員ノ定數ハ市會ノ議決ヲ經テ之ヲ定ム

〔町村〕第七十一條　前數條ニ定ムル者ノ外町村ニ必要ノ有給吏員ヲ置キ町村長之ヲ任免ス

前項吏員ノ定數ハ町村會ノ議決ヲ經テ之ヲ定ム

市町村長《しちようそんちよう》は市町村行政《しちやうそんぎやうせい》の執行機關《しつかうきくわん》として外部《ぐわいぶ》に對《たい》し市町村《しちやうそん》を代表《たいへう》するものな

れとも其《そ》の事務《じむ》の執行《しつかう》に關《くわん》しては數多《すうた》の補助吏員《ほじよりゐん》を必要《ひつえう》とす而《しか》して之等《これら》の吏《り》員《ゐん》は有給《いうきふ》となし皆《みな》市町村長《しちようそんちよう》の命《めい》を受《う》けて其《そ》の事務《じむ》に從事《じうじ》するものにして從《したが》つて之《これ》か任免《にんめん》も又《また》市町村長《しちやうそんちやう》の權限《けんげん》に屬《ぞく》せしめたり然《しか》れとも其《そ》の定員《ていゐん》の如《ごと》き市町《しちよう》村《そん》の費用《ひよう》に關係《くわんけい》する所《ところ》なるか故《ゆゑ》に市町村會《しちようそんくわい》に於《おい》て之《これ》を議決《ぎけつ》すへきものとせり

〔市〕 **第八十六條**　前數條ニ定ムル者ノ外第六條及第八十二條第三項ノ市ノ區ニ必要ノ市有給吏員ヲ置キ區長ノ申請ニ依リ市長之ヲ任免ス

前項吏員ノ定數ハ市會ノ議決ヲ經テ之ヲ定ム

勅令《ちよくれい》に依《よ》り指定《してい》せられたる市《し》の區《く》及內務大臣《およびないむだいじん》に於《おい》て有給《いうきふ》の區長《くちよう》を置《お》くへく指《し》定《てい》せられたる市《し》の區《く》は其《そ》の行政《ぎやうせい》の執行《しつかう》に付《つ》き有給《いうきふ》の補助吏員《ほじよりゐん》を必要《ひつえう》とす而《しか》して其《そ》の吏員《りゐん》の任免《にんめん》は元《もと》より市長《しちやう》の權限《けんげん》に屬《ぞく》すれとも其《そ》の吏員《りゐん》は區長《くちやう》に從屬《じうぞく》して其《そ》の命《めい》に從《したが》ふへきものなるにより區長《くちやう》の推薦《すゐせん》に一任《にん》せり

區《く》の吏員《りゐん》は主《しゆ》として區長《くちやう》の行政《ぎやうせい》の執行《しつかう》を補助《ほじよ》するものなれとも其《そ》吏員《りゐん》の定員《ていゐん》は亦《また》市《し》の經費《けいひ》に關係《くわんけい》する所《ところ》なるか故《ゆゑ》に市會《しくわい》に於《おい》て之《これ》を議決《ぎけつ》すへきものとせり

〔市〕　**第八十七條**　市長ハ市ヲ統轄シ市ヲ代表ス

市長ノ擔任スル事務ノ概目左ノ如シ

一、市會及市參事會ノ議決ヲ經ヘキ事件ニ付其ノ議案ヲ發シ及其ノ議決ヲ執行スル事

二、財産及營造物ヲ管理スル事但シ特ニ之カ管理者ヲ置キタルトキハ其ノ事務ヲ監督スル事

三、收入支出ヲ命シ及會計ヲ監督スル事

四、證書及公文書類ヲ保管スル事

五、法令又ハ市會ノ議決ニ依リ使用料、手數料、加入金、市稅又ハ夫役現品ヲ賦課徵收スル事

六、其ノ他法令ニ依リ市長ノ職權ニ屬スル事項

第二欵　職務及權限

〔町村〕　**第七十二條**　町村長ハ町村ヲ統轄シ町村ヲ代表ス

町村長ノ擔任スル事務ノ概目左ノ如シ

一、町村會ノ議決ヲ經ベキ事件ニ付其ノ議案ヲ發シ及其ノ議決ヲ執行スル事

二、財產及營造物ヲ管理スル事但シ特ニ之カ管理者ヲ置キタルトキハ其ノ事務ヲ監督スル事

三、收入支出ヲ命令シ及會計ヲ監督スル事

四、證書及公文書類ヲ保管スル事

五、法令又ハ町村會ノ議決ニ依リ使用料、手數料、加入金、町村稅又ハ夫役現品ヲ賦課徵收スル事

六、其ノ他法令ニ依リ町村長ノ職權ニ屬スル事項

市町村長《しちやうそんちやう》は市町村行政《しちやうそんぎやうせい》　執行機關《しつかうきくわん》として內部《ないぶ》にありては他《た》の市吏員《しりゐん》の職務《しよくむ》を統轄《とうくわつ》し外部《ぐわいぶ》に對《たい》しては法人《はふじん》たる市町村《しちやうそん》を代表《だいへう》す代表《だいへう》すると謂《い》ふは代理《だいり》すると謂《い》ふにあらす市町村《しちやうそん》の行政事務《ぎやうせいじむ》は市町村長《しちやうそんちやう》の名《な》を以《もつ》て發表《はつぺう》すと謂《い》ふなり

市町村長《しちやうそんちやう》の擔任《たんにん》する事務《じむ》の其概目《そのがいもく》に付《つき》說明《せつめい》せん、

(一)市町村長は市町村行政《しちやうそんぎやうせい》の執行機關《しつかうきくわん》なるか故《ゆゑ》に其《そ》の議決機關《ぎけつきくわん》の議決《ぎりつ》を執行《しつかう》すへきことは明《あきら》かなり而《しか》して執行機關《しつかうきくわん》は其《そ》の執行《しつかう》に必要《ひつえう》なる市町村《しちやうそん》の行政事務《ぎやうせいじむ》

に付《つい》ては市町村長《しちやうそんちやう》か總《すべ》て其《そ》の執行《しつかう》すへき事務《じむ》の當否《たうひ》を豫《あらかじ》め市町村會《しちやうそんくわい》に計《はか》らさるへからす市町村長《しちやうそんくわい》か市町村會《しちやうそんくわい》の議案《ぎあん》を發《はつ》するは即《すなは》ち執行《しつかう》に關《くわん》する準備《じゆんび》に外《ほか》ならさるなり

(二)財產《ざいさん》及《および》營造物《えいざうぶつ》は市町村行政《しちやうそんぎやうせい》の財源《ざいげん》にして市町村長《しちやうそんちやう》か之《これ》を管理《くわんり》すへきものなることは其《そ》の執行機關《しつかうきくわん》たる地位《ちゐ》より見《み》るも最明亮《もつとももいれう》なりとす而《しか》して或《ある》財產《ざいさん》若《もしく》は營造物《えいざうぶつ》に付《つき》ては法令《はふれい》其《そ》の他《た》の慣例《くわんれい》により特《とく》に之《これ》か管理者《くわんりしや》を置《お》くことあり此《かく》の如《ごと》き場合《はあひ》に於《おい》ては市町村長《しちやうそんちやう》は更《さら》に之《これ》を管理《くわんり》を爲《な》すの必要《ひつえう》あるにあらす然《しか》れとも市町村長《しちやうそんちやう》は之等《これら》市町村《しちやうそん》の財源《ざいげん》により其《そ》の負擔《ふたん》の方法《はうはふ》を定《さだ》むへきものなるにより假《たと》へ他人《たにん》に於《おい》て之《これ》か管理《くわんり》を爲《な》すと雖《いへど》も其《そ》の管理《くわんり》の善惡《ぜんあく》は直《たゞち》に市町村《しちやうそん》の財《ざい》政《せい》に影響《えいきやう》を及《およ》ほすへきものなるにより特《とく》に之《これ》か監督《かんとく》を爲《なす》の權《けん》あるものとせり

(三)市町村《しちやうそん》の會計《くわいけい》及《および》出納《すゐとう》の事務《じむ》は特《とく》に收入役《しうにうやく》に委任《ゐにん》すへきものなること前述《ぜんじゆつ》する所《ところ》の如《ごと》し而《しか》して市町村長《しちやうそんちやう》は收支《しゆし》の命令《めいれい》を爲《な》すと同時《どうじ》に收入役《しうにふやく》か其《そ》の收支《しうし》の命令《めいれい》により收入支出《しうにふししゆつ》を爲《な》したるや否《いな》やを監督《かんとく》するの義務《ぎむ》あるものとす

(四)證書《しようしよ》には市町村《しちつうそん》の行政事務《ぎやうせいじむ》に關《くわん》し市町村《しちやうそん》の公法上《こうはうじやう》若《もし》くは私法上《しはふじやう》の權利義務《けんりぎむ》

の存否《そんぴ》を證明《しやうめい》するの用《よう》に供《きよう》する書類《しよるゐ》を謂《い》ひ公文書《こうぶんしよ》とは市町村《しちやうそん》の行政事務《ぎやうせいじむ》に關《くわん》する書類《しよるゐ》にして市町村自身《しちやうそんじしん》の行政事務《ぎやうせいじむ》に付《つき》自《みづか》ら作成《さくせい》せるものたると監督官廳《かんとくくわんちよう》其《そ》の他《た》の官廳《くわんちよう》より市町村《しちやうそん》に對《たい》し通達《つうたつ》せるものたるとを區別《くべつ》せさるなり而《しか》して之等《これら》の書類《しよるゐ》は市町村行政《しちやうそんぎやうせい》の處理《しより》に付《つき》必要《ひつえう》の證據《しようこ》たるか故《ゆゑ》に之《これ》か保管《ほくわん》の責任《せきにん》を負《お》はしめたるなり

（五）市町村《しちやうそん》は其《そ》の固有《こいう》の行政事務《ぎやうせいじむ》より生《しやう》する費用《ひよう》を負擔《ふたん》すへく又《また》法律命令《はふりつめいれい》により國《くに》又《また》は郡府縣《ぐんふけん》の行政《ぎやうせい》の一部《ぶ》の委任《ゐにん》ありたる場合《ばあひ》に之《これ》か費用《ひよう》を負擔《ふたん》すへきと前述《ぜんじゆつ》する所《ところ》の如《ごと》し而《しか》して之等《これら》の費用《ひよう》の財源《ざいげん》は即《すなはち》市町村《しちやうそん》住民《ぢうみん》の使用料《しようれう》、手數料《てすうれう》、加《か》入金《にふきん》市町村稅《しちようそんぜい》又《また》は夫役《ふやく》現品《げんぴん》を賦課徵收《ふくわちようしう》して之《こ》れに充《あ》てさるへからす之《これ》か賦課《ぶくわ》徵收《ちようしう》は市町村長《しちやうそんちやう》の權限《けんげん》に委《ゆだ》ねたり

（六）市町村長《しちやうそんちやう》は市町村固有《しちやうそんこいう》の行政事務《ぎやうせいじむ》を執行《しつかう》すると共《とも》に法令《はふれい》により市町村《しちやうそん》に特《とく》に委任《ゐにん》せられたる國《くに》又《また》は郡府縣《ぐんふけん》の行政事務《ぎやうせいじむ》を處理《しより》するの義務《ぎむ》あり此《こ》の事務《じむ》の執行《しつかう》より見《み》れは市町村長《しちやうそんちやう》は國《くに》又《また》は郡府縣《ぐんふけん》の行政執行員《ぎやうせいしつかうゐん》にして自治體《じちたい》の代表者《だいへうしや》にあらさるなり

〔市〕**第八十八條**　市長ハ議案ヲ市會ニ提出スル前之を市參事會ノ審査ニ付シ其ノ意見ヲ議案ニ添ヘ市會ニ提出スヘシ

市《し》の行政事務《ぎやうせいじむ》は町村《ちやうそん》に比《ひ》し頗《すこぶ》る煩雜《はんざつ》にして市長《しちやう》一人《にん》を以《もつ》てしては之《これ》か處理《しより》に不充分《ふじうぶん》の嫌《きらひ》あるか爲《た》め市參事會《しさんじくわい》なる諮問機關《しもんきくわん》を組織《そしき》し市長《しちよう》か市會《しくわい》に提出《ていしゆつ》する議案《ぎあん》の當否《たうひ》を審査《しんさ》せしむるものとし市參事會《しさんじくわい》亦《また》市長《しちやう》の提出《ていしゆつ》に係《か》かる議案《ぎあん》に付《つき》意見《いけん》を述《の》ぶるの義務《ぎむ》あるものとせり本制《ほんせい》に於《おい》て舊市制《きうしせい》と異《こと》なり斯《か》かる諮問機關《しもんきくわん》を設《まう》けたるは市行政《しぎやうせい》の執行上果《しつかうじやうはた》して有効《いうかう》なるものなるや疑《うたがひ》なき能《あた》はすと雖《いへど》も本制《ほんせい》の趣旨《しゆし》とする所《ところ》は畢竟《ひつきやう》市《し》長《ちやう》の獨斷《どくだん》によることを防《ふせ》ぎ多少《たせう》市公民《しこうみん》の參與《さんよ》權《けん》を認《みと》めたるや明《あきら》かなり其《そ》の諮問機關《しもんきくわん》か實際上施行《じつさいじやうしかう》に與《あづか》りて力《ちから》あるや否《いな》やは元《もと》より爲政者《ゐせいしや》の技量《ぎりやう》に由《よ》るの外《ほか》なきなり

〔市〕**第八十九條**　市長ハ市吏員ヲ指揮監督シ之ニ對シ懲戒ヲ行フコトヲ得其ノ懲戒處分ハ譴責及十圓以下ノ過怠金トス

〔町村〕**第七十三條**　町村長ハ町村吏員ヲ指揮監督シ之ニ對シ懲戒を行フコトヲ得其ノ懲戒處分ハ譴責及五圓以下ノ過怠金トス

市町村長《しちやうそんちやう》は他《た》の吏員《りゐん》を指揮《しき》監督《かんとく》するの權《けん》あるか故《ゆゑ》に其《そ》の吏員《りゐん》か職務《しよくむ》に怠慢《たいまん》なる場合《はあひ》に於《お》ては之《これ》か制裁《せいさい》として懲戒《ちようかい》を加《くは》ふることを得《う》而《しか》して市町村吏員《しちやうそんりゐん》に對《たい》する懲戒《ちようかい》の方法《はうはふ》としては本制《ほんせい》は三種《しゆ》を規定《きてい》す即《すなはち》一譴責《けんせき》二過怠金《くわたいきん》三解職《かいしよく》是《これ》なり茲《こゝ》に市町村長《しちやうそんちやう》か其《そ》の吏員《りゐん》に對《たい》し有《いう》する懲戒權《ちようかいけん》は初《はじめ》の二に限《かぎ》るものとし其《そ》の過《くわ》怠金《たいきん》は市《し》の吏員《りゐん》に對《たい》しては十圓以下《いか》町村吏員《ちようそんりゐん》に對《たい》しては五圓以下《いか》を科《くわ》するを得《う》るものとせり

〔市〕

第九十條　市會又ハ市參事會ノ議決又ハ選擧其ノ權限ヲ超エ又ハ法令若ハ會議規則ニ背クト認ムルトキハ市長ハ其ノ意見ニ依リ又ハ監督官廳ノ指揮ニ依リ理由ヲ示シテ之ヲ再議ニ付シ又ハ再選擧ヲ行ハシムヘシ其ノ執行ヲ要スルモノニアリテハ之ヲ停止スヘシ

前項ノ場合ニ於テ市會又ハ市參事會其ノ議決ヲ改メサルトキハ市長ハ府縣參事會ノ裁決ヲ請フヘシ但シ特別ノ事由アルトキハ再議ニ付セスシテ直ニ裁決ヲ請フコトヲ得

監督官廳ハ第一項ノ議決又ハ選擧ヲ取消スコトヲ得但シ裁決ノ申請アリタル

トキハ此ノ限ニ在ラス

第二項ノ裁決又ハ前項ノ處分ニ不服アル市長市會又ハ市參事會ハ行政裁判所ニ出訴スルコトヲ得

市會又ハ市參事會ノ議決公益ヲ害シ又ハ市ノ收支ニ關シ不適當ナリト認ムルトキハ市長ハ其ノ意見ニ依リ又ハ監督官廳ノ指揮ニ依リ理由ヲ示シテ之ヲ再議ニ付スヘシ其ノ執行ヲ要スルモノニ在リテハ之ヲ停止スヘシ

前項ノ場合ニ於テ市會又ハ市參事會其ノ議決ヲ改メサルトキハ市長ハ府縣參事會ノ裁決ヲ請フヘシ

前項ノ裁決ニ不服アル市長市會又ハ市參事會ハ内務大臣ニ訴願スルコトヲ得

第六項ノ裁決ニ付テハ府縣知事ヨリモ訴願ヲ提起スルコトヲ得

第二項ノ裁決ニ付テハ府縣知事ヨリモ訴訟ヲ提起スルコトヲ得

〔町村〕**第七十四條**　町村會ノ議決又ハ選擧其ノ權限ヲ越ヘ又ハ法令若ハ會議規則ニ背クト認ムルトキハ町村長ハ其ノ意見ニ依リ又ハ監督官廳ノ指揮ニ依リ理由ヲ示シテ之ヲ再議ニ付シ又ハ再選擧ヲ行ハシムヘシ其ノ執行ヲ要スルモノニ

在リテハ之ヲ停止スヘシ

前項ノ場合ニ於テ町村會其ノ議決ヲ改メサルトキハ町村長ハ府縣參事會ノ裁決ヲ請フヘシ但シ特別ノ事由アルトキハ再議ニ付セスシテ直ニ裁決ヲ請フコトヲ得

監督官廳ハ第一項ノ議決又ハ選擧ヲ取消スコトヲ得但シ裁決ノ申請アリタルトキハ此ノ限ニ在ラス

前項ノ規定ニ依ル郡長ノ處分ニ不服アル町村長又ハ町村會ハ府縣參事會ニ訴願スルコトヲ得其ノ裁決、第二項ノ裁決又ハ前項ノ規定ニ依ル府縣知事ノ處分ニ不服アル町村長又ハ町村會ハ行政裁判所ニ出訴スルコトヲ得

町村會ノ議決公益ヲ害シ又ハ町村ノ收支ニ關シ不適當ナリト認ムルトキハ町村長ハ其ノ意見ニ依リ又ハ監督官廳ノ指揮ニ依リ理由ヲ示シテ之ヲ再議ニ付スヘシ其ノ執行ヲ要スルモノニ在リテハ之ヲ停止スヘシ

前項ノ場合ニ於テ町村會其ノ議決ヲ改メサルトキハ町村長ハ郡長ノ處分ヲ請フヘシ

前項ノ處分ニ不服アル町村長又ハ町村會ハ府縣參事會ニ訴願シ其ノ裁決ニ不服アルトキハ内務大臣ニ訴願スルコトヲ得

前項府縣參事會ノ裁決ニ付テハ府縣知事ヨリモ訴願ヲ提起スルコトヲ得

第二項及第四項ノ裁決ニ付テハ府縣知事ヨリモ訴訟ヲ提起スルコトヲ得

市《し》町村長《ちやうそんちやう》は市町村會及市《しちやうそんくわいおよびし》參事會《さんじくわい》の決議《けつぎ》を執行《しつかう》するものなるか故《ゆゑ》に必《かなら》すや行政《ぎやうせい》の執行《しつかう》に付《つ》ては議決機關《ぎけつきくわん》たる市町村會及市《しちやうそんくわいおよびし》參事會《さんじくわい》の議決《ぎけつ》を待《ま》たさるへからす而《しか》らは市町村長《しちやうそんちやう》は市町村會及市《しちやうそんくわいおよびし》參事會《さんじくわい》の議決《ぎけつ》せる事項《じこう》は悉《ことく》く之《これ》を執行《しつかう》するを要《えう》するや否《いな》や市町村會及市《しちやうそんくわいおよびし》參事會《さんじくわい》の選擧《せんきよ》若《もし》くは議決《ぎけつ》か法令規則《はふれいきそく》に違反《いはん》せるか又《また》は權限《けんぐ》を超《こ》へたる場合《はあひ》に之《これ》か問題《もんだい》を生《しやう》するものとす蓋《けだし》法令規則《はふれいきそく》に違反《つはん》せる議決《ぎけつ》又《また》は權限《けんぐ》を超《こ》へて爲《な》されたる選擧《せんきよ》は其《そ》の効力《かうりよく》なきこと理論上《りろんじやう》疑《うたがひ》なき所《ところ》なりと雖《いへど》も市町村長《しちようそんちやう》をして常《つね》に之《これ》か執行《しつかう》の義務《ぎむ》あるものと爲《な》すときは却《かへつ》て市町村行政《しちやうそんぎやうせい》の紊亂《びんらん》を來《きた》すのみならす國《くに》の行政《ぎやうせい》の基礎《きそ》を破《やぶ》るものと謂《い》はさるへからす故《ゆゑ》に本制《ほんせい》に於《おい》ては市町村長《しちようそんちやう》は市町村行政《しちやうそんぎやうせい》の執行機關《しつかうきくわん》として單純《たんじゆん》に市町村會《しちやうそんくわい》及市《およびし》參事會《さんじくわい》の選擧《せんきよ》又《また》は議決《ぎけつ》を執行《しつかう》すへき義務《ぎむ》あるものとなさす進《すゝ》んて其《そ》の選《せん》

擧《きよ》又《また》は議《ぎ》決《けつ》か適《てき》法《はふ》なるや否《いな》やをも監《かん》視《し》すへき職《しよく》務《む》あるものとなしたり而《しか》らは選《せん》擧《きよ》又《また》は議《ぎ》決《けつ》か適《てき》法《はふ》なるや否《いな》やを決《けつ》定《てい》するは市《し》町《ちやう》村《そん》長《ちやう》の權《けん》限《ぐ》に屬《ぞく》せしむへきや將《に》た監督官廳《かんとくくわんちやう》の判《はん》定《てい》に委《ゆだ》ぬへきや市《し》町《ちやう》村《そん》長《ちやう》と市《し》町《ちやう》村《そん》會《くわい》及《および》市《し》參《さん》事《じ》會《くわい》とは全《まつた》く其《そ》の職《しよく》務《む》權《けん》限《ぐ》を異《と》にせる市《し》町《ちやう》村《そん》の行《ぎやう》政《せい》機《き》關《くわん》なるか故《ゆゑ》に其《そ》の性《せい》質《しつ》より謂《い》へは監《かん》督上《とくじやう》上下《〱げ》の區《く》別《べつ》なきものと謂《い》はさるへからす然《しか》れとも本《ほん》制《せい》は此《こ》の場《ば》合《あひ》に於《おい》て市《し》町《ちやう》村《そん》長《ちやう》か其《そ》の意《い》見《けん》によるか又《また》は其《そ》の意《い》見《けん》により斷《だん》言《てい》し難《がた》きときは監督官廳《かんとくくわんちやう》の指《し》揮《き》を得《え》て市《し》町《ちやう》村《そん》會《くわい》若《もしく》は市《し》參《さん》事《じ》會《くわい》をして再《さい》議《ぎ》又《また》は再《さい》選《せん》擧《きよ》を爲《な》さしむることを得《う》るものとせり其《そ》の再《さい》議《ぎ》若《もしく》は再《さい》選《せん》擧《きよ》を爲《な》すへき理《り》由《いう》を特《とく》に示《しめ》さしめたるは議《ぎ》決《けつ》又《また》は選《せん》擧《きよ》の欠《けつ》點《てん》を明《めい》示《し》するか爲《た》めなり其《そ》の議《ぎ》決《けつ》又《また》は選《せん》擧《きよ》の執行を停《てい》止《し》するの權《けん》限《ぐ》を與《あた》へたるは再《さい》議《ぎ》又《また》は再《さい》選《せん》擧《きよ》の結《けつ》果《くわ》を保《ほ》證《しよう》せんか爲《た》めなり

市《し》町《ちやう》村《そん》長《ちやう》か市《し》町《ちやう》村《そん》會《くわい》又《また》は市《し》參《さん》事《じ》會《くわい》の議《ぎ》決《けつ》若《もしく》は選《せん》擧《きよ》か法《はふ》令《れい》規《き》則《そく》に違《ゐ》反《はん》し又《また》は其《た》の權《けん》限《ぐ》を超《こ》へたるものとの理《り》由《いう》を示《しめ》して之《これ》か執《しつ》行《かう》を停《てい》止《し》するは其《そ》の目《もく》的《てき》とする所《ところ》市《し》町《ちやう》村《そん》會《くわい》又《また》は市《し》參《さん》事《じ》會《くわい》をして適《てき》法《はふ》なる再《さい》議《ぎ》若《もしく》は再《さい》選《せん》擧《きよ》を爲《た》さしむるにあり然《しか》れとも猶《なほ》再《さい》議《ぎ》により其《そ》の議《ぎ》決《けつ》を改《あらた》めさるか若《もしく》は再《さい》選《せん》擧《きよ》を爲《な》ささるときは

最《も》早《はや》市《し》町村長《ちやうそんちやう》の權限《けんげん》により如何《いかん》ともする能《あた》はす從《したが》つて市《し》町村長《ちやうそんちやう》は府《ふ》縣《けん》參事會《さんじくわい》の裁決《さいけつ》により其《そ》の可否《かひ》を決《けつ》せさるへからす若《も》し其《そ》の裁決《さいけつ》にして市《し》町村會《ちやうそんくわい》の議《ぎ》決若《けつもしく》は選擧《せんきよ》を失當《しつたう》なりとなしたるときは市《し》町村長《ちやうそんちやう》は其《そ》の裁決《さいけつ》に從《したが》つて之《これ》か執《しつ》行《かう》を爲《な》すへく反之《これにはん》議《ぎ》決若《けつもしく》は選擧《せんきよ》を正當《せいたう》なりと裁決《さいけつ》したるときは市《し》町村長《ちやうそんちやう》は自《じ》己《こ》の意思《いし》に反《はん》するに拘《かゝは》らす之《これ》を執行《しつかう》せさるへからす

市《し》町村長《ちやうそんちやう》は市《し》町村會《ちやうそんくわい》又《また》は市《し》參事會《さんじくわい》の議《ぎ》決若《けつもしく》は選擧《せんきよ》か不當《ふたう》なりと思意《しい》する場合《はあひ》には之《これ》を再議《さいぎ》せしめ若《もしく》は再選擧《さいせんきよ》を爲《な》さしむることを得《う》ること前述《ぜんじゆつ》する所《ところ》の如《ごと》し然《しか》れとも市町村《しちやうそん》の行政《ぎやうせい》に關《くわん》し市《し》町村長《ちやうそんちやう》と市《し》町村會若《ちやうそんくわいもしく》は市《し》參事會《さんじくわい》との意見《いけん》相《あひ》衝突《しようとつ》し互《たがひ》に相反目《あひはんもく》せる場合《はあひ》の如《ごと》きは市《し》町村長《ちやうそんちやう》か其《そ》の權限《けんげん》に基《もとづ》き之《これ》か再議《さいぎ》若《もしく》は再選擧《さいせんきよ》を行《おこな》はしむるも其《そ》の効果《かうくわ》を得《え》られさること明白《めいはく》なることあり斯《か》かる場《は》合《あひ》には再議《さいぎ》に付《ふ》するを要《えう》せす直《たゞ》ちに府縣《ふけん》參事會《さんじくわい》の裁決《さいけつ》を請《こ》ふことを得《え》せしめたり

監督官廳《かんとくくわんちやう》は常《つね》に市《し》町村行政《ちやうそんぎやうせい》に付《つき》監督《かんとく》の任《にん》あるか故《ゆゑ》に市《し》町村會《ちやうそんくわい》又《また》は市《し》參事會《さんじくわい》の議《ぎ》決若《けつもしく》は選擧《せんきよ》か不當《ふたう》なりと考《かんが》ふるときは之《これ》か議《ぎ》決若《けつもしく》は選擧《せんきよ》を取消《とりけ》すことを得《う》

るや明《あきら》かなり蓋下《けだしか》級《きふ》の行政機關《ぎやうせいきくわん》に對《たい》する上級官廳《じやうきふくわんちやう》の監督權《かんとくけん》の行使《かうし》には其議決《そのぎけつ》若《もしく》は選舉《せんきよ》の取消權《とりけしけん》を包含《はうがん》するものなるか故《ゆゑ》なり然《しか》れとも既《すで》に其《そ》の議決若《ぎけつもしく》は選舉《せんきよ》に關《くわん》し市町村長《しちやうそんちやう》より府縣參事會《ふけんさんじくわい》に之《これ》か當否《たうひ》の裁決《さいけつ》の申請《しんせい》ありたるときは更《さら》に監督官廳《かんとくくわんちやう》の取消權《とりけしけん》を行使《かうし》するの必要《ひつえう》なきものとす

郡長《ぐんちやう》の處分《ぶん》府縣參事會《ふけんさんじくわい》の裁決《さいけつ》に對《たい》し市町村長又《しちやうそんちやうまた》は市町村會及市《しちやうそんくわいおよびし》參事會《さんじくわい》をして行政訴訟《ぎやうせいそしよう》を提起《ていき》することを許《ゆる》したるは畢竟市町村會市《ひつきやうしちやうそんくわいし》參事會《さんじくわい》の議決若《ぎけつもしく》は選舉《せんきよ》は市町村自治體《しちやうそんじちたい》の權利若《けんりもしく》は個人《こじん》の權利《けんり》に關《くわん》するものなるか故《ゆゑ》なり

市町村會又《しちやうそんくわいまた》は市參事會《しさんじくわい》の議決《ぎけつ》か公益《こうえき》を害《がい》するか又《また》は市町村《しちやうそん》の收支《しうし》に關《くわん》し不適當《ふてきたう》なりと認《みと》むる場合《ばあひ》も右《みぎ》に述《の》へたると同《おな》しく市町村長《しちやうそんちやう》に市町村會又《しちやうそんくわいまた》は市參事會《しさんじくわい》をして再議《さいぎ》せしむるの權《けん》を與《あた》へ市町村會又《しちやうそんくわいまた》は市參事會《しさんじくわい》か其《そ》の再議《さいぎ》を改《あらた》めさる場合《ばあひ》には府縣參事會《ふけんさんじくわい》の裁決《さいけつ》を乞《こ》ふことを得《え》せしめたり此《こ》の裁決《さいけつ》に不服《ふふく》ある場合《ばあひ》に內務大臣《ないむだいじん》へ訴願《そがん》を爲《な》すことを認《みと》め行政訴訟《ぎやうせいそしよう》を許《ゆる》ささるは畢竟公益《ひつきやうこうえき》を害《がい》する議決若《ぎけつもしく》は收支《しうし》に不適當《ふてきたう》なる議決《ぎけつ》は單《たん》に市町村《しちやうそん》の行政《ぎやうせい》の取締若《とりしまりもしく》は財政《ざいせい》の整理《せいり》に關《くわん》する事件《じけん》にして市町村自治體若《しちやうそんじちたいもしく》は個人《こじん》の權利《けんり》に關係《くわんけい》する事件《じけん》にあらさ

るに因《よ》るなり

府《ふ》縣《けん》知《ち》事《じ》にも訴《そ》願《がん》若《もしく》は訴《そ》訟《しよう》の權《けん》を與《あた》へたるは監《かん》督《とく》の責《せき》任《にん》あるか爲《た》めなり

〔市〕

第九十一條　市會成立セサルトキ、第五十二條但書ノ場合ニ於テ仍會議ヲ開クコト能ハサルトキ又ハ市長ニ於テ市會ヲ招集スルノ暇ナシト認ムルトキハ市長ハ市會ノ權限ニ屬スル事件ヲ市參事會ノ議決ニ付スルコトヲ得

前項ノ規定ニ依リ市參事會ニ於テ議決ヲ爲ストキハ市長市參與及助役ハ其ノ議決ニ加ハルコトヲ得ス

市參事會成立セサルトキ又ハ第七十條第一項但書ノ場合ニ於テ仍會議ヲ開クコト能ハサルトキハ市長ハ其ノ議決スヘキ事件ニ付府縣參事會ノ議決ヲ請フコトヲ得

市會又ハ市參事會ニ於テ其ノ議決スヘキ事件ヲ議決セサルトキハ前項ノ例ニ依ル

市會又ハ市參事會ノ決定スヘキ事件ニ關シテハ前四項ノ例ニ依ル此ノ場合ニ於ケル市參事會又ハ府縣參事會ノ決定ニ關シテハ各本條ノ規定ニ準シ訴願又

ハ訴訟ヲ提起スルコトヲ得

第一項及前三項ノ規定ニ依ル處置ニ付テハ次回ノ會議ニ於テ之ヲ市會又ハ市參事會ニ報告スヘシ

〔町村〕**第七十五條**　町村會成立セサルトキ又ハ第四十八條但書ノ場合ニ於テ仍會議ヲ開クコト能ハサルトキハ町村長ハ郡長ニ具狀シテ指揮ヲ請ヒ町村會ノ議決スヘキ事件ヲ處置スルコトヲ得

町村會ニ於テ其ノ議決スヘキ事件ヲ議決セサルトキハ前項ノ例ニ依ル

町村會ノ決定スヘキ事件ニ關シテハ前二項ノ例ニ依ル此ノ場合ニ於ケル町村長ノ處置ニ關シテハ各本條ノ規定ニ準シ訴願又ハ訴訟ヲ提起スルコトヲ得

前三項ノ規定ニ依ル處置ニ付テハ次回ノ會議ニ於テ之ヲ町村會ニ報告スヘシ

市町村會《しちやうそんくわい》の成立《せいりつ》せさる場合《はあひ》例《たと》へは出席議員《しゆつせきぎゐん》か其《そ》の定數《ていすう》の過半數《くわはんすう》に達《たつ》せさる如《ごと》き或《あるひ》は市制《しせい》第五十二條但書町村制《たゞしがきちやうそんせい》第四十八條但書《たゞがき》によるも仍會議《なほくわいぎ》を開《ひら》くを得《え》さる場合《はあひ》例《たと》へは出席議員《しゆつせきぎゐん》一人《にん》もなきか如《ごと》き場合《はあひ》には本制《ほんせい》は市《し》にありては市《し》參《さん》事會《じくわい》をして代《かは》つて市會《しくわい》の權限《けんぐ》を行使《かうし》せしめ町村《ちやうそん》にありては町村長《ちやうそんちやう》か郡長《ぐんちやう》の指《し》

揮《き》を待ちて自《みづか》ら處分《しよぶん》することを得《え》せしめたり蓋《けだし》此《かく》の如《ごと》き場合《あひ》に於《おい》て市《し》町村長《ちやうそんちやう》は到底《たつてい》其《その》事項《じこう》を執行《しつかう》するを得《え》さるか故《ゆゑ》に特《とく》に斯《か》かる變例《へんれい》を認《みと》めたるなり市《し》長《ちやう》、市《し》參與《さんよ》及《および》助役《じよやく》か此《こ》の場合《はあひ》に市參事會《しさんじくわい》の議決《ぎけつ》に加《くは》はることを得《え》さらしめたるは一は市參事會《しさんじくわい》が市會《しくわい》と同一《どう》に看做《みな》され從《したが》つて市長《しちやう》市參與《しさんよ》及《および》助役《じよやく》の如《ごと》き有給《いうきふ》吏員《りゐん》は市會議員《しくわいぎゐん》の職權《しよくけん》を行使《かうし》するを得《え》さるにあると一は斯《か》かる場合《はあひ》に市參事《しさんじ》會《くわい》をして市會《しくわい》に代《かは》つて市會《しくわい》の權限《けんげん》を行使《かうし》せしむるは市長《しちやう》の權限《けんげん》に基《もとづ》くか故《ゆゑ》に市長《しちやう》の權限《けんげん》と其《その》議決權《ぎけつけん》と相兩立《あひりやうりつ》するを得《え》さるとにあり

市參事會《しさんじくわい》も亦《また》市會《しくわい》の如《ごと》く會議《くわいぎ》を開《ひら》くこと能《あた》はさるときは市長《しちやう》は府縣參事會《ふけんさんじくわい》の裁決《さいけつ》を請《こ》ふへきものとせり

市町村會《しちやうそんくわい》又《また》は市參事會《しさんじくわい》か會議《くわいぎ》を開《ひら》きたるに拘《かゝは》らす事件《じけん》を議決《ぎけつ》せさる場合《はあひ》亦《また》前《まへ》に述《の》へたると同《どう》一の結果《けつくわ》を生《しやう》するものとす

市會《しくわい》若《もしく》は市參事會《しさんじくわい》は本制《ほんせい》に定《さだ》めたる事項《じこう》に付《つき》決定《けつてい》を與《あた》ふへき職權《しよくけん》を有《いう》す而《しか》して其《そ》の事項《じこう》に關《くわん》し決定《けつてい》を爲《な》さゝるときは之《これ》か利害關係者《りがいくわんけいしや》は其《そ》の權利《けんり》若《もしく》は利益《りえき》を保護《ほご》することを得《え》す故《ゆゑ》に斯《か》かる場合《はあひ》には市參事會《しさんじくわい》若《もしく》は府縣參事會《ふけんさんじくわい》をして決《けつ》

定《てい》せしむるものとなしたり從《したが》つて其《そ》の決定《けつてい》に對《たい》しては本制《ほんせい》の規定《きてい》する處《ところ》に依《よ》り訴願《そがん》若《もし》くは訴訟《そしよう》を提起《ていき》することを得《え》せしめたり例《たと》へは市參事會《しさんじくわい》か市會《しくわい》に代《かは》りて決定《けつてい》を爲《な》したるにこれに對《たい》し不服《ふふく》ある場合《はあひ》には府縣參事會《ふけんさんじくわい》に訴願《そがん》を爲《な》すを得《う》へく府縣參事會《ふけんさんじくわい》か市參事會《しさんじくわい》に代《かは》つて決定《けつてい》したるに之《こ》れに不服《ふふく》の場合《はあひ》には行政《ぎやうせい》訴訟《そしよう》を提起《ていき》するを得《う》るか如《ごと》き即之《すなはちこれ》なり

町村會《ちやうそんくわい》に於《おい》て決定《けつてい》すへき事件《じけん》を決定《けつてい》せさる場合《はあひ》には町村長《ちやうそんちやう》か代《かは》つて之《これ》を決定《けつてい》するものなるか故《ゆゑ》に之《これ》に對《たい》し不服《ふふく》あるものは本制《ほんせい》の各條《かくじよう》に從《したが》ひ訴願《そがん》又《また》は訴訟《そしよう》を提起《ていき》することを得《う》へし

市町村會若《しちやうそんくわいもし》くは市參事會《しさんじくわい》か會議《くわいぎ》を開《ひら》かさるか議決《ぎけつ》を爲《な》ささる場合《はあひ》に關《くわん》し市參事會《しさんじくわい》又《また》は市町村長《しちやうそんちやう》の處置《しよち》を次回《じくわい》の市町村會若《しちやうそんくわいもしく》は市參事會《しさんじくわい》に報告《はうこく》せしめたるは單《たん》に處置《しよち》の結果《けつくわ》を知《し》らしむるに止《とゞ》まり之《これ》を議會《ぎくわい》の討議《たうぎ》に付《ふ》するにあらす右《みぎ》の場合《はあひ》に於《お》ける市參事會《しさんじくわい》又《また》は市町村長《しちやうそんちやう》の處置《しよち》は本制《ほんせい》の規定《きてい》せる權限《けんげん》に基《もと》つきたるものにして市會《しくわい》又《また》は市參事會《しさんじくわい》自《みづか》らか議決《ぎけつ》したると効力《かうりよく》に於《おい》て異《こと》なる所《ところ》なきなり

〔市〕 **第九十二條**　市參事會ニ於テ議決又ハ決定スヘキ事件ニ關シ臨時急施ヲ要スル場合ニ於テ市參事會成立セサルトキ又ハ市長ニ於テ之ヲ招集スルノ暇ナシト認ムルトキハ市長ハ之ヲ專決シ次回ノ會議ニ於テ之ヲ市參事會ニ報告スヘシ

前項ノ規定ニ依リ爲シタル處分ニ關シテハ各本條ノ規定ニ準シ訴願又ハ訴訟ヲ提起スルコトヲ得

〔町村〕 **第七十六條**　町村會ニ於テ議決又ハ決定スヘキ事件ニ關シ臨時急施ヲ要スル場合ニ於テ町村會成立セサルトキ又ハ町村長ニ於テ之ヲ招集スルノ暇ナシト認ムルトキハ町村長ハ之ヲ專決シ次回ノ會議ニ於テ之ヲ町村會ニ報告スヘシ

前項ノ規定ニ依リ町村長ノ爲シタル處分ニ關シテハ各本條ノ規定ニ準シ訴願又ハ訴訟ヲ提起スルコトヲ得

本條《ほんぢよう》に於《おい》ては市參事會《しさんじくわい》若《もしく》は町村會《ちやうそんくわい》の議《ぎ》決《けつ》又《また》は決定《けつてい》すへき事件《じけん》にして臨時《りんじ》急速《きふそく》を要《えう》する場合《ばあひ》に會議《くわいぎ》の成立《せいりつ》せさる場合《ばあひ》若《もしく》は市町村長《しちやうそんちやう》の意見《いけん》に依《よ》り到底《たうてい》之《これ》か開《かい》會《くわい》を待《ま》つの餘猶《よいう》なき場合《ばあひ》に市町村長《しちやうそんちやう》の專斷《せんだん》を以《もつ》て之《これ》か處置《しよち》を爲《な》すことを認《みと》め

たり蓋前條《けだしぜんじよう》と異《こと》なる所《ところ》は前條《ぜんじよう》に於《おい》ては期間《きかん》の如何《いかん》に拘《かゝは》らす議會《ぎくわい》の議決《ぎけつ》若《もしく》は決《りつ》定《てい》を得《え》られさるにあり反之本條《これにはんしほんじよう》は期日《きじつ》を經《ふ》れは議會《ぎくわい》の成立《せいりつ》するに拘《かゝは》らす事件《じけん》の進行《しんかう》に故障《こしやう》を生《しやう》するにあり實際《じつさい》の例《れい》より之《これ》を謂《い》へは前條《ぜんじよう》の場合《ばあひ》は市町村長《しちやうそんちやう》と市町村會若《しちやうそんくわいもし》くは市參事會《しさんじくわい》か政治上反抗《せいぢじやうはんかう》せる場合《ばあひ》に生《しやう》し本條《ほんじよう》は市町村長《しちやうそんちやう》の緊《きん》急處分《きふしよぶん》を規定《きてい》したるにあり

市町村長《しちやうそんちやう》か緊急《きんきふ》の處分《しよぶん》に付次回《つきじくわい》の市參事會若《しさんじくわいもしく》は町村會《ちやうそんくわい》に報告《はうこく》するは前條《ぜんでう》に述《の》へたる所《ところ》に同《おな》し

市町村長《しちやうそんちやう》の緊急處分《きんきふしよぶん》に對《たい》し訴願《そぐわん》又《また》は訴訟《そしよう》を許《ゆる》したるは前條《ぜんでう》述《の》へたる所《ところ》と同《おな》し

〔市〕**第九十三條**　市長其ノ他市吏員ハ法令ノ定ムル所ニ依リ國府縣其ノ他公共團體ノ事務ヲ掌ル

前項ノ事務ヲ執行スル爲要スル費用ハ市ノ負擔トス但シ法令中別段ノ規定アルモノハ此ノ限ニ在ラス

〔町村〕**第七十七條**　町村長其ノ他町村吏員ハ法令ノ定ムル所ニ依リ國府縣其ノ他公共團體ノ事務ヲ掌ル

前項ノ事務ヲ執行スル爲要スル費用ハ町村ノ負擔トス但シ法令中別段ノ規定アルモノハ此ノ限ニ在ラス

市町村《しちやうそん》の行政事務《ぎやうせいじむ》は固有事務《こいうじむ》と委任事務《ゐにんじむ》とに分《わか》つことを得《う》ること前述《ぜんじゆつ》する所《ところ》の如《ごと》し而《しか》して市町村長《しちやうそんちやう》は一方《はう》にありては市町村自治體《しちやうそんじちたい》の執行機關《しつかうきくわん》として其《そ》の固有事務《こいうじむ》を處理《しより》し一方《はう》にありては國府縣《くにふけん》の行政機關《ぎやうせいきくわん》として法律命令《はふりつめいれい》により其《そ》の委任事務《ゐにんじむ》を掌《つかさど》るものとす蓋《けだし》市町村《しちやうそん》の固有事務《こいうじむ》を主《しゆ》として市町村住民《しちやうそんぢうみん》の精神《せいしん》上身體上竝財產上《じやうしんたいじやうならびにざいさんじやう》の利益《りえき》に直接關係《ちよくせつくわんけい》するものなるを以《もつ》て市町村《しちやうそん》の議決機關及《ぎけつきくわんおよび》執行機關《しつかうきくわん》に一任《にん》したれとも委任事務《ゐにんじむ》は直接《ちよくせつ》其《そ》の住民《ぢうみん》の權利義務《けんりぎむ》に關係《くわんけい》するものにあらさるを以《もつ》て特《とく》に市町村長及其《しちやうそんちやうおよびそ》の吏員《りゐん》を指定《してい》して之《これ》を委任《ゐにん》したるなり市町村以外《じちやうそんいぐわい》の公共團體《こうきようだんたい》の事務《じむ》は固有《こいう》の事務《じむ》にあらされとも法令《はふれい》により其《そ》の事《じ》務《む》の執行《しつかう》を特《とく》に市町村町《しちやうそんちやう》に委任《ゐにん》することあり例《たと》へは水利組合《すゐりくみあひ》の事務《じむ》の如《ごと》き即《すなはち》之《これ》なり

舊市制町村制《きうしせいちようそんせい》に於《おい》ては市町村《しちやうそん》の委任事務《ゐにんじむ》に列擧《れつきよ》し一、司法警察補助官《しはふけいさつほじよくわん》たるの職《しよく》務《む》二、浦役場《うらやくば》の事務《じむ》三、國《くに》の行政幷府縣《ぎやうせいならびにふけん》の行政《ぎやうせい》にして市町村《しちやうそん》に屬《ぞく》する事務《じむ》の三つ

となしたれとも本制《ほんせい》に於《おい》ては之《これ》か列擧《れつきよ》を爲《な》さす一《いつ》に法令《はふれい》の規定《きてい》によりて其《そ》の事務《じむ》を定《さだ》むへきものとなしたり

市町村長《しちやうそんちやう》は法令《はふれい》の委任《ゐにん》により國府縣《くにふけん》の行政事務《ぎやうせいじむ》を處理《しより》するものなること前述《ぜんじゆつ》する所《ところ》の如《ごと》し而《しか》らは之《これ》に要《えう》する費用《ひよう》は如何《いか》なる方法《はうはふ》により支拂《しはつ》ふへきや蓋《けだし》市町村《ちやうそん》の固有事務《こいうじむ》は主《しゆ》として市町村住民《しちやうそんぢうみん》の權利義務《けんりぎむ》に直接關係《ちよくせつくわんけい》を有《いう》するを以《もつ》て市町村《しちやうそん》か之《これ》か費用《ひよう》を負擔《ふたん》すへきものたるを疑《うたが》はす本制《ほんせい》に於《おい》ては委任事務《ゐにんじむ》を處理《しより》するの費用《ひよう》も亦《また》市町村《しちやうそん》の負擔《ふたん》たるへきことを規定《きてい》せり但《たゞ》し委任事務《ゐにんじむ》の費用《ひよう》の負擔《ふたん》に關《くわん》しては一々之《これ》か規定《きてい》を設《まう》くることあり此《こ》の場合《はあひ》に於《おい》ては其《そ》の規定《きてい》により之《これ》か負擔者《ふたんしや》を定《さだ》むへきや明《あきら》かなり

〔市〕

第九十四條　市長ハ府縣知事ノ許可ヲ得テ其ノ事務ノ一部ヲ助役ニ分掌セシムルコトヲ得但シ市ノ事務ニ付テハ豫メ市會ノ同意ヲ得ルコトヲ要ス

第六條ノ市ノ市長ハ前項ノ例ニ依リ其ノ事務ノ一部ヲ區長ニ分掌セシムルコトヲ得

市長ハ市吏員ヲシテ其ノ事務ノ一部ヲ臨時代理セシムルコトヲ得

〔町村〕 第七十八條 町村長ハ郡長ノ許可ヲ得テ其ノ事務ノ一部ヲ助役又ハ區長ニ分掌セシムルコトヲ得但シ町村ノ事務ニ付テハ豫メ町村會ノ同意ヲ得ルコトヲ要ス

町村長ハ町村吏員ヲシテ其ノ事務ノ一部ヲ臨時代理セシムルコトヲ得

市町村長《しちやうそんちやう》は市町村行政《しちやうそんぎやうせい》の執行機關《しつかうきくわん》として其《そ》の固有事務《こいうじむ》及委任事務《およびゐにんじむ》を處理《しより》するものなること前述《ぜんじゆつ》する所《ところ》の如《ごと》し而《しか》して市町村長《しちやうそんちやう》か一人《にん》にして之《これ》を處理《しより》すること能《あた》はさる場合《ばあひ》あり斯《か》かる場合《ばあひ》には其《そ》の監督官廳《かんとくくわんちやう》の許可《きよか》を得《え》て助役《じよやく》又《また》は區長《くちやう》をして之《これ》を分掌《ぶんしやう》せしむることを得《う》るものとせり市町村固有《しちやうそんこいう》の事務《じむ》を分掌《ぶんしやう》せしむる場合《ばあひ》に市町村會《しちやうそんくわい》の同意《どうい》を必要《ひつえう》となしたるは固有事務《こいうじむ》は市町村會《しちやうそんくわい》の議決權《ぎけつけん》限に屬《ぞく》するものにして直接《ちよくせつ》市町村及《しちやうそんおよ》ひ其《そ》の住民《ぢうみん》に關係《くわんけい》する所《ところ》あるによるなり

市町村長《しちやうそんちやう》か病氣《びやうき》其《そ》の他《た》不在《ふざい》の爲《た》め執務《しつむ》に故障《こしやう》を生《しやう》したる場合《ばあひ》には臨時《りんじ》に助役《じよやく》其《ぞ》の他《た》の吏員《りゐん》をして代理《だいり》せしむることを得《え》せしめたり畢竟斯《ひつきやうか》かる場合《ばあひ》は一時《じ》的《てき》の故障《こしやう》なるか故《ゆゑ》に其《そ》の故障《こしやう》の除去《じよきよ》せらるる期間代理《きかんだいり》せらるるに過《す》きす故《ゆゑ》に監督官廳《かんとくくわんちやう》の許可若《きよかもしく》は市町村會《しちやうそんくわい》の同意《ようい》を必要《ひつえう》とせさるなり

〔市〕 **第九十五條**　市參與ハ市長ノ指揮監督ヲ承ケ市ノ經營ニ屬スル特別ノ事業ヲ擔任ス

市《し》參與《さんよ》は市《し》長《ちやう》と相待《あひま》つて市《し》の行政《ぎやうせい》の執行《しつかう》機關《きくわん》を組織《そしき》するものなること前述《ぜんじゆつ》する所《ところ》の如《ごと》し而《しか》して其《そ》の擔任《たんにん》する事務《じむ》は特種《とくしゆ》の事業《じげふ》にして此《こ》の事業《じげふ》の處理《しより》に關《くわん》しては市長《しちやう》の指揮《しき》監督《かんとく》を受《う》くると雖《いへど》も外部《ぐわいぶ》に對《たい》しては獨立《どくりつ》の權限《けんげん》を有《いう》し自己《じこ》の名《な》を以《もつ》て之《これ》を執行《しつかう》するを得《う》へし

〔市〕 **第九十六條**　助役ハ市長ノ事務ヲ補助ス

助役ハ市長故障アルトキ之ヲ代理ス助役數人アルトキハ豫メ市長ノ定メタル順序ニ依リ之ヲ代理ス

〔町村〕 **第七十九條**　助役ハ町村長ノ事務ヲ補助ス

助役ハ町村長故障アルトキ之ヲ代理ス助役數人アルトキハ豫メ町村長ノ定メタル順序ニ依リ之ヲ代理ス

助役《じよやく》は內部《ないぶ》にありて市町村長《しちやうそんちやう》の事務《じむ》を補助《ほじよ》するものなれとも市町村長《しちやうそんちやう》か病氣《びやうき》其《そ》の他《た》事務《じむ》を執《と》ることを得《え》さる故障《こしやう》生《しやう》したるときは當然《たうぜん》市町村長《しちやうそんちやう》の代理《だいり》とな

るものとす而《しか》して助役《じよやく》か市町村長《しちやうそんちやう》の代理《だいり》として爲したる行爲《かうゐ》に付《つき》ては自《みづか》ら之《これ》か責任《せきにん》を負《お》はさるへからす
市町村條例《しちやうそんでうれい》に於《おい》て數人《すうにん》の助役《じよやく》を置《お》きたる場合《はあひ》には代理《だいり》の順序《じゆんじよ》は市町村長《しちやうそんちやう》の定《さだ》むる所《ところ》によるものとせり舊市制町村制《きうしせいちやうそんせい》に於《おい》ては上席者《じやうせきしや》之《これ》を代理《だいり》するものとせしも本制《ほんせい》は之《これ》を改《あらた》めたり

〔市〕

第九十七條　收入役ハ市ノ出納其ノ他ノ會計事務及第九十三條ノ事務ニ關スル國府縣其ノ他公共團體ノ出納其ノ他ノ會計事務ヲ掌ル但シ法令中別段ノ規定アルモノハ此ノ限ニ在ラス
副收入役ハ收入役ノ事務ヲ補助シ收入役故障アルトキ之ヲ代理ス副收入役數人アルトキハ豫メ市長ノ定メタル順序ニ依リ之ヲ代理ス
市長ハ府縣知事ノ許可ヲ得テ收入役ノ事務ノ一部ヲ副收入役ニ分掌セシムルコトヲ得但シ市ノ出納其ノ他ノ會計事務ニ付テハ豫メ市會ノ同意ヲ得ルコトヲ要ス
第六條ノ市ノ市長ハ前項ノ例ニ依リ收入役ノ事務ノ一部ヲ區收入役ニ分掌セ

シムルコトヲ得

副收入役ヲ置カサル場合ニ於テハ市ハ收入役故障アルトキハ之ヲ代理スヘキ吏員ヲ定メ府縣知事ノ認可ヲ得クヘシ

〔町村〕第八十條　收入役ハ町村ノ出納其ノ他ノ會計事務及第七十七條ノ事務ニ關スル國府縣其ノ他公共團體ノ出納其ノ他ノ會計事務ヲ掌ル但シ法令中別段ノ規定アルモノハ此ノ限ニ在ラス

町村ハ收入役故障アルトキハ之ヲ代理スヘキ吏員ヲ定メ郡長ノ認可ヲ受クヘシ但シ副收入役ヲ置キタル町村ハ此ノ限ニ在ラス

副收入役ハ收入役ノ事務ヲ補助シ收入役故障アルトキハ之ヲ代理ス

町村長ハ郡長ノ許可ヲ得テ收入役ノ事務ノ一部ヲ副收入役ニ分掌セシムルコトヲ得但シ町村ノ出納其ノ他ノ會計事務ニ付テハ豫メ町村會ノ同意ヲ得ルコトヲ要ス

市町村《しちやうそん》の收入役《しうにふやく》は其《そ》の收支《しうし》命令者《めいれいしや》たる市町村長《しちやうそんちやう》の命《めい》により市町村《しちやうそん》の金錢出納《きんせんすゐとう》竝《ならび》に物品會計《ぶつぴんくわいけい》と國府縣及其《くにふけんおよびそ》の他《た》の公共團體《こうきようだんたい》の金錢出納竝物品會計《きんせんすゐとうならびにぶつぴんくわいけい》の事務《じむ》を掌《つかさ》

るものとす國府縣《くにふけん》の行政事務《ぎやうせいじむ》を市町村長《しちやうそんちやう》に於《おい》て處理《しより》し且《かつ》之《これ》か費用《ひよう》を市町村《しちやうそん》に於《おい》て負擔《ふたん》する場合《はあひ》には之《これ》か費用《ひよう》の支出《ししゆつ》の如《ごと》き亦《また》市町村收入役《しちやうそんしうにふやく》に於《おい》て爲《な》さささるへからす然《しか》れとも特《とく》に法律命令《はふりつめいれい》に於《おい》て之《これ》か費用《ひよう》の出納者《すゐとうしや》を定《さだ》めたる場合《はあひ》にありては收入役《しうにふやく》は之《これ》を掌《つかさ》とるの必要《ひつえう》なきなり

市町村《しちやうそん》に於《たい》て副收入役《ふくしうにふやく》を置《お》きたる場合《はあひ》には副收入役《ふくしうにふやく》は内部《ないぶ》にありて收入役《しうにふやく》を補助《ほじよ》するものなること市町村長《しちやうそんちやう》に對《たい》する助役《じよやく》の如《ごと》し從《したが》つて收入役《しうにふやく》か故障《こしやう》ありて其《そ》の事務《じむ》を取《と》ること能《あた》はさるときは副收入役《ふくしうにふやく》か當然《たうぜん》之《これ》を代理《だいり》するものとす

收入役《しうにふやく》は金錢出納及物品會計《きんせんすゐとうおよびぶつぴんくわいけい》の事務《じむ》を掌《つかさ》とるものなれとも收入役《しうにふやく》一人《にん》にては之《これ》か事務《じむ》を處理《しより》するに不充分《ふじつぶん》なることあり此《かく》の如《ごと》き場合《はあひ》には市町村長《しちやうそんちやう》は監督《かんとく》官廳《くわんちやう》の許可《きよか》を得《え》て副收入役《ふくしうにふやく》をして收入役《しうにふやく》の事務《じむ》の一部《ぶ》を掌《つかさ》とらしむることを得《う》るものとせり此《こ》の場合《はあひ》に於《たい》て市町村《しちやうそん》の金錢出納及物品會計《きんせんすゐとうおよびぶつぴんくわいけい》の事務《じむ》に付豫《つきあらかじ》め市町村會《しちやうそんくわい》に於《おい》て副收入役《ふくしうにふやく》に分掌《ぶんしやう》せしむることの同意《どうい》を必要《ひつえう》と爲《な》したるは畢竟《ひつきやう》市町村會《しちやうそんくわい》は市町村《しちやうそん》に屬《ぞく》する出納事務《すゐとうじむ》を司《つかさ》とる吏員《りゐん》の選任《せんにん》に付《つ》き權限《けんげん》を有《いう》するによるなり

勅令《ちよくれい》により指定《してい》せられたる市《し》にありては區《く》に收入役《しつにふやく》を置《お》くこと前述《ぜんじゆつ》する所《ところ》の如《ごと》し而《しか》して區《く》の收入役《しうにふやく》をして市《し》收入役《しうにふやく》の事務《じむ》の一部《ぶ》を分掌《ぶんしやう》せしむることを許《ゆる》し特《とく》に此《こ》の場合《ばあひ》には府縣知事《ふけんちじ》の許可《きよか》を要件《えうけん》とせるは區《く》の收入役《しうにふやく》は主《しゆ》として區《く》の出納《すつとう》を掌《つかさ》とるものなるか故《ゆゑ》に其《そ》の權限《けんげん》を擴《ひろ》けて市《し》の出納《すゐとう》をも司《つかさ》とらしむるか爲《ため》なり

市町村《しちやうそん》には副收入役《ふくしうにふやく》を置《お》かさる所《ところ》ありかかる市町村《しちやうそん》に於《おい》ては收入役《しつにふやく》か故障《こしやう》を生《しやう》したる場合《ばあひ》に之《これ》か事務《じむ》を代理《だいり》すへきものを定《さだ》め置《お》く必要《ひつえう》あり之《これ》を定《さだ》むるに付監督官廳《つきかんとくくわんちやう》の許可《きよか》を必要《ひつえう》となしたるは收入役《しうにふやく》を選任《せんにん》すると同《どう》一の結果《けつくわ》を生《しやう》するか爲《た》めなり

〔註〕

第九十八條　第六條ノ市ノ區長ハ市長ノ命ヲ承ケ又ハ法令ノ定ムル所ニ依リ區内ニ關スル市ノ事務及區ノ事務ヲ掌トル

區長其ノ他區所屬ノ吏員ハ市長ノ命ヲ受ケ又ハ法令ノ定ムル所ニ依リ國府縣其ノ他公共團體ノ事務ヲ掌ル

區長故障アルトキハ區收入役及區副收入役ニ非サル區所屬ノ吏員中上席者ヨ

リ順次之ヲ代理ス

第一項及第二項ノ事務ヲ執行スル爲メ要スル費用ハ市ノ負擔トス但シ法令中別段ノ規定アルモノハ此ノ限ニ在ラス

勅令《ちよくれい》により指定《してい》せられたる市《し》の區長《くちやう》は市吏員《しりゐん》にして市長《しちやう》に從屬《じうぞく》するものなること前述《ぜんじゆつ》する所《ところ》の如《ごと》し而《しか》して其《そ》の掌《つかさ》とる所《ところ》は主《しゆ》として市固有《しこいう》の行政事務《ぎやうせいじむ》にして區《く》の營造物財産《えいざうぶつざいさん》に關《くわん》する事務《じむ》も亦此中《またこのうち》に包含《はうがん》せらるるものとす

區長《くちやう》は又市《またし》の委任事務《ゐにんじむ》の一部《ぶ》換言《くわんげん》すれは國府縣《くにふけん》の行政事務《ぎやうせいじむ》を法律命令《はふりつめいれい》の委任《ゐにん》により司《つかさ》とるものとす此《こ》の場合《はあひ》に於《おい》ても亦市長《またしちよう》の命《めい》を遵奉《じゆんぽう》せさるへからす

公共團體《こうきようだんたい》に屬《ぞく》する事務《じむ》を市長《しちやう》か司《つかさ》とると同《おな》しく區長《くちやう》も亦《ま》た市長《しちやう》の命《めい》により又《また》は法令《はふれい》の委任《ゐにん》により司《つかさ》とるものとす要之《えうするに》區長《くちよう》は市長《しちよう》と同《おな》しく市《し》の固有事務《こいうじむ》の一部《ぶ》と委任事務《ゐにんじむ》の一部《ぶ》とを司《つかさ》とるものなり

區長《くちよう》か故障《こしやう》ある場合《はあひ》に之《これ》か代理《だいり》を爲《な》さしむる吏員《りゐん》の中區收入役《うちくしうにふやく》と副收入役《ふくしうにふやく》とを除外《じよぐわい》したるは蓋《けだし》區《く》の出納命令者《すゐとうめいれいしや》と實際《じつさい》の出納《すゐとう》を爲《な》す者《もの》とを嚴然區別《げんぜんくべつ》し置《お》くの必要《ひつえう》より生《しやう》したるに外《ほか》ならさるなり

區長《くちやう》は市《し》吏《り》員《ゐん》にして從《したが》つて其《そ》の事《じ》務《む》は市《し》の事《じ》務《む》の一部《ぶ》たるや疑《うたがひ》を容《い》れす故《ゆゑ》に之等《これら》事《じ》務《む》の執行《しつかう》より生《しやう》する費用《ひよう》は市《し》の負《ふ》擔《たん》とすへきものなり然《しか》れとも委任《ゐにん》事務《む》に付《つ》きては之《これ》か費用《ひよう》を負《ふ》擔《たん》すへきものを特《とく》に規定《きてい》することあり斯《か》かる場合《ばあひ》には其《そ》の規程《きてい》により負《ふ》擔者《たんしや》を定《さだ》むへきものとす

〔市〕

第九十九條　第六條ノ市ノ區收入役ハ市收入役ノ命ヲ受ケ又ハ法令ノ定ムル所ニ依リ市及區ノ出納其ノ他ノ會計事務竝國府縣其ノ他公共團體ノ出納其ノ他ノ會計事務ヲ掌ル

區長ハ市長ノ許可ヲ得テ區收入役ノ事務ノ一部ヲ區副收入役ニ分掌セシムルコトヲ得但シ區ノ出納其ノ他ノ會計事務ニ付テハ豫メ區會ノ同意ヲ得ルコトヲ要ス

市長ハ市ノ出納其ノ他ノ會計事務ニ付前項ノ許可ヲ爲ス場合ニ於テハ豫メ收會ノ同意ヲ得ルコトヲ要ス

區副收入役ヲ置カサル場合ニ於テハ市長ハ區收入役故障アルトキ之ヲ代理スヘキ吏員ヲ定ムヘシ

區收入役及區副收入役ノ職務權限ニ關シテ前四項ニ規定スルモノノ外市收入役及市副收入役ニ關スル規定ヲ準用ス

勅令《ちよくれい》により指定《してい》せられたる市《し》の區《く》には區收入役及區副收入役《くしうにふやくおよびくふくしうにふやく》を置《お》くを得《う》ること前述《ぜんじゆつ》する所《ところ》の如《ごと》し而《しか》して區收入役《くしうにふやく》の事務《じむ》は本條《ほんでう》に規定《きてい》するか如《ごと》く市《し》の收入《しうにふ》役《やく》命《めい》により市《し》の出納《すゐとう》の事務《じむ》の一部《ぶ》及法律《およびはふりつ》に依《よ》る區《く》の委任事務《ゐにんじむ》に關《くわん》する出納《すゐとう》の事務《じむ》を司《つかさ》とる公共團體《こうきようだんたい》の出納事務《すゐとうじむ》にして區《く》の事務《じむ》に屬《ぞく》するものをも掌《つかさ》とる區副收入役《くふくしうにふやく》を置《お》きたるときは區長《くちやう》は區收入役《くしうにふやく》の事務《じむ》の一部《ぶ》を之《これ》に分掌《ぶんしやう》せしむることを得《う》へし市長《しちやう》の許可《きよか》を必要《ひつえう》としたるは區收入役《くしうにふやく》の權限《けんく》を縮少《しゆくせう》するか爲《た》めなり

若《も》し其《そ》の分掌《ぶんしやう》すへき事務《じむ》か其《そ》の區自身《くじしん》の出納又《すゐとうまた》は物品會計《ぶつぴんくわいけい》に關《くわん》する場合《はあひ》に市《し》會《くわい》の同意《どうい》と區會《くくわい》の同意《どうい》とを必要《ひつえう》としたるは一は市《し》の出納及會計《すゐとうおよびくわいけい》に關係《くわんけい》あるか爲《た》めなると一は區《く》の財産《ざいさん》に影響《えいきやう》を及《およ》ほす事件《じけん》なるか爲《た》めなり

副收入役《ふくしうにふつく》を置《お》かさる區《く》に於《おい》ては區收入役《くしうにふやく》の故障《こしやう》の場合《はあひ》に之《これ》か代理《だいり》を爲《な》す者《もの》を定《さだ》め置《お》かさるへからす其《そ》の定《さだ》め方《かた》は區長《くちやう》の意見《いけん》によるものとす

區收入役《くしうにふやく》及《および》區副收入役《ふくしうにふやく》の事務《じむ》は市《し》收入役《しうにふやく》及《および》區副收入役《ふくしうにふやく》の事務《じむ》に相似《あひに》たるものなるか故《ゆゑ》に之《これ》か職務《しよくむ》權《けん》限も亦《また》市の收入役《しうにふやく》及《および》副收入役《ふくしうにふやく》の規定《きてい》に準《じゆん》すへきものとせり

〔市〕**第百條**　名譽職區長ハ市長ノ命ヲ承ケ市長ノ事務ニシテ區内ニ關スルモノヲ補助ス

名譽職代理者ハ區長ノ事務ヲ補助シ區長故障アルトキ之ヲ代理ス

〔町村〕**第八十一條**　區長ハ町村長ノ命ヲ承ケ町村長ノ事務ニシテ區内ニ關スルモノヲ補助ス

區長代理者ハ區長ノ事務ヲ補助シ町長故障アルトキ之ヲ代理ス

勅令《ちよくれい》により指定《してい》せられさる市の區及町村《くおよびちようそん》の區《く》は市町村行政《しちようそんぎようせい》の執行《しつこう》の便宜上設《べんきじようせつ》置《ち》せられたるものにして從《したが》つて區長及其《くちようおよびそ》の代理者《だいりしや》の職務《しよくむ》の範圍《はんゐ》も地方《ちはう》の情況と市町村長《しちようそんちよう》の斟酌《しんしやく》とにより差異《さい》あるものとす要之此等《ようするにこれら》の區《く》は獨立《どくりつ》せる自治體《じちたい》にあらす其《そ》の執行《しつかう》する事務《じむ》は即《すなはち》市町村《しちようそん》の行政事務《ぎようせいじむ》にして區固有《くこいう》の行政事務《ぎようせいじむ》にあらす又《また》區《く》か法令《はふれい》により委任《ゐにん》せられたる事務《じむ》にもあらす區長《くちよう》か市町村長《しちようそんちよう》の命《めい》

を承《う》けて市町村長《しちようそんちよう》の事務《じむ》にして區内《くない》に關《くわん》するものを補助《ほじよ》すと謂《い》ふは即之《すなはちこれ》を意《い》味《み》するなり本制《ほんせい》に於《おい》て之等《これら》の區《く》を法人《はふじん》と認《みと》めさるより見《み》るも明《あきら》かなり

〔市〕第百一條　委員ハ市長ノ指揮監督ヲ承ケ財産又ハ營造物ヲ管理シ其ノ他委記ヲ受ケタル市ノ事務ヲ調査シ又ハ之ヲ處辨ス

〔町村〕第八十二條　委員ハ町村長ノ指揮監督ヲ承ケ財産又ハ營造物ヲ管理シ其ノ他委託ヲ受ケタル町村ノ事務ヲ調査シ又ハ之ヲ處辨ス

市町村《しちようそん》の委員《ゐゐん》の職務《しよくむ》は主《しゆ》として市町村《しちようそん》有財産《いうざいさん》又《また》は營造物《えいざうぶつ》の管理《くわんり》にあり而《しか》して之《これ》か管理《くわんり》に付《つき》市町村長《しちようそんちよう》の指揮監督《しきかんとく》を承《う》く又《また》委員《ゐゐん》は市町村長《しちようそんちよう》の委託《ゐたく》を受《う》けて事務《じむ》の調査《てうさ》を爲《な》し又《また》は之《これ》を處辨《しよべん》するの權限《けんげん》を有《いう》す蓋《けだし》委員《ゐゐん》は市町村長《しちようそんちよう》に代《かは》り其《そ》の行政事務《ぎようせいじむ》の一部《ぶ》を執行《しつかう》するものにして之《これ》か職務權限《しよくむけんげん》の如《ごと》き市町村《しちようそん》の行政《ぎようせい》の情況《じようけう》に應《おう》し市町村條例《しちようそんでうれい》を以《もつ》て之《これ》を定《さだ》めさるへからす

〔市〕第百二條　第八十五條ノ吏員ハ市長ノ命ヲ承ケ事務ニ從事ス

〔町村〕第八十三條　條七十一條ノ吏員ハ町村長ノ命ヲ承ケ事務ニ從事ス

第百三條　第八十六條ノ吏員ハ區長ノ命ヲ承ケ事務ニ從事ス

區長ハ前項ノ吏員ヲシテ其ノ事務ノ一部ヲ臨時代理セシムルコトヲ得

市《し》町村《ちようそん》には行政事務《ぎやうせいじむ》の執行《しつかう》の爲《た》め數多《すうた》の吏員《りゐん》を要《えう》し之《これ》か選任及事務《せんにんおよびじむ》の分配《ぶんはい》の如《ごと》きは市町村長《しちようそんちよう》の定《さだ》むる所《ところ》にして之等《これら》の吏員《りゐん》は市町村長《しちようそんちよう》の命《めい》に服從《ふくじう》し其《そ》の事務《む》を處理《しより》せさるへからす

勅令《ちよくれい》により指定《してい》せられたる市《し》の區《く》若《もしく》は內務大臣《ないむだいじん》か特《とく》に有給職《いうきふしよく》となしたる市《し》の區《く》にも亦數多《またすうた》の吏員《りゐん》を要《えう》す之等《これら》の吏員《りゐん》は區長《くちよう》の定《さだ》むる所《ところ》により各自《かくじ》其《そ》の事務《じむ》を處理《しより》すへきものとす

區長《くちよう》に之等《これら》の吏員《りゐん》をして其《そ》の事務《じむ》の一部《ぶ》を臨時代裡《りんじだいり》せしむることを許《ゆる》したるは事務《じむ》の進涉《しんせふ》を計《はか》らんか爲《た》めなり

第五章　給料及給與

第百四條　名譽職市參與、市會議員、名譽職參事會員其ノ他ノ名譽職員ハ職務ノ爲要スル費用ノ辨償ヲ受クルコトヲ得

名譽職市參與、名譽職區長、名譽職區長代理者及委員ニハ費用辨償ノ外勤務ニ相當スル報酬ヲ給スルコトヲ得

費用辨償額、報酬額及其ノ支給方法ハ市會ノ議決ヲ經テ之ヲ定ム

第五章 給料及給與

〔町村〕第八十四條 名譽職町村長、名譽職助役町村會議員其ノ他ノ名譽職員ハ職務ノ爲要スル費用ノ辨償ヲ受クルコトヲ得

名譽職町村長、名譽職助役、區長、區長代理者及委員ニハ費用辨償ノ外勤務ニ相當スル報酬ヲ給スルコトヲ得

費用辨償額、報酬額及其ノ支給方法ハ町村會ノ議決ヲ經テ之ヲ定ム

給料《きふれう》とは市町村《しちようそん》有給吏員《いうきふりゐん》の勤務《きんむ》に對《たい》する金錢《きんせん》の支給《しきふ》を謂《い》ふ而《しか》して給料《きふれう》は吏員《りゐん》の品位《ひんゐ》を維持《ゐぢ》し生計《せいけい》を助《たす》くるの資《し》なるか故《ゆゑ》に吏員《りゐん》の上級《じやうきふ》と下級《かきふ》とにより差異《さる》あるや明《あきら》かなり給與《きふよ》とは市町村《しちようそん》名譽職員《めいよしよくゐん》并《ならび》に有給吏員《いうきふりゐん》に勞務《らうむ》其《そ》の他《た》市町村《しちようそん》の事務《じむ》に關《くわん》し支拂《しはら》ひたる金錢《きんせん》に對《たい》する支給《しきふ》を謂《い》ふ實費《じつぴ》辨償《べんしよう》旅費《りよひ》、退隱料《たいゐんれう》、退職給與《たいしよくきふよ》

金《きん》死亡《しばう》給與《きうよ》金《きん》幷《ならび》に遺族扶助料《ゐぞくふじよれう》等《とう》之《これ》なり
名譽職員《めいよしよくゐん》は無給《むきふ》を以《もつ》て其《そ》の職《しよく》にあるを謂《い》ふ而《しか》して無給《むきふ》にて職《しよく》に就《つ》くと謂《い》ふは名譽職員《めいよしよくゐん》は如何《いか》なる場合《ばあひ》にも行政事務《ぎようせいじむ》に關《くわん》して金錢《きんせん》の支給《しきふ》を受《う》けすと謂《い》ふの意味《いみ》にあらすして只《たゞ》其《そ》の名譽職員《めいよしよくゐん》たる品位《ひんゐ》を維持《ゐぢ》し生計《せいけい》を助《たす》くへき金錢《きんせん》の支《し》給《きふ》を受《う》けすと謂《い》ふにあり從《したが》つて名譽職員《めいよしよくゐん》か特別《とくべつ》の事務《じむ》を責任《にん》せられ勤勞《きんらう》を爲《な》したる場合《ばあひ》に於《おい》ては其《そ》の名譽職員《めいよしよくゐん》か其《そ》の特別事務《とくべつじむ》の處理《しより》の爲《た》めに支出《ししゆつ》せる費《ひ》用《よう》の辨償《べんしよう》幷《ならび》に其《そ》の勤勞《きんらう》に對《たい》する報收《はうしう》を受《う》くることを得《う》へし
給料《きふれう》と報酬《はうしう》との區別《くべつ》、給料《きふれう》を支給《しきふ》するの目的《もくてき》は支給《しきふ》を受《う》くる者《もの》の品位《ひんゐ》を維持《ゐぢ》せんとするにあり故《ゆゑ》に其《そ》の額《がく》は品位《ひんゐ》の高下《かうげ》に比例《ひれい》するものにして其《そ》の者《もの》の勞務《らうむ》に比例《ひれい》するものにあらす或論者《あるろんしや》は給料《きふれう》も亦《また》勞務《らうむ》に比例《ひれい》するものとなし只《たゞ》其《そ》の額《がく》の多少《たせう》は勞務《らうむ》の高尙《かうしやう》なると劣等《れつとう》なるとに基《もとづ》くと謂《い》へとも此《こ》の解釋《かいしやく》を取《と》るときは何故《なにゆゑ》に現職《げんしよく》に在《あ》らさる者《もの》にして給料《きふれう》の支給《しきふ》を受《う》くことを得《う》るや了解《れうかい》に苦《くるし》まさるを得《え》す以之看《これをもつてみるに》之報酬《はうしう》は勞務《らうむ》に對《たい》するの對價《たいか》なり故《ゆゑ》に其《そ》の價額《かかく》の多少《たせう》は勞務《らうむ》の多少《たせう》に比例《ひれい》するものとす費用《ひよう》とは名譽《めいよ》職員《しよくゐん》か其《そ》の職務《しよくむ》執行《しつかう》の爲《た》めに支拂《しはらひ》たる金錢《きんせん》を謂《い》ふ然《しか》れとも名譽《めいよ》職員《しよくゐん》か實際《じつさい》支拂《しはら》ひたる費用《ひよう》は悉《ことごと》く之《これ》を費用《ひよう》として辨償《べんしよう》を受《う》くへきものにあらす職務《しよくむ》の取扱《とりあつかひ》の性質《せいしつ》及情況《およびじやうけう》により豫《あらかじ》め辨償《べんしよう》を受《う》くへき費用《ひよう》の額《がく》を一定《てい》するの必要《ひつえう》あるは即之《すなはちこれ》か爲めなり報酬《はうしう》の額《が》も亦《また》一定《てい》の範圍《はんゐ》を定《さだ》むるの必要《ひつえう》あるものとす而《しか》して其額《そのがく》幷《ならび》に支給《しきふ》の方法《はうはふ》等《とう》に關《くわん》しては本制《ほんせい》は市《し》町村會《ちやうそんくわい》をして議決《ぎけつ》せしむへきものとせり蓋《けだし》市《し》町村《ちやうそん》の經費《けいひ》に關《くわん》する事項《じこう》なるか故《ゆゑ》に其《そ》の議決機關《ぎけつきくわん》の權限《けんげん》に屬《ぞく》せしめたるに外《ほか》ならす

〔市〕第百五條　市長有給、市參與、助役其ノ他ノ有給吏員ノ給料額、旅費額及其ノ支給方法ハ市會ノ議決ヲ經テ之ヲ定ム

〔町村〕第八十五條　有給町村長、有給助役其ノ他ノ有給吏員ノ給料額、旅費額及其ノ支給方法ハ町村會ノ議決ヲ經テ之ヲ定ム

給料《きふれう》は吏員《りゐん》の品位《ひんゐ》を保《たも》ち生計《せいけい》を助《たす》くるの資《し》なること前述《ぜんじゆつ》する所《ところ》の如《ごと》し旅費《りよひ》とは吏員《りゐん》か其《そ》の職務《しよくむ》執行《しつかう》の爲《た》めに一定《てい》の距離《きより》を往復《わうふく》するに要《えう》する舟《しう》車《しや》馬《ば》の賃銀其《そ》の他《た》之《これ》か往復《わうふく》の爲《た》めに生《しやう》する費用《ひよう》を謂《い》ふ而《しか》して旅費《りよひ》は吏員《りゐん》の職務《しよくむ》執行《しつかう》の爲《た》

めに要《えう》するものなるか故《ゆゑ》に市町村《しちようそん》の負擔《ふたん》すへきものなるや明《あきら》かなり給料《きふれう》及《および》旅費《りよひ》は吏員《りゐん》の階級《かいきふ》若《もしく》は距離《きより》の遠近《ゑんきん》道路《だうろ》の難易《なんい》により其《そ》の額《がく》を豫《あらかじ》め一定《てい》するの必要《ひつえう》あり而《しか》して其《そ》の額《がく》幷《ならびに》之《これ》か支給《しきふ》の方法《はうはふ》は市町村會《しちやうそんくわい》をして議決《ぎけつ》せしむることとせり

〔市〕第百六條　有給吏員ニハ市條例ノ定ムル所ニ依リ退隱料退職給與金、死亡給與金又ハ遺族扶助料ヲ給スルコトヲ得

〔町村〕第八十六條　有給吏員ニハ町村條例ノ定ムル所ニ依リ退隱料、退職給與金、死亡給與金、又ハ遺族扶助料ヲ給スルコトヲ得

市町村《しちようそん》有給《いうきふ》吏員《りゐん》は專心《せんしん》其《そ》の行政事務《ぎようせいじむ》の執行《しつかう》に從事《じうじ》すへきものなれとも其《そ》の選《せ》任《にん》は國《くに》の官吏《くわんり》と異《こと》なり市町村會《しちようそんくわい》若《もしく》は市町村長《しちようそんちよう》の選定《せんてい》に依《よ》るものなるを以《もつ》て任《にん》期滿限《きまんげん》又《また》は免職《めんしよく》の後《のち》は自己《じこ》の意見《いけん》の如何《いかん》に拘《かゝは》らす再任《さいにん》又《また》は再選《さいせん》せられさることあるも如何《いかん》ともすること能《あた》はす此《かく》の如《ごと》きは市町村《しちようそん》の有給吏員《いうきふりゐん》をして安《やす》んして其《そ》の職務《しよくむ》を行《おこな》はしむることを得《え》す必《かなら》すや再任《さいにん》又《また》は再選《さいせん》せられさる場合《はあひ》に其《そ》の生計《せいけい》を失《うしな》ふことなき方法《はうはふ》を講《かう》するの必要《ひつえう》あり有給吏員《いうきふりゐん》に退隱料《たいいんれう》、退職給與金《たいしよくきふよきん》

の名稱《めいしよう》の下《もと》に一定《てい》の金錢《きんせん》を支給《しきふ》するは即此《すなはちこ》の目的《もくてき》に外《ほか》ならす又《また》有給吏員《いうきうりゐん》は其《そ》の給料《きふれう》によりて其《そ》の品位《ひんゐ》を保《たも》つと同時《どうじ》に一家《か》族《ぞく》の生計《せいけい》を立《た》てさるへからす然《しか》るに其《そ》の吏員《りゐん》か職務《しよくむ》の執行《しつかう》の爲《ため》其《そ》の生命《せいめい》を喪《うしな》ふか若《もしく》は長日月《ちやうじつげつ》の間《あひだ》其《そ》の職務《しよくむ》に就《つ》きて死亡《しばう》せる場合《ばあひ》の如《ごと》きは其《そ》の遺族《ゐぞく》をして忽《たちま》ち生計《せいけい》を喪《うしな》ふことなからしむると共《とも》に其《そ》の吏員《りゐん》の功勞《こうらう》に報《むく》いんか爲《た》め死亡《しばう》給與《きふよ》金《きん》又《また》は遺族《ゐぞく》扶助料《ふじよれう》の名《な》の下《もと》に金員《きんゐん》を支給《しきふ》せしめたり

退隱料《たいいんれう》は市町村吏員《しちやうそんりゐん》か一定《てい》の期《き》間職《かんしよく》にありて其《そ》の任期《にんき》滿限《まんげん》により再選《さいせん》若《もしく》は再《さい》任《にん》せられさる場合《ばあひ》に其《そ》の生計《せいけい》を維持《ゐぢ》せしむるか爲《た》めに支給《しきふ》するものとす退隱《たいゐん》料《れう》は官吏《くわんり》の恩給《おんきふ》に其《そ》の性質《せいしつ》を同《おなじ》ふし一面《めん》に於《おい》ては吏員《りゐん》の在職中《ざいしよくちう》の勤勞《きんらう》に對《たい》する報酬《ほうしう》の性質《せいしつ》を有《いう》す

退職給與金《たいしよくきふよきん》は有給吏員《いうきふりゐん》か任期滿限《にんきまんげん》により再選若《さいせんもしく》は再任《さいにん》せられさる場合《ばあひ》に一般《はん》に支給《しきふ》せらるものとす而《しか》して退隱料《たいゐんれう》と異《こと》なる所《ところ》は前者《ぜんしや》は一時《じ》の支給《しきふ》なるに反《はん》し後者《こうしや》は吏員《りゐん》の終生《しうせい》に對《たい》し給與《きふよ》せらるゝにあり

死亡《じばう》給與金《きふよきん》には有給吏員《いうきふりゐん》か其《そ》の職務《しよくむ》の執行《しつかう》に際《さい》し不時《ふじ》の死亡《しばう》の爲《た》めに其《そ》の家《か》

族《ぞく》に支《し》給《きふ》せらるゝものとす從《したがつ》て吏《り》員《ゐん》にして職《しよく》務《む》に原《げん》因《いん》せすして死《し》亡《はう》したるときは死《し》亡《はう》給《きふ》與《よ》金《きん》を受《う》くることを得《え》さるなり

遺《ゐ》族《ぞく》扶《ふ》助《じよ》料《れう》とは有《いう》給《きふ》吏《り》員《ゐん》か一定《てい》の期《き》間《かん》在《ざい》職《しよく》の後《のち》死《し》亡《はう》したる場《ば》合《あひ》に其《そ》の吏《り》員《ゐん》の在《ざい》職《しよく》中《ちう》の勤《きん》勞《らう》に報《むく》ひんか爲《た》め其《そ》の遺《ゐ》族《ぞく》に支《し》給《きふ》するものとす遺《ゐ》族《ぞく》扶《ふ》助《じよ》料《れう》と死《し》亡《はう》給《きふ》與《よ》金《きん》と性《せい》質《しつ》の異《こと》なる所《ところ》は遺《ゐ》族《ぞく》扶《ふ》助《じよ》料《れう》は吏《り》員《ゐん》一定《てい》の期《き》間《かん》在《ざい》職《しよく》の勤《きん》勞《らう》に付《つき》其《そ》の遺《ゐ》族《ぞく》に對《たい》し支《し》給《きふ》するもの其《そ》の死《し》亡《はう》の原《げん》因《いん》を區《く》別《べつ》せさるに反《はん》し死《し》亡《はう》給《きふ》與《よ》金《きん》は職《しよく》務《む》の執《しつ》行《かう》に依《よ》る死《し》亡《はう》に對《たい》し一般《はん》に其《その》遺《ゐ》族《ぞく》に支《し》給《きふ》せらるゝ一時《じ》的《てき》のものとす

右《みぎ》に述《の》へたる市《し》町《ちやう》村《そん》吏《り》員《ゐん》に對《たい》する給《きふ》與《よ》の支《し》給《きふ》は市《し》町《ちやう》村《そん》條《でう》例《れい》を以《もつ》て定《さだ》むへきものとせり

〔市〕

第百七條　費用辨償、報酬、給料、旅費退隱料退職給與金死亡給與金、又ハ遺族扶助料ノ給與ニ付關係者ニ於テ異議アルトキハ之ヲ市長ニ申立ツルコトヲ得

前項ノ異議ハ之ヲ市參事會ノ決定ニ付スヘシ關係者其ノ決定ニ不服アルトキハ府縣參事會ニ訴願シ其ノ裁決又ハ第三項ノ裁決ニ不服アルトキハ行政裁判所ニ出訴スルコトヲ得

前項ノ決定及裁決ニ付テハ市長ヨリモ訴願又ハ訴訟ヲ提起スルコトヲ得

前二項ノ裁決ニ付テハ府縣知事ヨリモ訴訟ヲ提起スルコトヲ得

第八十七條　費用辨償、報酬、給料、旅費、退隱料、退職給與金、死亡給與金又ハ遺族扶助料ノ給與ニ付關係者ニ於テ異議アルトキハ之ヲ町村長ニ申立ツルコトヲ得

前項ノ異議ハ之ヲ町村會ノ決定ニ付スヘシ關係者其ノ決定ニ不服アルトキハ府縣參事會ニ訴願シ其ノ裁決又ハ第三項ノ裁決ニ不服アルトキハ行政裁判所ニ出訴スルコトヲ得

前項ノ決定及裁決ニ付テハ町村長ヨリモ訴願又ハ訴訟ヲ提起スルコトヲ得

前二項ノ裁決ニ付テハ府縣知事ヨリモ訴訟ヲ提起スルコトヲ得

市町村《しちやうそん》吏員《りゐん》の給料《きふれう》及《および》給與《きふよ》に關《くわん》する事項《じかう》は吏員《りゐん》か其《そ》の市町村《しちやうそん》に對《たい》し有《いう》する財産《ざいさん》上《じやう》の權利《けんり》なるか故《ゆゑ》に此《こ》の種《しゆ》の權利《けんり》の主張《しゆちやう》は司法裁判所《しほふさいばんしよ》に出訴《しゆつそ》すへきものに似《に》たりと雖《いへど》も其《そ》の權利《けんり》の性質《せいしつ》たるや全《まつた》く市町村《しちやうそん》の行政《ぎやうせい》に關《くわん》するものにして之《これ》か支給《しきふ》の當否《たうひ》の如《ごと》き市町村條例《しちやうそんでうれい》によるへく從《したが》つて本制《ほんせい》に於《おい》ては先《ま》つ市町村會《しちやうそんわい》をして之《これ》を決定《けつてい》せしめ次《つ》ひて訴願及行政訴訟《そがんおよびぎやうせいそしよう》の手續《てつゞき》を爲《な》すへきものとせり行政《ぎやうせい》

裁判所《さいばんしよ》に出訴《しゆつそ》するを許《ゆる》したるは吏員《りゐん》の財産權《ざいさんけん》の侵害《しんがい》の當否《たうひ》に關《くわん》する事件《じけん》なるか爲《ため》なり

市町村長《しちようそんちよう》に訴願《そがん》及《および》訴訟《そしよう》を提起《ていき》すること及《および》府縣知事《ふけんちじ》をして訴訟《そしよう》を提起《ていき》することを許《ゆる》したるは畢竟《ひつきよう》吏員《りゐん》の財産權《ざいさんけん》の保護《ほご》と市町村《しちやうそん》の條例《でうれい》の適用《てきよう》とを全《まつた》からしめんか爲《た》めに外《ほか》ならす

〔市〕**第百八條**　費用辨償、報酬給料、旅費、退隱料、退職給與金、死亡給與金、遺族扶助料其ノ他ノ給與ハ市ノ負擔トス

〔町村〕**第八十八條**　費用辨償、報酬、給料旅費退隱料、退職給與金、死亡給與金、遺族扶助料其ノ他ノ給與ハ町村ノ負擔トス

右《みぎ》に列擧《れつきよ》説明《せつめい》せる給料《きうれう》及《および》旅與《きふよ》は吏員《りゐん》か市町村《しちようそん》の行政《ぎやうせい》の執行《しつかう》より生《しやう》する費用《ひよう》なるか故《ゆゑ》に市町村《しちようそん》の負擔《ふたん》たるや疑《うたがひ》を容《い》れす蓋之等《けだしこれら》の費用《ひよう》の增加《ぞうか》は自然《しぜん》市町村《しちやうそん》の財政《ざいせい》をして衰退《すゐたい》せしむるに至《いた》るものなれとも實際上《じつさいじやう》に於《おい》ては名譽職《めいよしよく》により之《これ》等《ら》の費用《ひよう》の幾分《いくぶん》を減少《げんせう》するを得《う》るか故《ゆゑ》に國《くに》の官吏《くわんり》の費用《ひよう》の如《ごと》く其《そ》の額《がく》の增加《ぞうか》すること少《すくな》しとす

第六章　市ノ財務

第一款　財產營造物及市税

〔市〕**第百九條**　收益ノ爲ニスル市ノ財產ハ基本財產トシ之ヲ維持スヘシ

市ハ特定ノ目的ノ爲特別ノ基本財產ヲ設ケ又ハ金穀等ヲ積立ツルコトヲ得

第五章　町村ノ財產

第一欵　財產營造物及町村税

〔町村〕**第八十九條**　收益ノ爲ニスル町村ノ財產ハ基本財產トシ之ヲ維持スヘシ

町村ハ特定ノ目的ノ爲特別ノ基本財產ヲ設ケ又ハ金穀等ヲ積立ツルコトヲ得

市町村《しちやうそん》は**獨立**《どくりつ》の**自治體**《じちたい》として**人格**《じんかく》を**有**《いう》し**自然人**《しぜんじん》の**如**《ごと》く**公法上**《こうはふじやう》**及私**《し》**法上**《はふじやう》**權利**《けんり》を**有**《いう》し**義務**《ぎむ》を**負擔**《ふたん》することを**得**《う》へし**市町村**《しちやうそん》か**其**《そ》の**財產**《ざいさん》を**所有**《しよいう》するを**得**《う》るは**即之**《すなはちこれ》か**爲**《ため》なり**而**《しか》して**市町村**《しちやうそん》か**財產**《ざいさん》を**所有**《しよいう》するに**法律**《はふりつ》により**附與**《ふよ》せられたる**人格**《じんかく》に**基**《もと》くと**雖**《いはど》も**一方**《はう》に**於**《おい》て**自治**《じち》の**制**《せい》を**設**《まう》けたる**趣旨**《しゆし》より**見**《み》れは**市町村**《しちようそん》か**財產**《ざいさん》を**所**《しよ》

行《かう》するは自治《じち》の要件《えうけん》なりと謂《い》はさるへからす蓋《けだし》自治《じち》の制《せい》は市町村自《しちやうそんみづか》ら行政《ぎやうせい》事《じ》務《む》を處理《しより》するにあるか故《ゆゑ》に其《そ》の固有《こいう》の財産《ざいさん》を所有《しよいう》するの必要《ひつえう》なること謂《い》ふを待《ま》たさるなり是《こゝ》に於《お》てか市町村自《しちやうそんみづか》ら其《そ》の財産《ざいさん》を管理《くわんり》するの必要《ひつえう》を生《しやう》す財産《ざいさん》の取得及管理《しゆとくおよびくわんり》は自然人《しぜんじん》に於《お》ては固《もと》より其《そ》の自由意思《じいういし》に委《ゆだ》ぬるを得《う》ると雖《いへど》も市町村《しちようそん》は國《くに》の行政區劃《ぎやうせいくくわく》なるか故《ゆゑ》に其《そ》の財政《ざいせい》の紊亂《びんらん》は直《たゞち》に國《くに》の盛衰《せいすゐ》に關係《くわんけい》を及《およ》ほすものとす市町村有《しちやうそんいう》の財産《ざいさん》の取得《しゆとく》及管理《くわんり》を市町村《しちようそん》の意思《いし》に一任《にん》せすして法律《はふりつ》を以《もつ》て規程《きてい》せるは國《くに》の財政《ざいせい》と市町村《しちやうそん》の財政《ざいせい》とを相調和《あひてうわ》せんとするに外《ほか》ならさるなり

市町村《しちようそん》の財産《ざいさん》に二の種類《しゆるゐ》あり一は基本財産《きほんざいさん》と稱《しよう》し其《そ》の物《もの》を消耗《せうまう》せすして之《これ》より生《しやう》する收入《しうにふ》のみを使用《しよう》するにあり一は市町村《しちようそん》の費用《ひよう》を支辨《しべん》するの用《よう》に供《きよう》するものにして市町村稅《しちようそんぜい》、手數料《てすうれう》、使用料《しようれう》、加入金等《かにふきんとう》を謂《い》ふ

基本財産《きほんざいさん》は市町村《しちやうそん》の資力《りよく》を維持《いぢ》し其《そ》の存立《そんりつ》を確固《かくこ》にするものなるか故《ゆゑ》に基本《きほん》財産《ざいさん》の亂費《らんぴ》は市町村《しちようそん》の獨立《どくりつ》を害《がい》するのみならす國《くに》の財政《ざいせい》を破壞《はくわい》するものなるを以《もつ》て國家《こくか》は之《これ》を保護《ほご》するの必要《ひつえう》あると共《とも》に之《これ》か維持《いぢ》は市町村《しちやうそん》の義務《ぎむ》なりと

謂《い》はさるへからす
基本財産《きほんざいさん》は其《そ》の原物《げんぶつ》を消耗《せうまう》せすして之《これ》より生《しやう》する收益《しうえき》のみを費消《ひせう》することを得《う》るものなるか故《ゆゑ》に其《そ》の收益《しうえき》の額《がく》も豫《あらかじ》め定《さだ》まれるものとす従《したが》つて市町村《しちやうそん》か臨《りん》時《じ》費用《ひよう》の支出《ししゆつ》を要《えう》する事項《じこう》の生《しやう》したる場合《ばあひ》の如《ごと》きにありては市町村《しちやうそん》は基本財《きほんざい》産《さん》を處理《しより》せさるへからさるに至《いた》る斯《かく》の如《ごと》きは市町村《しちやうそん》か基本財産《きほんざいさん》を維持《ゐぢ》するの趣旨《しゆし》に反《はん》するものとす故《ゆゑ》に本制《ほんせい》は或《あ》る特種《とくしゆ》の目的《もくてき》の爲《た》めに特別《とくべつ》の基本財産《きほんざいさん》を設《まう》くるか又《また》は金穀《きんこく》を積立《つみた》てしめ以《もつ》て之等《これら》の費用《ひよう》の支出《ししゆつ》に差支《さしつかへ》なからしめたり

〔市〕**第百十條**　舊來ノ慣行ニ依リ市住民中特ニ財産又ハ營造物ヲ使用スル權利ヲ有スル者アルトキハ其ノ舊慣ニ依ル舊慣ヲ變更又ハ廢止セムトスルトキハ市會ノ議決ヲ經ヘシ

前項ノ財産又ハ營造物ヲ新ニ使用セムトスル者アルトキハ市ハ之ヲ許可スルコトヲ得

〔町村〕**第九十條**　舊來ノ慣行ニ依リ町村住民中特ニ財産又ハ營造物ヲ使用スル權利ヲ有スル者アルトキハ其ノ舊慣ニ依ル舊慣ヲ變更又ハ廢止セントスルトキハ

町村會ノ議決ヲ經ヘシ

前項ノ財産又ハ營造物ヲ新ニ使用セントスル者アルトキハ町村ハ之ヲ許可スルコトヲ得

市町村有《しちやうそんいう》の財産《ざいさん》及營造物《えいざうぶつ》は其《そ》の住民《ぢうみん》の共同《きようどう》に使用《しよう》することを得《う》るを原則《げんそく》とすれとも本制《ほんせい》執行《かう》以前《いぜん》に於《おい》て或《ある》住民《ぢうみん》に限《かぎ》り特《とく》に之《これ》か使用《しよう》を許《ゆる》したるの慣例《くわんれい》少《すくな》からす若《も》し本制《ほんせい》の執行《しかう》により是等《これら》の舊慣《きうくわん》を廢止《はいし》若《もしく》は變更《へんかう》するときは却《かへつ》て從來《じうらい》認《みと》めたる住民《ぢうみん》の權利《けんり》を無視《むし》するものにして施政《しせい》の本旨《ほんし》に適合《てきがふ》するものにあらす故《ゆゑ》に暫《しば》らく此《こ》の舊慣《きうくわん》を維持《いぢ》すへきものとなし之《こ》れか廢止《はいし》若《もし》くは變更《へんかう》の必要《ひつえう》あるときは必《かなら》す市町村會《しちようそんくわい》の議決《ぎけつ》を經《ふ》へきものとせり

市町村有《しちようそんいう》の財産《ざいさん》及營造物《えいざうぶつ》は其《そ》の住民《ぢうみん》の共同《きようどう》に使用《しよう》せしむるを原則《げんそく》となすものなるにより假《たと》へ舊慣《きうくわん》に依《よ》り或《あ》る一部《ぶ》の住民《ぢうみん》か之《これ》を特《とく》に使用《しよう》するの權利《けんり》を有《いう》すると雖《いへど》も新《あら》たに他《た》の住民《ぢうみん》の使用《しよう》を禁《きん》すへきにあらす只此《たゞこ》の場合《はあひ》に新《あら》たに使用《しよう》せんとする者《もの》か特別《とくべつ》の使用料《しようれう》又《また》は加入金《かにふきん》を支拂《しはら》ふの義務《ぎむ》あるや明《あきら》かなり

〔市〕

第百十一條 市ハ前條ニ規程スル財産ノ使用方法ニ關シ市規則ヲ設クルコト

ヲ得

〔町村〕**第九十一條**　町村ハ前條ニ規定スル財産ノ使用方法ニ關シ町村規則ヲ設クルコトヲ得

舊慣《きうくわん》により或《ある》一部《ぶ》の住民《ぢうみん》の使用《しよう》に係《かゝ》る市町村有《しちようそんいう》の財産《ざいさん》の使用法《しようはふ》に關《くわん》しては特《とく》に市町村規則《しちようそんきそく》に規定《きてい》することを得《え》せしめたるは畢竟此《ひつきやうこ》の種《しゆ》の財産《ざいさん》の共同使用《きようどうしよう》に關《くわん》しては爭議《さうぎ》の生《しやう》し易《やす》きものなるにより豫《あらかじ》め之《これ》か使用法《しようはふ》を定《さだ》め置《お》くは最肝《もつともかん》要《えう》あるものとす

〔市〕**第百十二條**　市ハ第百十條第一項ノ使用者ヨリ使用料ヲ徴收シ同條第二項ノ使用ニ關シテハ使用料若ハ一時ノ加入金ヲ徴收シ又ハ使用料及加入金ヲ共ニ徴收スルコトヲ得

〔町村〕**第九十二條**　町村ハ第九十條第一項ノ使用者ヨリ使用料ヲ徴收シ同條第二項ノ使用ニ關シテハ使用料若ハ一時ノ加入金ヲ徴收シ又ハ使用料及加入金ヲ共ニ徴收スルコトヲ得

市町村有《しちようそんいう》の財産若《ざいさんもしく》は營造物《えいぞうぶつ》は其《そ》の住民《ぢうみん》の共同《きようどう》の使用《しよう》に供《きよう》するを原則《げんそく》とす故《ゆゑ》に

住《ぢう》民《みん》中《ちう》舊慣《きうくわん》により特《とく》に之《これ》か使《し》用《よう》を爲《な》す者《もの》に對《たい》しては之《これ》か使《し》用《よう》料《れう》を徴收《ちようしう》することを得《う》へし蓋之等《けだしこれら》の使《し》用《よう》者《しや》は其《そ》の使《し》用《よう》により一定《てい》の利《り》益《えき》を得《う》るものにして其《そ》の使《し》用《よう》料《れう》は即《すなは》ち此《こ》の利《り》益《えき》に對《たい》する一種《しゆ》の税《ぜい》金《きん》なりとす

又《きた》舊慣《きうくわん》により市《し》町村《ちやうそん》の財産《ざいさん》若《もしく》は營《えい》造《ざう》物《ぶつ》を或《あ》る住《ぢう》民《みん》にのみ限《かぎ》りて使《し》用《よう》せる場《は》合《あひ》に新《あら》たに之《これ》か使《し》用《よう》を欲《ほつ》するものに對《たい》しては加《か》入《にふ》金《きん》若《もしく》は使《し》用《よう》料《れう》を出《いだ》さしめ場《は》合《あひ》により加《か》入《にふ》金《きん》と使《し》用《よう》料《れう》とを同《どう》時《じ》に徴收《ちようしう》するは新《しん》使《し》用《よう》者《しや》は之《これ》に加《か》入《にふ》して舊《きう》加《か》入《にふ》者《しや》によりて既《すで》に生《しやう》せる利《り》益《えき》を共受《きようじゆ》するを得《う》るに依《よ》るなり

〔市〕**第百十三條** 市ハ營造物ノ使用ニ付使用料ヲ徴收スルコトヲ得

市ハ特ニ一個人ノ爲ニスル事務ニ付手數料ヲ徴收スルコトヲ得

〔町村〕**第九十三條** 町村ハ營造物ノ使用ニ付使用料ヲ徴收スルコトヲ得

町村ハ特ニ一個人ノ爲ニスル事務ニ付手數料ヲ徴收スルコトヲ得

市《し》町村《ちやうそん》有《いう》の營《えい》造《ざう》物《ぶつ》は其《そ》の目《もく》的《てき》とするところ其《そ》の住《ぢう》民《みん》の共《きよう》同の使《し》用《よう》に供《きよう》するにあり而《しか》して住《ぢう》民《みん》は之《これ》か使《し》用《よう》により利《り》益《えき》を得《う》るものなるにより之《これ》か使《し》用《よう》料《れう》を支拂《はら》ふの義《ぎ》務《む》あり然《しか》れとも之《これ》か使《し》用《よう》に付《つき》一般《はん》に使《し》用《よう》料《れう》を徴《ちよう》收《う》するとせさるとは

其《そ》の市町村《しちようそん》の財政《ざいせい》の狀體《じやうたい》と其《そ》の營造物《えいざうぶつ》の種《しゆ》類とにより異《こと》ならさるへからす本《ほん》制《せい》に於《ない》ては市町村《しちようそん》をして任意《にんい》之《これ》か徴收《ちつしう》を爲《な》すへきや否《いな》やを決定《けつてい》することを得《え》せしめたり

手數料《てすうれう》とは一個人《こじん》か吏員《りゐん》に特《こと》に行政事務《ぎやうせいじむ》に付《つき》一定《てい》の行爲《かうゐ》を爲すにより其《そ》の行《かう》爲《ゐ》の對價《たいか》として支拂《しはら》ふ金錢《きんせん》を謂《い》ふ例《たと》へは帳簿《ちようは》の記入《きにふ》を求《もと》め戸籍《こせき》の證明《しようめい》を請《こ》ふか如《ごと》き即之《すなはちこれ》なり

〔市〕**第百十四條**　財産ノ賣却貸與、工事ノ請負及物件勞力其ノ他ノ供給ハ競爭入札ニ付スヘシ但シ急施ヲ要スルトキ、入札ノ價格其ノ費用ニ比シテ得失相償ハサルトキ又ハ市會ノ同意ニ得タルトキハ此ノ限ニ在ラス

〔町村〕**第九十四條**　財産ノ賣却貸與、工事ノ請負及物件勞力其ノ他ノ供給ハ競賣入札ニ付スヘシ但シ臨時急施ヲ要スルトキ入札ノ價額其ノ費用ニ比シテ得失相償ハサルトキ又ハ町村會ノ同意ヲ得タルトキハ此ノ限ニ在ラス

市町村有《しちようそんいう》の財産《ざいさん》の處分並事業《しよぶんならびにじげふ》の經營《けいえい》に關《くわん》し公《おほやけ》の入札方法《にふさつはうはふ》を撰擇《せんたく》したるは事務《じむ》の公平《こうへい》を保《たも》たんか爲《た》めなり唯急施《たゞきふし》を要《えう》する場合若《ばあひもし》くは入札《にふさつ》の價格《かかく》か其《そ》の費用《ひよう》

を償《つくな》ふに足《た》らさる場《ば》合《あひ》には公《おほやけ》の入《にふ》札《さつ》方《はう》法《はふ》によるとするときは其《そ》の目《もく》的《てき》を達《たつ》すること能《あた》はす之《これ》か爲《た》めに事《じ》業《げふ》を廢《はい》止《し》するの止《や》むなきに至《いた》るか故《ゆゑ》に特《とく》に例《れい》外《ぐわい》を設《まう》けたり

市《し》町《ちよう》村《そん》會《くわい》は市《し》町《ちよう》村《そん》長《ちよう》の事《じ》務《む》の執《しつ》行《かう》に付《つき》議《ぎ》決《けつ》權《けん》を有《いう》するか故《ゆゑ》に市《し》町《ちよう》村《そん》會《くわい》に於《おい》て公《おほやけ》の入《にふ》札《さつ》方《はう》法《はふ》に依《よ》るを要《えう》せさることを同《どう》意《い》したる場《ば》合《あひ》も亦《また》例《れい》外《ぐわい》なりとす

〔市〕第百十五條　市ハ其ノ公益上必要アル場合ニ於テハ寄附又ハ補助ヲ爲スコトヲ得

〔町村〕第九十五條　町村ハ其ノ公益上必要アル場合ニ於テハ寄附又ハ補助ヲ爲スコトヲ得

市《し》町《ちよう》村《そん》有《いう》の財《ざい》產《さん》は市《し》町《ちやう》村《そん》行《ぎやう》政《せい》の資《し》力《りよく》なるか故《ゆゑ》に其《そ》の使《し》用《よう》處《しよ》分《ぶん》の如《ごと》き亦《また》之《これ》か目《もく》的《てき》の範《はん》圍《ゐ》に限《かぎ》らさるへからす又《また》市《し》町《ちよう》村《そん》吏《り》員《ゐん》は市《し》町《ちよう》村《そん》の行《ぎやう》政《せい》事《じ》務《む》を處《しよ》理《り》するものなるか故《ゆゑ》に其《そ》の他《た》の事《じ》務《む》に關《くわん》しては之《これ》か處《しよ》理《り》の責《せき》任《にん》あるものにあらす其《そ》の權《けん》限の大《たい》要《えう》は本《ほん》制《せい》に規《き》定《てい》する所《ところ》たり

然《しか》れとも市《し》町《ちよう》村《そん》の公《こう》益《えき》上必《ひつ》要《えう》ある場《ば》合《あひ》例《たと》へは大《たい》火《くわ》水《すゐ》害《がい》の爲《た》め市《し》町《ちよう》村《そん》の荒《くわう》蕪《ぶ》を

來《きた》す如《ごと》き場合《ばあひ》にありては市町村《しちようそん》は特《とく》に之等《これら》災害《さいがい》の救助《きうじよ》の爲《た》め其《そ》の所有《しよいう》の金穀《きんこく》物品《ぶつぴん》を被害者《ひがいしや》に寄附《きふ》し若《もし》くは市町村吏員《しちようそんりゐん》をして特《とく》に之《これ》か救護《きうご》の事務《じむ》を補助《ほじよ》せさるへからす此《かく》の如《ごと》きは直接《ちよくせつ》市町村行政《しちようそんぎやうせい》の事務《じむ》の一部《ぶ》と見做《みな》すことを得《え》さるに似《に》たれとも本制《ほんせい》は特《とく》に此《かく》の如《ごと》き場合《ばあひ》に際《さい》し寄附及補助《きふおよびほじよ》の行爲《かうゐ》を爲《な》すを得《う》るものとしたるなり

〔市〕**第百十六條** 市ハ其ノ必要ナル費用及從來法令ニ依リ又ハ將來法律勅令ニ依リ市ノ負擔ニ屬スル費用ヲ支辨スル義務ヲ負フ

市ハ其ノ財產ヨリ生スル收入、使用料、手數料、過料、過怠金其ノ他法令ニ依リ市ニ屬スル收入ヲ以テ前項ノ支出ニ充テ仍不足アルトキハ市稅及夫役現品ヲ賦課徵收スルコトヲ得

〔町村〕**第九十六條** 町村ハ其ノ必要ナル費用及從來法令ニ依リ又ハ將來法律勅令ニ依リ町村ノ負擔ニ屬スル費用ヲ支辨スル義務ヲ負フ

町村ハ其ノ財產ヨリ生スル收入、使用料、手數料、過料、過怠金其ノ他法令ニ依リ町村ニ屬スル收入ヲ以テ前項ノ支出ニ充テ仍不足アルトキハ町村稅及夫役現品

ヲ賦課徴収スルコトヲ得

市《し》町村《ちやうそん》は一方《はう》にありては獨立《どくりつ》の自治體《じちたい》なると共《とも》に他方《たはう》にありては國《くに》の行政區《ぎやうせいく》劃《くわく》なり故《ゆゑ》に其《そ》の行政事務《ぎやうせいじむ》も市町村《しちやうそん》固有《こいう》の行政事務《ぎやうせいじむ》と國《くに》又《また》は郡府縣《ぐんふけん》の行政《ぎやうせい》にして法律勅令《はふりつちよくれい》により特《とく》に委任《ゐにん》せられたる事務《じむ》との二に區別《くべつ》され得《う》へし而《しか》して市町村《ちやうそん》か此《こ》の二種《しゆ》の行政事務《ぎやうせいじむ》を處理《しより》するに付《つき》ては其《そ》の費用《ひよう》の種類《しゆるい》も自《おのづか》ら二に分《わか》つことを得《う》へし本條《ほんでう》に於《おい》て市町村《しちようそん》の必要《ひつえう》なる費用《ひよう》とは即《すなはち》固有《こいう》の行政事務《ぎようせいじむ》の費《ひ》用《よう》を指《さ》したるものにして法令《はふれい》により從來若《じうらいもしく》は將來《しようらい》に於《おい》て其《そ》の負擔《ふたん》に屬《ぞく》せられたる費用《ひよう》とは即《すなはち》委任《にん》の行政事務《ぎようせいじむ》の費用《ひよう》を謂《い》ふものなり固有《こいう》の行政事務《ぎやうせいじむ》の費用《ひよう》は市町村《しちようそん》に於《おい》て之《これ》か負擔《ふたん》の義務《ぎむ》あるや疑《うたがひ》なし委任《ゐにん》の行政事務《ぎようせいじむ》の費用《ひよう》も亦特《またとく》に負擔《ふたん》すへき義務《ぎむ》あるものとなしたること本條及前述《ほんでうおよびぜんじゆつ》する所《ところ》により知《し》るを得《う》へし

市町村《しちやうそん》か其《そ》の固有《こいう》の行政事務《ぎやせいじむ》竝《ならびに》委《ゐ》任《にん》の行政事務《ぎやうせいじむ》を執行《しつかう》して生《しやう》したる費用《ひよう》を支《し》辨《べん》するには如何《いか》なる收入《しうにふ》に依《よ》るへきや本條《ほんでう》第二項は即其《すなはちそ》の支《し》辨《べん》の方法《はうはふ》を規定《きてい》したるものなり先《ま》つ基本財産《きほんざいさん》より生《しやう》する收入《しうにふ》營造物《えいざうぶつ》の使用料《しようれう》、過料《くわれう》、過怠金《くわたいきん》其《そ》の他《た》の收入《しうにふ》を以《もつ》て之《これ》に充《あ》て不足《ふそく》なる場合《ばあひ》に始《はじ》めて市《し》町村《ちやうそん》税《ぜい》及《およ》び現品《げんぴん》夫役《ぶえき》を徴收し て之《これ》か補充《ほじう》を爲《な》すものとす其《そ》の他《た》法令《はふれい》により市《し》に屬《ぞく》する收入《しうにふ》とは市町村か法《はふ》令《れい》の委任《ゐにん》により國税《こくぜい》府縣税《ふけんぜい》を徴收《ちようしう》するに當《あた》り其《そ》の徴收額《ちようしうがく》の内《うち》一定《てい》の額《がく》を市《し》町《ちよう》村《そん》の收入《しうにふ》となすを謂《い》ふ

【市】 **第百十七條** 市税トシテ賦課スルコトヲ得ヘキモノ左ノ如シ

一、國税府縣税ノ附加税

二、特別税

直接國税又ハ直接府縣税ノ附加税ハ均一ノ税率ヲ以テ之ヲ徴收スヘシ但シ第百六十七條ノ規定ニ依リ許可ヲ受ケタル場合ハ此ノ限ニ在ラス

國税ノ附加税タル府縣税ニ對シテハ附加税ヲ賦課スルコトヲ得ス

特別税ハ別ニ税目ヲ起シテ課税スルノ必要アルトキ賦課徴收スルモノトス

【町村】 **第九十七條** 町村税トシテ賦課スルコトヲ得ヘキモノ左ノ如シ

一、國税府縣税ノ附加税

二、特別税

直接國稅又ハ直接府縣稅ノ附加稅ハ均一ノ稅率ヲ以テ之ヲ徵收スヘシ但シ第百四十七條ノ規定ニ依リ許可ヲ受ケタル場合ハ此ノ限ニ在ラス

國稅ノ附加稅タル府縣稅ニ對シテハ附加稅ヲ賦課スルコトヲ得ス

特別稅ハ別ニ稅目ヲ起シテ課稅スルノ必要アルトキ賦課徵收スルモノトス

市《し》町村《ちようそん》稅《ぜい》には二種《しゆ》あり一は附《ふ》加《か》稅《ぜい》と謂《い》ひ二を特《とく》別《べつ》稅《ぜい》と謂《い》ふ附《ふ》加《か》稅《ぜい》とは定率《ていりつ》を以《もつ》て國《こく》稅《ぜい》府《ふ》縣《けん》稅《ぜい》に附《ふ》加《か》する稅《ぜい》を謂《い》ふ蓋《けだし》一種《しゆ》の稅《ぜい》は之《これ》を二重《ぢう》に徵收《ちようしう》するを許《ゆる》さす從《したが》つて地《ち》租《そ》を徵收《ちようしう》するに當《あた》りては地《ち》租《そ》の稅率《ぜいりつ》に基《もとづ》き其《そ》の範圍《はんゐ》内《ない》に於《おい》て國稅《こくぜい》府《ふ》縣《けん》稅《ぜい》市《し》町村《ちようそん》稅《ぜい》の率《りつ》を定《さだ》むるの必要《ひつえう》を生《しよう》す例《たと》へは地《ち》租《そ》を以《もつ》て地價《ちか》の百分の三十三なりとせは國《こく》稅《ぜい》は其《そ》の三十を取《と》り府《ふ》縣《けん》稅《ぜい》たる地《ち》租《そ》割《わり》と市《し》町村《ちようそん》稅《ぜい》たる地《ち》租《そ》の附《ふ》加《か》稅《ぜい》とは各《かく》其《そ》の間分の一半を徵收《ちようしう》するを得《う》るか如《ごと》き是《これ》なり而《しか》して此《この》百分の一半を國《こく》稅《ぜい》に對《たい》する附《ふ》加《か》稅《ぜい》と謂《い》ふ從《したが》つて附《ふ》加《か》稅《ぜい》は國《こく》稅《ぜい》又《また》は府《ふ》縣《けん》稅《ぜい》の額《がく》を超《てう》過《くわ》することを得《え》さるなり

附《ふ》加《くわ》稅《ぜい》は均《きん》一の稅率《ぜいりつ》を以《もつ》て市《し》町村《ちようそん》の一般《はん》より徵收《ちようしう》するものとなしたるは其《そ》の課《くわ》稅《ぜい》に付《つき》偏《へん》頗《ぱ》を生《しよう》せさらしむるにあり而《しか》して其《そ》の課《くわ》稅《ぜい》の方《はう》法《はふ》の如《ごと》きは市《し》町村《ちようそん》

長《ちやう》の職權《しよくけん》に屬《ぞく》す若《も》し均《きん》一の稅率《ぜいりつ》に依《よ》らすして附加《ふか》稅《せい》を課《くわ》せんとするときは府《ふ》縣《けん》知事《ちじ》の許可《きよか》を必要《ひつえう》とせり

直接稅《ちよくせつぜい》と間接稅《かんせつぜい》との區別《くべつ》直接稅《ちよくせつぜい》とは其《そ》の課稅《くわせい》の目的物《もくてきぶつ》の收取《しうしゆ》により得《う》へき利《り》益《えき》に付納稅《つきなふぜい》義務者《ぎむしや》の確定《かくてい》せるものを謂《い》ひ間接稅《かんせつぜい》とは其《そ》の確定《かくてい》せさるものを謂《い》ふ本制《ほんせい》に於《お》ける直接稅《ちよくせつぜい》間接稅《かんせつぜい》の類別《るゐべつ》を示《しめ》せは左《さ》の如《ごと》し

直接國稅《ちよくせつこくぜい》、地租《ちそ》、所得稅《しよとくぜい》(所得稅法第三條第一項第二種の所得中無記名債權の所得に係かる所得稅を除く)營業稅《えいげふぜい》、鑛業稅《くわうげふぜい》

直接府縣稅《ちよくせつふけんぜい》、地租割《ちそわり》、家屋稅《かをくぜい》、營業稅《えいげふぜい》、雜種稅《ざつしゆぜい》、營業稅《えいげふぜい》附加稅《ふかぜい》

直接市町村稅《ちよくせつしちやうそんぜい》、直接國府縣稅《ちよくせつくにふけんぜい》、附加稅《ふかぜい》、段別割《たんべつわり》

國稅《こくぜい》の附加稅《ふかぜい》たる府縣稅《ふけんぜい》に對《たい》しては更《さら》に市町村《しちやうそん》に於《おい》て之《これ》か附加稅《ふかぜい》を賦課《ふくわ》することを得《え》さるは附加稅《ふかぜい》の率《りつ》は其《そ》の主《しゆ》たる稅率《ぜいりつ》の範圍《はんゐ》内《ない》に於《おい》て一定《てい》の制限《せいげん》あるか爲《た》め更《さら》に其《そ》の附加稅《ふかぜい》の率《りつ》に對《たい》し制限《せいげん》を設《まう》くるは附加稅《ふかぜい》を設《まう》くる趣旨《しゆし》に反《はん》するか故《ゆゑ》なり例《たと》へは直接國稅《ちよくせつこくぜい》の營業稅《えいげふぜい》に對《たい》する府縣稅《ふけんぜい》の營業稅《えいげふぜい》附加稅《ふかぜい》に對《たい》し更《さら》に市町村《じちやうそん》に於《おい》て附加口《ふかぜい》を賦課《ふくわ》することを得《え》さるか如《ごと》き之《これ》なり

特別税《とくべつぜい》は附加税《ふかぜい》を以《もつ》て市町村《しちようそん》の費用《ひよう》を支辨《しべん》するに足《た》らさる場合《はあひ》に限《かぎ》り之《これ》を徴《ちよう》收《しう》することを得《う》るものにして其《そ》の税目《ぜいもく》の如《ごと》き市町村《しちようそん》條例《ぜうれい》を以《もつ》て定《さだ》むるものとす蓋《けだし》特別税《とくべつぜい》は其《そ》の税率《ぜいりつ》の如《ごと》き均《きん》一のものにあらす又《また》市町村《しちようそん》一般《はん》に賦課するものにもあらさるなり

〔市〕**第百十八條**　二月以上市内ニ滯在スル者ハ其ノ滯在ノ初ニ遡リ市税ヲ納ムル義務ヲ負フ

〔町村〕**第九十八條**　三月以上町村内ニ滯在スル者ハ其ノ滯在ノ初ニ遡リ町村税ヲ納ムル義務ヲ負フ

市町村《しちようそん》住民《ぢうみん》か市町村《しちようそん》の負擔《ふたん》を分任《ぶんにん》するは市町村《しちようそん》に住所《ぢうしよ》を有《いう》するに依《よ》るものなること前述《ぜんじゆつ》する所《ところ》の如《ごと》し從《したが》つて一時《じ》其《そ》の市町村《しちようそん》に滯在《たいざい》することあるも直《ただち》に之《これ》か負擔《ふたん》分任《ぶんにん》の義務《ぎむ》を發生《はつせい》するものにあらす然《しか》れと。此《かく》の如《ごと》き一時の滯在者《たいざいしや》と雖《いへど》も其《そ》の滯在《たいざい》の永《なが》きに亘《わた》るときは市町村《しちようそん》に於《おい》て其《そ》の住民《ぢうみん》と同《おな》しく種《しゆ》々の利《り》益《えき》を亨受《きやうじゆ》することを得《う》へし故《ゆゑ》に本制《ほんせい》に於《おい》ては此等《これら》の滯在者《たいざいしや》も其《そ》の滯在期間《たいざいきかん》か三月以上《いじやう》に達《たつ》するときは住民《ぢうみん》と同《おな》しく市町村税《しちようそんぜい》を納《おさ》むる義務《ぎむ》を負《お》ふものとせり而《しか》

して課税《くわぜい》を爲《な》すに付《つ》き滯在《たいざい》の初《はじめ》に遡《さかのぼ》りて徴收《ちようしう》するは蓋《けだし》滯在《たいざい》を以《もつ》て住所《ぢうしよ》と同一に看做《みな》したるに基《もとづ》くなり

【市】第九十九條　市内ニ住所ヲ有セス又ハ三月以上滯在スルコトナシト雖モ市内ニ於テ土地家屋物件ヲ所有シ使用シ若ハ占有シ、市内ニ營業所ヲ設ケテ營業ヲ爲シ又ハ市内ニ於テ特定ノ行爲ヲ爲ス者ハ其ノ土地家屋物件營業若ハ其ノ收入ニ對シ又ハ其ノ行爲ニ對シテ賦課スル市税ヲ納ムル義務ヲ負フ

【町村】第九十九條　町村内ニ住所ヲ有セス又ハ三月以上滯在スルコトナシト雖モ町村内ニ於テ土地家屋物件ヲ所有シ使用シ若ハ占有シ、町村内ニ營業所ヲ設ケテ營業ヲ爲シ又ハ町村内ニ於テ特定ノ行爲ヲ爲ス者ハ其ノ土地家屋物件營業若ハ其ノ收入ニ對シ又ハ其行爲ニ對シテ賦課スル町村税ヲ納ムル義務ヲ負フ

納税《なふぜい》の義《ぎ》務《む》即《すなはち》市町村《しちやうそん》の負《ふ》擔《たん》分《ぶん》任《にん》の義《ぎ》務《む》は一は市《し》町村《ちやうそん》に住所《ぢうしよ》を有《いう》するに原因《げんいん》すると雖《いへど》も其《そ》の義《ぎ》務《む》を生《しやう》するの理《り》由《いう》は納税者《なふぜいしや》か市町村《ちやうそん》の利《り》益《えき》を享有《きやうゆう》するにありとす故《ゆゑ》に假令《たとへ》住所《ぢうしよ》を有《いう》せす若《もしく》は三月以上滯在《たいざい》せすと雖《いへど》も市《し》町村《ちやうそん》の利《り》益《えき》を蒙《かうむ》りたるものは其《そ》の利《り》益《えき》に比《ひ》例《れい》して之《これ》か納税《なふぜい》の義《ぎ》務《む》を有《いう》せしむるも不《ふ》當《たう》にあらさ

るなり市町村內《しちようそんない》に土地家屋《とちかをく》若《もしく》は物件《ぶつけん》を有《いう》し使用《しよう》し又《また》は占有《せんいう》する者《もの》及《およひ》市町村內《しちようそんない》に營業所《えいげふしよ》を有《いう》して營業《えいげふ》を爲《な》すものは一定《てい》の利益《りえき》を得《う》るものと謂《い》はさるへからす又市町村內《しちようそんない》に於《おい》て特定《とくてい》の行爲《かうゐ》を爲《な》すもの例《たと》へは請負《うけおひ》行爲《かうゐ》を爲《な》すものの如《ごと》き亦然《またしか》りとす之等《これら》の者《もの》は其《そ》の利益《りえき》を享有《きやういう》する限度《げんど》に比例《ひれい》して市町村稅《しちようそんぜい》を負擔《ふたん》せさるへからす

【市】 **第百二十條** 納稅者ノ市外ニ於テ所有シ使用シ占有スル土地家屋物件若ハ其ノ收入又ハ市外ニ於テ營業所ヲ設ケタル營業若ハ其ノ收入ニ對シテハ市稅ヲ賦課スルコトヲ得ス

市ノ內外ニ於テ營業所ヲ設ケ營業ヲ爲ス者ニシテ其ノ營業又ハ收入ニ對スル本稅ヲ分別シテ納メサルモノニ對シ附加稅ヲ賦課スル場合及住所滯在市ノ內外ニ涉ル者ノ收入ニシテ土地家屋物件又ハ營業所ヲ設ケタル營業ヨリ生スル收入ニ非サルモノニ對シ市稅ヲ賦課スル場合ニ付テハ勅令ヲ以テ之ヲ定ム

【町村】 **第百條** 納稅者ノ町村外ニ於テ所有シ使用シ占有スル土地家屋物件若ハ其ノ收入又ハ町村外ニ於テ營業所ヲ設ケタル營業若ハ其ノ收入ニ對シテハ町村稅

ノ賦課スルコトヲ得ス

町村ノ内外ニ於テ營業所ヲ設ケ營業ヲ爲ス者ニシテ其ノ營業又ハ收入ニ對スル本稅ヲ分別シテ納メサルモノニ對シ附加稅ヲ賦課スル場合及住所滯在町村ノ内外ニ渉ル者ノ收入ニシテ土地家屋物件又ハ營業所ヲ設ケタル營業ヨリ生スル收入ニ非サルモノニ對シ町村稅ヲ賦課スル場合ニ付テハ勅令ヲ以テ之ヲ定ム

納《なふ》稅《ぜい》の義《ぎ》務《む》は住《ぢう》所《しよ》を市《し》町《ちよう》村《そん》内《ない》に有《いう》すること若《もしく》は市《し》町《ちよう》村《そん》の利《り》益《えき》を享《きやう》受《じゆ》することに原《げん》因《いん》するものなるか故《ゆゑ》に住《ぢう》所《しよ》をも有《いう》せす又《また》利《り》益《えき》をも享《きやう》受《ゆ》せさる市《し》町《ちよう》村《そん》に對《たい》し納《なふ》稅《ぜい》の義《ぎ》務《む》を負《お》ふへきものにあらす此《こ》の理《り》由《いう》に基《もとづ》き市《し》町《ちよう》村《そん》は假令《たとへ》住《ぢう》所《しよ》を有《いう》する住《ぢう》民《みん》と雖《いへど》も其《そ》の市《し》町《ちよう》村《そん》以《い》外《ぐわい》に於《おい》て其《そ》の住《ぢう》民《みん》か所《しよ》有《いう》占《せん》有《いう》使《し》用《よう》する土《と》地《ち》家《か》屋《をく》物《ぶつ》件《けん》若《もしく》は收《しう》入《にふ》又《また》は其《そ》の市《し》町《ちよう》村《そん》外《ぐわい》に設《まう》けたる營《えい》業《げふ》所《しよ》の營《えい》業《げふ》若《もしく》は收《しう》入《にふ》に對《たい》し市《し》町《ちよう》村《そん》稅《ぜい》を賦《ふ》課《くわ》することを得《え》さるなり畢《ひつ》竟《きやう》住《ぢう》民《みん》は二重《ぢう》の市《し》町《ちよう》村《そん》稅《ぜい》を負《ふ》擔《たん》するの義《ぎ》務《む》あらさるに外《ほか》ならす

然《しか》れとも二個《こ》以《い》上《じやう》の市《し》町《ちよう》村《そん》に營《えい》業《げふ》所《しよ》を設《まう》けて營《えい》業《げふ》を爲《な》すものにして其《そ》の營《えい》業《げふ》

若《もしく》は收入《しうにふ》に對《たい》する税金《ぜいきん》を分割《ぶんかつ》せすして納付《なふふ》する者《もの》に各市町村《かくしちやうそん》か市町村税を賦《ふ》課《くわ》する場合《はあひ》、又《また》は住所地《ぢうしよち》と滯在地《たいざいち》とか二個以上《こいじやう》の市町村《しちやうそん》に亘《わた》る者《もの》の收入にして土地家屋物件《とちかをくぶつけん》若《もしく》は營業以外《えいげふいぐわい》の原因《げんいん》に基《もと》つくときに之《これ》に市町村税《しちやうそぜい》を各々附加す る場合《はあひ》は勅令《ちよくれい》を以《もつ》て一々定《さだ》むることとせり蓋納税者《けだしなふぜいしや》に對《たい》し二重《ぢう》の納税を避く るか爲《た》め特《とく》に規定《きてい》したるものとす

【市】

第百二十一條　所得税法第五條ニ掲クル所得ニ對シテハ市税ヲ賦課スルコトヲ得ス

神社寺院祠宇佛堂ノ用ニ供スル建物及其ノ境内地竝敎會所説敎所ノ用ニ供スル建物及其ノ構内地ニ對シテハ市税ヲ賦課スルコトヲ得ス但シ有料ニテ之ヲ使用セシムル者及住宅ヲ以テ敎會所説敎所ノ用ニ充ツル者ニ對シテハ此ノ限ニ在ラス

國府縣市町村其ノ他公共團體ニ於テ公用ニ供スル家屋物件及營造物ニ對シテハ市税ヲ賦課スルコトヲ得ス但シ有料ニテ之ヲ使用セシムル者及使用收益者ニ對シテハ此ノ限ニ在ラス

國ノ事業又ハ行爲及國有ノ土地家屋物件ニ對シテハ國ニ市稅ヲ賦課スルコトヲ得ス

前四項ノ外市稅ヲ賦課スルコトヲ得サルモノハ別ニ法律勅令ノ定ムル所ニ依ル

〔町村〕

第百一條 所得稅法第五條ニ揭クル所得ニ對シテハ町村稅ヲ賦課スルコトヲ得ス

神社寺院祠宇佛堂ノ用ニ供スル建物及其ノ境內地竝敎會所說敎所ノ用ニ供スル建物及其ノ構內地ニ對シテハ町村稅ヲ賦課スルコトヲ得ス但シ有料ニテ之ヲ使用セシムル者及住宅ヲ以テ敎會所說敎所ノ用ニ充ツル者ニ對シテハ此ノ限ニ在ラス

國府縣市町村其ノ他公共團體ニ於テ公用ニ供スル家屋物件及營造物ニ對シテハ町村稅ヲ賦課スルコトヲ得ス但シ有料ニテ之ヲ使用セシムル者及使用收益者ニ對シテハ此ノ限ニ在ラス

國ノ事業又ハ行爲及國有ノ土地家屋物件ニ對シテハ國ニ町村稅ヲ賦課スルコ

トヲ得ス

前四項ノ外町村税ヲ賦課スルコトヲ得サルモノハ法律勅令ノ定ムル所ニ依ル

所得税《しよとくぜい》法《はふ》第五條に掲《かゝ》くる所得《しよとく》は(一)軍人《ぐんじん》從軍《じうぐん》中《ちう》に係《かゝ》る俸給《ほうきふ》(二)扶《ふ》助料《じよれう》及傷痍《しやうゐ》疾病《しつぺい》者《しや》の恩給《おんきふ》(三)旅費《りよひ》學資《がくし》金《きん》及法定《はふてい》扶《ふ》助料《じよれう》(四)營利《えいり》を目的《もくてき》とせさる法人《はふじん》の所得《しよとく》(五)營利《えいり》の事業《じげふ》に屬《ぞく》せさる一時《じ》の所得《しよとく》(六)外國《ぐわいこく》又《また》は此《こ》の法律《はふりつ》を施行《しかう》せさる地《ち》に於《お》ける資《し》產《さん》營業《えいげふ》又《また》は職業《しよくげふ》に依《よ》る所得《しよとく》但《たゞ》し此《こ》の法律《はふりつ》施行地《しかうち》に本店《ほんてん》を有《いう》する法人《はふじん》の所得《しよとく》を除《のぞ》く(七)此《こ》の法律《はふりつ》により所得税《しよとくぜい》を課《くわ》せられたる法人《はふじん》より受《う》くる配當《はいたう》金《きん》及割賦《かつぷ》償《しよう》與《よ》金《きん》之《これ》なり畢竟《ハつきやう》之等《これら》の所得《しよとく》は一は直接《ちよくせつ》市町村《しちやうそん》行政《ぎやうせい》の利益《りえき》より生《しやう》したるものにあらさると一は國税《こくぜい》の賦課《ふくわ》を免除《めんぢよ》したるに由《よ》り其《そ》の附加税《ふかぜい》を課《くわ》すること能《あた》はさるに外《ほか》ならさるなり

神社《じんじや》佛閣《ぶつかく》、敎會所《けうくわいじよ》說敎所《せつけうじよ》竝《ならび》に其《そ》の用地《ようち》の如《ごと》きは利益《りえき》を得《う》るを目的《もくてき》となすものにあらさるか故《ゆゑ》に市町村税《しちやうそんぜい》を免除《めんぢよ》す然《しか》れとも之《これ》か使用《しよう》に付《つき》其《そ》の所有者《しよいうしや》か利益《りえき》の目的《もくてき》を以《もつ》て使用料《しようれう》を領收《りやうしう》するか又《また》は一個《こ》人《じん》の所有《しよいう》家屋《かをく》竝《ならび》に土地《とち》を之《これ》に使用《しよう》する場合《ばあひ》には市町村税《しちやうそんぜい》を賦課《ふくわ》せらるるものとす國《くに》府《ふ》縣《けん》市町村《しちようそん》及公共團體《こうきようだんたい》の公用《こうよう》に供《きよう》する家屋物件《かおくぶつけん》及營造物《えいぞうぶつ》に市町村税《しちようそんぜい》を賦課《ふくわ》せさるは之等《これら》の物件《ぶつけん》は市町村行政《しちようそんぎやうせい》の目的物《もくてきぶつ》にあらすして之《これ》か執行《しつかう》の用《よう》に供《きよう》せらるるものなるか故《ゆゑ》に之《これ》は市町村税《しちようそんぜい》を課《くわ》することを得《え》さるなり然《しか》れとも一個《こ》人《じん》にして之等《これら》の物件《ぶつけん》を所有《しよいう》し市町村《しちようそん》より之《これ》か使用賃銀《しようちんぎん》を領收《りやうしう》するものなるときは之《こ》れに對《たい》し市町村税《しちようそんぜい》を賦課《ふくわ》せらるるものとす

政府《せふ》か事業《じげふ》を經營《けいえい》し又《また》は土地家屋物件《とちかをくぶつけん》を所有《しよいう》する場合《はあひ》に國《くに》に市町村税《しちようそんぜい》を賦課《ふくわ》せさるは畢竟《ひつきやう》市町村《しちようそん》は國《くに》の行政區劃《ぎやうせいくくわく》の一部《ぶ》にして市町村《しちやうそん》は國《くに》に對《たい》し租税《そぜい》を負《ふ》擔《たん》するの義務《ぎむ》あり若《も》し國《くに》に對《たい》し市町村《しちやうそん》か市町村税《しちやうそんぜい》を賦課《ふくわ》するを得《う》るとせは國《くに》の財源《ざいげん》は市町村《しちやうそん》の爲《た》めに涸渇《こかつ》せらるることなるに至《いた》る故《ゆゑ》に本制《ほんせい》に於《おい》て之《これ》を賦《ふ》課《くわ》せさるものとしたるなり

右《みぎ》に述《の》へたるものに對《たい》しては市町村税《しちやうそんぜい》を賦課《ふくわ》することを得《え》されとも猶此《なほこ》の外《ほか》に市町村税《しちやうそんぜい》の賦課《ふくわ》を免除《めんぢよ》する場合《はあひ》あり本制《ほんせい》は一々其《そ》の場合《はあひ》を規定《きてい》せす他《た》の法《はふ》律命令《りつめいれい》の規定《きてい》する所《ところ》に依《よ》るものとせり

「市」

第百二十二條　數人ヲ利スル營造物ノ設置維持其ノ他ノ必要ナル費用ハ其ノ

關係者ニ負擔セシムルコトヲ得

市ノ一部ヲ利スル營造物ノ設置維持其ノ他ノ必要ナル費用ハ其ノ部內ニ於テ市稅ヲ納ムル義務アル者ニ負擔セシムルコトヲ得

前二項ノ場合ニ於テ營造物ヨリ生スル收入アルトキハ先ツ其ノ收入ヲ以テ其ノ費用ニ充ツヘシ前項ノ場合ニ於テ其ノ一部ノ收入アルトキ亦同シ

數人又ハ市ノ一部ヲ利スル財產ニ付テハ前三項ノ例ニ依ル

〔町村〕**第百二條**　數人ヲ利スル營造物ノ設置維持其ノ他ノ必要ナル費用ハ其ノ關係者ニ負擔セシムルコトヲ得

町村ノ一部ヲ利スル營造物ノ設置維持其ノ他ノ必要ナル費用ハ其ノ部內ニ於テ町村稅ヲ納ムル義務アル者ニ負擔セシムルコトヲ得

前二項ノ場合ニ於テ營造物ヨリ生スル收入アルトキハ先ツ其ノ收入ヲ以テ其ノ費用ニ充ツヘシ前項ノ場合ニ於テ其ノ一部ノ收入アルトキ亦同シ

數人又ハ町村ノ一部ヲ利スル財產ニ付テハ前三項ノ例ニ依ル

市町村《しちやうそん》の營造物《えいざうぶつ》は其《そ》の住民《ぢうみん》の共同《きようどう》の使用《しよう》に供《きよう》するものなること前述《ぜんじゆつ》する所《ところ》の

如《ごと》し然《しか》れとも營《えい》造《ざう》物《ぶつ》にして專《もつは》ら數《すう》人《にん》の使《し》用《よう》に供《きよう》せらるるものなるか若《もしく》は一部《ぶ》の住《ぢう》民《みん》の利《り》用《よう》せらるるものなるときは其《そ》の設《せつ》置《ち》維《い》持《ぢ》其《そ》の他《た》之《これ》に要《えう》する費《ひ》用《よう》を其《その》使《し》用《よう》者《しや》にのみ負《ふ》擔《たん》せしむることを得《う》へし畢竟《ひつきやう》其《そ》の使《し》用《よう》にのみ限《かぎ》り利《り》益《えき》を享《きやう》受《じゆ》するものにして他《た》の住《ぢう》民《みん》は何等《なんら》の利《り》益《えき》を受《う》くることなきか爲《た》めなり例《たと》へは用《よう》水《すゐ》樋《ひ》の如《ごと》き之《これ》なり

住《ぢう》民《みん》は營《えい》造《ざう》物《ぶつ》の使《し》用《よう》に付《つき》之《これ》か使《し》用《よう》料《れう》を支《し》拂《はら》ふの義《ぎ》務《む》あるものにして從《したが》つて市《し》町村《ちやうそん》は營《えい》造《ざう》物《ぶつ》より收《しう》入《にふ》を得《う》るものとす而《しか》して此《こ》の收《しう》入《にふ》を以《もつ》て其《そ》の營《えい》造《ざう》物《ぶつ》の保《ほ》存《ぞん》管理《くわんり》の費《ひ》用《よう》等《とう》に充《じう》當《たう》するは其《そ》の營《えい》造《ざう》物《ぶつ》の保《ほ》存《ぞん》竝《ならび》に管理《くわんり》を完全《くわんぜん》ならしむると共《とも》に之《これ》か使《し》用《よう》者《しや》の利《り》益《えき》をも保《ほ》護《ご》するものと謂《い》はさるへからす若《も》し營《えい》造《ざう》物《ぶつ》より生《じやう》する收《しう》入《にふ》を他《た》の費《ひ》用《よう》の爲《た》めに支《し》出《しゆつ》せんか營《えい》造《ざう》物《ぶつ》の保《ほ》存《ぞん》全《まつた》きを得《え》す且《かつ》之《これ》か使《し》用《よう》者《しや》の利《り》益《えき》を減《げん》縮《しゆく》するに至《いた》るへくかゝる理《り》由《いう》に基《もとづ》き其《そ》の收《しう》入《にふ》は先《ま》つ以《もつ》て營《えい》造《ざう》物《ぶつ》の費《ひ》用《よう》に充《あ》つへきものとせり

市町村《しちようそん》有《いう》の財《ざい》產《さん》にして舊《きう》慣《くわん》等《とう》により數《すう》人《にん》又《また》は一部《ぶ》の住《ぢう》民《みん》のみに限《かぎ》り之《これ》か利《り》益《えき》を收《しう》得《とく》せる場《は》合《あひ》に於《おい》ても前《ぜん》述《じゆつ》せる營《えい》造《ざう》物《ぶつ》の場《は》合《あひ》と同《おな》しく其《そ》の財《ざい》產《さん》に要《えう》する費《ひ》

用《よう》は之《これ》か收益者《しうえきしや》の負擔《ふたん》となすへく之《ご》れより生《しやう》する收入《しうにふ》は先《ま》つ以《もつ》て其《そ》の費用《ひよう》に充當《じうたう》すへきものとす

〔市〕第百二十三條　市稅及其ノ賦課徵收ニ關シテハ本法其ノ他ノ法律ニ規定アルモノノ外勅令ヲ以テ之ヲ定ムルコトヲ得

〔町村〕第百三條　町村稅及其ノ賦課徵收ニ關シテハ本法其ノ他ノ法律ニ規定アルモノノ外勅令ヲ以テ之ヲ定ムルコトヲ得

市《し》町村《ちようそん》稅《ぜい》竝《ならび》に其《そ》の賦《ふ》課徵收《くわちようしう》に關《くわん》する事件《じけん》は法律《はふりつ》によりて規定《きてい》するものなることは憲法《けんはふ》に認《みと》められたる原則《げんそく》なりとす然《しか》れとも本制《ほんせい》に於《おい》ては本制《ほんせい》其《そ》の他《た》の法律《はふりつ》に規定《きてい》なきものに付《つい》ては特《とく》に勅令《ちよくめい》を以《もつ》て定《さだ》むることを得《う》るものとせり畢竟《ひつきやう》本制《ほんせい》か勅令《ちよくれい》に委《ゐ》任《にん》したるに外《ほか》ならす

〔市〕第百二十四條　數人又ハ市ノ一部ニ對シ特ニ利益アル事件ニ關シテハ市ハ不均一ノ賦課ヲ爲シ又ハ數人若ハ市ノ一部ニ對シ賦課ヲ爲スコトヲ得

〔町村〕第百四條　數人又ハ町村ノ一部ニ對シ特ニ利益アル事件ニ關シテハ町村ハ不均一ノ賦課ヲ爲シ又ハ數人若ハ町村ノ一部ニ對シ賦課ヲ爲スコトヲ得

住民《ぢうみん》か市町村《しちやうそん》の負《ふ》擔《たん》を分任《ぶんにん》するは住民《ぢうみん》か一定《てい》の利《り》益《えき》を享受《きやうじゆ》するに原因《げんいん》するものにして從《したが》つて其《そ》の利《り》益《えき》の限度《げんど》により之《これ》か負《ふ》擔《たん》を爲《な》すは最《もつとも》至當《したう》なりと謂《い》はさるへからす故《ゆゑ》に市町村《しちやうそん》の或《あ》る事件《けん》にして單《たん》に數人《すうにん》若《もし》くは一部《ぶ》の者《もの》のみを利《り》益《えき》するものなるときは之《これ》か費《ひ》用《よう》の負《ふ》擔《たん》を其《そ》の數人《すうにん》の者若《ものもしく》は其《そ》の一部《ぶ》に對《たい》しなさしめ且《か》つ其《そ》の利《り》益《えき》の限度《げんど》に應《おう》し他《た》の者《もの》と不均《ふきん》一の賦《ふ》課《くわ》を爲《な》すことを得《う》へし

〔市〕**第百二十五條**　夫役又ハ現品ハ直接市税ヲ準率ト爲シ直接市役ヲ賦課セサル市ニ於テハ直接國税ヲ準率ト爲シ且之ヲ金額ニ算出シテ賦課スヘシ但シ第百六十七條ノ規定ニ依リ許可ヲ受ケタル場合ハ此ノ限ニ在ラス

學藝美術及手工ニ關スル勞務ニ付テハ夫役ヲ賦課スルコトヲ得ス

夫役ヲ賦課セラレタル者ハ本人自ラ之ニ當リ又ハ適當ノ代人ヲ出スコトヲ得

夫役又ハ現品ハ金錢ヲ以テ之ニ代フルコトヲ得

第一項及前項ノ規定ハ急迫ノ場合ニ賦課スル夫役ニ付テハ之ヲ適用セス

〔町村〕**第百五條**　夫役及現品ハ直接町村税ヲ準率ト爲シ直接町村税ヲ賦課セサル町村ニ於テハ直接國税ヲ準率ト爲シ且之ヲ金額ニ算出シテ賦課スヘシ但シ第百

四十七條ノ規定ニ依リ許可ヲ受ケタル場合ハ此ノ限ニ在ラス

學藝美術及手工ニ關スル勞務ニ付テハ夫役ヲ賦課スルコトヲ得ス

夫役ヲ賦課セラレタル者ハ本人自ラ之ニ當リ又ハ適當ノ代人ヲ出スコトヲ得

夫役又ハ現品ハ金錢ヲ以テ之ニ代フルコトヲ得

第一項及前項ノ規定ハ急迫ノ場合ニ賦課スル夫役ニ付テハ之ヲ適用セス

租《そ》稅《ぜい》徵收法《ちようしうはふ》の沿革《えんかく》より謂《い》へは社會經濟《しやくわいけいざい》の未《いま》た發達《はつたつ》せさる時代《じだい》に於《おい》ては專《もつぱ》ら夫《ふ》役《やく》竝《ならびに》現品《げんぴん》の徵稅法《ちようぜいはふ》の行《おこな》はれしものにして彼《か》の租《そ》庸調《ようてう》の如《ごと》き卽之《すなはちこれ》なり然《しか》れとも現今《げんこん》社會經濟《しやくわいけいざい》の進歩《しんぽ》と共《とも》に徵稅法《ちようぜいはふ》は舊時《きうじ》の現品《げんぴん》夫役《ふやく》に代《か》へて金納法《きんなふはふ》を採《と》るに至《いた》れり然《しか》れとも尙《なほ》夫役現品《ふやくげんぴん》の賦課《ふくわ》を必要《ひつえう》とする場合《はあひ》あり殊《こと》に町村《ちやうそん》にありては農時《のうじ》の間隙《かんげき》に於《おい》て夫役《ふやく》を課《くわ》するときは租《そ》稅《ぜい》の負擔《ふたん》を輕《かろ》からしむるの利益《りえき》あるものなり

夫役現品《ふやくげんぴん》を賦課《ふくわ》するは主《しゆ》として市町村公共《しちやうそんこうきよう》の事業《じげふ》を起《おこ》す場合《はあひ》又《また》は住民《ぢうみん》の公共《こうきよう》の安寧《あんねい》を維持《いぢ》するの場合《はあひ》なりとす例《たと》へは市町村《しちやうそん》の水利《すゐり》の便《べん》を計《はか》り交通《かうつう》の利《り》を得《え》んか爲《た》め溝渠《かうきよ》を開穿《かいせん》し橋梁《けうれう》を架《か》すに當《あた》り人夫《にんぷ》を出《いだ》さしめ又《また》は之《これ》か村料《ざいれう》を集《あつ》

むるか如《ごと》き又《また》水《すゐ》害《がい》を防《ふせ》き火《くわ》災《さい》を避《さ》けんか爲め堤《てい》防《ばう》を修《しう》築《ちく》し道《だう》路《ろ》を廣《ひろ》ふするに當《あた》り住《ぢう》民《みん》に勞《らう》務《む》を供《きよう》せしむるか如《ごと》き即《すなはち》之《これ》なり蓋《けだし》是等《これら》の事《じ》業《げふ》は市《し》町《ちやう》村《そん》住《ぢう》民《みん》の勞《らう》力《りよく》又《また》は其《そ》の所《しよ》有《いう》の現《げん》品《ぴん》を出《いだ》して經《けい》營《えい》することを得《う》るものにして必《かなら》しも其《そ》税《ぜい》を徴《ちよう》收《しう》するの必《ひつ》要《えう》を見《み》さるなり

然《しか》れとも學《がく》藝《げい》美《び》術《じゆつ》竝《ならびに》手《しゆ》工《こう》の如《ごと》きは專《せん》門《もん》の智《ち》識《しき》若《もしく》は技《ぎ》術《じゆつ》を要《えう》するものにあらされは能《よ》くなすことを得《え》さるか故《ゆゑ》に之等《これら》の事《じ》業《げふ》に付《つき》夫《ふ》役《やく》を課《くわ》するも其《そ》の目《もく》的《てき》を達《たつ》することを能《あた》はす故《ゆゑ》に之《これ》を除《ぢよ》外《ぐわい》したるなり

夫《ふ》役《やく》現《げん》品《ぴん》は同《おな》しく一種《しゆ》の租《そ》税《ぜい》なるを以《もつ》て市《し》町《ちやう》村《そん》税《ぜい》を納《おさ》むるものに賦《ふ》課《くわ》し其《そ》の税《ぜい》額《がく》も亦《また》直《ちよく》接《せつ》市《し》町《ちやう》村《そん》税《ぜい》の納《なふ》税《ぜい》に準《じゆん》すへきものとす唯《たゞ》府《ふ》縣《けん》知《ち》事《じ》の許《きよ》可《か》ありたるときは此《かく》の如《ごと》き準《じゆん》率《りつ》に依《よ》らさるを得《う》ると共《とも》に急《きふ》迫《はく》の場《ば》合《あひ》の如《ごと》きは一々其《そ》の納《なふ》税《ぜい》額《がく》に依《よ》るの暇《いとま》なきを以《もつ》て特《とく》に例《れい》外《ぐわい》に屬《ぞく》するものとす

夫《ふ》役《やく》現《げん》品《ぴん》の制《せい》は舊《きう》時《じ》の慣《くわん》例《れい》を認《みと》めたるに過《す》きす且《かつ》此《こ》の方《はう》法《はふ》は社《しや》會《くわい》經《けい》濟《ざい》の發《はつ》達《たつ》せるに當《あた》りては全《まつた》く之《これ》を應《おう》用《よう》するを得《え》さる場《ば》合《あひ》あり故《ゆゑ》に本《ほん》制《せい》は現《げん》今《こん》の經《けい》濟《ざい》の狀況《じやうたい》に適《てき》應《おう》せしめんか爲《た》め本《ほん》人《にん》自《みづか》ら其《そ》の役《えき》務《む》に從《じう》事《じ》すると相《さう》當《たう》の代《だい》人《にん》を出《いだ》す

との選擇《せんたく》の自由《じいう》を得《え》せしめたるのみならす急迫《きふはく》ならさる場合《はあひ》には金圓《きんゑん》を以《もつ》て夫役《ふやく》現品《げんぴん》に代《か》ゆることを得《う》るものとせり蓋《けだし》大都市《だいとし》の如《ごと》き屢々《しは〳〵》此《こ》の必要《ひつえう》な生《しやう》するものとす其《そ》の金圓《きんゑん》の代金《だいきん》の如《ごと》き元《もと》より地方《ちはう》の勞務《らうむ》の賃銀《ちんぎん》の値《あたひ》若《もし》くは現品《げんぴん》の相場《さうば》に比例《ひれい》すへきものとす急迫《きふはく》の場合《はあひ》に於《おい》て夫役《ふやく》を課《くわ》するは特《とく》に一定《てい》の勞務《らうむ》を必要《ひつえう》とするものなるか故《ゆゑ》に金納《きんなふ》を許《ゆる》すときは夫役《やく》を課《くわ》する目的《もくてき》を達《たつ》することを得《え》さるか故《ゆゑ》に之《これ》を許《ゆる》すへきにあらす例《たと》へは水火《すゐくわ》災害《さいがい》に當《あた》り多數《たすう》の人員《じんゐん》の勞力《らうりよく》を要《えう》するに當《あた》りては人員《にんゐん》の徴收《ちようしう》に依《よ》らすして金圓《きんゑん》を以《もつ》てしては公衆《こうしう》の災害《さいがい》を即時《そくじ》に防《ふせ》くを得《え》さるや明《あきら》かなり

〔市〕

第百二十六條　非常災害ノ爲必要アルトキハ市ハ他人ノ土地ヲ一時使用シ又ハ其ノ土石竹木其ノ他ノ物品ヲ使用シ若クハ使用スルコトヲ得但シ其ノ損失ヲ補償スヘシ

前項ノ場合ニ於テ危險防止ノ爲メ必要アルトキハ市長、警察官吏、又ハ監督官廳ハ市內ノ居住者ヲシテ防禦ニ從事セシムルコトヲ得

第一項但書ノ規定ニ依リ補償スヘキ金額ハ協議ニ依リ之ヲ定ム協議調ハサルトキハ鑑定人ノ意見ヲ徴シ府縣知事之ヲ決定ス決定ヲ受ケタル者其ノ決定ニ不服アルトキハ内務大臣ニ訴願スルコトヲ得

前項ノ決定ハ之書ヲ以テ之ヲ爲シ其ノ理由ヲ附シ之ヲ本人ニ交付スヘシ

第一項ノ規定ニ依リ土地ノ一時使用ノ處分ヲ受ケタル者其ノ處分ニ不服アルトキハ府縣知事ニ訴願シ其ノ裁決ニ不服アルトキハ内務大臣ニ訴願スルコトヲ得

〔町村〕**第百六條**　非常災害ノ爲必要アルトキハ町村ハ他人ノ土地ヲ一時使用シ又ハ其ノ土石竹木其ノ他ノ物品ヲ使用シ若ハ收用スルコトヲ得但シ其ノ損失ヲ補償スヘシ

前項ノ場合ニ於テ危險防止ノ爲必要アルトキハ町村長、警察官吏又ハ監督官廳ハ町村内ノ居住者ヲシテ防禦ニ從事セシムルコトヲ得

第一項但書ノ規定ニ依リ補償スヘキ金額ハ協議ニ依リ之ヲ定ム協議調ハサルトキハ鑑定人ノ意見ヲ徴シ府縣知事之ヲ決定ス決定ヲ受ケタル者其ノ決定ニ

不服アルトキハ内務大臣ニ訴願スルコトヲ得

前項ノ決定ハ文書ヲ以テ之ヲ爲シ其ノ理由ヲ附シ之ヲ本人ニ交付スヘシ

第一項ノ規定ニ依リ土地ノ一時使用ノ處分ヲ受ケタル者其ノ處分ニ不服アルトキハ郡長ニ訴願シ其ノ裁決ニ不服アルトキハ府縣知事ニ訴願シ其ノ裁決ニ不服アルトキハ内務大臣ニ訴願スルコトヲ得

夫《ふ》役《やく》現《げん》品《ぴん》の賦《ふ》課徴收は其《そ》の納《なふ》税《ぜい》義《ぎ》務《む》者《しや》に對《たい》する市町村《しちやうそん》の權利《けんり》なれとも或《ある》緊急《きんきふ》の事情《じやう》に際《さい》しては此《こ》の夫《ふ》役《やく》現《げん》品《ぴん》の賦《ふ》課徴收《くわちようしう》によりては其《そ》の緊急《きんきふ》の事情《じやう》を救濟《きうさい》するに足《た》らさることあり是《こゝ》に於《おい》てか非常災害《ひじやうさいがい》に於《お》ける市町村《しちやうそん》の緊急處分《きんきふしよぶん》の必《ひつ》要《えう》を生《しやう》するなり

非常災害《ひじやうさいがい》の場《ば》合《あひ》例《たと》へは怒《ど》濤《たう》の爲《た》めに海水《かいすゐ》か市町村《しちやうそん》の防波堤《ばうはてい》を壞碎《くわいさい》し去《さ》らんとする場《ば》合《あひ》に於《おい》て之《これ》か防波《ばうは》の爲《た》め其《そ》の附近《ふきん》の土《と》地《ぢ》若《もしく》は其《そ》の隣地《りんち》に堆積《たいせき》しある土《ど》石竹木《せきちくぼく》を使用《しよう》すれは之《これ》か災害《さいがい》を防止《ばうし》するを得《う》へき充分《じうぶん》の方法《はうはふ》ありとせは却《かへつ》て迂遠《うゑん》なる夫《ふ》役《やく》若《もし》くは現品《げんぴん》の賦《ふ》課徴收《くわちようしう》を爲《な》して尚且《なほかつ》其《そ》の目的《もくてき》を達《たつ》するを得《う》るや否《いな》や不確實《ふかくじつ》なる際《さい》にありては寧《むし》ろ夫《ふ》役《やく》若《もし》くは現品《げんぴん》の賦《ふ》課徴收《くわちようしう》の方法《はうはふ》に依《よ》らす

して最《もつと》も簡易《かんい》且《かつ》迅速《じんそく》に其《そ》の目的《もくてき》を達《たつ》するの方法《はうはふ》を講《かう》するの必要《ひつえう》あり其《そ》の方法《はうはふ》とは即《すなは》ち應急《おうきふ》の目的《もくてき》の爲《た》めに一時《じ》私人《しじん》の土地《とち》を使用《しよう》し若《もし》くは土石竹木《とせきちくぼく》其《そ》の他《た》の物品《ぶつぴん》を徴收《ちようしう》するにあり之《これ》を稱《しよう》して市町村《しちやうそん》の緊急處分權《きんきふしよぶんけん》と謂《い》ふ之《これ》か處分《しよぶん》の後《のち》其《そ》の損害《そんがい》を補償《ほしやう》するは其被害者《そのひがいしや》をして舊狀《きうじやう》に復《ふく》せしむるにあり是《こ》の點《てん》より見《み》れは緊急處分《きんきふしよぶん》による土地《とち》の使用若《しようもしく》は土石竹木《とせきちくぼく》其《そ》の他物品《たぶつぴん》の徴收《ちようしう》か夫役現品《ふやくげんぴん》の賦《ふ》課《くわ》と異《こと》なる處《ところ》なりとす

市町村《しちやうそん》の非常災害《ひじやうさいがい》の場合《ばあひ》は危險防止《きけんぼうし》の爲《た》め市長《しちやう》、警察官《けいさつくわん》又《また》は監督官廳《かんとくくわんちやう》の命《めい》によ《よ》り居住民《きよぢうみん》をして奔勞《ほんらう》せさるへからさる義務《ぎむ》を負《お》はしめたるは市町村《しちやうそん》の緊急狀《きんきふじやう》態《たい》に原因《げんいん》するものにして住民《ぢうみん》一般《はん》か之《こ》れに從事《じうじ》するの義務《ぎむ》あるの點《てん》に於《おい》て夫《ふ》役《やく》と異《こと》なる所《ところ》とす

市町村《しちやうそん》か非常災害《ひじやうさいがい》の場合《ばあひ》により緊急處分《きんきふしよぶん》は住民《ぢうみん》の財産權《ざいさんけん》に關係《くわんけい》を及《およ》ほすものなるか故《ゆゑ》に其《そ》の損害《そんがい》の補償《ほしやう》の價格《かかく》の如《ごと》き先《ま》つ被害者《ひがいしや》と市町村《しちやうそん》との協議《けふぎ》に依《よ》らしむるとするも協議調《けふぎとゝの》はさる場合《ばあひ》に於《おい》ては監督官廳《かんとくくわんちやう》の決定《けつてい》に委《ゆだ》ねさるへからす

非常災害《ひじやうさいがい》の爲《ため》緊急處分《きんきふしよぶん》により土地《とち》を使用《しよう》するは本條《ほんでう》に認《みと》むる處《ところ》なれとも其《そ》の使用《しよう》は果《はた》して緊急《きんきふ》の必要《ひつえう》に基《もとづ》くものなるや若《も》し其《そ》の必要《ひつえう》なきものとすれは土地《とち》の使用《しよう》は不法《ふはふ》のものたるを免《まぬか》れす故《ゆゑ》に其《そ》の使用《しよう》に付《つき》處分《しよぶん》を受《う》けたる者《もの》之《これ》に不服《ふふく》なる場合《ばあひ》には訴願《そがん》の方法《はうはふ》により其《そ》の救濟《きうさい》を求《もと》むることを得《う》るものとせり

〔市〕 **第百二十七條** 市税ノ賦課ニ關シ必要アル場合ニ於テハ當該官吏ハ日出ヨリ日沒迄ノ間營業者ニ關シテハ仍其ノ營業時間内家屋又ハ營業所ニ臨檢シ又ハ帳簿物件ノ檢査ヲ爲スコトヲ得

前項ノ場合ニ於テハ當該吏員ハ其ノ身分ヲ證明スヘキ證票ヲ携帯スヘシ

〔町村〕 **第百七條** 町村税ノ賦課ニ關シ必要アル場合ニ於テハ當該官吏ハ日出ヨリ日沒迄ノ間營業者ニ關シテハ仍其ノ營業時間内家宅又ハ營業所ニ臨檢シ又ハ帳簿物件ノ檢査ヲ爲スコトヲ得

前項ノ場合ニ於テハ當該官吏ハ其ノ身分ヲ證明スヘキ證票ヲ携帯スヘシ

市町村税《しちやうそんぜい》を賦課《ふくわ》するに付《つき》ては納税義務者《なふぜいぎむしや》の所得《しよとく》、所有物件《しよいうぶつけん》を標準《ひやうじゆん》として之《これ》か額《がく》を定《さだ》めさるへからす從《したが》つて納税義務者《なふぜいぎむしや》の家宅《かたく》に臨檢《りんけん》し若《もしく》は營業所《えいげふしよ》の帳簿物件《ちやうはぶつけん》の檢査《けんさ》するの必要《ひつえう》を生《しやう》するものとす然《しか》れとも何人《なにびと》と雖《いへど》も法律《はふりつ》の規定《きてい》に依《よ》らすして家宅《かたく》に侵入《しんにふ》せらるることなきは憲法《けんはふ》の保證《ほしよう》する所《ところ》なり本條《ほんでう》は特《とく》に吏員《りゐん》か職務《しよくむ》執行《しつかう》の爲《た》め家宅《かたく》臨檢《りんけん》營業《えいげふ》帳簿《ちやうは》檢査《けんさ》を爲《な》すを得《う》ることを認《みと》めたるなり市町村《しちやうそん》吏員《りゐん》か市町村《しちやうそん》税《ぜい》の賦課《ふくわ》に關《くわん》し家宅《かたく》に臨檢《りんけん》し營業《えいげふ》帳簿《ちやうは》の調査《てうさ》を爲《な》すに當《あた》り其《そ》の吏員《りゐん》たるの身分《みぶん》證明《しようめい》を携帶《けいたい》すへきものと爲《な》したるは職務《しよくむ》ある吏員《りゐん》たることを證明《しようめい》するか爲《た》めなり

〔市〕**第百二十八條**　市長ハ納税者中特別ノ事情アル者ニ對シ納税延期ヲ許スコトヲ得其ノ年度ヲ越ユル場合ハ市參事會ノ議決ヲ經ヘシ

市ハ特別ノ事情アル者ニ限リ市税ヲ減免スルコトヲ得

〔町村〕**第百八條**　町村長ハ納税者中特別ノ事情アル者ニ對シ納税延期ヲ許スコトヲ得其ノ年度ヲ越ユル場合ハ町村會ノ議決ヲ經ヘシ

町村ハ特別ノ事情アル者ニ限リ町村税ヲ減免スルコトヲ得

市町村長《しちやうそんちやう》は自己《じこ》の意見《いけん》により特別《とくべつ》の事情《じじやう》あるものの例《たと》へは災害《さいがい》に罹《かゝ》り一時《じ》無《む》資《し》力《りよく》となりたる者《もの》に對《たい》し會計《くわいけい》年度《ねんど》内《ない》に限《かぎ》り納税《なふぜい》延期《えんき》を許可《きよか》することを得《う》蓋《けだし》此《かく》の

如《ごと》き者《もの》は新《あら》たに資力《しりよく》を得《う》るにあらされは到底《たうてい》納税《なふぜい》の義務《ぎむ》を履行《りかう》すること能《あた》はす會計年度《くわいけいねんど》を越《こ》へて延期《えんき》を許可《きよか》する場合《ばあひ》に市參事會町村會《しさんじくわいちやうそんくわい》の議決《ぎけつ》を必要《ひつえう》となしたるは市町村長《しちやうそんちやう》は豫算《よさい》により一つ會計年度內《くわいけいねんどない》に收支命令《しうしめいれい》を發《はつ》し之《これ》を徵收《ちようしう》すへき責任《せきにん》あるか故《ゆゑ》に若《も》し其《そ》の年度《ねんど》を越《こ》ゆる場合《ばあひ》には更《さら》に議決機關《ぎけつきくわん》をして收入《しうにふ》の變更《へんかう》を議決《ぎけつ》せしむる必要《ひつえう》あるによるなり

納税義務者《なふぜいぎむしや》か無資力者《むしりよくしや》たるか又《また》は不時《ふじ》の災害《さいがい》に遭遇《さうぐう》せる場合《ばあひ》にありては市町《しちやう》村税《そんぜい》の徵收《ちようしう》の効果《かうくわ》を得《え》られさることあり然《しか》れとも若《も》し之《これ》か徵收《ちようしう》の滿足《まんぞく》を得《え》られさる場合《ばあひ》に其《そ》の權利《けんり》を永久《えいきう》に保存《ほこ》するも單《たん》に市町町行政事務《しちやうそんぎやうせいじむ》の延滯《えんたい》を來《きた》すのみとなるにより特別《とくべつ》の事情《じじやう》あるものには其《そ》の市町村税《しちやうそんぜい》を減額《げんがく》し若《もしく》は之《これ》を全《ぜん》免《めん》することを得《う》るものとしたるなり

【市】

第百二十九條 使用料、手數料及特別税ニ關スル事項ニ付テハ市條例ヲ以テ之ヲ規定スヘシ其ノ條例中ニハ五圓以下ノ過料ヲ科スル規定ヲ設クルコトヲ得

財產又ハ營造物ノ使用ニ關シテハ市條例ヲ以テ五圓以下ノ過料ヲ科スル規定ヲ設クルコトヲ得

過料ノ處分ヲ受ケタル者其ノ處分ニ不服アルトキハ府縣參事會ニ願訴シ其ノ裁決ニ不服アルトキハ行政裁判所ニ出訴スルコトヲ得

前項ノ裁決ニ付テハ府縣知事又ハ市長ヨリモ訴訟ヲ提起スルコトヲ得

〔町村〕**第百九條**　使用料、手數料及特別税ニ關スル事項ニ付テハ町村條例ヲ以テ之ヲ規定スヘシ其ノ條例中ニハ五圓以下ノ過料ヲ科スル規程ヲ設クルコトヲ得

財產又ハ營造物ノ使用ニ關シテハ町村條例ヲ以テ五圓以下ノ過料ヲ科スル規程ヲ設クルコトヲ得

過料ノ處分ヲ受ケタル者其ノ處分ニ不服アルトキハ府縣參事會ニ訴願シ其ノ裁決ニ不服アルトキハ行政裁判所ニ出訴スルコトヲ得

前項ノ裁決ニ付テハ府縣知事又ハ町村長ヨリモ訴訟ヲ提起スルコトヲ得

使《し》用《よう》料《れう》、手《て》數《すう》料《れう》及特《とく》別《べつ》税《ぜい》の如《い》何《か》なるものなるや前《ぜん》述《じゆつ》する所《ところ》の如《ごと》し而《しか》して之《こ》れ等《ら》に關《くわん》しては市《し》町《ちやう》村《そん》條《でう》例《れい》の中《うち》に規《き》定《てい》すへきものとなしたるは蓋《けだし》使用《よう》料《れう》手《て》數《すう》料《れう》及特《とく》別《べつ》税《ぜい》の如《ごと》きは各《かく》市《し》町《ちやう》村《そん》の營《えい》造《ざう》物《ぶつ》及財《ざい》產《さん》の種《しゆ》類《るゐ》多《た》寡《くわ》並《ならび》に都《と》鄙《ひ》の差《さ》別《べつ》により其《そ》の方《はう》法《はふ》並《ならび》に金《きん》額《がく》を異《こと》にせさるへからす故《ゆゑ》に本《ほん》制《せい》に於《おい》て各《かく》市《し》町《ちやう》村《そん》に確《かく》一の規《き》定《てい》

を設《まう》くることを得《え》さるものとの趣旨《しゆし》に基《もとづ》き總《すべ》て市町村條例《しちやうそんでうれい》の規定《きてい》に委任《ゐにん》したるに外《ほか》ならす

過料《くわれう》は個人《こじん》の財産權《ざいさんけん》に對《たい》する強制的《きやうせいてき》の徴收方法《ちようしうはうはふ》なると共《とも》に特別《とくべつ》の不行爲《ふかうゐ》に對《たい》する制裁《せいさい》なるか故《ゆゑ》に法律命令《はふりつめいれい》に規定《きてい》すへきものなれとも本制《ほんせい》は特《とく》に五圓以下《いか》の過料《くわれう》を科《くわ》すを得《う》へき規定《きてい》を市町村條例《しちやうそんでうれい》の中《うち》に設《まう》くることを許《ゆる》したり蓋《けだし》使用《しよう》料手數料《れうてすうれう》及特別税《とくべつぜい》に關《くわん》する事項《じかう》を總《すべ》て市町村條例《しちやうそんでうれい》を以《もつ》て規定《きてい》すへきものと爲《な》したる以上《いじやう》は其《そ》の規定《きてい》する納税義務者《なふぜいぎむしや》に對《たい》する制裁《せいさい》をも此《こ》の條例中《でうれいちう》に規定《きてい》するを要《えう》するや明《あきら》かなり

過料《くれう》處分《しよぶん》は個人《こじん》に財産上《ざいさんじやう》の苦痛《くつう》を生《しやう》せしむる制裁《せいさい》なるか故《ゆゑ》に特《とく》に個人《こじん》の財《ざい》産權《さんけん》を保護《ほご》するの精神《せいしん》より其《そ》の處分《しよぶん》を受《う》けたる者《もの》に訴訟願《そしようがん》及訴願《そがん》による之《これ》か救濟《きうさい》の途《みち》を與《あた》へたり

市町村長《しちやうそんちやう》並《ならび》に府縣知事《ふけんちじ》に訴願《そがん》を提起《ていき》するの權《けん》を認《みと》めたるは蓋《けだし》過料《くわれう》の處分《しよぶん》は市《し》町村《ちやうそん》の租税徴收《そぜいちようしう》の權限《けんげん》の當否《たうひ》に關係《くわんけい》するものなるに外《ほか》ならす

第百三十條　市税ノ賦課ヲ受ケタル者其ノ賦課ニ付違法又ハ錯誤アリト認ム

ルトキハ徴税令書ノ交付ヲ受ケタル日ヨリ三月以内ニ市長ニ異議ノ申立ヲ爲スコトヲ得

財産又ハ營造物ヲ使用スル權利ニ關シ異議アル者ハ之ヲ市長ニ申立ツルコトヲ得

前二項ノ異議ハ之ヲ市參事會ノ決定ニ付スヘシ決定ヲ受ケタル者其ノ決定ニ不服アルトキハ府縣參事會ニ訴願シ其ノ裁決又ハ第五項ノ裁決ニ不服アルトキハ行政裁判所ニ出訴スルコトヲ得

第一項及前項ノ規定ハ使用料手數料及加入金ノ徴收竝夫役現品ノ賦課ニ關シ之ヲ準用ス

前二項ノ規定ニ依ル決定及裁決ニ付テハ市長ヨリモ訴願又ハ訴訟ヲ提起スルコトヲ得

前三項ノ規定ニ依ル議決ニ付テハ府縣知事ヨリモ訴訟ヲ提起スルコトヲ得

〔町村〕**第百十條**　町村税ノ賦課ヲ受ケタル者其ノ賦課ニ付違法又ハ錯誤アリト認ムルトキハ徴税令書ノ交付ヲ受ケタル日ヨリ三月以内ニ町村長ニ異議ノ申立ヲ

爲スコトヲ得

財產又ハ營造物ヲ使用スル權利ニ關シ異議アル者ハ之ヲ町村長ニ申立ツルコトヲ得

前二項ノ異議ハ之ヲ町村會ノ決定ニ付スヘシ決定ヲ受ケタル者其ノ決定ニ不服アルトキハ府縣參事會ニ訴願シ其ノ裁決又ハ第五項ノ裁決ニ不服アルトキハ行政裁判所ニ出訴スルコトヲ得

第一項及前項ノ規定ハ使用料手數料及加入金ノ徵收竝夫役現品ノ賦課ニ關シ之ヲ準用ス

前二項ノ規定ニ依ル決定及裁決ニ付テハ町村長ヨリモ訴願又ハ訴訟ヲ提起スルコトヲ得

前三項ノ規定ニ依ル裁決ニ付テハ府縣知事ヨリモ訴訟ヲ提起スルコトヲ得

市町村税《しちやうそんぜい》の賦課《ふくわ》は本制《ほんせい》及市町村《しちやうそん》條例《でうれい》の規定《きてい》に基《もとづ》くへきものなること疑《うたがひ》を容《い》れす故《ゆゑ》に其《そ》の賦課《ふくわ》にして本制《ほんせい》若《もしく》は條例《でうれい》の規定《きてい》に違反《ゐはん》せるか又《また》は其《そ》の賦課《ふくわ》に錯誤《さくご》ありたる場合《はあひ》には納税義務者《なふぜいぎむしや》は之《これ》か救濟《きうさい》の途《みち》を得《え》さるへからす蓋《けだし》法律規則《はふりつきそく》に

違《ゐ》反《はん》せる市《し》町村《ちやうそん》稅《ぜい》の賦《ふ》課《くわ》に對《たい》しては納《なふ》稅《ぜい》の義《ぎ》務《む》を負《お》ふへきものにあらす錯《さく》誤《こ》ある賦《ふ》課《くわ》に對《たい》しては其《そ》の錯《さく》誤《こ》を訂《てい》正《せい》したる後《のち》にあらされは納《なふ》稅《ぜい》すへきものにあらす而《しか》して其《そ》の賦《ふ》課《くわ》か違《ゐ》法《はふ》なるや若《もしく》は錯《さく》誤《こ》ありたるや否《いな》やは納《なふ》稅《ぜい》義《ぎ》務《む》者《しや》の異《い》議《ぎ》の申《まをし》立《たて》に依《よ》り市《し》にありては市《し》參《さん》事《じ》會《くわい》町《ちやう》村《そん》にありては町《ちやう》村《そん》會《くわい》をして決《けつ》定《てい》せしむるものとせり

異《い》議《ぎ》の申《まをし》立《たて》期《き》間《かん》を徵《ちよう》稅《ぜい》令《れい》書《しよ》の交《かう》付《ふ》後《ご》三月以《い》內《ない》と制《せい》限《げん》したるは蓋《けだし》、市《し》町《ちやう》村《そん》稅《ぜい》の賦《ふ》課《くわ》は一會《くわい》計《けい》年《ねん》度《ど》を三乃至四に區《く》分《ぶん》して賦《ふ》課《くわ》するものなるか故《ゆゑ》に斯《か》かる期《き》限《げん》を認《みと》めたるなり若《も》し此《こ》の期《き》間《かん》內《ない》に異《い》議《ぎ》の申《まをし》立《たて》を爲《な》ささるときは徵《ちよう》稅《ぜい》令《れい》書《しよ》に依《よ》る賦《ふ》課《くわ》を承《しよう》認《にん》したるものと見《み》做《な》したるなり

市《し》町《ちやう》村《そん》住《ぢう》民《みん》は市《し》町《ちやう》村《そん》有《いう》の財《ざい》產《さん》及營《えい》造《ざう》物《ぶつ》を共《きよう》同《どう》に使《し》用《よう》するの權《けん》利《り》を有《いう》するものなること前《ぜん》述《じゆつ》する所《ところ》の如《ごと》く故《ゆゑ》に財《ざい》產《さん》及營《えい》造《ざう》物《ぶつ》の使《し》用《よう》は住《ぢう》民《みん》たるの權《けん》利《り》に屬《ぞく》するものにして從《したが》つて此《こ》の權《けん》利《り》に關《くわん》し使《し》用《よう》權《けん》利《り》者《しや》に異《い》議《ぎ》ある場《ば》合《あひ》にも亦《また》市《し》町《ちやう》村《そん》長《ちやう》に之《これ》を申《まをし》立《たて》て市《し》町《ちやう》村《そん》長《ちやう》は之《これ》か異《い》議《ぎ》に付《つ》き市《し》參《さん》事《じ》會《くわい》町《ちやう》村《そん》會《くわい》をして決《けつ》定《てい》せしむへきものとせり

使用料《しようれう》、手數料《てすうれう》及加入金《かにふきん》の徴收《ちようしう》竝夫役《ふやく》現品《げんぴん》の副課《ふくわ》に關《くわん》し違法《ゐはふ》又《また》は錯誤《さくご》ありたる場合《ばあひ》も亦《また》之《これ》に對《たい》し異議《いぎ》を申立《まをした》つることを得《う》るものとせり

右《みぎ》に述《の》へたる異議《いぎ》に對《たい》する市《し》參事會《さんじくわい》及町村會《ちやうそんくわい》の決定《けってい》に對《たい》し不服《ふふく》あるものに訴《そ》願《ぐわん》及訴訟《そしやう》により之《これ》か救濟《きうさい》を求《もと》むることを得《え》せしめたるは個人《こじん》の財產權《ざいさんけん》を尊重《そんちよう》するに外《ほか》ならす

〔市〕

第百三十一條　市稅、使用料、手數料、加入金、過料、過怠金其ノ他ノ市ノ收入ヲ定期內ニ納メサル者アルトキハ市長ハ期限ヲ指定シテ之ヲ督促スヘシ

夫役現品ノ賦課ヲ受ケタル者定期內ニ其ノ履行ヲ爲サス又ハ夫役現品ニ代フル金錢ヲ納メサルトキハ市長ハ期限ヲ指定シテ之ヲ督促スヘシ急迫ノ場合ニ賦課シタル夫役ニ付テハ更ニ之ヲ金額ニ算出シ期限ヲ指定シテ其ノ納付ヲ命スヘシ

前二項ノ場合ニ於テハ市條例ノ定ムル所ニ依リ手數料ヲ徴收スルコトヲ得

滯納者第一項又ハ第二項ノ督促又ハ命令ヲ受ケ其ノ指定ノ期限內ニ之ヲ完納セサルトキハ國稅怠納處分ノ例ニ依リ之ヲ處分スヘシ

第一項乃至第三項ノ徴收金ハ府縣ノ徴收金ニ次テ先取特權ヲ有シ其ノ追徴還付及時效ニ付テハ國稅ノ例ニ依ル

前三項ノ處分ヲ受ケタル者其ノ處分ニ不服アルトキハ府縣參事會ニ訴願シ其ノ裁決ニ不服アルトキハ行政裁判所ニ出訴スルコトヲ得

前項ノ裁決ニ付テハ府縣知事又ハ市長ヨリモ訴訟ヲ提起スルコトヲ得

第四項ノ處分中差押物件ノ公賣ハ處分ノ確定ニ至ル迄執行ヲ停止ス

〔町村〕

第百十一條　町村稅、使用料、手數料、加入金、過料、過怠金其ノ他町村ノ收入ヲ定期內ニ納メサル者アルトキハ町村長ハ期限ヲ指定シテ之ヲ督促スヘシ

夫役現品ノ賦課ヲ受ケタル者定期內ニ其ノ履行ヲ爲サス又ハ夫役現品ニ代フル金錢ヲ納メサルトキハ町村長ハ期限ヲ指定シテ之ヲ督促スヘシ急迫ノ場合ニ賦課シタル夫役ニ付テハ更ニ之ヲ金額ニ算出シ期限ヲ指定シテ其ノ納付ヲ命スヘシ

前二項ノ場合ニ於テハ町村條例ノ定ムル所ニ依リ手數料ヲ徴收スルコトヲ得

滯納者第一項又ハ第二項ノ督促又ハ命令ヲ受ケ其ノ指定ノ期限內ニ之ヲ完納

セサルトキハ國稅滯納處分ノ例ニ依リ之ヲ處分スヘシ

第一項乃至第三項ノ徵收金ハ府縣ノ徵收金ニ次テ先取特權ヲ有シ其ノ追徵還付及時效ニ付テハ國稅ノ例ニ依ル

前三項ノ處分ヲ受ケタル者其ノ處分ニ不服アルトキハ府縣 事會ニ訴願シ其ノ裁決ニ不服アル キハ行政裁判所ニ出訴スルコトヲ得

前項ノ裁決ニ付テハ府縣知事又ハ町村長ヨリモ訴訟ヲ提起スルコトヲ得

第四項ノ處分中差押物件ノ公賣ハ處分ノ確定ニ至ル迄執行ヲ停止ス

市《し》町村《ちやうそん》稅《ぜい》使《し》用料《ようれう》手《て》數料《すうれう》等《とう》市《し》町村《ちやうそん》の收入《しうにふ》は徵稅《ちようぜい》令《れい》書若《しよもしく》は賦《ふ》課令狀《れいじやう》により之《これ》か納《なふ》入若《にふもしく》は履行《りかう》の期限《きげん》を定《さだ》めらるるものとす從《したが》つて納入《なふにふ》義務者《ぎむしや》か其《そ》の一定《てい》の期限《きげん》内《ない》に之《これ》を納入《なふにふ》せさるときは市町村《しちやうそん》は强制的《きやうせいてき》に之《これ》を徵收《ちようしう》せさるへからす其《そ》の徵《ちよう》收《しう》の方法《はうはふ》は本制《ほんせい》は國稅滯納《こくぜいたいなふ》の場合《ばあひ》に於《お》ける處分《しよぶん》と同《どう》一の方法《はうはふ》によるへきものとせり

定期内《ていきない》に納入《なふにふ》せさるものに對《たい》し市町村長《しちやうそんちやう》をして先《ま》つ期限《きげん》を指定《てい》して督促《とくそく》の手《て》續《つゞき》を爲《な》さしむるものとなすは蓋《けだし》定期限内《ていきげんない》に納入《なふにふ》せさるを以て直《たゞち》に滯納處分《たいなふしよぶん》を

爲《な》すは納《なふ》入《にふ》者《しや》に對《たい》し苛《か》酷《こく》ならんにより充《じう》分《ぶん》の猶《いう》豫《よ》を與《あた》へたるに外《ほか》ならす然《しか》れとも督《とく》促《そく》は一回《くわい》に限《かぎ》るか又《また》は二回三回まても之《これ》を爲《な》すへきやは一に納《なふ》入《にふ》者《しや》の資《し》格《かく》と市《し》町《ちやう》村《そん》長《ちやう》の意《い》見《けん》とにより決《けつ》すへきものとす

急《きふ》迫《はく》の場《ば》合《あひ》に賦《ふ》課《くわ》したる夫《ぶ》役にして一定《てい》の期《き》限《げん》内《ない》に之《これ》を履《り》行《かう》せさるときは夫《ふ》役《やく》を賦《ふ》課《くわ》したる目《もく》的《てき》を達《たつ》することを得《え》す故《ゆゑ》に之《これ》を金《きん》錢《せん》に換《くわん》算《さん》して納《なふ》付《ふ》の期《き》限《げん》を指定すへきものとせり

督《とく》促《そく》手《て》續《つゞき》は納《なふ》入《にふ》者《しや》の不《ふ》履《り》行《かう》の爲《た》めにする市《し》町《ちやう》村《そん》吏《り》員《ゐん》の勞《らう》力《りよく》なるか故《ゆゑ》に之《これ》か手《て》數《すう》料《れう》を不《ふ》履《り》行《かう》者《しや》に負《ふ》擔《たん》せしむるは至《し》當《たう》なりとす

市《し》町《ちやう》村《そん》か市《し》町《ちやう》村《そん》稅《ぜい》、使《し》用《よう》料《れう》手《て》數《すう》料《れう》其《その》他《た》の收《しう》入《にふ》に付《つ》き納《なふ》入《にう》義《ぎ》務《む》者《しや》に對《たい》する權《けん》利《り》は市《し》町《ちやう》村《そん》の財《ざい》產《さん》上《じやう》の請《せい》求《きう》權《けん》にして其《そ》の納《なふ》入《にふ》者《しや》の債《さい》權《けん》者《じや》に先《さき》立《だ》て之《これ》か辨《べん》濟《さい》を受《う》くへき先《せん》取《しゆ》特《とく》權《けん》あるものとす而《しか》して國《こく》稅《ぜい》府《ふ》縣《けん》稅《ぜい》に對《たい》して先《せん》取《しゆ》特《とく》權《けん》を有《いう》せさるは蓋《けだし》國《こく》稅《ぜい》府《ふ》縣《けん》稅《ぜい》は最《もつと》も主《しゆ》要《えう》なる國《くに》の財《ざい》源《げん》にして市《し》町《ちやう》村《そん》と雖《いへど》も之《これ》か財《ざい》源《げん》を奪《うば》ふこと能《あた》はさるか故《ゆゑ》なり又《また》之《これ》等《ら》の徵《ちよう》收《しう》金《きん》にして不《ふ》足《そく》の場《ば》合《あひ》に追《つい》徵《ちよう》を爲《な》すこと若《もし》くは過《くわ》誤《ご》徵《ちよう》收《しう》の場《ば》合《あひ》に其《そ》の一部《ぶ》を納《なふ》入《にふ》者《しや》に還《くわん》付《ぷ》すること又《また》は市《し》町《ちやう》村《そん》か之《これ》等《ら》の請《せい》求《きう》

權《けん》を一定《てい》の期間《きかん》行使《かうし》せさるか爲《た》め時効《じかう》に罹《かゝ》りて消滅《せうめつ》すること等《とう》は總《すべ》て國稅《こくぜい》の場《は》合《あひ》と同一《どういつ》に看做《みな》すへきものとせり

市町村《しちやうそん》稅《ぜい》使用料《しようれう》手數料《てすうれう》其他《そのた》の收入《しうにふ》は皆《み》な納入者《なふにふしや》の財產權《ざいさんけん》に影響《えいきやう》を及《およ》ほすへきものなるにより若《も》し之等《これら》の徵收金《ちようしうきん》の爲《た》めに國稅滯納處分《こくぜいたいなふしよぶん》により處分《しよぶん》せられたるに對《たい》し不服《ふふく》ある場合《はあひ》には之《これ》か救濟《きうさい》の手段《しゆだん》として納入者《なふにふしや》に訴願《そがん》の訴訟《そしよう》を提起《ていき》することを得《え》せしめたり

府縣參事會《ふけんさんじくわい》の裁決《さいけつ》に對《たい》し府縣知事《ふけんちじ》及市町村長《しちやうそんちやう》に訴訟《そしよう》を提起《ていき》するを得《う》るものとしたるは蓋《けだし》知事《ちじ》は監督權《かんとくけん》に基《もとづ》き市町村《しちやうそん》の財源《ざいげん》を監督《かんとく》するにあり市町村長《しちやうそんちやう》は市《し》町村《ちやうそん》を代表《だいへう》して其《そ》の財源《ざいげん》を保護《ほご》するにあるなり

滯納處分《たいなふしよぶん》による差押物件《さしおさへぶつけん》の公賣《こうはい》を其《そ》の處分《しよぶん》の確定《かくてい》するまて換言《くわんげん》せは訴願《そがん》の確《かく》定《てい》するまて若《もしく》は訴訟《そしよう》の言渡《いひわたし》あるまて執行《しつかう》するを停止《ていし》するは後《のち》に不當處分《ふたうしよぶん》の爲《た》めに損害《そんがい》を納入義務者《なふにふぎむしや》に生《しやう》せしむることを避《さ》くるにあり

【市】

第百三十三條 市ハ其ノ負債ヲ償還スル爲、市ノ永久ノ利益ト爲ルヘキ支出ヲ爲ス爲又ハ天災事變等ノ爲必要アル場合ニ限リ市債ヲ起スコトヲ得

市債ヲ起スニ付市會ノ議決ヲ經ルトキハ併セテ起債ノ方法、利息ノ定率及償還ノ方法ニ付議決ヲ經ヘシ

市長ハ豫算內ノ支出ヲ爲ス爲市參事會ノ議決ヲ經テ一時ノ借入金ヲ爲スコトヲ得

前項ノ借入金ハ其ノ會計年度內ノ收入ヲ以テ償還スヘシ

〔町村〕**第百十二條**　町村ハ其ノ負債ヲ償還スル爲、町村ノ永久ノ利益トナルヘキ支出ヲ爲ス爲又ハ天災事變等ノ爲必要アル場合ニ限リ町村債ヲ起スコトヲ得

町村債ヲ起スニ付町村會ノ議決ヲ經タルトキハ併セテ起債ノ方法、利息ノ定率及償還ノ方法ニ付議決ヲ經ヘシ

町村ハ豫算內ノ支出ヲ爲ス爲一時ノ借入金ヲ爲スコトヲ得

前項ノ借入金ハ其ノ會計年度內ノ收入ヲ以テ償還スヘシ

市町村《しちやうそん》をして獨立《どくりつ》せる自治體《じちたい》となし自己《じこ》の經濟《けいざい》により其《そ》の行政事務《ぎやうせいじむ》を處理《しより》せしむるときは市町村《しちやうそん》の歳出入豫算《さいゆつにふよさん》を定《さだ》めさるへからす然《しか》れとも市町村《しちやうそん》か其《そ》の會計年度內《くわいけいねんどない》に天災若《てんさいもし》くは事變《じへん》により(例は水火震災の如し)臨時《りんじ》にして且急迫《かつきふはく》の

支出《ししゆつ》を要《えう》する場合《はあひ》又《また》は市町村《しちやうそん》の繁榮《はんえい》を計《はか》るに最適當《もつともてきたう》なる事業《じげふ》の勃興《ぼつこう》を要《えう》する場合《はあひ》に於《おい》ては經常《けいじやう》の歳入《さいにふ》を以《もつ》てしては到底《たうてい》其《そ》の支出《ししゆつ》を支辨《しべん》することを得《え》さるへし又假令《またたとへ》新《あら》たに議決《ぎけつ》を爲し臨時《りんじ》の歳入《さいにふ》を賦課《ふくわ》することを得《う》へしと雖《いへど》も此方《このはう》法《はふ》も亦《また》徒《いたづ》らに市町村《しちやうそん》住民《ぢうみん》の負擔《ふたん》を重《おも》からしむるに過《す》きす此《かく》の如《ごと》き時《とき》に當《あた》り最《もつと》效《かう》を奏《そう》すへきは即《すなは》ち市町村《しちやうそん》債《さい》募《ぼ》集《しふ》の方法《はうはふ》なりとす茲《こゝ》に注意《ちうい》すへきは市町村債《しちやうそんさい》の募集《ぼしふ》は市町村《しちやうそん》か收入《しうにふ》を得《う》るの最容易《もつともようい》なる方法《はうはふ》なるを以《もつ》て稍《やゝ》もすれは過大《くわだい》の募集《ぼしふ》を爲《な》すの傾向《けいかう》に陷《おちい》るあり若《も》し市町村《しちやうそん》の經濟事情《けいざいじじやう》と住民《ぢうみん》の負擔力《ふたんりよく》とを視察《しさつ》せすして之《これ》を募集《ぼしふ》するときは永久《えいきう》に住民《ぢうみん》の負擔《ふたん》を加《くは》へ毎年《まいねん》歳入《さいにふ》の多《おほ》くは徒《いたづ》らに其《そ》の利息《りそく》に支拂《しはら》はれ遂《つひ》に市町村《しちやうそん》財政《ざいせい》の紊亂《びんらん》を生《しやう》するの結果《けつくわ》となることあり

本制《ほんせい》に於《おい》ては市町村債《しちやうそんさい》募集《ぼしふ》を爲《な》すへき場合《はあひ》を一々列記《れつき》せすと雖《いへど》も能《よ》く其《そ》の事《じ》情《じやう》を觀察《くわんさつ》して之《これ》か募集《ぼしふ》を爲《な》さゝるへからす

本制《ほんせい》に於《おい》て市町村《しちやうそん》か市町村債《しちやうそんさい》を募集《ぼしふ》するを得《う》るは第一市町村《しちやうそん》の負債《ふさい》を償還《しやうくわん》する爲《た》めなること第二市町村《しちやうそん》の永久《えいきう》の利益《りえき》となるへき支出《ししゆつ》を爲《な》す爲《ため》なること第二天災事變等《てんさいじへんとう》の爲《ため》支出《ししゆつ》の必要ある場合《はあひ》の何《いづ》れたることを要件《えうけん》とす

市町村債《しちやうそんさい》募集《ぼしふ》の利益《りえき》は收入時期《しうにふじき》の未《いま》た到來《たうらい》せさるに先《さきだ》ち豫《あらかじ》め歳入《さいにふ》を使用《しよう》して市町村住民《しちやうそんぢうみん》の負擔《ふたん》を一時《じ》に加重《かちよう》せす知《し》らす知《し》らすの間《あひだ》に之《これ》か償還《しやうくわん》を爲《な》さんとするにあり故《ゆゑ》に其《そ》の募集《ぼしふ》を議決《ぎけつ》するに當《あた》りては其《そ》の募集《ぼしふ》の方法《はうはふ》利息《りそく》の定率《ていりつ》及償還《しやうくわん》の方法《はうはふ》をも議決《ぎけつ》せさるへからす募集《ぼしふ》の方法《はうはふ》を定《さだ》むるとは市町村債《しちやうそんさい》の發行《かう》價格《かかく》と額面價格《がくめんかかく》との間《あひだ》の歩合《ぶあひ》を定《さだ》め應募者《おうぼしや》の順序《じゆんじよ》を定《さだ》むるか如《ごと》きを謂《い》ふ利息《りそく》の定率《ていりつ》を定《さだ》むるとは其《そ》の額面價格《がくめんかかく》に對《たい》する利子《りし》の歩合《ぶあひ》を定《さだ》むるを謂《い》ふ而《しか》して其《そ》の歩合《ぶあひ》の如《ごと》き率《りつ》の低《ひく》きは市町村《しちやうそん》の利子《りえき》となれとも應募者《おうぼしや》には不利益《ふりえき》なり故《ゆゑ》に時價《じか》に於《お》ける利益《りし》を標準《ひやうじゆん》と爲《な》すは最《もつとも》穩當《おんたう》なりとす償還《しやうくわん》の方法《はうはふ》を定《さだ》むるとは各年限《かくねんげん》を定《さだ》めて負債《ふさい》の幾部分《いくぶぶん》を抽籤《ちうせん》の方法《はうはふ》により償還《しやうくわん》し行《ゆ》くか如《ごと》きを謂《い》ふ

市町村債《しちやうそんさい》償還《しやうくわん》の期限《きげん》短《みじ》かきに失《しつ》し其《そ》の額《がく》大《だい》なるときは一時《じ》に住民《ぢうみん》の負擔《ふたん》を大《だい》ならしむるに依《よ》り却《かへつ》て市町村債《しちやうそんさい》を募集《ぼしふ》したる趣旨《しゆし》に反《はん》するものとす又《また》長期《ちやうき》に失《しつ》するときは其《そ》の期限内《きげんない》他《た》の有益《いうえき》なる事業《じげふ》の經營《けいえい》の爲《た》めに市町村債《しちやうそんさい》の募集《ぼしふ》を妨《さまた》くることあり此《かく》の如《ごと》き事情《じじやう》を顧慮《こりよ》し舊市制町村制《きうしせいちやうそんせい》に於《おい》ては償還《しやうくわん》の初《しよ》期を三年以内となし三十年以内に還了《くわんれう》すへきものとなしたれとも本制《ほんせい》に於《おい》ては斯《かゝ》る

制限《せいげん》を除《のぞ》きたり蓋《けだし》市町村《しちやうそん》は其《そ》の資産《しさん》竝に事業《じげふ》の種類《しゆるゐ》を異《こと》にするにより斯《か》かる確《かく》一の規定《きてい》を設《まう》くるは却《かへつ》て市町村《しちやうそん》の行政《ぎやうせい》の範圍《はんゐ》に拘束《かうそく》を加《くは》ふるの弊《へい》あるものとなし其《そ》の償還《しやうくわん》の期限《きげん》の如《ごと》き一に市町村《しちやうそん》の議決《ぎけつ》する所《ところ》に委《ゆだ》ねたり然《しか》れとも之《これ》か局《きよく》に當《あた》るものに能《よ》く其《そ》の事情《じじやう》を斟酌《しんしやく》して之《これ》か期限《きげん》を定《さだ》めさるへからす

市町村長《しちやうそんちやう》は市町村會《しちやうそんくわい》に於《おい》て議決《ぎけつ》せる豫算《よさん》により金錢《きんせん》其《そ》の他《た》の收支《しうし》を爲《な》すへきものなれとも然《しか》れとも收支《しうし》の頻繁《ひんぱん》なる市町村《しちやうそん》に於《おい》ては到底《たうてい》其《そ》の支出《ししゆつ》と收入《しうにふ》とその期日《きじつ》を相合《あひがふ》一せしむることを能《あた》はさる場合《ばあひ》の生《しやう》することあり而《しか》して此《かく》の如《ごと》き支出《ししゆつ》及收入《しうにふ》も一會計年度《くわいけいねんど》の末《すゑ》には全《まつた》く豫算《よさん》に示《しめ》す方法《はうはふ》により相合《あひがふ》一せしむることを得《う》るものなりとせは市町村長《しちやうそんちやう》をして他《た》に一時《じ》の融通《ゆうづう》を爲《な》さしむるの權限《けんげん》を與《あた》へたるへからす一時《じ》の借入金《かりいれきん》の目的《もくてき》は即之《すなはちこれ》なり本制《ほんせい》に於《おい》て借入金《かりいれきん》の用途《ようと》を豫算内《よさんない》の支出《ししゆつ》に供《きよう》するものとなしたること及借入金《かりいれきん》の償還《しやうくわん》は其《そ》の會計《くわいけい》年度《ねんど》の收入《しうにふ》を以《もつ》て爲《な》すへきものとなしたるは即前述《すなはちぜんじゆつ》の趣旨《しゆし》より出《い》てたるに外《ほか》ならす

第三款　歲入出豫算及決算

【市】第百三十三條　市長ハ毎會計年度歳入出豫算ヲ調製シ遲クトモ年度開始ノ一月前ニ市會ノ議決ヲ經ヘシ

市ノ會計年度ハ政府ノ會計年度ニ依ル

豫算ヲ市會ニ提出スルトキハ市長ハ併セテ事務報告書及財產表ヲ提出スヘシ

第二款　歳入出豫算及決算

【町村】第百十三條　町村長ハ毎會計年度歳入出豫算ヲ調製シ遲クトモ年度開始ノ一月前ニ町村會ノ議決ヲ經ヘシ

町村ノ會計年度ハ政府ノ會計年度ニ依ル

豫算ヲ町村會ニ提出スルトキハ町村長ハ併セテ事務報告書及財產表ヲ提出スヘシ

市町村《しちやうそん》か其《そ》の行政事務《ぎやうせいじむ》に關《くわん》する費用《ひよう》を負擔《ふたん》するは自治體《じちたい》の本質《ほんしつ》より生《しやう》するものにして而《しか》して此《こ》の費用《ひよう》を負擔《ふたん》するに付《つき》ては先《ま》つ市町村《しちやうそん》の財政《ざいせい》を整理《せいり》するの必要《ひつえう》を生《しやう》す財政《ざいせい》の整理《せいり》とは其《そ》の收入《しうにふ》と支出《ししゆつ》とを相平均《あひへいきん》せしむるにあり是《こゝ》に於《おい》ては市町村《しちやうそん》か豫算《よさん》を調製《てうせい》せさるへからす歳入出豫算《さいにふしゆつよさん》には收入支出《しうにふししゆつ》の見積《みつもり》を謂

ふ故《ゆゑ》に其《そ》の收支《しうし》は豫知《よち》し得《う》へき金額《きんがく》に限《かぎ》るや明《あきら》かなり而《しか》して年度《ねんど》の開始《かいし》の一月前《ぜん》に調製《てうせい》して市町村會《しちやうそんくわい》の議決《ぎけつ》を經《へ》へきものと爲《な》したるは市町村長《しちやうそんちやう》は議會《ぎくわい》の議決《ぎけつ》あるにあらされは年度《ねんど》の開始《かいし》により新《あらた》に收支《しうし》を命《めい》することを得《え》さるにより其《そ》の年度《ねんど》開始《かいし》前《ぜん》に收支《しうし》の標準《ひやうじゆん》を定《さだ》むるの必要《ひつえう》あるか爲《た》めなり

一ツ會計《くわいけい》年度《ねんど》を政府《せいふ》の會計《くわいけい》年度《ねんど》と同《どう》一となしたるは市町村《しちやうそん》の財政《ざいせい》は國《くに》の財政《ざいせい》と密接《みつせつ》の關係《くわんけい》あるものにして其《そ》の收支《しうし》は同《どう》一の期《き》間《かん》内《ない》に終了《しうれう》せしむへき必要《ひつえう》あるか爲《た》めなり而《しか》して國《くに》の一會計《くわいけい》年度《ねんど》は毎年《まいねん》四月一日に始《はじ》まり翌年《よくねん》三月三十一日に終《をは》るものとす

豫算《よさん》の提出《ていしゆつ》と共《とも》に市町村《しちやうそん》の事《じ》務《む》報告書《はうこくしよ》及財產表《ざいさんへう》を市町村會《しちやうそんくわい》に提出《ていしゆつ》せしむるは市町村會《しちやうそんくわい》をして之《これ》により豫算《よさん》に示《しめ》す收支《しうし》の途《みち》を明《あきら》かにし以《もつ》て議決《ぎけつ》の材料《ざいれう》を得《え》せしむるにあり

【市】**第百三十四條**　市長ハ市會ノ議決ヲ經テ既定豫算ノ追加又ハ更正ヲ爲スコトヲ得

【町村】**第百十四條**　町村長ハ町村會ノ議決ヲ經テ既定豫算ノ追加又ハ更正ヲ爲スコ

トヲ得

豫算《よさん》は一會計年度《くわいけいねんど》の收入支出《しうにふししゆつ》の見積《みつもり》なるか故《ゆゑ》に假令《たとへ》市町村會《しちやうそんくわい》に於《おい》て一旦《たん》之《これ》か議決《ぎけつ》を爲《な》すことあるも他日《たじつ》其《そ》の收入支出《しうにふししゆつ》に變動《へんどう》なきことを保證《ほしよう》すること能《あた》はす例《たと》へは既定《きてい》の豫算《よさん》以外《いぐわい》に支出《ししゆつ》を要《えう》する事項《じこう》の生《しやう》することあり或《あるひ》は豫算項目《よさんこうもく》に變動《へんどう》を生《しやう》することあり此《かく》の如《ごと》き場合《ばあひ》を豫想《よさう》して本制《ほんせい》に於《おい》ては市町村長《しちやうそんちやう》は特《とく》に市町村會《しちやうそんくわい》の議決《ぎけつ》を經《へ》て既定豫算《きていよさん》の追加《ついか》又《また》は更正《かうせい》を爲《な》すことを得《う》るものとせり

〔市〕第百三十五條　市費ヲ以テ支辨スル事件ニシテ數年ヲ期シテ其ノ費用ヲ支出スヘキモノハ市會ノ議決ヲ經テ其ノ年期間各年度ノ支出額ヲ定メ繼續費ト爲スコトヲ得

〔町村〕第百十五條　町村費ヲ以テ支辨スル事件ニシテ數年ヲ期シテ其ノ費用ヲ支出スヘキモノハ町村會ノ議決ヲ經テ其ノ年間各年度ノ支出額ヲ定メ繼續費ト爲スコトヲ得

豫算《きさん》は一會計年度《くわいけいねんど》の收入支出《しうにふししゆつ》を見積《みつもり》なるか故《ゆゑ》に其《そ》の收入支出《しうにふししゆつ》は其《そ》の會計年度《くわいけいねんど》

に於《たい》て之《これ》を終了《しうれう》せしむるを原則《げんそく》とす然《しか》れとも市町村《しちやうそん》の行政《ぎやうせい》の事業《じげふ》は或《あるひ》は一會《くわい》計《けい》年《ねん》度《ど》内《ない》に完成《くわんせい》するを得《え》すして數年《すうねん》に亘《わた》るものあり例《たと》へは水利《すゐり》の爲《た》めに溝渠《かうきよ》を通《つう》し水道《すゐだう》を穿《うが》つか如《ごと》き之《これ》なり此《かく》の如《ごと》き事業《じげふ》に要《えう》する費用《ひよう》は數年《すうねん》に亘《わた》りて支《し》出《しゆつ》すへきものなること明《あきら》かなれとも若《も》し毎會計年度《まいくわいけいねんど》に於《おい》て一々其《そ》の支出額《ししゆつがく》を議《ぎ》決《けつ》すへきものと爲《な》すときは事業《じげふ》の經營《けいえい》に故障《こしやう》を生《しやう》する恐《おそれ》あるにより此《かく》の如《ごと》き事業《じげふ》の經營《けいえい》に要《えう》する費用《ひよう》は假令《たとへ》數年《すうねん》に亘《わた》りて支出《ししゆつ》するものなるに拘《かゝは》らす議《ぎ》會《くわい》に於て繼續費《けいぞくひ》として各年度《かくねんど》に支出《ししゆつ》すへき金額《きんがく》を定《さだ》むることを得《う》るものとせり

【市】**第百三十六條** 市ハ豫算外ノ支出又ハ豫算超過ノ支出ニ充ツル爲豫備費ヲ設クヘシ
豫算備費ハ市會ノ否決シタル費途ニ充ツルコトヲ得ス

【町村】**第百十六條** 町村ハ豫算外ノ支出又ハ豫算超過ノ支出ニ充ツル爲豫備費ヲ設クヘシ
豫備費ハ市町村會ノ否決シタル費途ニ充ツルコトヲ得ス

市町村《しちやうそん》會《わい》か豫算《よさん》を議決《ぎけつ》したるときは二の効力《かうりよく》を生《しやう》す一は市町村長《しちやうそんちやう》は豫算《よさん》によりて收入支出《しうにふししゆつ》を爲《な》すを得《う》るの權利《けんり》を生《しやう》し一は其《そ》の豫算《よさん》によらすして收入支出《しうにふししゆつ》を爲すを得《え》さるの義務《ぎむ》を生《しやう》すること是《これ》なり然《しか》れとも豫算《よさん》は文字《もんじ》の示《しめ》すか如《ごと》く未來《みらい》に於《お》ける收入支出《しうにふししゆつ》の見積《みつもり》に過《す》きさるを以《もつ》て元《もと》より豫算《よさん》に不足《ふそく》を生《しやう》し若《もし》くは豫算《よさん》に定《さだ》めたる科目《くわもく》以外《いぐわい》の支出《ししゆつ》を要《えう》する場合《はあひ》あるものと謂《い》はさるへからす此《これ》等《ら》の場《ば》合の生《しやう》したるとき豫算《よさん》に規定《きてい》なきを以《もつ》て其《そ》の支出《ししゆつ》をなすを得《え》すとせは市町村行政《しちやうそんぎやうせい》の事業《じげふ》を停止《ていし》するの結果《けつくわ》を生《しやう》するに到《いた》らん此《かく》の如《ごと》き結果《けつくわ》を避《さ》けんか爲《た》めに市町村《しちやうそん》は豫備費《よびひ》を設《まう》けて之《これ》か費途《ひと》に充《あ》つるを得《う》るものとせり

豫備費《よびひ》は市町村會《しちやうそんくわい》の否決《ひけつ》したる費途《ひと》に充《あ》つることを得《う》さるものとなしたるは蓋《けだし》豫備費と雖《いへど》も其《そ》の支出《ししゆつ》の方法《はうはふ》は豫《あらかじ》め市町村會《しちやうそんくわい》の議決《ぎけつ》を經《ふ》へきものにして若《も》し市町村長《しちやうそんちやう》か任意《にんい》に如何《いか》なる費途《ひと》にも充《あ》つることを得《う》るものとなるときは豫《よ》備《び》費を設《まう》けたる目的《もくてき》に反《はん》するに至《いた》るなり

第百三十七條　豫算ハ議決ヲ經タル後直ニ之ヲ府縣知事ニ報告シ且其ノ要領ヲ告示スヘシ

〔町村〕**第百十七條**　豫算ハ議決ヲ經タル後直ニ之ヲ郡長ニ報告シ且其ノ要領ヲ告示スヘシ

市町村會《しちやうそんくわい》の議決《ぎけつ》せる豫算《よさん》を郡長府縣知事《ぐんちやうふけんちじ》に報告《ほうこく》するの義務《ぎむ》を負《お》はしめたるは監督官廳《かんとくくわんちやう》をして其《そ》の議決《ぎけつ》の違法《ゐはふ》ならさるや否《いな》やを調査《てうさ》するか爲《た》めにして其《そ》の要領《えうりやう》を告示《こくじ》せしむるは市町村住民《しちやうそんぢうみん》をして豫算《よさん》の內容《ないよう》を知《し》らしむか爲《た》めなり

〔市〕**第百三十八條**　市ハ特別會計ヲ設クルコトヲ得

〔町村〕**第百十八條**　町村ハ特別會計ヲ設クルコトヲ得

市町村《しちやうそん》の出納《すゐとう》は政府《せいふ》の出納《すゐとう》の如《ごと》く普通會計《ふつうくわいけい》により其《そ》の收支《しうし》を爲《な》すを以《もつ》て原則《げんそく》とす從《したが》つて出納《すゐとう》の事務《じむ》は會計法《くわいけいはふ》の規定《きてい》に準據《じゆんきよ》すへきものなれとも政府《せいふ》の會計《くわいけい》か會計法《くわいけいはふ》の規定《きてい》に準據《じゆんきよ》するを得《え》さる場合《ばあひ》に特別會計法《とくべつくわいけいはふ》に依《よ》ることを得《う》ると同《おな》しく市町村《しちやうそん》も亦《また》普通會計《ふつうくわいけい》による能《あた》はさる事項《じこう》に限《かぎ》り特別會計《とくべつくわいけい》を設《まう》くることを得《う》るものとせり蓋《けだし》本制《ほんせい》に此《こ》の規定《きてい》を設《まう》けたるは特別會計《とくべつくわいけい》は法律《はふりつ》に規定《きてい》するにあらされは之《これ》を設《まう》くることを得《え》さるか爲《た》めなり

〔市〕**第百三十九條**　市會ニ於テ豫算ヲ議決シタルトキハ市長ヨリ其ノ謄本ヲ收入

役ニ交付スヘシ

收入役ハ市長又ハ監督官廳ノ命令アルニ非サレハ支拂ヲ爲スコトヲ得ス命令ヲ受クルモ支出ノ豫算ナク且豫備費支出、費目流用其ノ他財務ニ關スル規定ニ依リ支出ヲ爲スコトヲ得サルトキ亦同シ

【町村】第百十九條 町村會ニ於テ豫算ヲ議決シタルトキハ町村長ヨリ其ノ謄本ヲ收入役ニ交付スヘシ

收入役ハ村長又ハ監督官廳ノ命令アルニ非サレハ支拂ヲ爲スコトヲ得ス命令ヲ受クルモ支出ノ豫算ナク且豫備費支出、費用流用其ノ他財務ニ關スル規定ニ依リ支出ヲ爲スコトヲ得サルトキ亦同シ

前二項ノ規定ハ收入役ノ事務ヲ兼掌シタル町村長又ハ助役ニ之ヲ準用ス

本制《ほんせい》に於《おい》ては收入支出《しうにふししゆつ》の命令《めいれい》を爲《な》す者《もの》と之《これ》か實際《じつさい》の出納《すゐとう》を爲《な》す者《もの》とを區別《くべつ》せること前述《ぜんじゆつ》する所《ところ》の如《ごと》し而《しか》して收支命令者《しうしめいれいしや》に實際《じつさい》の出納者《すゐとうしや》とを區別《くべつ》するは收《しう》支《し》に付《つき》出納者《すゐとうしや》をして豫算《よさん》に準據《じゆんきよ》するや否《いな》やを監査《かんさ》せしむるの權《けん》を得《え》せしむるにあり又之《またこれ》を監査《かんさ》するは出納者《すゐとうしや》の義務《ぎむ》なりとす市町村長《しちやうそんちやう》か市町村會《しちやうそんくわい》に於《おい》て義《ぎ》

決《けつ》せる豫《よ》算《さん》の謄《たう》本《ほん》を收《しう》入《にふ》役《やく》に交《かう》付《ふ》するは即《すなはち》之《これ》か爲《た》めなり
收《しう》入《にふ》役《やく》は收《しう》支《し》の命《めい》令《れい》あるにあらされは出《すゐ》納《とう》を爲《な》すを得《え》す收《しう》支《し》の命《めい》令《れい》は書《へう》面《めん》を以《もつ》てすへく口《こう》頭《とう》によるを得《え》す而《しか》して收《しう》入《にふ》役《やく》をして豫《よ》算《さん》により支《しう》出《し》を爲《な》すの義《ぎ》務《む》を負《お》はしめ其《そ》の命《めい》令《れい》書《しよ》にして豫《よ》算《さん》に基《もとづ》かさる支《し》出《ゆつ》なるか若《もし》くは豫《よ》備《び》費支《し》出《ゆつ》にもあらさるか其《そ》の他《た》豫《よ》算《さん》に適《てき》合《がふ》せさる支《し》出《しゆつ》なるときは之《これ》か支《し》拂《はらひ》を爲《な》すへからさるの義《ぎ》務《む》を負《お》はしめたり而《しか》して之《これ》等《ら》の義《ぎ》務《む》の不《ふ》履《り》行《かう》は其《そ》の支《し》拂《はらひ》に付《つき》收《しう》入《にふ》役《やく》をして賠《ばい》償《しやう》の責《せき》任《にん》を負《お》はしむると懲《ちよう》戒《かい》の處《しよ》分《ぶん》を受《う》くるものニの制《せい》裁《さい》を科《くわ》せらるへし
町《ちやう》村《そん》にありては町《ちやつ》村《そん》長《ちやう》又《また》は助《じよ》役《やく》か收《しう》入《にふ》役《やく》の職《しよく》務《む》を兼《けん》掌《しやう》することを得《う》へし此《こ》の場《は》合《あひ》には町《ちやう》村《そん》長《ちやう》も亦《また》前《ぜん》述《じゆつ》の收《しう》入《にふ》役《やく》の責《せき》任《にん》を負《お》ふものとす

〔市〕　**第百四十條**　市ノ支拂金ニ關スル時效ニ付テハ政府ノ支拂金ノ例ニ依ル

〔町村〕　**第百二十條**　町村ノ支拂金ニ關スル時效ニ付テハ政府ノ支拂金ノ例ニ依ル

市町《ちやう》村《そん》の負《ふ》債《さい》にして一定《てい》の期《き》間《かん》を經《けい》過《くわ》するも債《さい》主《しゆ》より之《これ》か請《せい》求《きう》を受《う》けさるときは其《そ》の支《し》拂《はらひ》の義《ぎ》務《む》を免《まぬが》るるものとせり而《しか》して其《そ》の時《じ》效《かう》期《き》間《かん》は政《せい》府《ふ》の支《し》拂《はらひ》金《きん》に

關《くわん》する期《き》滿《まん》免《めん》除《ぢよ》の例《れい》によるものとせり左《さ》に會計法《くわいけいはふ》第十八條の規《き》定《てい》を示《しめ》さん

會計法　第六章

第十八條　政府の負債にして其の仕拂ふへき年度經過後滿五ヶ年内に債主より支出の請求若は支拂の請求を爲さゝるものは期滿免除として政府は其の義務を爲さゝるものとす但し特別の法律を以て期滿免除の期限を定めたるものは各其の定むる所に依る

〔市〕　第百四十一條　市ノ出納ハ毎月例日ヲ定メテ之ヲ檢査シ且毎會計年度少クトモ二回臨時檢査ヲ爲スヘシ

檢査ハ市長之ヲ爲シ臨時檢査ニハ名譽職參事會員ニ於テ互選シタル參事會員二人以上ノ立會ヲ要ス

〔町村〕　第百二十一條　町村ノ出納ハ毎月例日ヲ定メテ之ヲ檢査シ且毎會計年度少クトモ二回臨時檢査ヲ爲スヘシ

檢査ハ町村長之ヲ爲シ臨時檢査ニハ町村會ニ於テ選擧シタル議員二人以上ノ立會ヲ要ス

市《し》町村《ちやうそん》收支《しうし》の事務《じむ》を收支《しうし》命令者《めいれいしや》と出納者《すゐとうしや》とに區別《くべつ》したるは一方《はう》に於《おい》ては收入《しうにふ》役《やく》をして收支《しうし》命令《めいれい》を監査《かんさ》するの義務《ぎむ》を負《お》はしむると共《とも》に他方《たはう》にありては市町《しちやう》村長《そんちやう》をして出納者《すゐとうしや》か果《はた》して豫算《よさん》に準據《じゆんきよ》して收支《しうし》を爲《な》したるや否《いな》やを檢查《けんさ》するの方法《はうはふ》を講《かう》するにあり而《しか》して其《そ》の檢查《けんさ》は元《もと》より收支《しうし》命令者《めいれいしや》たる市町村長《しちやうそんちやう》の職《しよく》權《けん》に屬《ぞく》すと雖《いへど》も檢查《けんさ》を爲《な》すこと頻繁《ひんはん》なるときは却《かへつ》て出納事務《すゐとうじむ》を妨害《はうがい》するものなるか故《ゆゑ》に毎月《まいげつ》一定《てい》の日を定《さだ》めて之《これ》か檢查《けんさ》を行《おこな》ふものとせり然《しか》れとも臨時《りんじ》に之《これ》か檢查《けんさ》を爲《な》すへきものなるかは檢查《けんさ》の效果《かうくわ》を全《まつた》からしむるものにして臨時《りんじ》檢查《けんさ》に市《し》町村《ちやうそん》會議《くわいぎ》員《ゐん》二名《めい》以《い》上《じやう》を立會《たちあ》はしむるは市町村會《しちやうそんくわい》に對《たい》し市町村長《しちやうそんちやう》の爲《な》せる檢《けん》查の當否《たうひ》を證明《しようめい》せんか爲《た》めなり

〔市〕

第百四十二條　市ノ出納ハ翌年度六月三十日ヲ以テ閉鎖ス

決算ハ出納閉鎖後一期以內ニ證書類ヲ併セテ收入役ヨリ之ヲ市長ニ提出スヘシ市長ハ之ヲ審查シ意見ヲ付シテ次ノ通常豫算ヲ議スル會議迄ニ之ヲ市會ノ認定ニ付スヘシ

決算ハ其ノ認定ニ關スル市會ノ議決ト共ニ之ヲ府縣知事ニ報告シ且其ノ要領

ヲ告示スヘシ
決算ヲ市參事會ノ會議ニ付スル場合ニ於テハ市長市參與及助役ハ其ノ議決ニ加ハルコトヲ得ス

〔町村〕第百二十二條　町村ノ出納ハ翌年度六月三十日ヲ以テ閉鎖ス
決算ハ出納閉鎖後一月以内ニ證書類ヲ併セテ收入役ヨリ之ヲ町村長ニ提出スヘシ町村長ハ之ヲ審査シ意見ヲ付シテ次ノ通常豫算ヲ議スル會議迄ニ之ヲ町村會ノ認定ニ付スヘシ
第六十七條第八項ノ場合ニ於テハ前項ノ例ニ依ル但シ町村ニ於テ兼掌シタルトキハ直ニ町村會ノ認定ニ付スヘシ
決算ハ其ノ認定ニ關スル町村會ノ議決ト共ニ之ヲ郡長ニ報告シ且其ノ要領ヲ告示スヘシ
決算ノ認定ニ關スル會議ニ於テハ町村長及助役共ニ議長ノ職務ヲ行フコトヲ得ス

出納《すゐとう》の閉鎖《へいさ》とは市町村長《しちやうそんちやう》の收支《しうし》命令《めいれい》により收入役《しうにふやく》か一會計年度《くわいけいねんど》の收支《しうし》を閉《と》つ

るを謂《い》ふ而《しか》して會計《くわいけい》年度《ねんど》は翌年《よくねん》三月三十一日に終《をは》るか故《ゆゑ》に其《そ》の會計《くわいけい》年《ねん》度の出納《すゐとう》は六月三十日を以て閉鎖《へいさ》せしむ

決算報告《けつさんはうこく》の目的《もくてき》は二あり一は會計審査《くわいけいしんさ》と稱《しよう》し出納《すゐとう》に關《くわん》する計算《けいさん》の誤《あやま》りなきや及《および》出納《すゐとう》と收支命令《しうしめいれい》と適合《てきがふ》するや否《いな》やを審査《しんさ》するにあり此《こ》の審査《しんさ》は出納者《すゐとうしや》たる收入役《しうにふやく》に對《たい》し市町村長《しちやうそんちやう》の行《おこな》ふものとす

二は行政審査《ぎやうせいしんさ》と稱《しよう》し出納《すゐとう》と豫算追加豫算若《よさんついかよさんもしく》は豫算《よさん》の更正《かうせい》其《そ》の他《た》法令《はふれい》の規定《きてい》と適合《てきがふ》せるや否《いな》やを審査《しんさ》するにあり此《こ》の審査《しんさ》は市町村長《しちやうそんちやう》に對《たい》し行《おこな》ふものとす

市町村會《しちやうそんくわい》は右《みぎ》に述《の》へたる二の目的《もくてき》を以《もつ》て決算報告《けつさんはうこく》を審査《しんさ》するにあり

市町村會《しちやうそんくわい》か決算《けつさん》に付認定《つきにんてい》を與《あた》へたるときは其《そ》の報告《はうこく》を終了《しうれう》したるものとす

收支《しうし》の寡少《くわせう》なる小町村《せうちやうそん》にありては町村長又《ちやうそんちやうまた》は助役《じよやく》か收入役《しうにふやく》の職務《しよくむ》を兼掌《けんしやう》するを得《う》此《こ》の場合《はあひ》に於《おい》ては町村長又《ちやうそんちやうまた》は助役《じよやく》は其《そ》の決算《けつさん》を直《たゞち》に町村會《ちやうそんくわい》に提出《ていしゆつ》すへきものとす

市長市參與《しちやうしさんよ》及助役《じよやく》か決算《けつさん》を市參事會《しさんじくわい》の會議《くわいぎ》に付《ふ》する場合《はあひ》に其《そ》の會議《くわいぎ》に加《くは》はることを得《え》さるは出納《すゐとう》に關《くわん》する收支命令者若《しうしめいれいしやもしく》は其《そ》の補助者《ほじよしや》として決算《けつさん》に直接關《ちよくせつくわん》

係《けい》せるか爲《た》めなり
町村長《ちやうそんちやう》及助役《じよやく》か町村會《ちやうそんくわい》の會議《くわいぎ》に於《おい》て決算《けつさん》に關《くわん》し議長《ぎちやう》の職務《しよくむ》を行《おこな》ふことを得《え》さるは出納《すゐとう》に關《くわん》する收支《しうし》命令者《めいれいしや》たるか故《ゆゑ》なり

〔市〕第百四十三條　豫算調製ノ式、費用流用、其ノ他財務ニ關シ必要ナル規定ハ内務大臣之ヲ定ム

〔町村〕第百二十三條　豫算調製ノ式、費目流用其ノ他財務ニ關シ必要ナル規定ハ内務大臣之ヲ定ム

豫算を調製する形式、豫算に掲けたる費目を流通支出することと其の他市町村の財務行政に關し必要なる規定は一々本制に規定するを避け内務大臣の權限に委任したり

第七章　市ノ一部ノ事務

〔市〕第百四十四條　市ノ一部ニシテ財産ヲ有シ又ハ營造物ヲ設ケタルモノアルトキハ其ノ財産又ハ營造物ヲ管理及處分ニ付テハ本法中市ノ財産又ハ營造物ニ

關スル規定ニ依ル但シ法律勅令中別段ノ規定アル場合ハ此ノ限ニ在ラス

前項ノ財産又ハ營造物ニ關シ特ニ要スル費用ハ其ノ財産又ハ營造物ノ屬スル市ノ一部ノ負擔トス

前二項ノ場合ニ於テハ市ノ一部ハ其ノ會計ヲ分別スヘシ

【町村】

第六章 町村ノ一部ノ事務

第百二十四條 町村ノ一部ニシテ財産ヲ有シ又ハ營造物ヲ設ケタルモノアルトキハ其ノ財産又ハ營造物ノ管理及處分ニ付テハ本法中町村ノ財産又ハ營造物ニ關スル規定ニ依ル但シ法律勅令中別段ノ規定アル場合ハ此ノ限ニ在ラス

前項ノ財産又ハ營造物ニ關シ特ニ要スル費用ハ其ノ財産又ハ營造物ノ屬スル町村ノ一部ノ負擔トス

前二項ノ場合ニ於テハ町村ノ一部ハ其ノ會計ヲ分別スヘシ

市町村《しちやうそん》内《ない》の一部《ぶ》は其《そ》の市町村《しちやうそん》を離《はな》れて獨立《どくりつ》せる人格《じんかく》を有《いう》するものにあらす舊《きう》時《じ》にありては慣習上《くわんしふじやう》恰《あたか》も獨立《どくりつ》の人格《じんかく》を有《いう》したるものゝ如《ごと》くなし財産《ざいさん》を所有《しよいう》し

營造物《えいぞうぶつ》を設《まう》くることを得《え》たりと雖《いへど》も本制《ほんせい》の制定《せいてい》と共《とゝ》に市町村《しちやうそん》に一の人格《じんかく》を與《あた》へたる以上《いじやう》は市町村《しちやうそん》の一部《ぶ》に人格《じんかく》を與《あた》ふへきものにあらす然《しか》れとも舊時《きうじ》より所有《しよいう》せる財產若《ざいさんもしく》は營遺物《えいぞうぶつ》の管理《くわんり》及處分《よぶん》に付《つき》ては直《たゞち》に本制《ほんせい》の制定《せいせい》と同時《どうに》に之《これ》を市町村《しちやうそん》住民《ぢうみん》全部《ぜんぶ》の共有《きよういう》となすを得《え》さるの事情《じじやう》あり故《ゆゑ》に其《そ》の管理《くわんり》及處分《しよぶん》は本制《ほんせい》に定《さだ》めたる市町村《しちやうそん》有《いう》の財產《ざいさん》及管造物《えいぞうぶつ》に關《くわん》する規定《きてい》に依《よ》るへきものとなしたれとも其《そ》の會計《くわいけい》の如《ごと》きは全《まつた》く市町村《しちやうそん》有《いう》の財產《ざいさん》及營造物《えいぞうぶつ》に關《くわん》する會計《くわいけい》と之《これ》を分別《ぶんり》すへきものとなしたり

市町村《しちやうそん》一部《ぶ》の所有《しよいう》に係《かゝ》る財產《ざいさん》及營造物《えいぞうぶつ》に付特《つきとく》に要《えう》したる費用《ひよう》を其《そ》の一部《ぶ》の負《ふ》擔《たん》に歸《き》せしめたるは蓋其《けだしそ》の一部《ぶ》の住民《ぢうみん》のみ之等《これら》の財產《ざいさん》及營造物《えいぞうぶつ》より利益《りえき》を享《きやう》受《じゆ》するものにして他《た》の住民《ぢうみん》は何等《なんら》利益《りえき》を受《う》くることなきか爲《た》めなり

市町村《しちやうそん》一部《ぶ》の所有《しよいう》に係《かゝ》る財產《ざいさん》及營造物《えいぞうぶつ》に關《くわん》する處分《しよぶん》及管理《くわんり》は法律勅令《はふりつちよくれい》により特《とく》に規定《きてい》する場合《ばあひ》あり是《これ》舊時《きうじ》の慣習《くわんしふ》を重《おも》んしたるに外《ほか》ならす此《かく》の如《ごと》き場合《ばあひ》に於《おい》ては其《そ》の處分管理《しよぶんくわんり》並《ならび》に費用《ひよう》の負擔《ふたん》の如《ごと》き其《そ》の規定《きてい》に從《したが》はするへからす

〔市〕

第百四十五條 前條ノ財產又ハ營造物ニ關シ必要アリト認ムルトキハ府縣知

事ハ市會ノ意見ヲ徴シ府縣參事會ノ議決ヲ經テ市條例ヲ設定シ區會ヲ設ケテ市會ノ議決スヘキ事項ヲ議決セシムルコトヲ得

〔町村〕**第百二十五條** 前條ノ財産又ハ營造物ニ關シ必要アリト認ムルトキハ郡長ハ町村會ノ意見ヲ徴シテ町村條例ヲ設定シ區會又ハ區總會ヲ設ケテ町村會ノ議決スヘキ事項ヲ議決セシムルコトヲ得

市町村《しちやうそん》の一部《ぶ》に於《おい》て財産《ざいさん》を所有《しよいう》し又《また》は營造物《えいざうぶつ》を設《まう》けたる場合《はあひ》に其《そ》の財産若《ざいさんもしく》は營造物《えいざうぶつ》の管理《くわんり》及處分《しよぶん》は市町村《しちやうそん》に於《おい》て掌《つかさ》とることを原則《げんそく》とすれとも之等《これら》の財産《ざいさん》及營造物《えいざうぶつ》の管理《くわんり》及處分《しよぶん》は特《とく》に其《そ》の市町村《しちやうそん》の一部《ぶ》の住民《ぢうみん》に直接《ちよくせつ》利《り》害關係《がいくわんけい》を有《いう》するものなるか故《ゆゑ》に其《そ》の一部《ぶ》の住民《ぢうみん》より選擧《せんきよ》せる議員《ぎゐん》をして市町村會《しちやうそんくわい》に代《かは》りて之等《これら》の事項《じこう》を處理《しより》せしむるは其《そ》の一部《ぶ》の住民《ぢうみん》の利益《りえき》を尊重《そんちよう》する點《てん》に於《おい》て大《おほい》に策《さく》の得《え》たるものと謂《い》はさるへからす而《しか》して之等《これら》の管理《くわんり》及處分《しよぶん》に付《つき》郡長《ぐんちやう》府縣《ふけん》知事《ちじ》に於《おい》て市町村會《しちやうそんくわい》の意見《いけん》を徴《ちよう》せしめたる後《のち》市町村條例《しちやうそんでうれい》を定《さだ》め區會《くくわい》を設《まう》くへきものとなりたるは財産《ざいさん》及營造物《えいざうぶつ》の管理《くわんり》及處分《しよぶん》は市町村會《しちやうそんくわい》の權限《けんぐ》に屬《ぞく》するものなれとも市町村《しちやうそん》の一部《ぶ》の所有《しよいう》に屬《ぞく》する場合《はあひ》には他《た》の住民《ぢうみん》は何等《なんら》の利害關係《りがいくわんけい》な

く單《たん》に其《そ》の利《り》害關係《がいくわんけい》を有《いう》する一區域《くゐき》の住民《ぢうみん》をして之《これ》を處理《しより》せしむるを以《もつ》て最《もつと》も至當《したう》なるものとす區會《くくわい》をして其《そ》の財産《ざいさん》及營造物《えいざうぶつ》に關《くわん》する事項《じかう》を議決《ぎけつ》せしむる.は畢竟利《ひつきやうり》害關係《がいくわんけい》の多《おほ》き區會《くくわい》か市町村會《しちやうそんくわい》に勝《まさ》る所《ところ》あるか故《ゆゑ》なり

〔市〕第百四十六條　區會議員ハ市ノ名譽職トス其ノ定數、任期、選擧權及被選擧權ニ關スル事項ハ前條ノ市條例中ニ之ヲ規定ス

區會議員ノ選擧ニ付テハ市會議員ニ關スル規定ヲ準用ス但シ選擧人名簿又ハ選擧若ハ當選ノ效力ニ關スル異議ノ決定及被選擧權ノ有無ノ決定ハ市會ニ於テ之ヲ爲スヘシ

區會議員ノ選擧ニ付テハ前條ノ市條例ヲ以テ選擧人ノ等級ヲ設ケサルコトヲ得

區會ニ關シテハ市會ニ關スル規定ヲ準用ス

〔町村〕第百二十六條　區會議員ハ町村ノ名譽職トス其ノ定數、任期選擧權及被選擧權ニ關スル事項ハ前條ノ町村條例中ニ之ヲ規定スヘシ區總會ノ組織ニ關スル事項ニ付亦同シ

區會議員ノ選擧ニ付テハ町村會議員ニ關スル規定ヲ準用ス但シ選擧人名簿又ハ選擧若ハ當選擧ノ效力ニ關スル異議ノ決定及被選擧權ノ有無ノ決定ハ町村會ニ於テ之ヲ爲スヘシ

區會又ハ區總會ニ關シテハ町村會ニ關スル規定ヲ準用ス

區《く》會《くわい》は市《し》町村《ちやうそん》の一部《ぶ》の所有《しよいう》に係《かゝ》る財産《ざいさん》及營造物《えいざうぶつ》の管理《くわんり》及處分《しよぶん》に關《くわん》する事項《じこう》を議決《ぎけつ》するものにして從《したが》つて區《く》會《くわい》を組織《そしき》する議員《ぎゐん》は名譽職《めいよしよく》とし其《そ》の定數《ていすう》、任期《にんき》等《とう》は一切《さい》市《し》町村《ちやうそん》條例《でうれい》中《ちう》に規定《きてい》すへきものとせり

區《く》會議員《くわいぎゐん》の選擧《せんきよ》に付《つき》ては市町村會議員《しちやうそんくわいぎゐん》に關《くわん》する規定《きてい》を準用《じゆんよう》すへきものと爲《な》し選擧人名簿《せんきよにんめいぼ》選擧《せんきよ》、又《また》は當選《たうせん》の效力《かうりよく》に關《くわん》する異議《ゐぎ》の決定《けつてい》被選擧權《ひせんきよけん》の有無《うむ》の決定《けつてい》は市町村會《しちやうそんくわい》に於《おい》て爲《な》すへきものと爲《な》したるは蓋《けだし》市町村會《ちやうそんくわい》は區《く》會《わい》を指揮《しき》監督《かんとく》するの地位《ちゐ》にあるか爲《た》めなり

〔市〕**第百四十七條**　第百四十四條ノ場合ニ於テ市ノ一部府縣知事ノ處分ニ不服アルトキハ內務大臣ニ訴願スルコトヲ得

〔町村〕**第百二十七條**　第百二十四條ノ場合ニ於テ町村ノ一部郡長ノ處分ニ不服アル

トキハ府縣知事ニ訴願スルコトヲ得
市町村《しちやうたん》の一部《ぶ》の所有《しよいう》に係《かゝ》る財産《ざいさん》又《また》は營造物《えいざうぶつ》に關《くわん》して其《そ》の一部《ぶ》の住民《ぢうみん》か特別《とくべつ》の利《り》害關係《がいくわんけい》を有《いう》するものなるか故《ゆゑ》に若《も》し郡長《ぐんちやう》府《ふ》縣《けん》知事《ちじ》か其《そ》の管理《くわんり》及處分《しよぶん》に關《くわん》し市町村會《しちやうそんくわい》をして市町村《しちやうそん》條例《でうれい》を設定《せつてい》せしめ區會《くくわい》を設《まう》くる等《とう》のことある場合《はあひ》に於《おい》て其《そ》の市町村《ちやうそん》の一部《ぶ》か不服《ふく》ある場合《はあひ》には府縣知事《ふけんちじ》若《もしく》は內務大臣《ないむだいじん》に訴願《そがん》を提起《ていき》して其《そ》の處分《しよぶん》の當否《たうひ》の裁決《さいけつ》を受《う》くるを得《う》るものとせり畢竟《ひつきやう》市町村《しちやうそん》一部《ぶ》の特別《とくべつ》の利益《りえき》を保護《ほご》したるに外《ほか》ならす

〔市〕第百四十八條　第百四十四條ノ市ノ一部ノ事務ニ關シテハ本法ニ規定スルモノヽ外勅令ヲ以テ之ヲ定ム

〔町村〕第百二十八條　第百二十四條ノ町村ノ一部ノ事務ニ關シテハ本法ニ規定スルモノヽ外勅令ヲ以テ之ヲ定ム

市町村《ちやうそん》一部《ぶ》の所有《しよいう》に係《かゝ》る財産《ざいさん》及營造物《えいざうぶつ》の管理《くわんり》及處分《しよぶん》に關《くわん》しては本法《ほんはふ》に規定《きてい》する所極《ところきは》めて少《すくな》しと雖《いへど》も畢竟各地《ひつきやうかくち》の情況《じやうけう》により一々之《これ》か確《かく》一の規定《きてい》を本法《ほんはふ》に設《まう》くるときは甚《はなは》た復雜《ふくざつ》を來《きた》すか故《ゆゑ》に本法《ほんはふ》は勅令《ちよくれい》の規定《きてい》に之《これ》を讓《ゆづ》りたるなり

第八章　市町村組合

〔市〕第百四十九條　市町村ハ其ノ事務ノ一部ヲ共同處理スル爲其ノ協議ニ依リ府縣知事ノ許可ヲ得テ市町村組合ヲ設クルコトヲ得

公益上必要アル場合ニ於テハ府縣知事ハ關係アル市町村ノ意見ヲ徴シ府縣參事會ノ議決ヲ經内務大臣ノ許可ヲ得テ前項ノ市町村組合ヲ設クルコトヲ得

市町村組合ハ法人トス

第七章　町村組合

〔町村〕第百二十九條　町村ハ其ノ事務ノ一部ヲ共同處理スル爲其ノ協議ニ依リ府縣知事ノ許可ヲ得テ町村組合ヲ設クルコトヲ得此ノ場合ニ於テ組合内各町村ノ町村會又ハ町村吏員ノ職務ニ屬スル事項ナキニ至リタルトキハ其ノ町村會又ハ町村吏員ハ組合成立ト同時ニ消滅ス

町村ハ特別ノ必要アル場合ニ於テハ其ノ協議ニ依リ府縣知事ノ許可ヲ得テ其

ノ事務ノ全部ヲ共同處理スル爲町村組合ヲ設クルコトヲ得此ノ場合ニ於テハ組合内各町村ノ町村會及町村吏員ハ組合成立ト同時ニ消滅ス

公益上必要アル場合ニ於テハ府縣知事ハ關係アル町村ノ意見ヲ徴シ府縣參事會ノ議決ヲ經内務大臣ノ許可ヲ得テ前二項ノ町村組合ヲ設クルコトヲ得

町村組合ハ法人トス

市《し》町村《ちようそん》組合《くみあひ》の設立《せつりつ》市《し》町村《ちようそん》組合《くみあひ》を設立《せつりふ》するの目的《もくてき》は便宜《べんぎ》且《かつ》共同《きようどう》の利《り》益《えき》の爲《た》め或《あ》る種《しゆ》の行政事《ぎやうせいじ》務《む》を組合《くみあひ》市《し》町村《ちやうそん》にて共同《きようどう》に處理《しより》するにあり蓋《けだし》市《し》町村《ちようそん》は各々《おの〳〵》獨立《どくりつ》せる自《じ》治《ぢ》體《たい》なるを以《もつ》て其《そ》の區域《くゐき》に關《くわん》する行政事《ぎやうせいじ》務《む》は市《し》町村《ちやうそん》自《みづか》ら之《これ》を處理《しより》し他《た》の干渉《かんせふ》並《ならび》協議《けふぎ》を受《う》けさるを以《もつ》て其《そ》の效果《かうくわ》を擧《あ》くるものと謂《い》はさるへからす殊《こと》に市《し》と町村《ちやうそん》との行政事《ぎやうせいじ》務《む》の全部《ぜんぶ》に付《つき》連合《れんがふ》を許《ゆる》すときは却《かへつ》て其《そ》の事《じ》務《む》を錯綜《さくそう》せしむる憂《うれひ》あり故《ゆゑ》に市《し》町村《ちようそん》組合《くみあひ》は一部《ぶ》の事《に》務《む》を共同《きようどう》にて處理《より》する場合《はあひ》に限《かぎ》り之《これ》を許《ゆる》すへきものとせり

町村《ちやうそん》組合《くみあひ》の設立《せつりつ》、町村《ちやうそん》組合《くみあひ》は其《そ》の設立《せつりつ》の目的《もくてき》二種《しゆ》あり一は町村《ちやうそん》の一部《ぶ》の行政事《ぎやうせいじ》務《む》を共同《きようどう》處理《しより》するにあり二は町村《ちやうそん》全部《ぜんぶ》の行政事《ぎやうせいじ》務《む》を共同《きようどう》處理《しより》するにあり一部の行政事務《ぎやうせいじむ》を處理《しより》する場合《ばあひ》にありては其《そ》の事務《じむ》は町村組合《ちやうそんくみあひ》の掌《つかさ》とる所《ところ》となるか故《ゆゑ》に町村會《ちやうそんくわい》若《もし》くは町村吏員《ちやうそんりゐん》は其《そ》の事務《じむ》を掌《つかさ》とるの必要《ひつえう》なきに至《いた》ることあり此《かく》の如《ごと》き場合《ばあひ》には町村會《ちやうそんくわい》若《もしく》は吏員《りゐん》は當然《たうぜん》消滅《せうめつ》するに至《いた》るなり町村《ちやうそん》か行政事務《ぎやうせいじむ》の全部《ぜんぶ》を共同處理《きようどうしより》する爲《た》め町村組合《ちようそんくみあひ》を設《まう》けたるときは其《そ》の組合《くみあひ》は一の自治體《じちたい》を形成《けいせい》したるものにして從《したが》つて各町村《かくちやうそん》の町、村會《ちようそんくわい》及《および》町村吏員《ちようそんりゐん》は其《そ》の職務《しよくむ》の消滅《せうめつ》と共《とも》に組合《くみあひ》の成立《せいりつ》に次《つ》ひて消滅《せうめつ》するものとす

市町村組合若《ちようそんくみあひもしく》は町村組合《ちやうそんくみあひ》の設立《せつりつ》は其《そ》の組合《くみあひ》市《し》町村《ちやうそん》若《もしく》は組合町村《くみあひちやうそん》の協議《けふぎ》に基《もとづ》くを原則《げんそく》とすれとも其《そ》の協議《けふぎ》にあらさる場合《ばあひ》と雖《いへど》も公益《こうえき》に《じやう》組合《くみあひ》となすの必要《ひつえう》ある場合《ばあひ》には府縣知事《ふけんちじ》より進《すゝ》んで之《これ》か組合《くみあひ》の設立《せつりつ》につき市町村《しちようそん》の意見《いけん》を聞《き》き其《そ》の意見《いけん》にして組合《くみあひ》の設立《せつりつ》を欲《ほつ》するものなるときは内務大臣《ないむだいじん》の許可《きよか》を得《え》て設立《せつりつ》するを得《う》へし

市《し》町村《ちようそん》組合《くみあひ》及《および》町村《ちようそん》組合《くみあひ》は法人《はふじん》とす法人《はふじん》とは人《ひと》たる資格《しかく》を有《いう》し其《そ》の事務《じむ》に關《くわん》しては公法上《こうはふじやう》私《し》法上《はふじやう》權利《けんり》を有《いう》し義務《ぎむ》を負擔《ふたん》することを得《う》ること市町村《しちようそん》と異なる所《ところ》なし

〔市〕　第百五十條　市町村組合ニシテ其ノ組合市町村ノ數ヲ増減シ又ハ共同事務ノ變更ヲ爲サムトスルトキハ關係市町村ノ協議ニ依リ府縣知事ノ許可ヲ受クヘシ

公益上必要アル場合ニ於テハ府縣知事ハ關係市町村ノ意見ヲ徴シ府縣參事會ノ議決ヲ經内務大臣ノ許可ヲ得テ組合規約ヲ定メ又ハ變更スルコトヲ得

〔町村〕　第百三十條　前條第一項ノ町村組合町村ニシテ其ノ組合町村ノ數ヲ増減シ又ハ共同事務ノ變更ヲ爲サムトスルトキハ關係町村ノ協議ニ依リ府縣知事ノ許可ヲ受クヘシ

前條第二項ノ町村組合ニシテ其ノ組合町村ノ數ヲ減少セムトスルトキハ組合會ノ議決ニ依リ其ノ組合町村ノ數ヲ増加セムトスルトキハ其ノ町村組合ト新ニ加ハラントスル町村トノ協議ニ依リ府縣知事ノ許可ヲ受クヘシ

公益上必要アル場合ニ於テハ府縣知事ハ關係アル町村會又ハ組合會ノ意見ヲ徴シ府縣參事會ノ議決ヲ經内務大臣ノ許可ヲ得テ組合町村ノ數ヲ増減シ又ハ一部事務ノ爲メ設クル組合ノ共同事務ノ變更ヲ爲スコトヲ得

市《し》町村組合及町村組合《ちやうそんくみあひおよびちやうそんくみあひ》は共同事務《きやうどうじむ》の處理《しより》を目的《もくてき》として設立《せつりつ》せらるるものなること前述《ぜんじゆつ》する處《ところ》の如《ごと》し然《しか》れとも組合《くみあひ》の設立《せつりつ》の後《のち》に至《いた》り組合《くみあひ》の内《うち》に於《おい》て共同《きやうどう》に事務《じむ》を處理《しより》することを得《え》さるものの生《しやう》することあり或《あるひ》は他《た》の市町村《しちやうそん》にして組《くみ》合《あひ》に加入《かにふ》を希望《きばう》するものあり或《あるひ》は又《また》設立《せつりつ》の後《のち》に至《いた》り共同《きやうどう》に處理《しより》すへき事務を變更《へんかう》するの必要《ひつえう》を生《しやう》することあり此等《これら》の場合《はあひ》に於《おい》ても設立《せつりつ》の場合《はあひ》と同《おな》しく府《ふ》縣知事《けんちじ》の許可《きよか》を要《えう》すへし又《また》公益上《こうえきじやう》右《みぎ》の必要《ひつえう》ある場合《はあひ》には府縣知事《ふけんちじ》より進《すゝ》んて組合會《くみあひくわい》又《また》は市町村會《しちやうそんくわい》の意見《いけん》を徴《ちよう》して内務大臣《ないむだいじん》の許可《きよか》を受《う》くへきものとせり

〔市〕**第百五十一條** 市町村組合ヲ設クルトキハ關係市町村ノ協議ニ依リ組合規約ヲ定メ府縣知事ノ許可ヲ受クヘシ組合規約ヲ變更セントスルトキ亦同シ

公益上必要アル場合ニ於テハ府縣知事ハ關係アル市町村會ノ意見ヲ徴シ府縣參事會ノ議決ヲ經内務大臣ノ許可ヲ得テ組合ヲ定メ又ハ變更スルコトヲ得

〔町村〕**第百三十一條** 町村組合ヲ設クルトキハ關係町村ノ協議ニ依リ組合規約ヲ定メ府縣知事ノ許可ヲ受クヘシ

組合規約ヲ變更セントスルトキハ一部事務ノ爲ニ設クル組合ニ在テハ關係町

村ノ協議ニ依リ全部事務ノ爲ニ設クル組合ニ在リテハ組合會ノ議決ヲ經府縣知事ノ許可ヲ受クヘシ

公益上必要アル場合ニ於テハ府縣知事ハ關係アル町村會又ハ組合會ノ意見ヲ徵シ府縣參事會ノ議決ヲ經內務大臣ノ許可ヲ得テ組合規約ヲ定メ又ハ變更スルコトヲ得

組合《くみあひ》規約《きやく》とは市町村《しちようそん》組合《くみあひ》に於《お》ける共同《きようどう》の行政事務《ぎようせいじむ》の處理《しより》に關《くわん》する法律《はふりつ》を謂《い》ふ故《ゆゑ》に規約《きやく》は組合《くみあひ》なる自治法人《じちはふじん》の遵守《じゆんしゆ》すへき法規《はふき》なると共《とも》に此《こ》の法規《はふき》の制定《せいてい》は國《くに》の行政《ぎようせい》に影響《えいきやう》するものなるか故《ゆゑ》に組合《くみあひ》市町村《しちやうそん》の協議《けふぎ》の後《のち》府縣知《ふけんち》事の許可《きよか》を受《う》くへきものとせり

其《そ》の規約《きやく》の變更《へんかう》の場合《はあひ》も亦同《またどう》一の手續《てつゞき》を要《えう》す

町村《ちやうそん》組合《くみあひ》は一部《ぶ》の事務《じむ》を共同《きようどう》に處理《しより》する爲《ため》に設立《せつりつ》するも場合《はあひ》と全部《ぜんぶ》の事務《じむ》を共同《きようどう》に處理《しより》する爲《ため》に設立《せつりつ》する場合《はあひ》もあること前述《ぜんじゆつ》する所《ところ》の如《ごと》し而《しか》して一部《ぶ》の事務《じむ》を共同處理《きようどうしより》する場合《はあひ》にありては組合規約《くみあひきやく》の制定《せいてい》は關係町村《くわんけいちやうそん》の協議《けふぎ》に依《よ》るへきものなれとも全部《ぜんぶ》の事務《じむ》を共同處理《きようどうしより》する場合《はあひ》にありては組合《くみあひ》の事務《じむ》は

總《すべ》て組合會《くみあひくわい》に於《おい》て定《さだ》むへきものとす

公益《こうえき》の必要上《ひつえうじやう》府《ふ》縣知事《けんちじ》の申請《しんせい》により內務大臣《ないむだいじん》の許可《きよか》を得《え》て組合《くみあひ》を設立《せつりふ》する場《ば》合《あひ》にありては規約《きやく》の制定變更《せいていへんかう》も亦《また》內務大臣《ないむだいじん》の許可《きよか》を要《えう》するものとせり

〔市〕**第百五十二條** 組合規約ニハ組合ノ名稱、組合ヲ組織スル市町村、組合ノ共同事務、組合役場ノ位置、組合會ノ組織及組合會議員ノ選擧、組合吏員ノ組織及選任竝組合費用ノ支辨方法ニ付規定ヲ設クヘシ

〔町村〕**第百三十二條** 組合規約ニハ組合ノ名稱、組合ヲ組織スル町村、組合ノ共同事務及組合役場ノ位置ヲ定ムヘシ

一部事務ノ爲ニ設クル組合ノ組合規約ニハ前項ノ外組合會ノ組織及組合會議員ノ選擧、組合吏員ノ組織及選任竝組合費用ノ支辨方法ニ付規定ヲ設クヘシ

組合規約《くみあひきやく》は組合《くみあひ》市町村《しちやうそん》若《もしく》は組合町村《くみあひちやうそん》の事務《じむ》を共同《きようどう》に處理《しより》するに付《つき》ての法規《はふき》なること前述《ぜんじゆつ》する所《ところ》の如《ごと》し而《しか》して組合《くみあひ》は設立《せつりつ》と同時《どうじ》に獨立《どくりつ》の人格《じんかく》を有《いう》する自治《じち》體《たい》となり從《したが》つて其《そ》の事務《じむ》に關《くわん》しては關係市町村《くわんけいしちやうそん》の干涉《かんせふ》を受《う》くへきものにあらす玆《こゝ》に於《たい》てか其《そ》の規約《きやく》の中《うち》に關係《くわんけい》市町村《しちやうそん》の事務《じむ》と區別《くべつ》して一定《てい》の機關《きくわん》を設《まう》く

るの必要《ひつえう》あり組合《くみあひ》の名稱《めいしよう》を定《さだ》むるは關係市町村《くわんけいしちやうそん》と區別《くべつ》せんか爲《た》めなり關係市《くわんけいし》町村《ちやうそん》を列記《れつき》するは組合《くみあひ》の市町村《しちやうそん》を明《あきら》かにするにあり共同事務《きようどうじむ》を定《さだ》むるは組合《くみあひ》は其《そ》の共同事務《きようどうじむ》に關《くわん》してのみ人格者《じんかくしや》たるか故《ゆゑ》なり組合役場《くみあひやくば》の位置《ゐち》を定《さだ》め組合《くみあひ》會《くわい》の組織《そしき》組合會議員《くみあひくわいぎゐん》の選擧《せんきよ》組合吏員《くみあひりゐん》の組織《そしき》を規定《きてい》するは組合《くみあひ》に於《お》ける事務《じむ》の處理《しより》に關《くわん》する機關《きくわん》を定《さだ》むるか爲《ため》なり而《しか》して組合《くみあひ》に於《おい》て共同事務《きようどうじむ》の處理《しより》に要《えう》する費用《ひよう》は關係市町村《くわんけいしちやうそん》の負擔《ふたん》に係《か》かるものなりと雖《いへど》も其《そ》の費用《ひよう》の支辨方法《しべんはうはふ》は組合《くみあひ》規約《きやく》に於《おい》て定《さだ》めさるへからす

町村組合《ちやうそんくみあひ》にして全部《ぜんぶ》の事務《じむ》を共同處理《きようどうしより》する場合《ばあひ》には其組合《そのくみあひ》は町村相合《ちやうそんあひがつ》して一箇《こ》の町村《ちやうそん》を形成《けうせい》したるに異《こと》ならす故《ゆゑ》に其《そ》の組合《くみあひ》の名稱《めいしよう》、組合町村及共同事務《くみあひちやうそんおよびきようどうじむ》と其《そ》の役場《やくば》の位置《ゐち》を規定《きてい》するのみを以《もつ》て足《た》れりとす畢竟此《ひつきやうこ》の場合《ばあひ》にありては關《くわん》係町村《けいちやうそん》は行政事務《ぎやうせいじむ》に關《くわん》しては其《そ》の議決機關竝《ぎけつきくわんならび》に執行機關《しつかうきくわん》は消滅《せうめつ》して組合《くみあひ》に於《お》ける議決機關及執行機關《ぎけつきくわんおよびしつかうきくわん》か之《これ》に代《かは》りたるか故《ゆゑ》なり

〔市〕 **第百五十三條**　市町村組合ヲ解カムトスルトキハ關係市町村ノ協議ニ依リ府縣知事ノ許可ヲ受クヘシ

公益上必要アル場合ニ於テハ府縣知事ハ關係アル市町村會ノ意見ヲ徵シ府縣參事會ノ議決ヲ經內務大臣ノ許可ヲ得テ市町村組合ヲ解クコトヲ得

〔町村〕 **第百三十三條** 町村組合ヲ解カムトスルトキハ一部事務ノ爲ニ設クル組合ニ於テハ關係町村ノ協議ニ依リ全部事務ノ爲ニ設クル組合ニ於テハ組合會ノ議決ニ依リ府縣知事ノ許可ヲ受クヘシ

公益上必要アル場合ニ於テハ府縣知事ハ關係アル町村會又ハ組合會ノ意見ヲ徵シ府縣參事會ノ議決ヲ經內務大臣ノ許可ヲ得テ町村組合ヲ解クコトヲ得

市町村組合《しちやうそんくみあひ》及《および》町村組合《ちやうそんくみあひ》は行政事務《ぎやうせいじむ》を共同處理《きようどうしより》するの便宜《べんぎ》に基《もとづ》き設立《せつりつ》するか若くは公益上監督官廳《こうえきじやうかんとくくわんちやう》の意見《いけん》により設立《せつりつ》するものなること前述《ぜんじゆつ》する所《ところ》の如《ごと》し而して組合《くみあひ》の設立《せつりつ》は元《もと》と便宜《べんぎ》に基《もとづ》くものなるか故《ゆゑ》に組合市町村《くみあひしちやうそん》若《もしく》は組合町村《くみあひちやうそん》にして自己《じこ》の爲《た》めに不利益《ふりえき》なるか又《また》は共同《きようどう》に事務《じむ》を處理《しより》するを得《え》さる事情《じじやう》生《しやう》したる場合《ばあひ》には組合《くみあひ》を設立《せつりつ》するは却《かへつ》て或《ある》市町村《しちやうそん》の行政《ぎやうせい》の執行上《しつかうじやう》不利益《ふりえき》となるものなるか故《ゆゑ》に組合市町村《くみあひしちやうそん》をして協議《けふぎ》により組合《くみあひ》を解《と》かしめさるへからす此《こ》の場合《ばあひ》に於《おい》て府縣知事《ふけんちじ》の許可《きよか》を要《えう》するは設立《せつりつ》の場合《ばあひ》に許可《きよか》を要《えう》するか故《ゆゑ》なり府《ふ》

縣知事《けんちじ》か市町村組合《しちやうそんくみあひ》若《もしく》は町村組合《ちやうそんくみあひ》を公益上解散《こうえきじやうかいさん》するの必要《ひつえう》ありと認《みと》めたる場《は》合《あひ》には公益上設立《こうえきじやうせつりつ》する場合《はあひ》と同《どう》一の手續《てつゞき》を取《と》らしめたり

〔市〕**第百五十四條** 第百五十條第一項及前條第一項ノ場合ニ於テ財産ノ處分ニ關スル事項ハ關係市町村ノ協議ニ依リ府縣知事ノ許可ヲ受クヘシ

第百五十條第二項及前條第二項ノ場合ニ於テ財産ノ處分ニ關スル事項ハ關係アル市町村會ノ意見ヲ徴シ府縣參事會ノ議決を經内務大臣ノ許可ヲ得テ府縣知事之ヲ定ム

〔町村〕**第百三十四條** 第百三十條第一項第二項及前條第一項ノ場合ニ於テ財産ノ處分ニ關スル事項ハ關係町村ノ協議關係町村ト組合トノ協議又ハ組合會ノ議決ニ依リ府縣知事ノ許可ヲ受クヘシ

第百三十條第三項及前條第二項ノ場合ニ於テ財産ノ處分ニ關スル事項ハ關係アル町村會又ハ組合會ノ意見ヲ徴シ府縣參事會ノ議決ヲ經内務大臣ノ許可ヲ得テ府縣知事之ヲ定ム

市町村組合《しちやうそんくみあひ》に於《おい》て其《そ》の組合市町村《くみあひしちやうそん》の數《かず》を増減《ぞうげん》し若《もしく》は共同事務《きようどうじむ》の變更《へんかう》を爲《な》す場《は》

合《ちひ》及《およびし》市町村《ちやうそん》組合《くみあひ》を解散《かいさん》せしむる場合《はあひ》に於《たい》ては市《し》町村《ちやうそん》組合《くみあひ》に於《おい》て所有《しよいう》する財産《ざいさん》をも處分《しよぶん》して之《これ》を各《かく》組合《くみあひ》市《し》町村《ちやうそん》に分配《ぶんはい》せしめさるへからす而《しか》して市《し》町村《ちやうそん》組合《くみあひ》か始《はじ》め關係《くわんけい》市《し》町村《ちやうそん》の協議《けふぎ》に依《よ》りて設立《せつりつ》せられたる場合《はあひ》には其《そ》の處分《しよぶん》も亦《また》關係《くわんけい》市《し》町村《ちやうそん》の協議《けふぎ》によるへく又《また》公益《こうえき》により府《ふ》縣《けん》知《ち》事《じ》によりて設立《せつりつ》せられたる場合《はあひ》には府《ふ》縣《けん》知《ち》事《じ》か内《ない》務《む》大《だい》臣《じん》の許可《きよか》を得《え》て之《これ》を定《さだ》むへきものとせり町村《ちやうそん》組合《くみあひ》か其《そ》の數《かず》を増減《ぞうげん》し又《また》は共同《きようどう》事《じ》務《む》の變更《へんかう》を爲《な》す場合《はあひ》若《もしく》は町村《ちやうそん》組合《くみあひ》の解散《かいさん》する場合《はあひ》に於《おい》ては其《そ》の組合《くみあひ》の財産《ざいさん》を處分《しよぶん》するの必要《ひつえう》あり此《こ》の場合《はあひ》にありても前述《ぜんじゆつ》の如《ごと》く關係《くわんけい》町村《ちやうそん》の協議《けふぎ》町村《ちやうそん》會《くわい》の議決《ぎけつ》による場合《はあひ》と府《ふ》縣《けん》知《ち》事《じ》か内《ない》務《む》大《だい》臣《じん》の許可《きよか》を得《え》て之《これ》を定《さだ》むる場合《はあひ》とあり

〔市〕

第百五十五條　第百四十九條第一項第百五十條第一項第百五十條第一項第百五十三條第一項及前條第一項ノ規定ニ依ル府縣知事ノ處分ニ不服アル市町村又ハ市町村組合ハ内務大臣ニ訴願スルコトヲ得

組合費ノ分賦ニ關シ違法又ハ錯誤アリト認ムル市町村ハ其ノ告知アリタル日ヨリ三月以内ニ組合ノ管理者ニ異議ノ申立ヲ爲スコトヲ得

前項ノ異議ハ之ヲ組合會ノ決定ニ付スヘシ其ノ決定ニ不服アル市町村ハ府縣參事會ニ訴願シ其ノ裁決又ハ第四項ノ裁決ニ不服アルトキハ行政裁判所ニ出訴スルコトヲ得

前項ノ決定及裁決ニ付テハ組合ノ管理者ヨリモ訴願又ハ訴訟ヲ提起スルコトヲ得

前二項ノ裁決ニ付テハ府縣知事ヨリモ訴訟ヲ提起スルコトヲ得

〔町村〕**第百三十五條**　第百二十九條第一項及第二項第百三十條第一項及第二項第百三十一條第一項及第二項第百三十三條第一項竝前條第一項ノ規定ニ依ル府縣知事ノ處分ニ不服アル町村又ハ町村組合ハ內務大臣ニ訴願スルコトヲ得

組合費ノ分賦ニ關シ違法又ハ錯誤アリト認ムル町村ハ其ノ告知アリタル日ヨリ三月以內ニ組合ノ管理者ニ異議ノ申立ヲ爲スコトヲ得

前項ノ異議ハ之ヲ組合會ノ決定ニ付スヘシ其ノ決定ニ不服アル町村ハ府縣參事會ニ訴願シ其ノ裁決又ハ第四項ノ裁決ニ不服アルトキハ行政裁判所ニ出訴スルコトヲ得

前項ノ決定及裁決ニ付テハ組合ノ管理者ヨリモ訴願又ハ訴訟ヲ提起スルコトヲ得

前二項ノ裁決ニ付テハ府縣知事ヨリモ訴訟ヲ提起スルコトヲ得

市《し》町村《ちやうそん》組合《くみあひ》の設立《せつりつ》、組合《くみあひ》市町村《しちやうそん》の數《かず》の増減《ぞうげん》、共同事務《きようどうじむ》の變更《へんかう》、組合《くみあひ》の解散《かいさん》、解散《かいさん》の場《に》合《あひ》に於《お》ける財産《ざいさん》の處分等《しよぶんとう》に關《くわん》しては府縣知事《ふけんちじ》の許可《きよか》を受《う》くへきものなること前述《ぜんじゆつ》する所《ところ》の如《ごと》し而《しか》して此《こ》の府縣知事《ふけんちじ》に對《たい》する許可《きよか》の申請《しんせい》に付《つ》き府縣知事《ふけんちじ》か爲《な》したる處分《しよぶん》に對《たい》しては市町村《しちやうそん》又《また》は組合《くみあひ》か不服《ふふく》ある場合《はあひ》には内務大臣《ないむだいじん》に訴願《そがん》を爲《な》すことを許《ゆる》したり

市町村組合若《しちやうそんくみあひもしく》は組合町村《くみあひちやうそん》か共同事務《きようどうじむ》を處理《しより》する爲《ため》に要《えう》する費用《ひよう》は組合市町村《くみあひしちやうそん》若《もしく》は組合町村《くみあひちやうそん》の負擔《ふたん》すへきものなること疑《うたひが》を容《い》れす然《しか》れとも組合《くみあひ》か關係市町《くわんけいしちやう》村《そん》に分課《ぶんくわ》する費用《ひよう》にして規約《きやく》に違反《ゐはん》せるか又《また》は錯誤《さくご》に基《もとづ》きたる場合《はあひ》にありては之《これ》に對《たい》し異議《いぎ》を申立《まをした》つことを得《え》せしめたり組合管理者《くみあひくわんりしや》に對《たい》し之《これ》を申立《まをした》つは蓋《けだし》組合管理者《くみあひくわんりしや》は組合《くみあひ》を代表《だいへう》するものなるに依《よ》る分賦《ぶんぷ》の告知《こくち》の日《ひ》より三月以内《いない》に申立《まをしたて》の規間《きかん》を制限《せいげん》したるは之《これ》か期間《きかん》の永《なが》きときは組合事務《くみあひじむ》の進渉《しんせふ》に妨《さまたげ》ある

か爲《ため》なり

組合《くみあひ》費《ひ》の分賦《ぶんぷ》に對《たい》する異議《いぎ》の申立《まをしたて》は組合《くみあひ》の行政事務《ぎやうせいじむ》に屬《ぞく》するものなるか故《ゆゑ》に其《そ》の申立《まをしたて》の正當《せいたう》なるや否《いな》やは組合會《くみあひくわい》をして決定《けつてい》せしむるものとせり其《そ》の決定《けつてい》に對《たい》し訴願及《そがんおよび》訴訟《そしよう》を許《ゆる》したること市町村《しちやうそん》の場合《はあひ》の如《ごと》し

組合《みあひ》の管理《くわんり》者《しや》は組合《くみあひ》なる法人《はふじん》を代《だい》表《へう》するものなるか故《ゆゑ》に組合會《くみあひくわい》の決定《けつてい》及《およ》ひ府《ふ》縣《けん》參事《さんじ》會《くわい》の裁決《さいけつ》に對《たい》し訴願及《そがんおよび》訴訟《そしよう》を爲《な》すことを得《え》せしめたり

府《ふ》縣《りん》知《ち》事は組合《くみあひ》の監督權《かんとくけん》を有《いう》するか故《ゆゑ》に府《ふ》縣《けん》參事《さんじ》會《くわい》の裁決《さいけつ》に對《たい》し訴《そ》訟《しよう》を起《おこ》すことを得《う》

〔市〕 第百五十六條　市町村組合ニ關シテハ法律勅令中別段ノ規定アル場合ヲ除クノ外市ニ關スル規定ヲ準用ス

〔町村〕 第百三十六條　町村組合ニ關シテハ法律勅令中別段ノ規定ヲ除クノ外町村ニ關スル規定ヲ準用ス

市町村《しちやうそん》組合《くみあひ》及《および》町村《ちやうそん》組合《くみあひ》は便宜《べんぎ》の爲《た》めに設《まう》くる市町村《しちやうそん》自治《じち》體《たい》の連合《れんがふ》に外《ほか》ならさるか故《ゆ》ゑに行政事務《ぎやうせいじむ》の處理《しより》に關《くわん》して市町村《しちやうそん》自治《じち》體《たい》と異《こと》なる所《ところ》なきか故《ゆゑ》に之《こ》れ

に關《くわん》する規則《きそく》も亦《また》本制《ほんせい》の規定《きてい》を準用《じゆんよう》すへきものとなし只《たゞ》特別《とくべつ》の法律命令《はふりつちよくれい》に於《おい》て特《とく》に組合《くみあひ》に關《くわん》する規定《きてい》を設《まう》けたる場合《はあひ》に限《かぎ》り本制《ほんせい》の適用《てきよう》を受《う》けさるものとせり

第九章　市ノ監督

【市】**第百五十七條**　市ハ第一次ニ於テ府縣知事之ヲ監督シ第二次ニ於テ内務大臣之ヲ監督ス

第八章　町村ノ監督

【町村】**第百三十七條**　町村ハ第一次ニ於テ郡長之ヲ監督シ第二次ニ於テ府縣知事之ヲ監督シ第三次ニ於テ内務大臣之ヲ監督ス

市町村《しちやうそん》は獨立《どくりつ》せる自治《じち》の團體《だんたい》なりと雖《いへど》も等《ひと》しく國家《こくか》行政《ぎやうせい》の一區域《くゐき》に過《す》きさるを以《もつ》て其《そ》の行政《ぎやうせい》事務《じむ》も廣義《くわうぎ》に之《これ》を解譯《かいしやく》すれは國家《こくか》行政《ぎやうせい》の中《うち》に包含《はうがん》せらるへきものなるや明《あきら》かなり只《たゞ》本制《ほんせい》に於《おい》て其《そ》の自治《じち》の權《けん》と自主《じしゆ》の權《けん》とを認《みと》めたるによ

り自《みづか》ら市町村《しちやうそん》固有《こいう》の行政事務《ぎやうせいじむ》と委任《ゐにん》の行政事務《ぎやうせいじむ》との區別《くべつ》を生《しやう》したるに過《す》きさるなり故《ゆゑ》に市町村《しちやうそん》か國家《こくか》の制定《せいてい》せる條規《でうき》に背《そむ》き其《そ》の羈絆《きはん》を脱《だつ》したるときは國家《こか》は之《これ》を統《とう》一し之《これ》か矯正《けうせい》を爲《な》すの方法《はうはふ》を講《かう》せさるへからす市町村《しちやうそん》の行政《ぎやうせい》の監督《かんとく》は即之《すなはちこれ》か爲《た》めなり

市町村行政《しちやうそんぎやうせい》の監督《かんとく》は國《くに》の下級官廳《かきふくわんちやう》より漸次《ぜんじ》其《そ》の上級《じやうきふ》に及《およ》ほすを原則《げんそく》とす蓋法《けだしはふ》律勅令《りつちよくれい》に於《おい》て各官廳《かくくわんちやう》の職務《しよくむ》權限《けんげん》を定《さだ》め下級《かきふ》の官廳《くわんちやう》をして市町村自治體《しちやうそんじちたい》を監督《かんとく》するの權《けん》を有《いう》せしめたる以上《いじやう》は上級官廳《じやうきふくわんちやう》か直接《ちよくせつ》之《これ》か監督《かんとく》を爲《な》さゝるは官廳《くわんちやう》に上下《じやうげ》の階級《かいきふ》を設《まう》けたるの趣旨《しゆし》に合《あは》するものとす故《ゆゑ》に市《し》にありては第《だい》一次《じ》に府縣知事《ふけんちじ》之《これ》を監督《かんとく》し第《だい》二次《じ》に内務大臣《ないむだいじん》之《これ》を監督《かんとく》し町村《ちやうそん》にありては郡長《ぐんちやう》か第《だい》一次《じ》に之《これ》を監督《かんとく》し府縣知事《ふけんちじ》を經《へ》て第《だい》三次《じ》に内務大臣《ないむだいじん》に至《いた》るなり

〔市〕**第百五十八條**　本法中別段ノ規定アル場合ヲ除クノ外市ノ監督ニ關スル府縣知事ノ處分ニ不服アル市ハ内務大臣ニ訴願スルコトヲ得

〔町村〕**第百三十八條**　本法中別段ノ規定アル場合ヲ除クノ外町村ノ監督ニ關スル郡長ノ處分ニ不服アル町村ハ府縣知事ニ訴願シ其ノ裁決ニ不服アルトキハ内務

大臣ニ訴願スルコトヲ得

郡《ぐん》長府《ふ》縣知事《けんちじ》は市町村《しちやうそん》を監督《かんとく》するの權限《けんげん》を有《いう》すること前述《ぜんじゆつ》する所《ところ》の如《ごと》し而《しか》して郡長府《ぐんちやうふ》縣知事《けんちじ》か監督權《かんとくけん》の行使《かうし》による處分《しよぶん》に對《たい》しては市町村長《しちやうそんちやう》は本制《ほんせい》に・別段《べつだん》の規定《きてい》ある場合《はあひ》の外《ほか》絶對《ぜつたい》に服從《ふくじう》すへきものにあらす若《も》し市町村《しちやうそん》か其《そ》の處分《しよぶん》に付《つき》不當《ふたう》なりと考《かんが》ふるときは訴願《そがん》の方法《はつはふ》に其《そ》の上級官廳《じやうきふくわんちやう》の裁決《さいけつ》を仰《あふ》くことを得《う》へし

〔市〕**第百五十九條**　本法中行政裁判所ニ出訴スルコトヲ得ヘキ場合ニ於テハ内務大臣ニ訴願スルコトヲ得ス

〔町村〕**第百三十九條**　本法中行政裁判所ニ出訴スルコトヲ得ヘキ場合ニ於テハ内務大臣ニ訴願スルコトヲ得ス

行政訴願《ぎやうせいそがん》と行政訴訟《ぎやうせいそしよう》との區別《くべつ》行政訴願《ぎやうせいそがん》と行政訴訟《ぎやうせいそしよう》とは共《とも》に行政上《ぎやうせいじやう》の處分《しよぶん》に對《たい》する救濟手段《きうさいしゆだん》にして一個人《こじん》若《も》くは市町村《しちやうそん》か法律《はふりつ》により附與《ふよ》せられたる權利《けんり》に基《もとづ》き其《そ》の利益《りえき》を侵害《しんがい》せられ若《も》くは權利《けんり》を毀損《きそん》せられたるを理由《りいう》として其《そ》の處《しよ》分《ぶん》の取消《とりけし》變更《へんかう》を求《もと》め又《また》は權利《けんり》の確定《かくてい》を請《こ》ふを謂《い》ふ而《しか》して二者《しや》の差異《さゐ》は正確《せいかく》に

區別《くべつ》を爲《な》すを得《え》すと雖《いへど》も行政訴願《ぎやうせいそがん》は行政處分《ぎやうせいしよぶん》により主《しゆ》として個人《こじん》若《もし》くは市町《しちやう》村《そん》の利益《りえき》を侵害《しんがい》したる場合《ばあひ》に其《そ》の處分《しよぶん》の當否《たうひ》を復審《ふくしん》して審査《しんさ》の結果《けつくわ》其《そ》の處分《しよぶん》の取消《とりけし》若《もし》くは變更《へんかう》を求《もと》むるにあり行政訴訟《ぎやうせいそしよう》は行政處分《ぎやうせいしよぶん》により個人《こじん》若《もし》くは市町《しちやう》村《そん》か主《しゆ》として其《そ》の權利《けんり》を毀損《きそん》せられたる場合《ばあひ》に權利《けんり》を確保《かくほ》せんか爲《た》めに法《はふ》の適用《てきよう》を請《こ》ふを謂《い》ふ故《ゆゑ》に訴願《そがん》は便宜《べんぎ》に基《もとづ》くものなれとも訴訟《そしよう》は裁判《さいはん》を爲《な》すにあり

本制《ほんせい》に於《おい》ては訴願《そがん》と訴願《そしよう》との二種《しゆ》の行政上《ぎやうせいじやう》の救濟手段《きうさいしゆだん》を認《みと》めたれとも之《これ》か救《きう》濟《さい》の手續《てつゞき》は始《はじ》めより二者《しや》を區別《くべつ》せす下《か》級官廳《きふくわんちやう》に於《おい》て同様《どうやう》に裁決《さいけつ》を爲《な》し只《たゞ》最終《さいしう》の判決《はんけつ》に於《おい》て始《はじ》めて訴願《そがん》と訴訟《そしよう》とを區別《くべつ》せり故《ゆゑ》に行政訴訟《ぎやうせいそしよう》として行政裁判所《ぎやうせいさいはんしよ》に出訴《しゆつそ》したるときは内務大臣《ないむだいじん》に訴願《そがん》することを得《え》さるものとせり

【市】

第百六十條 異議ノ申立又ハ訴願ノ提起ハ處分決定又ハ裁決アリタル日ヨリ二十一日以内ニ之ヲ爲スヘシ但シ本法中別ニ期間ヲ定メタルモノハ此ノ限ニ在ラス

行政訴訟ノ提起ハ處分決定又ハ裁決アリタル日ヨリ三十日以内ニ之ヲ爲スヘ

シ

異議ノ申立ニ關スル期間ノ計算ニ付テハ訴願法ノ規定ニ依ル

異議ノ申立ハ期間經過後ニ於テモ宥恕スヘキ事由アリト認ムルトキハ仍之ヲ受理スルコトヲ得

異議ノ決定ハ文書ヲ以テ之ヲ爲シ其ノ理由ヲ附シ之ヲ申立人ニ交付スヘシ

異議ノ申立アルモ處分ノ執行ハ之ヲ停止セス但シ行政廳ハ其ノ職權ニ依リ又ハ關係者ノ請求ニ依リ必要ト認ムルトキハ之ヲ停止スルコトヲ得

〔町村〕第百四十條　異議ノ申立又ハ訴願ノ提起ハ處分決定又ハ裁決アリタル日ヨリ二十一日以內ニ之ヲ爲スヘシ但シ本法中別ニ期間ヲ定メタルモノハ此ノ限ニ在ラス

行政訴訟ノ提起ハ處分決定裁定又ハ裁決アリタル日ヨリ三十日以內ニ之ヲ爲スヘシ

異議ノ申立ニ關スル期間ノ計算ニ付テハ訴願法ノ規定ニ依ル

異議ノ申立ハ期間經過後ニ於テモ宥恕スヘキ事由アリト認ムルトキハ仍之ヲ

受理スルコトヲ得

異議ノ決定ハ文書ヲ以テ之ヲ爲シ其ノ理由ヲ付シ之ヲ申立人ニ交付スヘシ

異議ノ申立アルモ處分ノ執行ハ之ヲ停止セス但シ行政廳ハ其ノ職權ニ依リ又ハ關係者ノ請求ニ依リ必要ト認ムルトキハ之ヲ停止スルコトヲ得

異議《いぎ》の申立《まをしたて》、訴願《そがん》の提起《ていき》に一定《てい》の不變期間《ふへんきかん》を設《まう》けたるは蓋《けだし》行政處分《ぎやうせいしよぶん》の當否《たうひ》に付《つき》絶《た》へす異議《ぎ》又《また》は訴願《そがん》の起《たこ》るときは市町村行政《しちやうそんぎやうせい》の事務《じむ》に多大《ただい》の妨害《はうがい》を生《しやう》するか故《ゆゑ》に殊《こと》に短期日《たんきじつ》の不變期間《ふへんきかん》を設《まう》けて之《これ》か制限《せいげん》を爲《な》したるなり

行政訴訟《ぎやうせいそしよう》の提起《ていき》に付《つき》不變期間《ふへんきかん》を設《まう》け其《そ》の期間《きかん》を徒過《とくわ》したるものに起訴《きそ》の權《けん》を失《うしな》はしめたるも亦《また》前述《ぜんじゆつ》する所《ところ》の其《そ》の理由《りいう》を同《おなじ》らす

異議《いぎ》の申立《しんりつ》に關《くわん》し訴願《そがん》を起《おこ》す場合《はあひ》の期間《きかん》の計算《けいさん》は訴願法《そがんはふ》の規定《きてい》によるへきものとせり

訴願法第《そがんはふだい》八條《でう》によれは行政處分《ぎやうせいしよぶん》を受《う》けたる後《のち》六十日を經過《けいくわ》したるときは其處分《そのしよぶん》に對《たい》し訴願《そがん》することを得《え》す第《だい》二項《こう》に、行政廳《ぎやうせいちやう》の裁決《さいけつ》を經《へ》たる訴願《そがん》にして其《そ》の裁決《さいけつ》を受《う》けたる後《のち》三十日を經過《けいくわ》したるものは更《さら》に上級行政廳《じやうきふぎやうせいちやう》に訴願《そがん》すること

を得《え》すとあり
行政處分《ぎやうせいしよぶん》に對《たい》する異議《いぎ》の申立《まをしたて》か不變期間《ふへんきかん》を經過《けいくわ》せる後《のち》に於《おい》ても宥恕《ようじよ》すへき事由《じいう》か存《そん》する場合《はあひ》に猶之《なほこれ》を許《ゆる》すものとなしたるは蓋天災《けだしてんさい》其《そ》の他《た》不可抗力《ふかこうりよく》により申立《まをしたて》を爲《な》すを得《え》さる事由《じいう》の生《しやう》することを豫期《よき》するか故《ゆゑ》なり然《しか》れとも其《こ》の事由《じいう》は最《もつと》も嚴格《げんかく》に解釋《かいしやく》せさるへからす
異議《いぎ》の決定《けつてい》を文書《ぶんしよ》によるものと爲《な》し加之申立人《くはうるにまをしたてにん》に交付《かうふ》するものとなしたるは申立人《まをしたてにん》をして決定《けつてい》の不當《ふたう》なるや否《いな》やを審査《しんさ》するに充分《じうぶん》の材料《ざいれう》を與《あた》へんか爲《た》めなり行政處分《ぎやうせいしよぶん》に對《たい》し異議《いぎ》の申立《まをしたて》ありたるときは其《そ》の異議《いぎ》の確定《かくてい》を見《み》るに至《いた》るまては處分《しよぶん》は果《はた》して正當《せいたう》のものなるや否《いな》や從《したが》つて之《これ》を執行《しつかう》するも個人《こじん》若《もし》くは市町村《しちやうそん》の利益《りえき》若《もし》くは權利《けんり》を損傷《そんしやう》するものにあらさるや否《いな》や不明《ふけい》なりと謂《い》はさるへからす然《しか》れとも其《そ》の處分《しよぶん》の執行《しつかう》は行政上必要《ぎやうせいじやうひつえう》のものなるにより之《これ》か停止《ていし》を爲《な》ささるを原則《げんそく》とすれとも只必要《たゞひつえう》と認《みと》むる場合《にあひ》に限《かぎ》り之《これ》を停止《ていし》すへきものとせり舊市制町村制《きうしせいちやうそんせい》にありては行政處分《ぎやうせいしよぶん》に對《たい》し訴願及訴訟《そがんおよびそしよう》の提起《ていき》ありたる場合《はあひ》には總《すべ》て處分《しよぶん》の執行《しつかう》を停止《ていし》するを本則《ほんそく》となしたれとも斯《か》かる規定《きてい》は訴《そ》願法《はふ》

にも一致せさるものなるにより本制《ほんせい》は之《これ》を改正《かいせい》したるなり

【市】第百六十一條　監督官廳ハ市ノ監督上必要アル場合ニ於テハ事務ノ報告ヲ為サシメ、書類帳簿ヲ徴シ及實地ニ就キ事務ヲ視察シ又ハ出納ヲ検閲スルコトヲ得

監督官廳ハ市ノ監督上必要ナル命令ヲ發シ又ハ處分ヲ為スコトヲ得

上級監督官廳ハ下級監督官廳ノ市ノ監督ニ關シテ為シタル命令又ハ處分ヲ停止シ又ハ取消スコトヲ得

【町村】第百四十一條　監督官廳ハ町村ノ監督上必要アル場合ニ於テハ事務ノ報告ヲ為サシメ、書類帳簿ヲ徴シ及實地ニ就キ事務ヲ視察シ又ハ出納ヲ検閲スルコトヲ得

監督官廳ハ町村ノ監督上必要ナル命令ヲ發シ又ハ處分ヲ為スコトヲ得

上級監督官廳ハ下級監督官廳ノ町村ノ監督ニ關シテ為シタル命令又ハ處分ヲ停止シ又ハ取消スコトヲ得

市町村《しちやうそん》自治體《じちたい》の議決機關《ぎけつきくわん》及執行機關《およびしつかうきくわん》の職務《しよくむ》權限《けん〲》は總《すべ》て法律勅令《はふりつちよくれい》によりて定《さだ》め

らるるものにして從《したが》つて市町村《しちやうそん》の行政《ぎやうせい》は之等《これら》の職務《しよくむ》權限《けん〲》內《ない》に於《おい》て行《おこな》はるるものならさるへからす監督官廳《かんとくくわんちやう》か其《そ》の監督權《かんとくけん》を行使《かうし》するに當《あた》りても亦《また》市町村《しちやうそん》か職務《しよくむ》權限《けん〲》を超過《てうくわ》せさるや否《いな》やを監査《かんさ》するにあり而《しか》して之《これ》か監査《かんさ》の方法《はうはふ》は主《しゆ》として事務《じむ》の報告《はうこく》を爲《な》さしめ、書類帳簿《しよるゐちやうぼ》を徵《ちよう》し及《および》實地檢査《じつちけんさ》を行《おこな》ひ、出納《すゐとう》を檢閱《けんえつ》するにあり

監督權《かんとくけん》の行使《かうし》は市町村《しちやうそん》に對《たい》し命令《めいれい》を發《はつ》し又《また》は行政上處分《ぎやうせいじやうしよぶん》を爲《な》すの權《けん》を包含《はうがん》するものとす

監督官廳《かんとくくわんちやう》に上下《じやうげ》の階級《かいきふ》を定《さだ》めたる以上《いじやう》は上級《じやうきふ》の監督官廳《かんとくくわんちやう》か直接《ちよくせつ》市町村《しちやうそん》に對《たい》し監督權《かんとくけん》を行使《かうし》するものにあらさること前述《ぜんじゆつ》する所《ところ》の如《ごと》し然《しか》れとも下級《かきふ》監督官廳《かんとくくわんちやう》か監督權《かんとくけん》により爲《な》したる命令《めいれい》若《も》くは處分《しよぶん》にして不當《ふたう》なりとするときは上級《じやうきふ》監督官廳《かんとくくわんちやう》は之《これ》か處分《しよぶん》の停止《ていし》又《また》は取消《とりけし》を爲《な》すことを得《う》へし

〔市〕**第百六十二條**　內務大臣ハ市會ノ解散ヲ命スルコトヲ得

市會解散ノ場合ニ於テハ三月以內ニ議員ヲ選擧スヘシ

〔町村〕**第百四十二條**　內務大臣ハ町村會ノ解散ヲ命スルコトヲ得

町村會解散ノ場合ニ於テハ三月以內ニ議員ヲ選舉スヘシ

內務《ないむ》大臣《だいじん》は市町村《しちやうそん》自治體《じぢたい》の最上級《さいじやうきふ》の監督官廳《かんとくくわんちやう》なり而《しか》して內務《ないむ》大臣《だいじん》か市町村會《しちやうそんくわい》の解散《かいさん》を命《めい》するの權《けん》を有《いう》するの所以《ゆゑん》は蓋《けだし》市町村會《しちやうそんくわい》の議決《ぎけつ》か其《そ》の職務《しよくむ》權限《けんげん》を超《こ》へ法律《はふりつ》命令《めいれい》に背《そむ》き又《また》は公衆《こうしう》の利益《りえき》を害《がい》する場合《ばあひ》には市町村長《しちやうそんちやう》に議決《ぎけつ》の執行《しつかう》を停止《ていし》するの權限《けんげん》を與《あた》ふると同時《どうじ》に市町村會《しちやうそんくわい》をして之《これ》を再議《さいぎ》せしむることを得《え》せしめ猶《なほ》市町村會《しちやうそんくわい》か其《そ》の議決《ぎけつ》を改《あらた》めさるときは上級官廳《じやうきふくわんちやう》の裁決《さいけつ》を受《う》くへきものとせり然《しか》れとも此《かく》の如《ごと》きは只《たゞ》一の議法《ぎけつ》に對《たい》する監督權《かんとくけん》の行使《かうし》に過《すぎ》す故《ゆゑ》に市町村會《しちやうそんくわい》か屢々《しばしば》此《かく》の如《ごと》き不法《ふはふ》の議決《ぎけつ》を爲《な》すの恐《おそれ》ある場合《ばあひ》には之《これ》を組織《そしき》する議員《ぎゐん》の全部《ぜんぶ》を解散《かいさん》して更《さら》に自治《じぢ》の改善《かいぜん》を計《はか》るへき適當《てきたう》の人物《じんぶつ》を選擧《せんきよ》して之《これ》に代《か》ゆるの必要《ひつえう》を生《しやう》す而《しか》して市町村會《しちやうそんくわい》に對《たい》する解散《かいさん》の命令權《めいれいけん》を內務大臣《ないむだいじん》にのみ與《あた》へたるは蓋《けだし》解散《かいさん》の權《けん》は地方自治體《ちはうじぢたい》の自主獨立《じしゆどくりつ》に對《たい》する一大制限《だいせいげん》なるを以《もつ》て最愼重《さいしんちよう》の處置《しよち》を要《えう》し偏破《へんぱ》の患《くわん》なからしめ人を期《き》したるによるなり

內務大臣《ないむだいじん》か市町村會《しちようそんくわい》の解散《かいさん》を命《めい》したるときは市町村《しちやうそん》は忽《たちま》ち其《そ》の議決機關《ぎけつきくわん》を缺《か》くを以《もつ》て三ヶ月以內《いない》に議員《ぎゐん》の選擧《せんきよ》を行《おこな》ふへきものとなしたり

〔市〕 **第百六十三條** 市ニ於テ法令ニ依リ負擔シ又ハ當該官廳ノ職權ニ依リ命スル費用ヲ豫算ニ載セサルトキハ府縣知事ハ理由ヲ示シテ其ノ費用ヲ豫算ニ加フルコトヲ得

市長其ノ他ノ吏員其ノ執行スヘキ事件ヲ執行セサルトキハ府縣知事又ハ其ノ委任ヲ受ケタル官吏吏員之ヲ執行スルコトヲ得但シ其ノ費用ハ市ノ負擔トス

前二項ノ處分ニ不服アル市又ハ市長其ノ他ノ吏員ハ行政裁判所ニ出訴スルコトヲ得

〔町村〕 **第百四十三條** 町村ニ於テ法令ニ依リ負擔シ又ハ當該官廳ノ職權ニ依リ命スル費用ヲ豫算ニ載セサルトキハ郡長ハ理由ヲ示シテ其ノ費用ヲ豫算ニ加フルコトヲ得

町村長其ノ他ノ吏員其ノ執行スヘキ事件ヲ執行セサルトキハ郡長又ハ其ノ委任ヲ受ケタル官吏吏員之ヲ執行スルコトヲ得但シ其ノ費用ハ町村ノ負擔トス

前二項ノ處分ニ不服アル町村又ハ町村長其ノ他ノ吏員ハ府縣知事ニ訴願シ其ノ裁決ニ不服アルトキハ行政裁判所ニ出訴スルコトヲ得

市町村《じちやうそん》の行政事務《ぎやうせいじむ》は其《そ》の固有《こいう》の事務《じむ》と國及郡府縣《くにおよびぐんふけん》の委任事務《ゐにんじむ》との二に區別《くべつ》することを得《う》へし而《しか》して其《そ》の委任行政事務《ゐにんぎやうせいじむ》に要《えう》する費用《ひよう》と雖《いへど》も市町村自《しちやうそんみづか》ら之《これ》を負擔《ふたん》すへきものなること前述《ぜんじゆつ》する所《ところ》の如《ごと》し

本條《ほんでう》に法律勅令《はふりつちよくれい》により負擔《ふたん》し又《また》は國《くに》又《また》は郡府縣《ぐんふけん》の官廳《くわんちやう》か職權《しよくけん》により命《めい》する費用《よう》とは即《すなは》ち委任事務《ゐにんじむ》に要《えう》する市町村負擔《しちやうそんふたん》の費用《ひよう》を謂《い》ひたるに外《ほか》ならす而《しか》して市町村《しちやうそん》か此《こ》の費用《ひよう》を負擔《ふたん》するの義務《ぎむ》あるに拘《かゝは》らす之《これ》を豫算《よさん》の中《うち》に加《くは》へさるときは市町村《しちやうそん》は委任事務《ゐにんじむ》を處理《しより》すること能《あた》はさるに至《いた》るへし加之《しかのみならすゐ》委任事務《にんじむ》は國《くに》の行政事務《ぎやうせいじむ》の一部《ぶ》なるか故《ゆゑ》に監督《かんとく》の任《にん》にある郡長府縣知事《ぐんちやうふけんちじ》をして之《これ》が費用《ひよう》を豫算《よさん》の内《うち》に加《くは》ふることを得《え》せしめたり

市町村長《しちやうそんちやう》其《そ》の他《た》の吏員《りゐん》は本制《ほんせい》に於《おい》て規定《きてい》せる職務權限《しよくむけんげん》に基《もとづ》き事務《じむ》を執行《しつかう》すへきものとす而《しか》れとも市町村長《しちやうそんちやう》其《そ》の他《た》の吏員《りゐん》か故意《こい》に事務《じむ》を執行《しつかう》せさる場合《はあひ》には市町村《しちやうそん》の行政《ぎやうせい》は遂《つひ》に廢退《はつたい》を來《きた》すに至《いた》る故《ゆゑ》に郡長府縣知事《ぐんちやうふけんちじ》又《また》は其《そ》の委任《ゐにん》を受《う》けたるものをして之《これ》に代《かは》りて事務《じむ》を執行《しつかう》せしめ其費用《そのひよう》を市町村《しちやうそん》の負擔《ふたん》に歸《き》せしめたり

郡長府縣知事《ぐんちやうふけんちじ》か監督權《かんとくけん》の行使《かうし》に依《よ》る委任事務《ゐにんじむ》の費用《ひよう》を豫算《よさん》に加入《かにふ》せしめ若《もしく》は市町村吏員《しちやうそんりゐん》の職務《しよくむ》を他《た》の者《もの》をして執行《しつかう》せしむるか如《ごと》きは市町村《しちやうそん》の財政《ざいせい》若《もし》くは職務《しよくむ》に重大《ぢうだい》の關係《くわんけい》あるか故《ゆゑ》に市町村及《しちやうそんおよび》吏員《ゐん》をして行政訴訟《ぎやうせいそしよう》により處分《しよぶん》の當否《たうひ》の審判《しんぱん》を仰《あふ》くことを得《え》せしめたり

〔市〕第百六十四條　市長、助役、收入役又ハ副收入役ニ故障アルトキハ監督官廳ハ臨時代理者ヲ選任シ又ハ官吏ヲ派遣シ其ノ職務ヲ管掌セシムルコトヲ得但シ官吏ヲ派遣シタル場合ニ於テハ其ノ旅費ハ市費ヲ以テ辨償セシムヘシ

臨時代理者ハ有給ノ市吏員トシ其ノ給料額旅費額等ハ監督官廳之ヲ定ム

〔町村〕第百四十四條　町村長助役、收入役又ハ副收入役ニ故障アルトキハ監督官廳ハ臨時代理者ヲ選任シ又ハ官吏ヲ派遣シ其ノ職務ヲ管掌セシムルコトヲ得但シ官吏ヲ派遣シタル場合ニ於テハ其ノ旅費ハ町村費ヲ以テ辨償セシムヘシ

臨時代理者ハ有給ノ町村吏員トシ其ノ給料額、旅費額等ハ監督官廳之ヲ定ム

市町村長《しちやうそんちやう》其《そ》の他《た》の吏《り》員《ゐん》か故障《こしやう》ある場合《ばあひ》に之《これ》か代理《だいり》を爲《な》す者《もの》に付《つき》ては本制《ほんせい》に規《き》定《てい》する所《ところ》によるを得へしと雖《いへど》も其《そ》の故障《こしやう》にして之《これ》か代理《だいり》を爲《な》すものなきか若《もし》

くは代理《だいり》を為《な》すものを要《えう》すること急《きふ》にして且《かつ》本制《ほんせい》の規定《きてい》による暇《ひま》なき場合《ばあひ》に於《てい》ては監督官廳《かんとくくわんちよう》は臨時《りんじ》代理者《だいりしや》を選任《せんにん》して一時《じ》之《これ》か職務《しよくむ》を代理《だいり》せしむることを得《う》るものとす蓋臨《けだしりん》時《じ》代理《だいり》は一時《じ》的《てき》のものなるにより本制《ほんせい》の規定《きてい》により代理者《だいりしや》の定《さだ》まれるときは之《これ》か選任《せんにん》は當然《たうぜん》消滅《せうめつ》するものなれとも職務《しよくむ》の代理《だいり》中《ちう》は吏員《りゐん》となし有給《いつきふ》を以《もつ》て之《これ》に任《にん》せしむ従《したが》つて旅費《りよひ》給料《きふれう》等《とう》も亦《また》市《し》町村《ちやうそん》の負擔《ふたん》と為《な》す

〔市〕**第百六十五條** 左ニ掲クル事件ハ内務大臣ノ許可ヲ受クヘシ

一、市條件ヲ設ケ又ハ改廢スル事

二、學藝美術又ハ歴史上貴重ナル物件ヲ處分シ又ハ之ニ大ナル變更ヲ加フル事

〔町村〕**第百四十五條** 左ニ掲クル事件ハ内務大臣ノ許可ヲ受クヘシ

一、町村條例ヲ設ケ又ハ改廢スル事

二、學藝美術又ハ歴史上貴重ナル物件ヲ處分シ又ハ之ニ大ナル變更ヲ加フル事

市町村《しちやうそん》は其《そ》の自主《じしゆ》の權《けん》により條例《でうれい》と規則《きそく》とを制定《せいてい》することを得《う》ること前述《ぜんじゆつ》する所《ところ》の如《ごと》し而《しか》して條例《でうれい》とは市《し》町村《ちやうそん》固有《こいう》の行政事務《ぎやうせいじむ》及《および》市《し》町村《ちやうそん》住民《おうみん》の權利義務《けんりぎむ》に關《くわん》する規定《きてい》を包含《はうがん》す反之《これにはんし》規則《きそく》とは市町村共有《しちやうそんきようう》の營造物《えいざうぶつ》に關《くわん》し其《そ》の使用《しよう》の方法《はうはふ》

を定《さだ》むるにあり故《ゆゑ》に條例《でうれい》の制定《せいてい》は直《たゞ》ちに市町村住民《しちやうそんぢうみん》をして服從《ふくじう》の義務《ぎむ》を生《しやう》せしむれとも規則《きそく》の制定《せいてい》は然《しか》らす只《たゞ》營造物《えいざうぶつ》を使用《よう》する特定《とくてい》の人《ひと》に限《かぎ》り特別《とくべつ》の服從《ふくじう》の義務《ぎむ》を生《しやう》するものとす本制《ほんせい》に於《おい》て市町村條件《しちやうそんでうけん》の制定《せいてい》、改廢《かいはい》、變更《へんかう》に付《つき》内務大臣《ないむだいじん》の許可《きよか》を要《えう》するとなすは右《みぎ》の内容《ないよう》の差異《さい》によるなり

本條第二號《ほんでうだいがう》に掲《かゝ》くるものは必《かならす》しも經濟上《けいざいじやう》の價格《かかく》の大《だい》なるものにあらす然《しか》れとも古來《こらい》市町村《しちやうそん》の特有《とくいう》の財產《ざいさん》として之等《これら》の物《もの》を所有《しよいう》するは單《たん》に其《そ》の財政《ざいせい》の基礎《きそ》を確固《かくこ》にせんとするか為《た》めにあらす多《おほ》くは古來《こらい》の文學技藝《ぶんがくぎげい》其《そ》の他《た》歷史上《れきしじやう》の事蹟《じせき》の存續維持《そんぞくゐぢ》を勉《つと》め之《これ》を後世永遠《こうせいえいゑん》に傳《つた》へんとするの趣旨《しゆし》に外《ほか》ならす故《ゆゑ》に市町村《しちやうそん》か之《これ》を維持《ゐぢ》するの目的《もくてき》は全《まつた》く財政以外《ざいせいいぐわい》の點《てん》に於《おい》て存《そん》するものとす換言《くわんげん》せは國《くに》の歷史《れきし》を維持《ゐぢ》せんとするに外《ほか》ならす故《ゆゑ》に其《そ》の處分及重大《しよぶんおよびぢうだい》の變更《へんかう》を加《くは》ふるに付内務大臣《つきたいむだいじん》の許可《きよか》を要《えう》すとなしたるなり所謂國粹保存《いはゆるこくすゐほぞん》と稱《しよう》するもの即之《すなはちこれ》なり

〔市〕

第百六十六條　左ニ掲クル事件ハ内務大臣及大藏大臣ノ許可ヲ受クヘシ

一、市債ヲ起シ竝起債ノ方法、利息ノ定率及償還ノ方法ヲ定メ又ハ之ヲ變更スルコト但シ第百十三條第三項ノ借入金ハ此ノ限ニアラス

二、特別税ヲ新設シ増額シ又ハ變更スル事

三、間接國税ノ附加税ヲ賦課スル事

四、使用料手數料及加入金ヲ新設シ増額シ又ハ變更スル事

〔町村〕 **第百四十六條** 左ニ掲クル事項ハ内務大臣及大藏大臣ノ許可ヲ受クヘシ

一、町村債ヲ起シ竝起債ノ方法、利息ノ定率及償還ノ方法ヲ定メ又ハ之ヲ變更スル事但シ第百十二條第三項ノ借入金ハ此ノ限ニ在ラス

二、特別税ヲ新設シ増額シ又ハ變更スル事

三、間接國税ノ附加税ヲ賦課スル事

四、使用料手數料及加入金ヲ新設シ増額シ又ハ變更スル事

(一)市町村債《しちやうそんさい》を起《おこ》すの目的《もくてき》に付《つい》ては前述《ぜんじゆつ》する所《ところ》の如《ごと》し而《しか》して其起債《そのきさい》の方法《はうはふ》利息《りそく》の定率《ていりつ》、償還《しやうくわん》の方法《はうはふ》に付《つき》内務《ないむ》大臣《だいじん》の外《ほか》大藏《おほくら》大臣《だいじん》の許可《きよか》を必要《ひつえう》としたるは市町村債《しちやうそんさい》か國《くに》の財源《ざいげん》に關係《くわんけい》するか爲《た》めなり

(二)市町村《しちやうそん》の特別税《とくべつぜい》の新設《しんせつ》、増額《ぞうがく》變更《へんかう》は市町村《しちやうそん》の住民《ぢうみん》の負擔《ふたん》を増加《ぞうか》し其《そ》の税率《ぜいりつ》にして高《たか》きに失《しつ》するときは國《くに》の財源《ざいげん》を個渇《こかつ》せしむることあり故《ゆゑ》に大藏《おほくら》大臣《だいじん》の

許可《きよか》を必要《ひつえう》とせるなり

(三)間税《かんせつ》國税《こくぜい》の附加税《ふかぜい》を賦課《ふくわ》するは直接《ちよくせつ》に租税負擔者《そぜいふたんしや》を調査《てうさ》するの必要《ひつえう》なく一般《はん》住民《ぢうみん》より徴收《ちようしう》するの結果《けつくわ》となるを以《もつ》て賦課《ふくわ》するの容易《ようゐ》なると共《とも》に細民《さいみん》の負擔《ふたん》を省《かへり》みさるか故《ゆゑ》に若《も》し其《そ》の負擔《ふたん》の重《おも》きに過《す》くるときは社會經濟《しやくわいけいざい》の發達《はつたつ》を害《がい》し商業《しやうげふ》の進歩《しんぽ》を妨《さまた》くること大《だい》なるを以《もつ》て充分《じうぶん》の調査《てうさ》を要《えう》す此《こ》の理由《りいう》により殊《こと》に大藏大臣《おほくらだいじん》の許可《きよか》を要《えう》するものとせり

(四)使用料手數料加入金《しようれうてすうれうかにふきん》の新設增額《しんせつぞうがく》又《また》は變更《へんかう》は其《そ》の名稱《めうしよう》の異《こと》なるに拘《かゝは》らす等《ひと》しく住民《ぢうみん》の負擔《ふたん》を增加《ぞうか》し若《も》しくは既得《きとく》の權利《けんり》に影響《えいきやう》する點《てん》に於《おい》て同《どう》一の結果《けつくわ》を生《しやう》す故に殊《こと》に大藏大臣《おほくらだいじん》の許可《きよか》をも必要《ひつえう》とせり

〔市〕

第百六十七條 左ニ掲クル事件ハ府縣知事ノ許可ヲ受クヘシ

一、基本財産ノ管理及處分ニ關スル事

二、特別基本財産及積立金穀等ノ管理及處分ニ關スル事

三、第百十條ノ規定ニ依リ舊慣ヲ變更又ハ廢止スル事

四、寄附又ハ補助ヲ爲ス事

五、不動産ノ管理及處分ニ關スル事
六、均一ノ税率ニ依ラスシテ國税又ハ府縣税ノ附加税ヲ賦課スル事
七、第百二十二條第一項第二項及第四項ノ規定ニ依リ數人又ハ市ノ一部ニ費用ヲ負擔セシムル事
八、第百二十四條ノ規定ニ依リ不均一ノ賦課ヲ爲シ又ハ數人若ハ市ノ一部ニ對シ賦課ヲ爲ス事
九、第百二十五條ノ準率ニ依ラスシテ夫役現品ヲ賦課スル事但シ急迫ノ場合ニ賦課スル夫役ニ付テハ此ノ限ニ在ラス
十、繼續費ヲ定メ又ハ變更スル事

〔町村〕**第百四十七條**　左ニ掲クル事件ハ郡長ノ許可ヲ受クヘシ
一、基本財産ノ管理及處分ニ關スル事
二、特別基本財産及積立金穀等ノ管理及處分ニ關スル事
三、第九十條ノ規定ニ依リ舊慣ヲ變更又ハ廢止スル事
四、寄附又ハ補助ヲ爲ス事

五、不動産ノ管理及處分ニ關スル事

六、均一ノ税率ニ依ラスシテ國税又ハ府縣税ノ附加税ヲ賦課スル事

七、第百二條第一項第二項及第四項ノ規定ニ依リ數人又ハ町村ノ一部ニ費用ヲ負擔セシムル事

八、第百四條ノ規定ニ依リ不均一ノ賦課ヲ爲シ又ハ數人若ハ町村ノ一部ニ對シ賦課ヲ爲ス事

九、第百五條ノ準率ニ依ラスシテ夫役現品ヲ賦課スル事但シ急迫ノ場合ニ賦課スル夫役ニ付テハ此ノ限ニ在ラス

十、繼續費ヲ定メ又ハ變更スル事

(一) 市町村《しちやうそん》は其《そ》の自主獨立《じしゆどくりつ》の權《けん》を全《まつた》うし行政《ぎやうせい》の基礎《きそ》を確固《かくこ》ならしめんか爲《た》め基本財産《きほんざいさん》を所有《しよいう》するを要《えう》するのみならす其《そ》の維持《いぢ》は即《すなは》ち市町村《しちやうそん》の義務《ぎむ》なりとす然《しか》れとも基本財産《きほんざいさん》と雖《いへと》も之《これ》か使用處分《しようしよぶん》を禁《きん》するものにあらす只《たゞ》市町村《しちやうそん》の財《ざい》政上《せいじやう》之《これ》を處分《しよぶん》するの必要《ひつえう》あるときに限《かぎ》るものとす而《しか》して基本財産《きほんざいさん》の管理《かんり》の善《ぜん》惡處分《あくしよぶん》の當否《たうひ》を一《いつ》に市町村《しちやうそん》の意見《いけん》に一任《いちにん》するときは基本財産《きほんざいさん》を流用《りやうよう》する(ノ)弊《へい》

を生《しやう》し行政《ぎやうせい》の基礎《きそ》を破《やぶ》るの恐《おそれ》あるにより特《とく》に監督官廳《かんとくかんちやう》の許可《きよか》を要《よう》するものとせり

(二) 特別基本財産《とくべつきほんざいさん》とは特別《とくべつ》の行政《ぎやうせい》の費用《ひよう》に充《あ》つる爲《ため》に設《まう》くる基本財産《きほんざいさん》を謂《い》ふ積立金穀《つみたてきんこく》とは市町村《しちやうそん》か貯蓄《ちよちく》する金錢《きんせん》及《および》穀類《こくるゐ》を謂《い》ふ而《しか》して之等《これら》の管理《かんり》及處分《およびしよぶん》も亦《また》監督官廳《かんとくかんちやう》の許可《きよか》を要《えう》す

(三) 市町村《しちやうそん》の住民中特《じうみんちうとく》に財産《ざいさん》又《また》は營造物《えいぞうぶつ》を使用《しよう》する權利《けんり》を有《いう》する場合《ばあい》に此《この》使用權《しようけん》か從來《じゆうらい》の舊慣《きゆうかん》に基《もとづ》くものなるときは之《これ》か廢止《はいし》若《もしく》は變更《へんこう》は其《その》一部《いちぶ》の住民《じゆうみん》の既得權《きとくけん》を侵害《しんがい》するものとなるへし然《しか》れとも本制《ほんせい》に於《おい》て一般住民《いつぱんじゆうみん》に市町村《しちやうそん》の財産若《ざいさんもしく》は營造物《えいぞうぶつ》の使用權《しようけん》を認《みと》めたる以上《いじやう》は右《みぎ》の既得《きとく》の權《けん》の如《ごと》き市町村《しちやうそん》の行政《ぎやうせい》の必要上之《ひつえうじやうこれ》を改廢《かいはい》することを得《え》さるへからす

(四) 寄附《きふ》とは金錢《きんせん》其《そ》の他《た》の物品《ぶつぴん》の贈與《ぞうよ》を謂《い》ふ補助《ほじよ》とは勞務《ろうむ》を提供《ていきやう》するを謂《い》ふ蓋《けだし》市町村《しちやうそん》は行政事務《ぎやうせいじむ》の費用《ひやう》の爲《た》めに其《そ》の收入《しゆうにう》を費《ついや》すことを得《う》へく又《また》市町村吏《しちやうそんり》員《いん》も行政事務《ぎやうせいじむ》に關《くわん》してのみ勤勞《きんろう》するを以《もつ》て原則《げんそく》となせとも天災《てんさい》其《そ》の他特別《たとくべつ》の事件《じけん》に對《たい》し市町村《しちやうそん》か救助《きうじよ》を爲《な》すの必要生《ひつえうしやう》することあり而《しか》して此《かく》の如《ごと》きは市町《ちやう》

村《そん》の行政事務《ぎやうせいじむ》に屬《ぞく》せされとも本制《ほんせい》は特《とく》に金錢《きんせん》其《そ》の他《た》の物品《ぶつぴん》の贈與《ぞうよ》若《もしく》は吏員《りいん》をして之《これ》に對《たい》し勞務《ろうむ》を供《きやう》せしむることを得《う》るものとせり然《しか》れとも此等《これら》は市町村《しちやうそん》の事務《じむ》に屬《ぞく》せさることとなるか故《ゆゑ》に監督官廳《かんとくくわんちやう》の許可《きよか》を必要《ひつえう》とせり

(五) 不動產《ふどうさん》は市町村有財產《しちやうそんいうざいさん》の中最《うちもつとも》基礎《きそ》の强固《きやうこ》なるものとす故《ゆゑ》に之《これ》か管理處分《かんりしよぶん》は特《とく》に監督官廳《かんとくくわんちやう》の許可《きよか》を必要《ひつえう》とせり

(六) 國稅及府縣稅《こくぜいおよびふけんぜい》の附加稅《ふかぜい》は均一《きんいつ》の稅率《ぜいりつ》によりて一般《いつぱん》の住民《じゆうみん》に賦課《ふか》するを原則《げんそく》とすれとも特《かく》に監督官廳《かんとくくわんちやう》の許可《きよか》を得《え》て均一《きんいつ》の稅率《ぜいりつ》によらすして賦課《ふか》することを得《う》

(七) 數人若《すうじんもしく》は市町村《しちやうそん》の一部《いちぶ》を利益《りえき》する財產若《ざいさんもしく》は營造物《えいぞうぶつ》の設置維持其《せつちいぢそ》の他《た》の必要《ひつえう》なる費用《ひよう》は其《そ》の關係者若《くわんけいしやもしく》は其《そ》の一部《いちぶ》の納稅者《のうぜいしや》に負擔《ふたん》せしむへきこと前述《ぜんじゆつ》する所《ところ》の如《ごと》し而《しか》して此《こ》の費用《ひよう》の負擔《ふたん》に關《くわん》し監督官廳《かんとくくわんちやう》の許可《きよか》を必要《ひつえう》となしたる所《ゆ》以《ゑん》は蓋《けだし》營造物及財產《えいぞうぶつおよびざいさん》に要《えう》する費用《ひよう》は一般住民《いつぱんじうみん》の負擔《ふたん》すへきを原則《げんそく》とするものなれとも此《こ》の場合《はあい》は一《いつ》の例外《れいがい》を爲《な》すものなるか故《ゆゑ》なり

(八) 數人《すうにん》又《また》は市町村《しちやうそん》の一部《いちぶ》に對《たい》し特《とく》に利益《りえき》ある事件《じけん》に關《くわん》しては市町村《しちやうそん》は不均《ふきん》

一《いつ》の賦《ぶ》課《か》を爲《いう》し又《また》は數《すう》人《にん》若《もしく》は市《し》町《ちやう》村《そん》の一《いち》部《ぶ》に對《たい》し賦《ふ》課《か》を爲《な》すを得《う》ること前《ぜん》述《じゆつ》する所《ところ》の如《ごと》し此《かく》の如《ごと》き賦《ふ》課《か》も亦《また》例《れい》外《がい》を爲《な》すものなるか故《ゆゑ》に特《とく》に監《かん》督《とく》官《くわん》廳《ちやう》の許《きよ》可《か》を必《ひつ》要《えう》とせり

（九）賦《ふ》役《やく》現《げん》品《ぴん》は直《ちよく》接《せつ》市《し》町《ちやう》村《そん》税《ぜい》若《もしく》は直《ちよく》接《せつ》國《こく》税《ぜい》を準《じゆん》率《りつ》となし且《かつ》つ之《これ》を金《きん》額《がく》に算《さん》出《しゆつ》して賦《ふ》課《か》するを原《げん》則《そく》となすこと前《ぜん》述《じゆつ》する所《ところ》の如《ごと》し然《しか》れとも市《し》町《ちやう》村《そん》は特《とく》に監《かん》督《とく》官《くわん》廳《ちやう》の許《きよ》可《か》を得《え》て右《みぎ》の準《じゆん》率《りつ》によらさることを得《う》急《きゆう》迫《はく》の場《は》合《あい》に賦《ぶ》役《やく》現《げん》品《ぴん》を賦《ふ》課《か》するに當《あた》りては監《かん》督《とく》官《くわん》廳《ちやう》の許《きよ》可《か》を受《う》くるの暇《ひま》なきか故《ゆゑ》に此《こ》の場《は》合《あい》には其《そ》の賦《ふ》課《か》は右《みぎ》の準《じゆん》率《りつ》に依《よ》らさるを得《う》へく且《かつ》許《きよ》可《か》を受《う》くるを要《えう》せさるなり

（十）繼《けい》續《ぞく》費《ひ》は數《すう》年《ねん》に亘《わた》りて毎《まい》年《ねん》一《いつ》定《てい》の額《がく》を支《し》出《しつ》さるへきものなるか故《ゆゑ》に一《いつ》の豫《よ》算《さん》に於《おい》て之《これ》を定《さだ》むるに當《あた》りても果《はた》して其《そ》の繼《けい》續《ぞく》年《ねん》間《かん》支《し》出《しゆつ》するを得《う》へきや其《そ》の繼《けい》續《ぞく》費《ひ》は果《はた》して市《し》町《ちやう》村《そん》の負《ふ》擔《たん》するを得《う》へきものなるやを監《かん》査《さ》せさるへからす又《また》繼《けい》續《ぞく》費《ひ》の變《へん》更《かう》は經《けい》營《えい》の事《じ》業《ぎやう》に一《いつ》の妨《ばう》害《がい》を來《きた》し不《ふ》成《せい》效《かう》に終《おは》らむることあり故《ゆゑ》に監《かん》督《とく》官《くわん》廳《ちやう》をして其《そ》の事《じ》實《じつ》を調《ちやう》査《さ》せしめて之《これ》か許《きよ》可《か》を受《う》くへきものとせり

第百六十八條 監督官廳ノ許可ヲ要スル事件ニ付テハ監督官廳ハ許可申請ノ趣

旨ニ反セスト認ムル範圍內ニ於テ更正シテ許可ヲ與フルコトヲ得

〔町村〕**第百八十四條**　監督官廳ハ許可ヲ要スル事件ニ付テハ監督官廳ハ許可申請ノ趣旨ニ反セスト認ムル範圍內ニ於テ更正シテ許可ヲ與フルコトヲ得

監督官廳《かんとくくわんちやう》の許可《きよか》を要《えう》する事件《じけん》に關《くわん》しては市町村《しちやうそん》は申請《しんせい》の趣旨《しゆし》を書狀《しよじよう》に具《ぐ》して之《これ》か申請《しんせい》を爲《な》ささるへからす而《しか》して監督官廳《かんとくくわんちよう》は其《そ》の申請《しんせい》の趣旨《しゆし》にして變更《へんかう》を要《えう》するものあるときは更《さら》に申請《しんせい》を爲《な》さしむへきものなれとも單《たん》に申請書《しんせいしよ》を更正《かうしよう》するのみにして其《そ》の趣旨《しゆし》を變更《へんかう》するにあらさるものは監督權《かんとくけん》により便宜《べんぎ》之《これ》を更正《こうしやう》して許可《きよか》を與《あと》ふることを得《う》るものとせり蓋本條《けだしほんじやう》は無益《むえき》の手續《てつゞき》を爲《な》すの煩《わづらい》を避《さ》けたるにあり

〔市〕**第百六十九條**　監督官廳ノ許可ヲ要スル事件ニ付テハ勅令ノ定ムル所ニ依リ其ノ許可ノ職權ヲ下級官廳ニ委任シ又ハ輕易ナル事件ニ限リ許可ヲ受ケシメサルコトヲ得

〔町村〕**第百四十九條**　監督官廳ノ許可ヲ要スル事件ニ付テハ勅令ノ定ムル所ニ依リ其ノ許可ノ職權ヲ下級官廳ニ委任シ又ハ輕易ナル事件ニ限リ許可ヲ受ケシメサ

ルコトヲ得

【市】

第百七十條　府縣知事ハ市長、市參與、助役、收入役、副收入役、區長、區長代理者、委任其ノ他ノ市吏員ニ對シ懲戒ヲ加フルコトヲ得其ノ懲戒處分ハ譴責、二十五圓以下ノ過怠金及解職トス但シ市長、市參與、助役、收入役、副收入役及第六條又ハ第八十二條第三項ノ市ノ區長ニ對スル解職ハ懲戒審査會ノ議決ヲ經市長ニ付テハ勅裁ヲ經ルコトヲ要ス

懲戒審査會ハ内務大臣ノ命シタル府縣高等官三人及府縣名譽職參事會員ニ於テ互選シタル者三人ヲ以テ其ノ會員トシ府縣知事ヲ以テ會長トス知事故障アルトキハ其ノ代理者會長ノ職務ヲ行フ

府縣名譽參事會員ノ互選スヘキ會員ノ選擧補闕及任期竝懲戒審査會ノ招集及會議ニ付テハ府縣制中名譽職參事會員及府縣參事會ニ關スル規定ヲ準用ス但シ補充員ハ之ヲ設クルノ限ニ在ラス

解職ノ處分ヲ受ケタル者其ノ處分ニ不服アルトキハ内務大臣ニ訴願スルコトヲ得但シ市長ニ付テハ此ノ限ニ在ラス

府縣知事ハ市長、市參與、助役、收入役。副收入役及第六條又ハ第八十二條第三項ノ市ノ區長ノ解職ヲ行ハムトスル前其ノ停職ヲ命スルコトヲ得此ノ場合ニ於テハ其ノ停職期間報酬又ハ給料ヲ支給スルコトヲ得ス

懲戒ニ依リ解職セラレタル者ハ二年間市町村ノ公職ニ選擧セラレ又ハ任命セラルルコトヲ得ス

〔町村〕 **第百五十條**　府縣知事又ハ郡長ハ町村長、助役、收入役、副收入役、區長、區長代理者委員其ノ他ノ町村吏員ニ對シ懲戒ヲ行フコトヲ得其ノ懲戒處分ハ譴責、二十五圓以下ノ過怠金及解職トス但シ町村長、助役、收入役及副收入役ニ對スル解職ハ懲戒審查會ノ議決ヲ經府縣知事之ヲ行フ

懲戒審查會ハ内務大臣ノ命シタル府縣高等官三人及府縣名譽職參事會員ニ於テ互選シタル者三人ヲ以テ其ノ會員トシ府縣知事ヲ以テ會長トス知事故障アルトキハ其ノ代理者會長ノ職務ヲ行フ

府縣名譽職參事會員ノ互選スヘキ會員ノ選擧補闕竝懲戒審查會ノ招集及會議ニ付テハ府縣制中名譽職參事會員及府縣參事會ニ關スル規定ヲ準用ス但シ補

充員ハ之ヲ設クルノ限ニ在ラス

解職ノ處分ヲ受ケタル者其ノ處分ニ不服アルトキハ郡長ノ處分ニ付テハ府縣知事ニ訴願シ其ノ裁決ニ不服アルトキ又ハ府縣知事ノ處分ニ付テハ内務大臣ニ訴願スルコトヲ得

府縣知事ハ町村長、助役、收入役及副收入役ノ解職ヲ行ハムトスル前其ノ停職ヲ命スルコトヲ得此ノ場合ニ於テハ其ノ停職期間報酬又ハ給料ヲ支給スルコトヲ得ス

懲戒ニ依リ解職セラレタル者ハ二年間市町村ノ公職ニ選擧セラレ又ハ任命セラルルコトヲ得ス

本條《ほんでう》は市《し》町村吏員《ちやうそんりいん》の職務違反《しよくむいはん》に對《たい》する制裁《せいさい》を規定《きてい》したるものにして其《そ》の制裁《せいさい》の方法《はうはふ》には譴責過怠金及解職《けんせきくわたいきんおよびかいしよく》の三《さん》あり

懲戒處分《ちようかいしよぶん》の目的《もくてき》は懲戒《ちようかい》せらるる者《もの》の行為《こうい》の矯正《きようせい》と他《た》の吏員《りいん》の規律《きりつ》を維持《いぢ》せしむるにあり譴責《けんせき》とは職務《しよくむ》に違反《いはん》せる吏員《りいん》に對《たい》し精神上《せいしんじやう》の苦痛《くつう》を與《あた》ふるを謂《い》ひ過怠金《かたいきん》とは其《そ》の吏員《りいん》に財産上《ざいさんじやう》の苦痛《くつう》を與《あた》ふるを謂《い》ふ解職《かいしよく》とは吏員《りいん》の職務《しよくむ》を解《と》

き其《そ》の資格《しかく》を除《のぞ》くを謂《い》ふ

懲戒處分《ちようかいしよぶん》は市町村吏員《しちようそんりいん》か其《そ》の職務《しよくむ》を守《まも》らす法律規則《ほうりつきそく》に違反《いはん》せる場合《はあい》に將來斯《しようらいか》かる行爲《こうい》を爲《な》さゝらしむるか若《もし》くは其《そ》の吏員《りいん》の職務《しよくむ》を剝奪《はくだつ》して他《た》の吏員《りいん》をして其《そ》の規律《きりつ》を維持《いぢ》せしむるにあるものにして之《これ》か懲戒《ちようかい》の處分《しよぶん》を爲《な》す權限《けんげん》あるものは監督官廳《かんとくくわんちやう》ならさるへからす本制《ほんせい》に於《おい》て市町村《しちやうそん》の吏員《りゐん》に對《たい》し府縣知事《ふけんちじ》若《もしく》は郡長《ぐんちやう》か懲戒處分《ちようかいしよぶん》を爲《な》すとしたるは之《これ》か爲《た》めなり譴責《けんせき》及過怠金《くわたいきん》は其《そ》の目的《もくてき》主《しゆ》として吏員《りゐん》か將來《しようらい》の行爲《かうい》を改《あらた》むるを望《のぞ》むにあり然《しか》れとも吏員《りゐん》にして將來《しようらい》其《そ》の行爲《かうい》を改《あらた》むるの望《のぞ》みなきものは假令《たとへ》之《これ》に譴責若《けんせきもしく》は過怠金《くわたいきん》を科《くわ》するも到底《とうてい》其《そ》の目的《もくてき》を達《たつ》することを得《え》す是《これ》に於《おい》てか此《かく》の如《ごと》き吏員《りゐん》を解職《かいしよく》するの必要《ひつえう》を生《しやう》す而《しか》して市町村吏員《しちやうそんりゐん》の解職《かいしよく》に付特《つきとく》に懲戒審査會《ちようかいしんさくわい》の議決《ぎけつ》を經《へ》へきものとなしたるは吏員《りゐん》の職務《しよくむ》は法律命令《はふりつめいれい》に依《よ》り確實《かくじつ》なる保護《ほご》を受《う》くへきものなるを以《もつ》て之《これ》か職《しよく》務《む》を剝奪《はくだつ》する場合《ばあい》には特《とく》に會員《くわいゐん》を設《まう》けて其《そ》の事實《じじつ》を調査《ちようさ》するの必要《ひつえう》あること國《くに》の官吏《くわんり》の場合《ばあい》と異《こと》なる所《ところ》なし然《しか》れとも市町村長《しちやうそんちやう》か任意《にんい》解職《かいしよく》するを得《う》へき吏《り》員《ゐん》の如《ごと》きは自己《じこ》の不忠實《ふちうじつ》なる所爲《しよい》により直《たゞ》ちに市町村長《しちやうそんちやう》により解職《かいしよく》せらるる

ものなるか故《ゆゑ》に之等《これら》の吏《り》員《ゐん》は懲戒審査會《ちようかいしんさくわい》に付《ふ》するの必要《ひつえう》なし本制《ほんせい》に於《おい》て市町《しちやう》村長市《そんちやうし》參與《さんよ》助役《じよやく》收入役《しうにふやく》副收入役《ふくしうにふやく》竝《ならび》に市制第《しせいだい》六條《じやう》及《および》市制第《しせいだい》八十二條第《じようだい》三項《こう》の區《く》長《ちやう》の解職《かいしよく》に付《つ》きてのみ懲戒審査會《ちようかいしんさくわい》に付《ふ》すへきものとなしたるは右述《みぎの》へたる理《り》由《ゆう》によるなり

懲戒審査會《ちようかいしんさくわい》の組織《そしき》は本條第《ほんじようだい》二項《こう》に規定《きてい》する所《ところ》の如《ごと》し府縣名譽職參《ふげんめいよしよくさん》事會員《くわいゐん》か會《くわい》員《ゐん》を互選《ごせん》する方法《はうはふ》審査會《しんさくれい》の招集等《せうしゆうとう》は府縣制《ふけんせい》に依《よ》るものとせり

解職《かいしよく》の處分《しよぶん》は吏員《りゐん》か法律命令《はふりつめいれい》により確保《かくほ》せるれたる職務權限《しよくむけんげん》を剝奪《はくだつ》せらるものなるか故《ゆゑ》に其《そ》の處分《しよぶん》に對《たい》し不服《ふふく》ある場合《ばあい》に吏員《りゐん》をして訴願《そぐわん》により之《これ》か救濟《きゆつさい》の途《と》を開《ひら》かしめたり而《しか》して市長《しちやう》に對《たい》して解職《かいしよく》の處分《しちぶん》に訴願《そぐわん》を許《きろ》ささるは蓋勅《けだしちよく》裁《さい》は主權者《しゆけんしや》たる天皇《てんのう》の處分《しよぶん》なるか故《ゆゑ》に其《そ》の以上《いじやう》に不服《ふふく》を訴《うつた》ふるへき余地《よち》なきに依《よ》るなり府縣知事《ふけんちじ》か解職《かいしよく》を行《おこな》はんとするに當《あた》り吏員《りいん》の停職《ていしよく》を命《めい》するの權限《けんげん》を認《みと》められたるは其《そ》の吏員《りいん》をして尚《なほ》解職《かいしよく》ある迄《まで》職務《しよくむ》を執《と》行せしむるときは市《し》町村《ちようそん》の行政《きやうせい》に多大《ただい》の災害《さいがい》を生《しよう》せしむることを慮《おもんはか》りたるにあり而《しか》して停職中報《ていしよくちうはう》酬若《しうもし》くは給料《きうりよう》を支給《しきゆう》せさるは解職《かいしよく》の處分《しよふん》の結果賠償《けつくわばいしよう》の責任《せきにん》を生《しよう》したる場合《ばあひ》に

備《そな》ふるか爲《た》めなり

解職《かいしよく》せられたる吏員《りいん》に二《に》年《ねん》間《かん》市《し》町村《ちやうそん》の公職《こつしよく》に就《つ》くの資格《しかく》を制限《せいげん》したるは解《かい》職に伴《ともな》ふ一種《いつしゆ》の制裁《せいさい》なりとす舊《きう》市制《しせい》町村制《ちつそんせい》にありては懲戒處分《ちようかいしよぶん》に對《たい》し不服《いふく》あるものは行政訴《ぎやうせいそ》願《くわん》の外《ほか》行政訴訟《ぎやうせいそしやう》を提起《ていき》することを認《みと》めたれとも本制《ほんせい》に於《おい》ては此《こ》の處分《しよぶん》の如《ごと》き一種《いつしゆ》の監督權《かんとくけん》の作用《さくよう》に基《もと》くものにして吏員《りいん》の權利《けんり》を侵害《しんがい》したるものにあらす從つて之《これ》か處分《しよぶん》の救濟《きうさい》の如《ごと》き單《たん》に訴願《そくわん》によるへきものとなしたるなり

〔市〕**第百五十一條**　市吏員ノ服務規律、賠償責任、身元保證及事務引繼ニ關スル規定ハ命令ヲ以テ之ヲ定ム

前項ノ命令ニハ事務引繼ヲ拒ミタル者ニ對シ二十五圓以下ノ過料ヲ科スル規定ヲ設クルコトヲ得

〔町村〕**第百五十條**　町村吏員ノ服務規律、賠償責任、身元保證及事務引繼ニ關スル規定ハ命令ヲ以テ之ヲ定ム

前項ノ命令ニハ事務引繼ヲ拒ミタル者ニ對シ二十五圓以下ノ過料ヲ科スル規

定ヲ設クルコトヲ得

市町村吏員《しちようそんりいん》の服務規律《ふくむきりつ》は市町村行政《しちやうそんきやうせい》の内部《ないぶ》の事務《じむ》に關《くわん》す賠償責任《はいしやうせきにん》の事柄《ことから》は吏《り》員《いん》の財産上《ざいさんじやう》の事柄《ことがら》に屬《ぞく》す身元保證《みもとほしよう》は收入役《しゆうにうやく》副收入役《ふくしゆうにつやく》か金錢《きんぜん》其《その》の他《た》の出納會計《しゆつのつくわいけい》に關《くわん》する損害《そんがい》の擔保《たんぽ》に關《くわん》す吏員《りいん》の變更《へんこう》の場合《はあい》の事務《じむ》の引繼《ひきつぎ》は市町村行政《しちようそんぎやうせい》の内《ない》部《ぶ》の事務《じむ》に關《くわん》す故《ゆへ》に何《いつ》れも本制《ほんせい》に概括的規定《がいくわつてききてい》を設《もう》くへきものにあらさるか故《ゆへ》に命令《めいれい》により規定《きてい》すへきことを委任《いにん》したるなり

第九章　雜則

〔市〕 **第百七十二條**　府縣知事又ハ府縣參事會ノ職權ニ屬スル事件ニシテ數府縣ニ渉ルモノアルトキハ内務大臣ハ關係府縣知事ノ具狀ニ依リ其ノ事件ヲ管理スヘキ府縣知事又ハ府縣參事會ヲ指定スヘシ

〔市〕 **第百七十三條**　本法ニ規定スルモノノ外第六條ノ市ノ有給吏員ノ組織任用分限及其區ニ關シ必要ナル事項ハ勅令ヲ以テ之ヲ定ム

〔市〕 **第百七十四條**　第十三條ノ人口ハ内務大臣ノ定ムル所ニ依ル

〔市〕第百七十五條　本法ニ於ケル直接税及間接税ノ種類ハ内務大臣及大藏大臣之ヲ定ム

〔市〕第百七十六條　市又ハ市町村組合ノ廢置分合ハ境界變更アリタル場合ニ於テ市ノ事務ニ付必要ナル事項ハ本法ニ規定スルモノノ外勅令ヲ以テ之ヲ定ム

〔市〕第百七十七條　本法ハ町村制第百五十七條ノ地域ニ之ヲ施行セス

附則

〔市〕第百七十八條　本法施行ノ期日ハ勅令ヲ以テ之ヲ定ム

〔市〕第百七十九條　本法施行ノ際現ニ市會議員又ハ區會議員ノ職ニ在ル者ハ從前ノ規定ニ依ル最近ノ定期改選期ニ於テ總テ其ノ職ヲ失フ

本法施行ノ際現ニ市長助役又ハ收入役ノ職ニ在ル者ハ從前ノ規定ニ依ル任期滿了ノ日ニ於テ其ノ職ヲ失フ

〔市〕第百八十條　舊刑法ノ重罪ノ刑ニ處セラレタル者ハ本法ノ適用ニ付テハ六年ノ懲役又ハ禁錮以上ノ刑ニ處セラレタル者ト看做ス但シ復權ヲ得タル者ハ此ノ

限リニ在ラス

舊刑法ノ禁錮以上ノ刑ハ本法ノ適用ニ付テハ禁錮以上ノ刑ト看做ス

〔市〕第百八十一條　本法施行ノ際必要ナル規定ハ命令ヲ以テ之ヲ定ム

第九章　雜則

〔町村〕第百五十二條　郡長ノ職權ニ屬スル事件ニシテ數郡ニ渉ルモノアルトキハ府縣知事ハ關係郡長ノ具狀ニ依リ其ノ事件ヲ管理スヘキ郡長ヲ指定スヘシ其ノ數府縣ニ渉ルモノアルトキハ内務大臣ハ關係府縣知事ノ具狀ニ依リ其ノ事件ヲ管理スヘキ郡長ヲ指定スヘシ

〔町村〕第百五十三條　府縣知事又ハ府縣參事會ノ職權ニ屬スル事件ニシテ數府縣ニ渉ルモノアルトキハ内務大臣ハ關係府縣知事ノ具狀ニ依リ其ノ事件ヲ管理スヘキ府縣知事又ハ府縣參事會ヲ指定スヘシ

〔町村〕第百五十四條　第十一條ノ人口ハ内務大臣ノ定ムル所ニ依ル

〔町村〕第百五十五條　本法ニ於ケル直接稅及間接稅ノ種類ハ内務大臣大藏大臣之ヲ定

ム

〔町村〕第百五十六條　町村又ハ町村組合ノ廢置分合又ハ境界變更アリタル場合ニ於テ町村ノ事務ニ付必要ナル事項ハ本法ニ規定スルモノノ外勅令ヲ以テ之ヲ定ム

〔町村〕第百五十條　本法ハ北海道沖繩縣其ノ他勅令ヲ以テ指定スル島嶼ニ之ヲ施行セス

前項ノ地域ニ付テハ勅令ヲ以テ別ニ本法ニ代ハルヘキ制ヲ定ムルコトヲ得

附則

〔町村〕第百五十八條　本法施行ノ期日ハ勅令ヲ以ノ之テ定ム

〔町村〕第百五十九條　本法施行ノ際現ニ町村會議員區會議員又ハ全部事務ノ爲ニ設クル町村組合會議員ノ職ニ在ル者ハ從前ノ規定ニ依ル最近ノ定期改選期ニ於テ總テ其ノ職ヲ失フ

〔町村〕第百六十條　舊刑法ノ重罪ノ刑ニ處セラレタル者ハ本法ノ適用ニ付テハ六年ノ懲役又ハ禁錮以上ノ刑ニ處セラレタル者ト看做ス但シ復權ヲ得タル者ハ此限

ニ在ラス舊刑法ノ禁錮以上ノ刑ハ本法ノ適用ニ付テハ禁錮以上ノ刑ト看做ス

〔町村〕第百六十一條　本法施行ノ際必要ナル規定ハ命令ヲ以テ之ヲ定ム

改正市制町村制講義終

市制及町村制施行令及內務省令

○市制及町村制施行期日ノ件（明治四十四年九月二十一日勅令第二百三十八號）

朕市制及町村制施行期日ノ件ヲ裁可シ茲ニ之ヲ公布セシム

市制及町村制ハ明治四十四年十月一日ヨリ之ヲ施行ス

○市制第六條市ノ指定ニ關スル件（明治四十四年九月二十一日勅令第二百三十九號）

朕市制第六條ノ市ノ指定ニ關スル件ヲ裁可シ茲ニ之ヲ公布セシム

市制第六條ノ規定ニ依リ市ヲ指定スルコト左ノ如シ

東京市

京都市

大阪市

附則

本令ハ明治四十四年十月一日ヨリ之ヲ施行ス

○市制第八十二條第三項市ノ區ニ關スル件（明治四十四年九月二十一日勅令第二百四十號）

朕市制第八十二條第三項ノ市ノ區ニ關スル件ヲ裁可シ茲ニ之ヲ公布セシム

第一條　市制第八十二條第三項ノ規定ニ依リ内務大臣ノ指定シタル市ノ區ニ關シテハ本令ノ定ムル所ニ依ル

第二條　新ニ區ヲ劃シ又ハ其ノ區域ヲ變更セムトスルトキハ市ハ内務大臣ノ許可ヲ受クヘシ

第三條　區ノ名稱ヲ變更シ又ハ區役所ノ位置ヲ定メ若ハ之ヲ變更セムトスルトキハ市ハ府縣知事ノ許可ヲ受クヘシ

第四條　區ヲ以テ選擧區ト爲シタル場合ニ於テハ市制第二十一條第二項第三項第七項第十項第十一項第二十三條第二項第四項第三十一條第二項及第三十二條第一項中市制第六條ノ市ノ區長及區役所ニ關スル規定ハ區長及區役所ニ之ヲ準用ス

附　則

本令ハ明治四十四年十月一日ヨリ之ヲ施行ス

○市稅及町村稅ノ賦課ニ關スル件（明治四十四年九月二十一日勅令第二百四十一號）

朕市稅及町村稅ノ賦課ニ關スル件ヲ裁可シ茲ニ之ヲ公布セシム

第一條　市町村ノ内外ニ於テ營業所ヲ設ケ營業ヲ爲ス者ニシテ其ノ營業又ハ收入ニ對スル本稅ヲ分別シテ納メサル者ニ對シ附加稅ヲ賦課セムトスルトキハ市町村長ハ關係市長北海道、沖繩縣ノ區長ヲ含ム又ハ町村長戶長又ハ之ニ準スヘキモノヲ含ムト協議ノ上本稅額ノ歩合ヲ定ムヘシ

前項ノ協議調ハサルトキハ其ノ郡内ニ止マルモノハ郡長之ヲ定メ其ノ郡島ヲ含ム以下之ニ倣フ市又ハ數部若ハ數市ニ渉ルモノハ府縣知事之ヲ定メ其ノ數府縣北海道ヲ含ム以下之ニ倣フニ渉ルモノハ内務大臣及大藏大臣之ヲ定ムヘシ

第一項ノ場合ニ於テ直接ニ收入ヲ生スルコトナキ營業所アルトキハ他ノ營業所ト收入ヲ共通スルモノト認メ前二項ノ規定ニ依リ本稅額ノ歩合ヲ定ムヘシ

府縣ニ於テ數府縣ニ渉ル營業ニ對シ營業税附加税賦課ノ歩合ヲ定メタルモノアルトキハ其ノ歩合ニ依ル本税額ヲ以テ其ノ府縣ニ於ケル本税額ト看做ス

第二條　鑛區砂鑛區域ヲ含ム以下之ニ倣フカ市町村ノ内外ニ渉ル場合ニ於テ鑛區税砂鑛區税ヲ含ムノ附加税ヲ賦課セムトスルトキハ鑛區ノ屬スル地表ノ面積ニ依リ其ノ本税額ヲ分割シ其ノ一部ニノミ賦課スヘシ

市町村ノ内外ニ於テ鑛業ニ關スル事務所其ノ他ノ營業所ヲ設ケタル場合ニ於テ鑛産税ノ附加税ヲ賦課セムトスルトキハ前條ノ例ニ依ル鑛區カ營業所所在ノ市町村ノ内外ニ渉ル場合亦同シ

第三條　住所滯在市町村ノ内外ニ渉ル者ノ收入ニシテ土地家屋物件又ハ營業所ヲ設ケタル營業ヨリ生スル收入ニ非ラサルモノニ對シ市町村税ヲ賦課セムトスルトキハ其ノ收入ヲ平分シ其ノ一部ノミニ賦課スヘシ

前項ノ住所又ハ滯在其ノ時ヲ異ニシタルトキハ納税義務ノ發生シタル翌月ノ初ヨリ其ノ消滅シタル月ノ終迄月割ヲ以テ賦課スヘシ但シ賦課後納税義務者ノ住所又ハ滯在ニ異動ヲ生スルモ賦課額ハ之ヲ變更セス其ノ新ニ住所ヲ有シ

又ハ滯在スル市町村ニ於テハ賦課ナキ部分ニノミ賦課スヘシ

附　則

本令ハ明治四十四年十月一日ヨリ之ヲ施行ス但シ明治四十四年度ノ課稅ニ關シテハ從前ノ例ニ依ル

○市稅及市町村稅ノ徵收ニ關スル件（明治四十四年九月二十一日勅令第二百四十二號）

朕市稅及町村稅ノ徵收ニ關スル件ヲ裁可シ茲ニ之ヲ公布セシム

市稅及町村稅徵收ニ關シテハ國稅徵收法第四條ノ一及第四條ノ三乃至第四條ノ八ノ規定ヲ準用ス

附　則

本令ハ明治四十四年十月一日ヨリ之ヲ施行ス

○市制町村制ノ施行ニ關スル件（明治四十四年九月二十一日勅令第二百四十三號）

朕市制町村制ノ施行ニ關スル件ヲ裁可シ茲ニ之ヲ公布セシム

第一條　市制町村制施行前舊市制町村制ニ依リ爲シタル手續其ノ他ノ行爲ハ本令ニ別段ノ規定アル場合ヲ除クノ外之ヲ市制町村制ニ依リ爲シタルモノト看做ス

第二條　町村ノ境界ニ關スル爭論ニシテ郡參事會ニ於テ受理シタルモノハ之ヲ府縣參事會ニ於テ受理シタルモノト看做ス其ノ郡參事會ニ於テ爲シタル裁決ニ不服アル者ハ從前ノ規定ニ依ル訴願期間內ニ府縣參事會ノ裁定ヲ請フコトヲ得

郡參事會ノ裁決ニ不服アルカ爲府縣參事會ニ爲シタル訴願ハ之ヲ其ノ裁定ヲ請ヒタルモノト看做ス

市町村ノ境界ニ關スル爭論ニ付府縣參事會ノ爲シタル裁決ハ之ヲ裁定ト看做ス

第三條　町村名譽職ノ當選ヲ辭シ又ハ其ノ職ヲ辭シ若ハ其ノ職務ヲ實際ニ執行セサルカ爲受ケタル町村公民權停止及町村費增課ノ處分ニ關スル訴願ニシテ郡參事會ニ於テ受理シタルモノハ之ヲ府縣參事會ニ於テ受理シタルモノト看

做ス其ノ郡參事會ニ於テ爲シタル議決ニ不服アル者ハ從前ノ規定ニ依ル訴願期間内ニ府縣參事會ニ訴願スルコトヲ得

市制町村制施行前市町村ニ於テ爲シタル市町村公民權停止及市町村費增課ノ處分ニ對スル訴願ノ期間ニ付テハ前項ノ規定ヲ準用ス

第四條　市町村營造物ニ關スル從前ノ市町村規則中市町村條例ヲ以テ規定スヘキ事項ニ關スル規定ハ市町村條例ト同一ノ効力ヲ有ス

第五條　市會議員ノ定數市制第十三條ノ議員ノ定數ニ滿タサルニ依リ其ノ不足ヲ補フカ爲選擧シタル議員ハ從前ノ規定ニ依ル最近ノ定期改選期ニ於テ其ノ職ヲ失フ

第六條　市町村會議員、區會議員又ハ全部事務ノ爲ニ設ケタル町村組合會議員ノ補闕又ハ增員ニ付從前ノ規定ニ依ル最近ノ定期改選期前ニ於テ其ノ選擧ヲ行ヒタルトキハ其ノ補闕議員又ハ增員議員ハ從前ノ規定ニ依ル最近ノ定期改選期ニ於テ其ノ職ヲ失フ當選ヲ辭シ又ハ選擧若ハ當選無效ト爲リタルカ爲選擧セラレタル議員ニ付亦同シ

第七條　市制町村制施行前ノ選擧ニ關スル選擧人名簿又ハ選擧若ハ當選ノ効力ニ付テハ從前ノ規定ニ依ル

選擧人名簿又ハ選擧若ハ當選ノ效力ニ關スル訴願ニシテ市制町村制施行前市町村長ニ於テ受理シタルモノ又ハ市町村會ニ付議シタルモノハ之ヲ市町村會ノ決定ニ付シタルモノト看做ス其ノ決定及市町村會ニ於テ爲シタル裁決ハ之ヲ異議ノ決定ト看做シ其ノ市制町村制施行前ニ爲シタル裁決ニ對スル訴願ハ從前ノ規定ニ依ル訴願期間内ニ之ヲ提起スヘシ

市制町村制施行前ニ於ケル選擧又ハ當選ノ効力ニ關スル異議ハ從前ノ規定ニ依ル訴願期間内ニ之ヲ申立ツヘシ

第二項ノ裁決ニ不服アル者ノ提起シタル訴願ニシテ郡參事會ニ於テ受理シタルモノハ之ヲ府縣參事會ニ於テ受理シタルモノト看做ス其ノ郡參事會ニ於テ爲シタル裁決ニ不服アル者ハ從前ノ規定ニ依ル訴願期間内ニ府縣參事會ニ訴願スルコトヲ得

第八條　市制町村制施行前家資分散若ハ破産ノ宣告ヲ受ケ又ハ禁錮以上ノ刑ニ

當ルヘキ罪ノ爲公判ニ付セラレタル者ノ選擧權及被選擧權ノ有無ニ關シテハ前條ノ規定ヲ準用ス

第九條 選擧又ハ當選ノ效力ニ關スル府縣知事ノ異議ニシテ市制施行前府縣參事會ニ付議シタルモノハ之ヲ府縣參事會ノ決定ニ付シタルモノト看做シ其ノ府縣參事會ニ於テ成シタル裁決ハ之ヲ決定ト看做ス

選擧又ハ當選ノ效力ニ關スル郡長ノ異議ニシテ町村制施行前郡參事會ニ付議シタルモノアルトキハ郡長ニ於テ直ニ府縣知事ノ指揮ヲ受ケ之ヲ處分スヘシ其ノ郡參事會ニ於テ爲シタル裁決ハ之ヲ郡長ノ處分ト看做シ之ニ對スル訴願ハ從前ノ規定ニ依ル訴願期間內ニ之ヲ提起スヘシ

第十條 市制施行ノ際現ニ市會議長及其ノ代理者タル者ノ任期ハ從前ノ規定ニ依ル

前項ノ議長代理者ハ之ヲ副議長ト看做ス

第十一條 從前ノ規定ニ依ル市町村助役ノ選擧及收入役ノ選任ニ付テハ市町村長ノ推薦ニ依リ市町村會ニ於テ定メタルモノト看做ス

第十二條　町村長ニ於テ町村會ノ議決其ノ權限ヲ超エ又ハ法令ニ背クト認メ裁決ノ申請ヲ爲シ郡參事會ニ於テ受理シタルモノハ之ヲ府縣參事會ニ於テ受理シタルモノト看做ス其ノ郡參事會ニ於テ爲シタル裁決ニ不服アル者ハ從前ノ規定ニ依ル訴願期間內ニ府縣參事會ニ訴願スルコトヲ得

町村長ニ於テ町村會ノ議決公衆ノ利益ヲ害スト認メ裁決ノ申請ヲ爲シ郡參事會ニ於テ受理シタルモノハ之ヲ郡長ニ於テ受理シタルモノト看做ス其ノ郡參事會ニ於テ爲シタル裁決ハ之ヲ郡長ノ處分ト看做シ之ニ對スル訴願ハ從前ノ規定ニ依ル訴願期間內ニ之ヲ提起スヘシ

前項ノ事件ニ付町村制施行前府縣參事會ノ爲シタル裁決ニ不服アル者ハ從前ノ規定ニ依ル訴願期間內ニ內務大臣ニ訴願スルコトヲ得

市參事會ニ於テ市會ノ議決公衆ノ利益ヲ害スト認メ府縣參事會ニ爲シタル裁決ノ申請ハ之ヲ市長ノ申請ト看做ス市制施行前其ノ府縣參事會ニ於テ爲シタル裁決ニ不服アル者ニ付テハ前項ノ規定ヲ準用ス

第十三條　市制施行前市ノ有給吏員ノ給料若ハ退隱料又ハ名譽職員ノ實費辨償

若ハ報酬ノ給與ニ關シ府縣參事會ニ於テ受理シタル異議ハ之ヲ訴願ト看做シ其ノ府縣參事會ニ於テ爲シタル異議ノ裁決ハ之ヲ訴願ノ裁決ト看做ス

町村ノ有給吏員ノ給料若ハ退隱料、名譽職員ノ實費辨償若ハ報酬又ハ町村長ノ書記料ノ給與ニ關スル異議ノ申立ニシテ郡參事會ニ於テ受理シタルモノハ之ヲ府縣參事會ニ於テ受理シタルモノト看做ス其ノ郡參事會ニ於テ爲シタル裁決ニ不服アル者ハ從前ノ規定ニ依ル訴願期間內ニ府縣參事會ニ訴願スルコトヲ得

町村長ノ書記料ノ給與ニ關スル異議、訴願及訴訟ニ付テハ給料ニ關スル規定ヲ準用ス

市制町村制施行前前三項ノ給與ニ關シ爲シタル處分ニ對スル異議ノ申立期間ハ市制町村制施行ノ日ヨリ之ヲ起算ス

第十四條　從前ノ使用料、手數料及特別稅ニシテ市町村條例ニ依ラサルモノハ之ヲ市町村條例ヲ以テ規定シタルモノト看做ス

使用料、手數料及特別稅ニ關シ從前市町村條例ニ規定シタル科料ハ之ヲ過料ト

看做ス但シ市制町村制施行前科料ノ處分ヲ受ケタル者ノ出訴ニ付テハ從前ノ規定ニ依ル

第十五條　市制町村制施行前市町村税ノ賦課又ハ市町村ノ營造物、市町村有財産若ハ其ノ所得ヲ使用スル權利ニ關シ市參事會又ハ町村長ニ申立テタル訴願ハ之ヲ市長又ハ町村長ニ爲シタル異議ノ申立ト看做シ其ノ爲シタル裁決ニ不服アル者ハ從前ノ規定ニ依ル訴願期間内ニ府縣參事會ニ訴願スルコトヲ得

前項ノ事件ニ關スル訴願ニシテ郡參事會ニ於テ受理シタルモノハ之ヲ府縣參事會ニ於テ受理シタルモノト看做シ其ノ郡參事會ニ於テ爲シタル裁決ニ不服アル者ハ從前ノ規定ニ依ル訴願期間内ニ府縣參事會ニ訴願スルコトヲ得

「市制町村制施行前市町村ノ營造物、市町村有財産又ハ其ノ所得ヲ使用スル權利ニ付爲シタル處分ニ對スル異議ハ從前ノ規定ニ依ル訴願期間内ニ之ヲ申立ツヘシ

第十六條　手數料ノ徴收及市町村税ノ滯納處分ニ關スル訴願ニシテ郡長又ハ府縣知事ニ於テ受理シタルモノハ之ヲ府縣參事會ニ於テ受理シタルモノト看做

ス其ノ內務大臣ノ受理シタルモノニ付テハ從前ノ規定ニ依ル

市制町村制施行前ノ手數料ノ徵收ニ付テハ從前ノ規定ニ依ル訴願期間內ニ市町村長ニ異議ノ申立ヲ爲スコトヲ得其ノ郡長ニ於テ爲シタル訴願ノ裁決ニ不服アル者ハ從前ノ規定ニ依ル訴願期間內ニ府縣參事會ニ訴願スルコトヲ得其ノ府縣知事ニ於テ爲シタル裁決ハ府縣參事會ニ於テ爲シタル裁決ト看做ス

市制町村制施行前ノ市町村稅ノ滯納處分又ハ町村稅ノ滯納處分ニ關スル郡長ノ裁決ニ不服アル者ニ付テハ前項ノ規定ヲ準用ス

第十七條　市町村ノ一部ニ屬スル財產又ハ營造物ニ關シ區會又ハ區總會ヲ設クルカ爲市町村條例ノ設定ニ付府縣參事會又ハ郡參事會ヨリ內務大臣ニ提出シタル申請ハ之ヲ府縣知事又ハ郡長ノ申請ト看做ス

第十八條　町村組合ヲ解カムトスルノ申請ニシテ郡長ニ於テ受理シタルモノハ之ヲ府縣知事ニ於テ受理シタルモノト看做ス

第十九條　舊市制第百十六條第一項ノ府縣參事會ノ處分又ハ裁決ニ不服アル者ハ從前ノ規定ニ依ル訴願期間內ニ內務大臣ニ訴願スルコトヲ得

舊町村制第百二十條第一項ノ郡參事會ノ處分又ハ裁決ニ對スル訴願ニシテ府縣參事會ニ於テ受理シタルモノハ府縣知事ニ於テ受理シタルモノト看做ス其ノ府縣參事會ニ於テ爲シタル裁決ニ不服アル者ニ付テハ前項ノ規定ヲ準用ス

前項郡參事會ノ處分又ハ裁決ハ郡長ニ於テ爲シタル處分ト看做シ之ニ不服アル者ハ從前ノ規定ニ依ル訴願期間內ニ府縣知事ニ訴願スルコトヲ得

舊市制第百十六條第一項又ハ舊町村制第百二十條第一項ノ郡長又ハ府縣知事ノ處分又ハ裁決ニ不服アルカ爲提起スル訴願ノ期間ニ付テハ從前ノ規定ニ依ル

舊市制第百十六條第五項又ハ舊町村制第百二十條第五項ノ執行ノ停止ニ付テハ從前ノ規定ニ依ル

第二十條　舊町村制第百二十二條ノ規定ニ依リ郡長ノ爲シタル處分ニ對スル訴願ニシテ府縣參事會ニ於テ受理シタルモノハ府縣知事ニ於テ受理シタルモノト看做シ府縣參事會ニ於テ爲シタル裁決ハ之ヲ府縣知事ノ裁決ト看做ス

前項郡長ノ處分ニ不服アル者ノ提起スル訴願ノ期間ニ付テハ從前ノ規定ニ依

ル

第二十一條　市町村會ノ議決ニ付許可ヲ要スル事件中府縣參事會又ハ郡參事會ニ申請シタルモノニシテ府縣知事又ハ郡長ノ職權ト爲リタルモノハ之ヲ府縣知事又ハ郡長ニ申請シタルモノト看做ス

第二十二條　市制町村制施行前ニ爲シタル市町村吏員ノ解職ニ付テハ總テ從前ノ規定ニ依ル

第二十三條　第三條第七條第四項第十二條第一項第十三條第二項第十五條第一項若ハ第二項又ハ第十六條第二項若ハ第三項ノ規定ニ依リ府縣參事會ニ提起シタル訴願ハ之ヲ市制又ハ町村制ニ依リタルモノト看做ス

第二十四條　市制町村制施行前ノ處分決定裁定又ハ裁決ニ對スル行政訴訟ノ提起期間ハ從前ノ規定ニ依ル

附　則

本令ハ明治四十四年十月一日ヨリ之ヲ施行ス

○省令

○市制第六條ノ市ノ助役ノ定數ノ件（明治四十四年九月二十二日内務省令第十三號）

市制第六條ノ市ノ助役ノ定數左ノ通之ヲ定ム

東京市　三人　京都市　二人　大阪市　二人

附　則

本令ハ明治四十四年十月一日ヨリ之ヲ施行ス

○市制第八十二條第三項ノ規定ニ依リ市ヲ指定スルノ件（明治四十四年九月二十二日内務省令第十四號）

市制第八十二條第三項ノ規定ニ依リ市ヲ指定スルコト左ノ如シ

名古屋市

附　則

本令ハ明治四十四年十月一日ヨリ之ヲ施行ス

○市町村財務規定ニ關スル件

（明治四十四年九月二十二日内務省令第十五號）

市町村財務規程左ノ通定ム

市町村財務規程

第一條　市町村税其ノ他一切ノ收入ヲ歳入トシ一切ノ經費ヲ歳出トシ歳入歳出ハ豫算ニ編入スヘシ

第二條　各年度ニ於テ決定シタル歳入ヲ以テ他ノ年度ニ屬スヘキ歳入ニ充ツルコトヲ得ス

第三條　歳入ノ年度所屬ハ左ノ區分ニ依ル

一　市町村條例又ハ豫メ市町村會ノ議決ヲ以テ納期ヲ定メタル收入ハ其ノ納期末日ノ屬スル年度

二　定期ニ賦課スルコトヲ得サルカ爲特ニ納期ヲ定メタル收入又ハ隨時ノ收入ニシテ徴税令書又ハ納額告知書ヲ發スルモノハ徴税令書又ハ納額告知書ヲ發シタル日ノ屬スル年度

三　隨時ノ收入ニシテ納額告知書等ヲ發セサルモノハ領收ヲ爲シタル日ノ屬スル年度

第四條　歳出ノ所屬年度ハ左ノ區分ニ依ル

一　費用辨償、報酬、給料、旅費、退隱料、退職給與金、死亡給與金、遺族扶助料、其ノ他ノ給與、傭人料ノ類ハ其ノ支給スヘキ事實ノ生シタル時ノ屬スル年度但シ別ニ定マリタル支拂期日アルトキハ其ノ支拂期日ノ屬スル年度

二　通信運搬費、土木建築費其ノ他物件ノ購入代價ノ類ハ契約ヲ爲シタル時ノ屬スル年度但シ契約ニ依リ定メタル支拂期日アルトキハ其ノ支拂期日ノ屬スル年度

三　缺損補塡ハ其ノ補塡ノ決定ヲ爲シタル日ノ屬スル年度

四　前各號ニ掲クルモノヲ除クノ外ハ總テ支拂命令ヲ發シタル日ノ屬スル年度

第五條　各年度ニ於テ歳計ニ剩餘アルトキハ翌年度ノ歳入ニ編入スヘシ但シ市町村條例ノ規定又ハ市町村會ノ議決ニ依リ剩餘金ノ全部又ハ一部ヲ基本財產

ニ編入スル場合ニ於テハ繰越ヲ要セス之カ支出ヲ爲スコトヲ得

第六條 市町村税ハ徴税令書ニ依リ使用料、手數料及物件ノ賃貸料ハ納額告知書ニ依リ之ヲ徴收ス

前項以外ノ收入ハ納付書ニ依リ收入ス

第七條 支出ハ債主ニ對スルニアラサレハ之ヲ爲スコトヲ得ス

第八條 左ノ經費ハ現金前渡ヲ爲スコトヲ得

一 市町村債ノ元利支拂

二 外國ニ於テ物品ヲ購入スル爲必要ナル經費

三 市町村外遠隔ノ地ニ於テ支拂ヲ必要トスル經費

前項ノ現金前渡ハ市町村吏員以外ノ者ニ之ヲ爲スコトヲ得

第九條 左ノ經費ハ概算拂ヲ爲スコトヲ得

一 旅費

二 訴訟費用

第十條 官報其ノ他前金支拂ニ非サレハ購入又ハ借入ノ契約ヲ爲シ難キモノ

ニ限リ前金拂ヲ爲スコトヲ得

第十一條　前三條ニ掲クルモノノ外必要アルトキハ市町村ハ府縣知事ノ許可ヲ得テ現金前渡、概算拂又ハ前金拂ヲ爲スコトヲ得

第十二條　歳入ノ誤納過納ト爲リタル金額ノ拂戻ハ各之ヲ收入シタル歳入ヨリ支拂フヘシ

歳出ノ誤拂過渡ト爲リタル金額、現金前渡、前金拂、概算拂及繰替拂ノ返納ハ各之ヲ支拂ヒタル經費ノ定額ニ戻入スヘシ

第十三條　出納閉鎖後ノ收入支出ハ之ヲ現年度ノ歳入歳出ト爲スヘシ前條ノ拂戻金、戻入金ノ出納閉鎖後ニ係ルモノ亦同シ

第十四條　繼續費ハ毎年度ノ支拂殘額ヲ繼續年度ノ終リ迄遞次繰越使用スルコトヲ得

第十五條　歳入歳出豫算ハ必要アルトキハ經常臨時ノ二部ニ別ツヘシ

歳入歳出豫算ハ之ヲ款項ニ區分スヘシ

第十六條　歳入歳出豫算ニハ豫算説明ヲ付スヘシ

第十七條 特別會計ニ屬スル歳入歳出ハ別ニ其ノ豫算ヲ調製スヘシ

第十八條 豫算ハ會計年度經過後ニ於テ更正又ハ追加ヲ爲スコトヲ得ス

第十九條 豫算ニ定メタル各款ノ金額ハ彼是流用スルコトヲ得ス豫算各項ノ金額ハ市町村會ノ議決ヲ經テ之ヲ流用スルコトヲ得

第二十條 決算ハ豫算ト同一ノ區分ニ依リ之ヲ調製シ豫算ニ對スル過不足ノ説明ヲ付スヘシ

第二十一條 會計年度經過後ニ至リ歳入ヲ以テ歳出ニ充ツルニ足ラサルトキハ第一次監督官廳ノ許可ヲ得テ翌年度ノ歳入ヲ繰上ケ之ヲ充用スルコトヲ得

第二十二條 市ハ其ノ歳入歳出ニ屬スル公金ノ受拂ニ付郵便振替貯金ノ法ニ依ルコトヲ得

第二十三條 市町村ハ現金ノ出納及保管ノ爲市町村金庫ヲ置クコトヲ得

第二十四條 金庫事務ノ取扱ヲ爲サシムヘキ銀行ハ市町村會之ヲ定ム

第二十五條 金庫ハ收入役ノ通知アルニ非サレハ現金ノ出納ヲ爲スコトヲ得ス

第二十六條 金庫事務ノ取扱ヲ爲ス者ハ現金ノ出納保管ニ付市町村ニ對シテ責

任ヲ有ス

第二十七條　金庫事務ノ取扱ヲ爲ス者ノ保管スル現金ハ市町村ノ歳入歳出ニ屬スルモノニ限リ支出ニ妨ケナキ限度ニ於テ市町村ハ其ノ運用ヲ許スコトヲ得

前項ノ場合ニ於テハ金庫事務ノ取扱ヲ爲ス者ハ市町村ノ定ムル所ニ依リ利子ヲ市町村ニ納付スヘシ

第二十八條　市町村ハ金庫事務ノ取扱ヲ爲ス者ヨリ擔保ヲ徴スヘシ其ノ種類、價格及程度ニ關シテハ第一次監督官廳ノ許可ヲ受クルコトヲ要ス

第二十九條　收入役ハ定期及臨時ニ金庫ノ現金帳簿ヲ檢査スヘシ

第三十條　本令ニ規定スルモノノ外市町村ハ府縣知事ノ許可ヲ得テ必要ナル規定ヲ設クルコトヲ得

附　則

本例ハ明治四十四年十月一日ヨリ之ヲ施行ス

○市町村吏員服務紀律ニ關スル件（明治四十四年九月二十二日内務省令第十六號）

市町村吏員服務紀律左ノ通定ム

市町村吏員服務紀律

第一條　市町村吏員ハ忠實勤勉ヲ旨トシ法令ニ從ヒ其ノ職務ニ盡スヘシ

第二條　市町村吏員ハ職務ノ内外ヲ問ハス廉恥ヲ破リ其ノ他品位ヲ傷フノ所爲アルヘカラス

市町村吏員ハ職務ノ内外ヲ問ハス職權ヲ濫用セス懇切公平ナルヿヲ務ムヘシ

第三條　市町村吏員ハ總テ公務ニ關スル機密ヲ私ニ漏洩シ又ハ未發ノ事件若ハ文書ヲ私ニ漏示スルコトヲ得ス其ノ職ヲ退クノ後ニ於テモ亦同シ

裁判所ノ召喚ニ依リ證人又ハ鑑定人ト爲リ職務上ノ祕密ニ就キ訊問ヲ受クルトキハ指揮監督者ノ許可ヲ得タル件ニ限リ供述スルコトヲ得事實參考ノ爲訊問ヲ受ケタル者ニ付テモ亦同シ

前項ノ場合ニ於テ市町村吏員ノ掌ル國府縣其ノ他公共團體ノ事務ニ付キテハ國府縣其ノ他公共團體代表者ノ許可又ハ承認ヲ得ルコトヲ要ス

第四條　市町村吏員ハ其ノ職務ニ關シ直接ト間接トヲ問ハス自己若ハ其ノ他ノ

者ノ爲ニ贈與其ノ他ノ利益ヲ供給セシムルノ約束ヲ爲スコトヲ得ス

市町村吏員ハ指揮監督者ノ許可ヲ受クルニ非サレハ其ノ職務ニ關シ直接ト間接トヲ問ハス自己若ハ其ノ他ノ者ノ爲ニ贈與其ノ他ノ利益ヲ受クルコトヲ得ス

第五條　左ニ掲クル者ト直接ニ關係ノ職務ニ在ル市町村吏員ハ其ノ者又ハ其ノ者ノ爲ニスル者ノ饗燕ヲ受クルコトヲ得ス

一　市町村ニ對シ工事ノ請負又ハ物件勞力供給ノ契約ヲ爲ス者

二　市町村ニ屬スル金錢ノ出納保管ヲ擔任スル者

三　市町村ヨリ補助金又ハ利益ノ保證ヲ受クル起業者

四　市町村ト土地物件ノ賣買贈與貸借又ハ交換ノ契約ヲ爲ス者

五　其ノ他市町村ヨリ現ニ利益ヲ得又ハ得ムトスル者

附　則

本令ハ明治四十四年十月一日ヨリ之ヲ施行ス

○市町村吏員事務引繼ニ關スル件（明治四十四年九月二十二日内務省令第十七號）

市町村吏員事務引繼ニ關スル件左ノ通定ム

第一條　市町村長更迭ノ場合ニ於テハ前任者ハ退職ノ日ヨリ十日以内ニ其ノ擔任スル事務ヲ後任者ニ引繼クヘシ後任者ニ引繼クコトヲ得サル事情アルトキハ助役ニ引繼クヘシ此ノ場合ニ於テハ助役ハ後任者ニ引繼クコトヲ得ルニ至リタルトキハ直ニ後任者ニ引繼クヘシ

前項引繼ノ場合ニハ書類帳簿及財產ノ目錄ヲ調製シ處分未濟若ハ未著手又ハ將來企畫スヘキ見込ノ事項ニ付テハ其ノ順序方法及意見ヲ記載スルコトヲ要ス

第一項ノ期間内ニ引繼ヲ了スルコトヲ得サルトキハ其ノ事由ヲ具シ第一次監督官廳ノ許可ヲ受クヘシ

第二條　助役退職ノ場合ニ於テ其ノ分掌事務アルトキハ之ヲ市町村長ニ引繼クヘシ前條ノ規定ハ此ノ場合ニ之ヲ準用ス

第三條　收入役更迭ノ場合ニ於テハ前任者ハ退職ノ日ヨリ十日以內ニ其ノ擔任スル事務ヲ後任者ニ引繼クヘシ後任者ニ引繼クコトヲ得サル事情アルトキハ副收入役又ハ收入役代理者ニ引繼クヘシ此ノ場合ニ於テハ副收入役又ハ收入役代理者ハ後任者ニ引繼クコトヲ得ルニ至リタルトキハ直ニ後任者ニ引繼クヘシ

前項引繼ノ場合ニハ現金書類帳簿其ノ他ノ物件ニ付テハ各目錄ヲ調製シ仍現金ニ付テハ各帳簿ニ對照シタル明細書ヲ添付シ帳簿ニ付テハ事務引繼ノ日ニ於テ最終記帳ノ次ニ合計高及年月日ヲ記入シ且引繼ヲ爲ス者及引繼ヲ受クル者連署スヘシ

第四條　副收入役退職ノ場合ニ於テ其ノ分掌事務アルトキハ之ヲ收入役ニ引繼クヘシ前條ノ規定ハ此ノ場合ニ之ヲ準用ス

第五條　第一條、第三條又ハ前條ノ規定ハ市制第六條又ハ第八十二條第三項ノ市ノ區長若ハ區收入役ノ更迭又ハ分掌事務アル區副收入役ノ退職ノ場合ニ第二條ノ規定ハ分掌事務アル町村區長ノ退職ノ場合ニ之ヲ準用ス

第六條　市町村ノ廢置分合ニ依リ新ニ市町村ヲ置キタル場合ニ於テハ前市町村ノ吏員ノ擔任スル事務ハ之ヲ市町村長、收入役又ハ市町村長ノ臨時代理者若ハ職務管掌ノ官吏ニ引繼クヘシ第一條乃至第四條ノ規定ハ此ノ場合ニ之ヲ準用ス市町村ノ境界變更アリタルトキ亦同シ

第七條　前六條ノ場合ニ於テ引繼ヲ拒ミタル者ニ對シテハ市ニ在リテハ府縣知事町村ニ在リテハ郡長ハ二十五圓以下ノ過料ヲ科スルコトヲ得其ノ故ナク引繼ヲ遷延シタルカ爲市町村長ニ於テ期日ヲ指定シテ催告ヲ爲シ仍之ニ應セサル者ニ付亦同シ

第八條　本令ニ規定スルモノノ外必要ナル事項ハ府縣知事之ヲ定ム

附　則

本令ハ明治四十四年十月一日ヨリ之ヲ施行ス

附則　終

▲はしがき▼

夫れ出版の事たる社會事業中最も重要の地位を占むるものにして此れが盛衰は文化の隆替に關し文化の隆替は國運の消長に影響を及ぼすもの也今や我が國出版社會の趨勢を通覽するに著書の出づる實に汗牛充棟も啻ならざる也、豈に喜ぶべき現象に非ずや、然りと雖も世往々にして其社會に對する貢獻事業たるを打ち忘れ營利此れ事とし著者其の宜を選まず徒に奇巧なる名目の下に發行して私利を逞しくするもののあるは社會一般の認むる所にして國家の爲め悲しむべき所なり、弊堂の初めて足を出版社會に投ずるや其の事業の社會的にして敢て營利にのみ走るべきものにあらざるを自覺し一たび書を發せんとするや、必ず先つ著者の學識經驗品性等を探知し常に愼重の態度を以てせり、聊か又社會に對して誇稱するに足らむか左に列擧する書籍の如きは前段述ぶる所の趣旨に基き著者の選擇に留意し校正を嚴密にし印刷其の他體裁に注意して發行せるものなれば出版以來非常の好評を博し何れも幾度の版を重ぬるに至れり、大方の諸賢弊堂の微意を諒とし續々採用の榮を垂れ給はらむことを

修學堂主謹告

國民新聞法律問答主任
辯護士特許辨理士
日本法學士　添田增男監修

活用　法律大鑑　完

內容（憲法、民法、商法、刑法、戸籍法、民事訴訟法、刑事訴訟法）

●洋裝四六二千百七十頁●正價金一圓八十錢●小包金十二錢

吾人が日常遭遇すべき事柄に付き苟も事の法律に關する問題は悉く之を網羅し一々法文を引證し且つ實例を揭げ以て詳密なる解說を施せり然かも其說明は通俗平易を旨としたるが故に複雜なる社會分らぬことあらば本書に就きて滿足する說明を得べく心配の事あらば本書を披きて信賴すべき助言を受くることを得べきを以て一部の本書を座右に供ふる諸君は辯護士を身邊に常置するに等しかるべく法律研究者は親しく師に就き六法講義を聽くに等しかるべく乞ふ最寄書店に就き實物熟覽の上お讀を待つ萬一賣切の節は直接申込あらば送本す若貴意に充たざる時は一週間以內に限り代金返却を諾す。目次及見本「往復はがき」にて申込次第送附す。

船舶　運轉士受驗問答

商船學校教授本多千代雄序
高橋武雄著

●價壹圓●郵稅八錢

商船の運用上受驗者の參考に資せんことを期して成れるものは本書なり著者多年の實驗と學理とに依り最も明細に其の要點を說示したる本書は、太平洋上に航行せる船舶が唯一個の羅針盤に依りて彼岸に達すると等しき指針たらんことに力めたり。

船舶　機關士受驗案內

海軍機關少將山本直德序
吉本榮五郎著

●價壹圓●郵稅八錢

船舶用機關に關し、其の構造、取扱法等のごとき、苟も機關に從事せらるゝ諸士の知得せざるべからざる緊要の事項を網羅し、最も平易通俗の文體を以て、說示したるものは本書なり、啻に受驗者の參考書に供することを得るのみならず平生機關取扱に從事せらるゝ諸士の好參考資料たり

高橋武雄著（ポケット用美本）

普通海員會話

●價壹圓　●郵稅四錢

海員に用ひたる特殊の會話あるにあらざるに特に、本書の題號を蒙らしめたるものは海員用として比較的多くの材料を蒐めたればなり斯く名づけたり。最も卑近の談話より始めたれば未だ英語の素養なき人と雖も、能くこれを讀了することを得べし。

文學博士南條文雄　林幸行著

國語辭典　全一冊

●洋裝美本千三百頁　●價八拾錢　●郵稅八錢

帝國大學教授
法學博士　和田垣謙三校閲
英語教授改良會主任島村東洋著

英語學大成　全一冊

●洋裝千六百頁　●價參圓　●小包料拾貳錢

東京英語學會各講師編纂
マスターオフアーツ　高野禮太郎主任
國民英學會講師

英語學自習全書　全十六冊

●價一冊金貳拾五錢　●郵稅每冊金四錢宛

△本書各篇目次

第一編　國文對譯實用作文法　全
第二編　英和對譯尺牘軌範　全
第三編　國民必携實用會話篇　全
第四編　新式英文法軌範正　全
第五編　新式英文法軌範續　全
第六編　實用單語篇　全
第七編　和文英譯秘訣　全
第八編　新編英和熟語詳解　全
第九編　受驗必携英和難句詳解　全
第十編　英文和譯秘訣　全
第十一編　英文傑作詳解語　全
第十二編　英語類詞詳解　全
第十三編　前置詞活用法　全
第十四編　英和對譯時事文例　全
第十五編　英和俗語詳解　全
第十六編　英和對譯美文麗句集　全

文學士山岸辰藏著

國文 **故事熟語正解**　全一冊

●價四拾五錢　●郵稅六錢

東京中學校英語講師　三宅伊九郎先生著

●英語 **發音法例解**　全
●英語 **熟語例解**　全
●英語 **難句例解**　全
● **和文譯例解**　全
● **英文和譯例解**　全
●英語 **前置詞例解**　全

● **英文法例解**　全
● **英作文例解**　全
●英語 **異同辨例解**　全

●袖珍美本每冊　●價各貳拾錢宛　●郵稅各四錢宛

佐藤喜久松著

最新 **實用英和會話**　寸珍一冊

●紙數百七十頁　●價貳拾五錢　●郵稅四錢

余仁吉先生校訂
同文學會講師鈴木貫幹編

日清會話獨修　新形一冊

●紙數三百頁　●價貳拾五錢　●郵稅四錢

法學士　秋野沆著

刑法 刑事 **訴訟法註釋大全**　一冊

●價金六拾五錢　●小包料金八錢

官立 諸學校 **入學試驗問題**

卅一、卅二、卅三、卅四、卅五、卅六、卅七、卅八、卅九、四十年度以下每年度發行ス正價各冊拾五錢宛郵稅四錢宛

く其の意義を解せしめんことを期せり行文の如きは最も平易通俗なれば何人も本書を繙かば刑法各條の意義を明かに知得す

東京中學校及研數學館數學專門教授陸軍中尉 松本小七郎先生著

普通教育 代數學講義

上卷、下卷●價各參拾五錢宛●郵税各四錢宛

白井義督著

數學公式及原理 全一冊

●價參拾五錢●郵税金四錢

英國チャールス スミス氏原著 日本上野清譯補

新撰大代數學講義

全一冊●洋裝金文字入●紙數一千五百頁●價壹圓五拾錢●小包料金十二錢

現今代數學は數學全科目の大部分を占め數學の知識及び應用は代數學に因ろに至れり而して代數書中に於て最も正確に最も簡明に最も完全に新知識を得べき最大便利の書は「チャールス、スミス」の大代數學書とす故に現今中學卒業程度の學生或は數學研究者の爲めに世に行はるる書は同氏の法式によらざるものなし本書は講述者が多年の經驗によりて「スミス」氏の最新版大代數書を增補講義せられたるものにして一般受驗生及び數學專門自修者の爲に代數學の要領を精細に講述し原書の缺を補ひ且つ最初に於て代數學の摘要を示したり故に原書の出版元倫教「マクラミン」會社の承諾を得て廣く代數學の必要を世に知らしむるの便利を與へられたり依て本書を「新撰大代數學講義」と題せり是れ講述者の自稱の題名にあらざるなり

文部省教員 檢定試驗問題

初回より十九回迄合本至て高價每冊凡廿頁前後

●國語漢文●家事裁縫●圖畫●英語●農業●簿記●物理化學●歷史●地理●數學動植鑛以上十一課目每冊價參拾錢宛●習字●手工●商業●音樂●教育●修身●體操●以上七課目每冊貳拾錢宛郵税貳錢宛

山岡秀岳著

日本民法註釋 全

●價四拾錢●郵税六錢

小林學堂著

日本新刑法註釋 全

●價四拾錢●郵税六錢

法學博士飯野謹一條惣之祐著

改正 刑事訴訟法註釋 全

●價四拾錢●郵税六錢

酒井勉著

民事訴訟法註釋 全

●價四拾錢●郵税六錢

外國語專攻山岡秀岳著

三ヶ月卒業 英語獨學び 全三冊

▲三ヶ月完結全部發行〇一ヶ月一冊金五拾錢郵税四錢宛〇三ヶ月分一時拂込郵税免除す▲合本洋裝全一冊●價壹圓參拾五錢●小包料八錢

ＡＢＣの二十六字より綴字、單語、發音、會話、文法まで一通りは此本二冊を見れば覺えられる此本は誰にてもわかり易く原語に一々假名をつけて丁寧親切に說明がしてあるから容易に獨習が出來る英語は少しは知つて居らぬと不便である

日本藥學協會講師鴨田修治著

通俗傳染病豫防書 全一冊

附、消毒及傳染病規

●正價五拾錢●郵税四錢

傳染病研究所長 醫學博士 北里柴三郎先生

傳染病研究所部長 醫學士 柴山五郎作先生

通俗 結核豫防書 全一冊

●菊判洋裝金文字入●價壹圓八拾

表解細註

問答全書

全五拾冊

每冊價金廿五錢宛
每冊郵稅金四錢宛

日本地理
西洋史
地文學
外國地理
東洋史
日本史
動物學
植物學
鑛物學
物理學
化學
算術
代數學
平面幾何學
數學公式及原理
生理衛生學
英文和譯

和文英譯
作文法
國文
漢文
論理學
心理學
教育學
教授法
法制學
經濟學
裁縫學
家政學
割烹學
牧畜學
土壤學
園藝學

農業學
蠶業學
肥料學
憲法
行政法
民法
國際公法
國際私法
刑法
刑事訴訟法
商法
自治制
法學通論
民事訴訟法
裁判構成法
文官普通試驗

問題表解答案は之を表解し其系統脈絡首尾一貫して簡潔明解能く其要を摘み而も微を洩らさず一問題を分解する時は數項乃至十數項に分るれば幾多の小問題の如きは一瞬の間に氷解するを得べし應用自在なるは表解の一大特色として數ふべく如何なる難問に會するも斷案するを得べく運用の至なる容易に解答する事を得れば恰も物を囊中に探るに異ならずして立どころに了知することを得ん受驗最良著者多年の薀蓄に徹し受驗者に最も適切なるものゝみを掲げれば敢て他書に據るの必要なかるべし是受驗界の羅針盤細註補遺は表解に付するに問題に關し最も適切の資を以てしたるも尚ほ其關係の間接直接を問はず必須の事項は細大洩らさず之を縷説して一層深く其蘊奧を極む、定價低廉は他に比類なく殆ど他の換價する能はざらんは私かに自負する所なるを信す、

小學校に於ける成績不良

兒教育法

東京高等師範學校教授文學士 大瀨甚太郎先生校
元東京樂石社特殊教育研究部主任 脇田良吉著

●洋裝大判正價金壹圓卅錢●四百頁小包金八錢

數年來教育者間に唱道されたる低能兒教育の聲、一時大なる火の手をあげしが、目下稍々下火になれるものゝ如し、是れ低能兒教育の不必要に歸したるものにあらずして該問題の研究者が慎重の態度を取れるにあり、默していはざるにあり、而して又一面には研究の困難を意味せるにあり。現に東京高等師範學校附屬小學校の如きは昨秋より實施されしと、普通の參觀者を謝絶せられつゝあるが如きは其一例にして、斯の問題が如何に重要にして慎重の態度を取らざるべからざるかは、此の一事を以ても知るを得べし。實に低能兒教育は國民教育の消極的事業にして、完全なる國民教育には必ず相當の發展を期せざるべからず、是れ熱誠なる教育家の片時も忽諸に附すべからざる問題といふべし然れども斯の問題たるや、我國教育者間に唱道されて以來、日尚淺きにより、一定の見識を有するの人甚だなり。著者は久しく小學教育に從事せられたる人にて其間常に成績不良兒の爲めに多大の同情を寄せられ數年來は東都に於いて諸大家指導の下に專心研究され、今や大に發明さるゝ處あり、茲に獨創の見識を以て混沌たる國民教育界の革進を促されんとするもの、如し。

此の人の手に成りたる、本書の內容は第一編よりなりて第一編には、劣等兒と低能兒の區別より低能兒の意義、低能兒の種類、低能兒の鑑別法等を心理學、醫學、教育學、教育病理等の各方面より通俗に詳解し。第二編には我國に於ける成績不良教育の概况を紹介し。第三編には、女學校に於ける成績不良兒を團體的には如何に教育し、個人的には如何に救濟すべきかを、小學校にて實行し得べき範圍に於いて記述したるものにて、文章の平易簡明、所説の理論に拘らず、偏目に陷らずして、實際的なるは多年の苦心を積まれたるの結果にして一讀教育上の一大眞理を捕捉する事を得べし。尚本書は小學校教師の必讀書たるのみならず校醫其他愛兒の教育に注意を拂はるゝの良家庭には必備の好著書たる事を疑はざるなり。

增訂

桂月書翰

文學士 大町桂月著

●洋裝價五拾五錢●小包八錢

當時中學社會を中心點として上下に盛名を轟しつゝある文豪大町桂月君が其の日常知己朋友及び貴顯紳士の方とやりとりしたる手紙の梯を知らんとすれば本書に若く者なし本書は實に文章流麗才思湧が如く更に增補して社會萬般の入用の書翰は悉く網羅し而して之れ亦高尚に流れず卑俗に陷らず其

の彩筆陸離、光焰萬丈たれば實に錦上に百花の爛漫たるを加へたるの感あり、請ふ滿天下の諸君一本を購ひ得て如何に其の趣味の津々と且つ刻下社會各方面に向て緊切適當たる珍書たることを知り給へ

上野清 啓

數學中辭典

○洋裝新形千五百頁○全一冊價壹圓廿錢貳萬部限特價九拾錢小包料金八錢

一 本書ハ著者多年ノ經驗ニヨリ○獨學者自修○生徒補習○受驗準備○教師參考ニ供セシ便益無比ノ者ナリ

二 算術代數幾何(平面立體)三角ノ四科ヲ現今全國中學教科書ト共二倍ノ材料ヲ掲ゲ頁數千五百ノ大著ヲ新式形トシ携帶ニ便セリ

三 各條目ノ解釋法則公式ノ明示要用問題ノ詳解アリ又各種問題ヲ網羅シ最近十年間官立學校入學試驗問題ヲ分類記載シ答ヲ附セリ

四 要求スベキ項ヲ容易ニ索引スル便アリ又質問券ヲ附セリ

伯爵 大隈重信閣下序文

法、農學博士 新渡戶稻造先生序文

文學士 棚橋一郎先生序文

前文部大臣 尾崎行雄先生題字

松尾幸三郎編纂

學生立志鑑

●四六判三百十頁正價金五拾錢●郵稅金六錢

○眞價の如何は乞ふ左の内容を見よ

◉第一編 學資の卷

第一章 現在東京の苦學生は如何にして學資を求め確實に修學しつゝありや

第二章 僅少なる學資の巧みなる使用法如何

第三章 彼等は如斯して苦學に成功せり

第四章 秀才にして絕體に學資なきものゝ方針如何

◉第貳編 修學の卷

一 英學は如斯して上達す可し　男爵 神田乃武

一 國語漢文は如斯して上達す可し　慶應義塾教諭 新井無二郎

一 數學は如斯して上達す可し　東京中學校長數學大家 上野清

一 地理學は如斯して上達す可し　錦城中學教諭 設樂金三郎

一 歷史は如斯して上達す可●　東洋大學教諭 立柄致俊

一 理化學は如斯して上達す可し　理學士 足立震太郎

一 各中學の優等生は如斯き勉強方針を執つて常に拔群の成績を得つゝあり各自實行の勉學法を告白したる約卅名の優等生は左の十三校より選拔されたものである

日本中學校　錦城中學校

大成中學校　東京中學校

開成中學校　正則中學校

高輪中學校　麻布中學校

府立第四中學校　早稻田中學校

京北中學校　郁文中學校

慶應義塾普通部

◉第三編 參考の卷

余は青年學生の現在將來に關し斯如觀察し如斯希望す

日本中學校長 杉浦重剛

郁文館中學校長 棚橋一郎

東京府立第一中學校長 川田正澂

京城中學校教頭 阪本盛傳

大成中學校長 高津鍬三郎

高輪中學校長 龍口了信

早稻田中學校長 大隈信常

京北中學校長 湯本武比古

京華中學校長 磯江潤

工學便覽叢書

●洋裝紙數一冊五百五十頁より八百頁前後每冊價壹圓五拾錢宛●小包料八錢宛

●第一編 蒸汽機關便覽　村田篤由編

●第二編 機械設計便覽　村田篤山編

●第三編 土木設計便覽　戸倉英一郎編

●第四編 建築設計便覽　近藤胤一編

●第五編 電氣工學便覽　高山德藏編

●第六編 鑛物鑑定便覽　山科章貞編

●第七編 分拆便覽　矢代勝三編

●第八編 工業用材料便覽　太田義三郎編

●第九編 製圖便覽　猪野修造編

●第十編 測量用便覽　吉岡仙藏編

近時工業の興起に從つて工業を修むるの人頗る多きは時代の要求なり如上の便覽數書

は時世の要求に應じて生れたるものなりポケット用として小形なれども内容頗る豐富にして索覽立所に用を辨じ繁雜なる業務に從事せらるゝ諸氏が彼此浩瀚なる書册に就て披覽するの不便と多大の費用を省きて最も簡明に知らんとするには斯界のオーソリチーを以て自任せんとす加ふるに挿圖の多きは四百圖を算するものあり詳密なる各種の表圖は一目瞭然複的なる數學の手數を省く等如何に親切丁寧なるかは内容に就て高評あらん事を望む

從五位吞象高島嘉右衛門
柳田幾作先生合著

通俗詳解 周易活斷 全一册

●菊大判洋裝金文字紙數七百頁●價參圓小包料拾貳錢

此編高島先生が十數年來研鑽の餘に編述せられたるものにして兩先生が一世一代の著述と謂ふべく其編次は易經上下より十翼に至るまで通俗的に高尚の易理を叙述し何人と雖も筮上に應用する本を得せしむ若し其疑義に至ては之を著者に問へ著者は親切に之を應答せむ

篠田眞道先生著

短期獨習 漢文難句難文集

●紙數四百六十頁●價金五十錢小包料八錢

●本書蒐輯する所中學卒業程度に於ける雅馴なる難句難文あり遒勁なる詩句あり艷麗なる歌行あり格言典故成語同訓辨似字辨及用字格あり加ふるに懇切なる註を以てしたれば一讀の許に之が堂奥に詣るべく且つ又最近年度の官立學校試驗問題を附したれば以て應用力の發成に資すべしされば本書は受驗者は勿論苟も漢文を獨習せんとする士女には無二の好伴侶たるべし

婦人科專門ドクトル宮田守治先生
中央看護婦會長 松本安子先生

男女 生殖健全法 全一册

●價壹圓拾錢小包料金八錢

本書は日新醫學の原理に依り之を詳記せるものにして先づ生殖器の解剖生理を説き先つ其疾病を述べ夫婦とは如何なるものなるや交情とは如何なるものなるやを解釋し情交に因する諸障害を論じ後に小兒の教育の事を記載せり世の夫婦なり父母たるものは必ず座右に備ふべき寶典也

醫學士丸山秀雄先生
東京蛎橋病院長守田南洋先生
日本藥學協會講師鴨田修治先生

通俗 衞生顧問 一名 各藥調劑術

（日本藥學協會發行）全一册

⦿同名杜撰類似の書あり著者及發行所に注意を乞ふ

●上製金文字入●價金九十五錢●小包料八錢

▲目次大要 ▲食傷▲食滯、胃弱、溜飲、臟腑加答兒、霍亂、腸病、疝氣、黃疸、腸滿、腰痛、腎臟、膀胱加答兒、遺尿、腎虛、遺精、淫慾亢進、胃病、梅毒、咽喉加答兒、感冒、鼻血、喉頭加答兒、馬痺風、氣管支加答兒、喘息、咯血、肺炎、肺勞、肋膜炎、心臟病、痛風、僂麻質斯、腦病、中風、癲癇、脊髓勞、頭痛、痔瘻痔血、・ペスト、インフルエンザ、コレラ、赤痢、脚氣、實布的里、癩病、わきが、はやりめ、トラホーム、耳漏、子宮炎、月經不順及閉止等此外百餘著者多年研究の結果諸疾起因症狀を說き發病前に防ぎ或は諸病發すべき起因を勦滅し或は既に發したる病を治療すべき方法を病名に依て説明し各其本劑調合仕方を詳記す

文部省認可日本教育會編纂

模範青年團

●紙數凡六百頁●價壹圓五拾錢●郵稅八錢

本書には左記諸大家の題辭、序文、訓話、希望等數十頁を添附伯爵大隈重信君、文部次官岡田良平君、内務大臣平田東助君、貴族院議員澤柳政太郎君、貴族院議員男爵辻新次君、文部大臣小松原英太郎君、實業學務局長工學博士眞野文二君、東京府知事阿部浩君、前農商務大臣松岡康毅君、前衆議院議員江原素六君、文部省參事官山崎達之輔君

本書は曩に文部大臣が優良なる團體にして特に補習教育の施設其宜きを得成績著大を認め其功に對して賞金を授與したる八拾貳團體の其事蹟資料は文部省に乞ふて許可を受け沿革組織及事業等を詳細精確に蒐集し且諸大家の題辭、序文及び講話希望等を添錄せり既設の青年團體は之を參考して其改良に資すべく將來の施設者は之を模範として其經營に便なり依つて郡區役所、市町村役場、地方小學校、青年團體并に其關係者には必備の寶典たり今や初版成る陸續購求あれ

若山水樟編（最新出版）全一冊

全國小學校 教員受驗撮要

●紙數約五百頁○價八十錢●郵稅六錢

◉府縣小學校教員檢定試驗委員諸氏の講話◉小學校令并同施行細則拔萃◉最近數年間府縣小學校正教員高等尋常准教員高等尋常科正教員試驗問題

（本書內容）

▲本書名試驗委員諸氏の講話は受驗者の研究方針及び答案の書方試驗場の諸注意等を說く頗る親切◎小學校令并に施行細則は受驗者の向ふ所を指示し◎試驗問題は受驗者に無二の研究資料を提供せり。されば、本書は小學教員受驗者の無二の良師友たるのみならず併せて師範學校入學希望者にも好個の參考書たり

增訂 法律文例

前大審院長故三好退藏先生題辭
法學士櫻井熊太郎先生序
檢事正瀧川長敎先生題辭
辯護士今村力三郎先生校閱并序
法學士鵜澤總明先生序
日本大學學友高橋宮二君編著

註釋附 實例入 ●菊版洋裝美本紙數約七百頁●價金壹圓貳拾錢●小包料拾貳錢

現行法規の書式文例を蒐集し、法律規則の運用を容易に且つ何人にも知らせしむるもの本書の右に出づるものなし本書は著者が多年法律實務に仍て得たる手續文例を蒐集し之れに既往數大事件の實例を加へ各文例には關係法條を引證し、簡單に注釋を施し一見して法理手續を知得せしむ故に各辯護士事務所諸會社銀行其他一般に競用せられつゝあり

○○○○○○○○○○○○○○○

內容は民法、民事訴訟法、商法、改正刑法、刑事訴訟法、人事訴訟法、非常事件手續法、不動產登記法、工場抵當法、鑛業抵當法、行政訴訟法等の各文例及執達吏に委任すべき手續の詳細其他各種の印紙稅并手數料規則を羅列して法律手續に關する方式に於て更に遺憾なからしむ故に平生法律を以て職とするものは勿論、諸會社、銀行各種の工場主鑛山業者實業家代業者其他一般の人士苟も我國民の支配を受くるもの必ずや一本を備へざるべからず眞に法律運用上得難き好指針盤なりとす

因みに本書の前身は「法律文例」にして已に十版を賣盡くし今回十一版を發行するに際し刑法其他諸法律の改正ありければ改題して「增訂法律文例」と稱し內容の大改正を行ひ茲に初版として發行したるものなり

中學校 幼年學校 高等女學校 入學豫習書

高等師範學校研究科卒業 篠田眞道先生著

●大判全一冊●價金卅五錢●郵稅六錢

如何にせば入學試驗に及第を必すべきか乞ふ本書を求められよ

●本書は自習又は教科用として尋常第六學年迄の課程に基き國語及び算術の講讀文法書取作文練習應用等の諸點を最も明快懇切に提示し比較し指導したるものにして受驗者無二の良師友なり

易學字典 全

高島嘉右衛門 柳田幾作 合著

●洋裝四百頁●價一圓卅錢●小包料八錢

方今字書の多き屈指するに勝へずと雖も特に易學に在りては此著あることなし夫の故人眞勢氏の善工利器の如き之に近しと雖も漢文にして初學に便ならず凡寫本のみなれば之を得るに難し著者此に慨あり因て天文地理時令人品身體辨名以下禽獸草木等に至るの十五門に分ち易中の文字を列記して其義を明かにし且卦爻に對する象義を述べ其他虛字助字等は通常辭書の例に由り之を部首文字の下に列し其大意を釋したれば易を讀む者に便なるは固より言を俟たず漢文中是等文字の運用を知らんと欲する者も亦座右に備ふべきの良書なり

新撰百科全書

專門大家九十三名執筆每冊完結

●全部百冊●定價金參拾五錢宛●郵稅六錢宛●

日本歷史 全
東洋歷史 全
西洋歷史 全
日本地理 全
外國地理 全
教育學 全
參考用器畫法 全
應用電氣學 全
蒸汽機關學 全

實用機械學　全
建築學　全
土木學　全
鑛山學　全
應用製圖法　全
應用分析術　全
實用裁縫全書　全
實用編物全書　全
最新女子書翰文　全
最新女子記事文　全
言文一致女子書翰文　全
女子文之栞　全
女子家政の栞　全
女子禮法の栞　全
和洋料理の栞　全
法學通論　全
憲法釋義　全
民法釋義　全
商法註釋　全
刑法刑事監獄法釋義　全
（戸籍法問答　附取扱手續及書式）　合本
市制町村制講義　全
府縣制郡制釋義　全
通俗養蠶法　全
民事訴訟法釋義　全
（契約賣買作成案内　諸願屆申請書式）　合本
實用珠算全書　全
算術問題詳解　全
代數問題詳解　上
代數問題詳解　中
代數問題詳解　下
平面幾何問題詳解　上
平面幾何問題詳解　下
立體幾何問題詳解　全
平面三角問題詳解　全
最近七ヶ年數學問題答案　全

物理計算問題詳解　全
化學計算問題詳解　全
和漢朗吟詩詳解　全
最新書翰文　全
記事論説壹萬題　全
（姿勢公會演説　圖解雄辯討論法）　合本
國語漢文獨習自在　全
一字千金作文錦嚢　全
言文一致明治書話文　全
立志成功商業百話　全
獨逸語三ヶ月自修書　全
最新日英書簡文　全
英和實用單語集　全
英和會話活法　全
和文英譯正解　全
英文和譯正解　全
英和熟語正解　全
英和難句正解　全
英和俗語正解　全
前置詞正解　全
算術捷徑　全
祝辭弔祭壹萬題　全
西國立志編　全
正則獨逸文法講義　全
正則獨逸語獨修　全
中學校、幼年學校高等女學校入學豫習書　全
（發音引）假名遣辭典　全
漢學捷徑　全
通俗養鷄法　全
方丈記讀本附註解　全
徒然草讀本附註解　全
百人一首註解　全
土佐日記讀本附註解　全
竹取物語讀本附註解　全
和歌獨學び　全
俳諧獨學び　全

佛蘭西語獨學び　全
熟研類集美文の錦　全
四季分類和洋菓子製法案内　全
小學卒業後最近官私男女就業成功法　全
通俗牧畜全書　全
尋常卒業後實用作文　全
スケッチ圖畫速寫法　全
作詩作文法　全
最新商農書翰文　全
十六夜日記附註解　全

△記事の内容　斯學の素養なき人と雖も一讀能く、意味を解し得て忽ち其の如何を了知すべく、殊に工藝書の如きは最も平易通俗にして簡潔ならんことを欲し、稿を換ふること再三再四始めて本書をなす。而も所説最も親切丁寧を極め一字一句を苟且に付せず、故に一度本書を繙かば暗夜に明燈を得たるが如く、又暗雲忽ち散じて明煌々たる天日を望むの感あるは信じて疑はざる所なり。

△圖解　文章如何に通俗平易なりと雖も、構造作用等を説くに當りては圖解の必要なるは勿論なり故に苟も筆以て記述するも尙解し難しと思はるゝ部分は悉く詳密なる圖を挿入す各冊其多きは四百餘圖少なきも六七十を下らず、之を文章に對照するときは凍氷の赫々たる太陽の光に望むが如く、忽ち氷解する事を得んか俗に所謂虎に翼を生じたるは蓋し本書の謂なるべし。

△毎冊完結　毎冊悉く完結するを以て讀者諸氏が任意に欲する所のものを講讀することを得べく、之を通讀すれば最も短時日に其知識を修得し、恰も其專門の師に就きて口授を受くると異なることなし、故に山間僻邑の地にても之を以て各各良知識を修得して餘あるべし

研數學館講師松本小七郎著

算術講義

全一冊定價金八拾錢郵稅金八錢

▲研數學館主奧平浪太郎 代數學講義 完 價壹圓郵稅八錢

▲同奧平浪太郎 平面幾何學講義 完 價壹圓郵稅八錢

▲同奧平浪太郎 立體幾何學講義 完 價壹圓郵稅八錢

▲同奧平浪太郎 平面三角法講義 完 價壹圓郵稅八錢

▲上野清補譯 新撰大代數學講義 完 價壹圓五拾錢郵稅拾貳錢

▲上野清 解析幾何學講義 完 價壹圓五拾錢郵稅八錢

▲上野清 微分學講義 完 價壹圓五拾錢郵稅八錢

▲上野清 積分學講義 完 價壹圓郵稅八錢

▲上野清 球面三角法講義 完 價壹圓五拾錢郵稅八錢

▲理學士東海林 物理學講義 完 價壹圓郵稅八錢

▲理學士形谷佐五郎 化學講義 完

價壹圓郵稅八錢

▲理學士廣中宗太 最新無機化學講義 完 價六拾錢郵稅八錢

▲理學士廣中宗太 最新有機化學講義 完 價六拾錢郵稅八錢

▲理學士影山穗作 測量術講義 完 價壹圓貳拾錢郵稅八錢

▲醫學士庄司久 最新生理學講義 完 價九拾錢郵稅八錢

▲醫學士庄司久 最新解剖學講義 完 價九拾錢郵稅八錢

▲農學士小倉延足 鑛物學講義 完 價壹圓貳拾錢郵稅八錢

▲和田垣博士 法制講義 完 價壹圓貳拾錢郵稅八錢

▲和田垣博士 經濟講義 完 價壹圓貳拾錢郵稅八錢

▲法學士鵜澤聰明 法學通論 完 價壹圓五拾錢郵稅八錢

▲小澤博士 民法講義 完 價壹圓五拾錢郵稅八錢

▲講師林治一 日本六法講義 完 價壹圓貳拾錢郵稅八錢

▲農學士大澤誠太郎 最新簡易實用農業講話 完 價九拾錢郵稅八錢

▲文學士山岸辰藏 三ヶ月獨修普通作文新書 完 價九拾錢郵稅八錢

▲山岡秀居 三ヶ月卒業英語獨學び 完 價壹圓參拾五錢郵稅八錢

▲松平文學士 論理學講義 完 價壹圓貳拾錢郵稅八錢

▲大島文學士 倫理學講義 完 價壹圓貳拾錢郵稅八錢

▲松平文學士 漢學講義 完 價壹圓六拾錢郵稅拾貳錢

▲講師長谷川吉次郎 女子算術講義 完 價六拾錢郵稅八錢

▲豊田農學士 農家副業と其方法 完 價壹圓貳拾錢郵稅八錢

▲林法學士 日本六法註釋 完 價壹圓五拾錢郵稅八錢

▲林法學士 改正刑法講義 完 價九拾五錢郵稅八錢

▲豊島法學士 刑事訴訟法原論 完 價貳圓郵稅拾貳錢

▲高橋法學博士 戰時國際公法 完 價壹圓七拾錢郵稅拾貳錢

▲松井理學士 工業須知 完 價八拾錢郵稅八錢

法典研究會
▲日本六法講義 完 價參圓郵稅拾貳錢

竹下富次郎
「▲中等教育用器畫法圖式共 四册 價壹圓貳拾錢郵稅八錢

齋藤商學士
▲複式最新商業簿記 價八拾錢郵稅八錢

同
▲參考官用簿記 價八拾錢郵稅八錢

和田垣博士
▲英語大成 完 價參圓郵稅拾貳錢

松本講師
▲數學獨修 但算、代、幾、三角 合本 價九拾錢郵稅八錢

右各科の擔任者は何れも專門家のみにして多年教授上の實驗に鑑み懇切丁寧を極むるも、然も、繁簡宜しきを得るは勿論行文の如きも專ら解し易きを主としたれば、學校に在りて教師其者より口づから講義を聽くと異ならず、唯文章に著したると口授するとの差異あるのみ如何に擔任者の苦心して講述せられたるかを窺知するに足らん、故に購讀者諸君に於て自己が希望せらるゝ科目は、其種類の如何を問はず欲する所のものを隨意に購讀せらるゝことを得べし又た製本各冊洋裝金文字入にして專ら堅牢を主とせり。

高野靑風先生編

歐米 料理法全書 全一册

附洋酒調合法

●洋裝菊判七百餘頁金文字入●價金參圓●小包料金拾貳錢

本書は多年著者が歐米に遊び斯業の研究に從事し多大の資財と勞力を費して編纂せる他に比類なき好珍書にして料理業者は固より一般家庭に於ても必ず一讀せざるべからざる未曾有の珍寶なり

ドクトル [illegible]著

通俗 自宅療法

附肺病花柳病トラホーム

▲正價參拾錢郵稅四錢

近來世間に最も多き難病中にて最も自家攝生の注意を要するものは肺病と花柳病とトラホームに如くものなかるべし著者多年赤十字病院に於て臨床實驗の餘に成り專ら家庭的衞生用として該患者の爲に務めて平易通俗に其病原病狀より療法養生法の顚末を簡明深切に記述したる者にして其所謂高遠に亘らず卑近に失せず能く中庸を提示して要領を得せしむるを期せり苟も本病を治せんとする者一本を熟讀せざる可らず

法學士秋野沆著

巡査看守受驗案內

●四百頁●價五拾錢●郵稅六錢

新刑法に依り試驗問題の各科目に付逐一答案を附し又受驗上職務取扱上必要なる諸法令を集め附錄改正監獄法を添ふ

文學士山田龍雄著

姿勢圖解 公會演說 雄辯討論法

●價卅五錢●郵稅六錢

本書は演說討論の秘訣を詳細に說明し百有餘の演說討論の實例を揭げこれに語調の注意點を附記し傍ら圖解を以て姿勢を示しあれば辯力を養ひ演說を試むるものには唯一の練習書なり

法學士秋野沆著

文官普通及裁判所書記 試驗問題解答 全一册

●價八拾五錢●郵稅六錢

其內容は各府縣廳及び大藏省地方裁判所其他に於て施行せられたる明治卅一年より最近までの最新問題を集め親切叮嚀に之が解答を附し其程度を指示し加ふるに卷尾に實地受驗合格者の答案數種を揭く

前內務次官鈴木充美閱
法學士清水澂太郎著

法律顧問 全一册

●民法●戶籍法●民事訴訟法●新刑法●刑事訴訟法●千二百頁●特製壹圓拾錢●郵稅拾貳錢

吾人が日用に於ける事件は悉く問答體に解決を附し何事に不拘本書を一讀せば能く其の意味を解し得て忽ち了解知得する事を得る最も有益の書也

堀口一洋著

小學校卒業後最近官私 男女 就職成功法 全一册

●價金卅五錢、郵稅六錢

本書は青年處世の要訣として官吏銀行會社

員大商店より敎員看護婦女髮結に至る迄或は新聞配達及び質屋の小僧より銀行會社の重役となれる成功法にして總ての階級に通じて數十の種目を選み親切熱心に調査し平易簡明一々振假名付にて說示したる實鑑にして此一本を修得せば諸君の處世上無比の參考なり有爲の青年諸君は是非一讀を賜はらんことを

百發百中 人間一生 運氣之考

村田徹興編纂

●價參拾錢●郵稅四錢

干支は六十一年目に舊に還るを基として六十年間に起る緣談失物開店開業新築移轉病氣等人事の事項に付き占者の干支に應じて立所に之を判斷し得べし殊に著者數十年間數十萬人の身上に就き自から判斷して悉く的中したる結果を公になしたり故に小供だましの易斷書と其撰を異にす尙傍訓を施したれば婦女何人も自から判斷し得れば好運幸福を得んとする諸君は速に購讀せよ

改正日本 六法講義 全一冊

法典研究會編纂

主任法學士丸尾昌雄著

●洋裝金文字入●紙數千八百頁●價參圓●小包料拾貳錢

憲法●民法●商法●民事訴訟法●新刑法。刑事訴訟の六大法典を何人にも一讀して了解せらるゝ樣最平易親切に說明を加へたる一大典なれば何事に付けても本書一冊を座右に供せば法律上の疑義は如何なる事も忽ち氷解せらる

英和實用 會話獨修 全一冊

博言博士イーストレーキ著

●紙數三百五十頁●洋裝價金卅五錢●特製金文字入價金五拾錢●郵稅金四錢

博言博士イーストレーキ先生の學殖豐富にしてしかも我が學界に多大の貢獻を爲されつゝあることは兹に喋々を要せざる所にして世既に定評あり本書は即ち博士が多年各學校に於て敎授せられし熟練なる手腕を以て實用を主とし著はされたるものなれば獨修者には勿論假令師に就けるものに對しても無二の良師たるは敢て疑を容るべからざる所なりさればにや發刊以來非常の好評を博し版を重ぬること既に廿九版今や改訂增補じて第參拾版を發行するに至れり江湖の士幸に一本を座右に備へられむことを終に本書の內容を紹介せんに第一編には數目反意の語商用語第二編には商業會話用熟語及び簡易の問答を揭げ第三編には商用會話及び單語と題し日常取引に必須のものを以てし附錄として商用書式一斑廣告書式其の他略語記號等を揭ぐ以て本書が如何に實業家其の他學生諸君に歡迎せらるゝかを知るに足らむ

民法講義

五大法律大學講師ハーバート法學博士小澤政許先生講述

●菊大判七百頁●上製金壹圓五拾錢●郵稅拾錢

小澤博士に乞ふて本書を出版し力めて俗解を旨とし法律を說くに極めて平易なる實例を擧げ且圖解を示し初學者をして讀で倦むなく愉快に克く民法の法理を知らしむるを期せり請ふ一書を繙て講師の苦心容しからず萬綠叢中紅一點の感あるを知れ

法典契約賣買作成案內 參照諸願屆申請書式合卷 全一冊

法學士辯護士秋野沆著

○三百五十餘頁○價金卅五錢○郵稅金六錢

今日の證文諸願屆書式程、繁文縟禮に流れて小六ヶ敷きものはなし、然ども證文は長きが故に貴からず、只簡單實用を以て貴しとし願屆は叮嚀なるが故に貴からず、只法律規則の命ずる要件を具備すれば足れり●本書は法律規則の原理に依り文書立案の雛形を示し、何人にも容易に認め得る樣に說明せり

證文 今日の證文には無用の文字多く、誤謬の文句を以て充されたり、此等の書類が裁判上の問題となれば一片の反古紙に等しきもの數多あるべし本書は金錢貸借、賃貸借、賣買、倚託、雇傭、請負、示談、組合、會社等に分ち一々其誤謬の點を示し新奇の文例を探ぐるもの十餘種。

願屆 世間には一片の寄留屆を持して役所と自宅との間に御百度を踏むものあり之れ吏員が諸君を侮辱するものなり、本書に警察、戸籍、登記、諸營業市町村主務省の各種に區別し、願屆の文例を示すもの百餘種、而して文書の訂正誤謬を命ぜられたるときに於ける權利の主張を說けり

訴狀 裁判上の書類は多くは專門法律家の手に依りて作成せらるべきものなり然ども訴訟の容易なる手續本人が訴訟する

場合に於ける書類は又素人も作成し得べきもの許多あり本書は民事刑事の二章に分ち訴訟法の規定に依り文書を作成すると同時に其運用法を示したり、其他權利義務に關する諸般の法律規則を插入し總べて文書に關する權利義務誤謬、缺點注意を叮嚀平易に說明したり

東京法論社主後藤本馬著

法典活用 商工業者債權取立案內

全一冊

●洋裝大判●價八拾錢●小包八錢

本書は商工業者の取引貸借其他營業に關して起る所の債權債務に就き其取立の方法により支拂拒絕の抗辯に至る迄鄭重且つ明晰に記述したるものにして之に關聯する必要法令の全文と實務取扱の書式とを載せたれば辯護士を待たず又裁判を要せずして自己の目的を達する良書也

柳田幾作著

實用 漢文新字典

●洋裝約千七百頁●特價六拾五錢
●小包八錢

從來世に行はれたる漢書の字典たる康熙字典以下正字通玉篇其他のものを見よ平常用ひざる所の文字殆んど十の七八を占めたり故に方今漢字を排列し其下に熟語等を記載せる各種辭典の如きも往々無用の字多きの嫌ひなきに普通用ふる所の文字を擧げ其下に熟語を附載して總べて假名文を以て之を說明しあれば何人も此一冊子を以て通常の書を讀み通常の用務を辨ずることを得べし而して本書の特色は左の如し

一　文字の說明は一字にして異なる訓あるものは㊀㊁の記號を附して其下に之を揭げ一目して見易からしむ

二　近來熟語を頭字の下に記すの字書なきに非ずと雖も其排列に一定の順序なきを以て熟語多きときは搜索に便ならず首より終りに至るまで見ざるを得ず本書は頭字の下に屬する字の音に依り五十音の順序を以て排列したれば如何なる多數の中にても其音に依りて求むれば一見して見出だすことを得べし

三　普通人の知る所の俗語及び平生用ひざる字の如きは之を省くを以て字數は少きが如しと雖も普通教科書其他四書五經左傳史記等に在りて通常の文章等に用ひ來れる字は概ね載せざるなし故に簡にして要を得たることを信ずるなり

四　世間他の字書類の高價なるにも拘らず本書は諸君の便宜を計り非常の廉價を以て發賣し全國各地の書林に廻致しあれば他の字書と比較して購求せられんことを請ふ

五　購求諸君にして購求の後若も意に充たざるときは十日以內限り本書御持參の方に代金を返還すべし

柳田幾作著

實用 いろは新字典

●洋裝箱入約千五百頁●特價壹圓五拾錢●小包拾貳錢

從來國文學の辭書其種類極めて多しと雖も或は卑近に過ぎ或は高尚に傾き或は古語等にのみ偏する等の傾きありて雅俗を通じ何人の用にも供し得べきもの殆んど希なり本書は著者が多年の苦心を以て古語雅語又は俗語方言等に論なく天文地理宮室器材若くは動物植物の末に至るまで一切に之を網羅蒐輯し言語の排列は綴字のいろは順を以てしたれば搜索に苦むことなし一見して之を見出だすの便あり又俗語の如きは人の常に用ふる所なれども或は詩文等を作るに當り其雅語又は異名等を求めんとして之を得ざるに苦むことあり本書は此等の憾みなからしめんが爲めに一語ごとに雅語異名又は漢語等を附記し其漢語にして通常の俗語と混ずるものは適當の譯語又は俗語を附記しあれば獨り國語の辭典たるのみならず漢學を爲す者に於けるも作詩作文等に從事する者に於けるも大に利便を得べく何人も常に一本を座右に具ふべきものたるを信ずるなり

附言　世間他の辭書類の高價なるにも拘らず本書は非常の廉價を以て發賣し全國各地の書林に廻致しあれば他の辭書と比較して購求あらんことを請ふ然れども購求せられし諸君にして若し不滿の點あるときは十日以內を限り本書持參の方に代金を返還すべし

山添豐作著

算術大辭典

●箱入全一冊●大判六百廿頁●價壹圓五拾錢●小包拾貳錢

本書は諸教科書、雜誌百二十四種の參考書等總ての問題を網羅し各編を計算、應用、理論、等の數章に分ちたる貳拾餘編及公式表研究の資料、雜誌課題、高等諸學校檢定試驗問題解等を載せたるを以て參考に最も究備せる無比の良書なり

加藤淸次著

實用 英和新辭典

世に英語の辭書多しと雖も或は大冊にして携帶に便ならず或は小冊にして熟語に乏しく或は發音の符號なき等各一得一失ありて初學には便する所の少し此書は著者が多年の苦心を以て新に編成せし新式の辭典にして此一冊を携帶すれば他の辭書數部に勝ることも他に比類なき所なり

●新形千六百頁●特價六拾五錢●小包八錢

一 本書は普通の詞を網羅するに論なく殊に現行教科書受驗參考書等に在るものは記載せざることなし

二 本書は多數の熟語及び慣用語をも蒐輯し最も適切にして妥當なる譯語を施したるを以て本書を繙くときは他の辭書を用るの要なし

三 本書に載する所の原語は一一發音符號を附し尙平假名にて發音を附したれば初學の人に便すること多し

四 本書は從來世間に行はるゝ所の辭書に比し一頭地を拔き出てたるものたるを信ず全國各地の書肆に在れば他書と比較して購求せられんことを欲す

五 本書の內容は前記の如くなるに比し非常の廉價を以て發賣す亦他に比類なきことを信ずるものなり然れども購求の後若し貴意に適せざることあれば十日以內は代價と引替ふべし

上野清著

新案割引 幾何學大辭典

●洋裝大判箱入約五百頁●特價貳圓五拾錢●小包拾貳錢

本書を一見する人は必らず曰はん驚くべき新案の幾何學書出でたりと是れ迄幾何學の問題ほど搜索に困難なるもの無し本書は平面立體の定理と例題を二千五百餘蒐集し問題の圖形を割引にて分類し各其要求する所の問題は漢字典にて割引に文字を搜索すると同一方法に組立たり是れ著者が豐富なる學識と熱誠なる編輯とにより五星霜を經て成れるものなり新奇にして便利にして有益にして完全なる幾何學書を世に需むる人は必らず本書を指すなるべし

農學士大澤誠太郎著述

最新簡易 實用農業講話 全壹冊

○洋裝大判紙數四百頁○總振假名付平易○挿圖鮮明凡百個○特價九拾錢小包料拾錢

本書は深遠なる學識と豐富なる經驗ある著者に乞ひ此書を公にす此書は徒らに高尙なる學理にのみ走るの弊なく徒に實地にのみ偏するの陋なく學理と應用とを巧に適合せしめ農學の全般を網羅せり加ふるに文章平易挿畫明晰講述叮嚀親切を盡したれば一般農家の子弟殊に獨學諸士に取りては無二の伴侶として裨益する所大なるべきを信ず乞ふ一本を座右に具へ以て本書の價値を本書自身に語らしめよ、今參考までに本書の內容を左に大體示さん

目次

●第一編 作物、作物の分類、作物變化の要素、●第二編 種子の構造と發芽、種子發芽の要素、發芽の際の物質變化、種子と植物栽培、根の作用及び其構造、根の吸收する養分、養分と植物栽培、根の發育、根の吸收作用、根と植物栽培、葉の構造及び職務、同化作用及之に必用の件有作物の移轉、同化作用と植物栽培、發散作用及び呼吸作用、莖の作用及び其構造、植物の生長、植物の生殖、植物と遺傳、植物と電氣●第三編 植物の病、植物の病因、菌類の概說病菌の性狀、豫防及び驅除法、殺菌劑と其使用法、稻萎縮病、稻奴病、稻葉枯病、麥之銹病、麥肉葉か、麥之枯病、麥奴病、玉蜀黍黑穗粟白髮病、茄子之枯病、瓜白絹病、馬鈴薯疫病、蕪菁根病、葱類赤銹病、葡萄腐敗病、葡萄白澁病、苹果腐敗病、柑橘煤病、桃縮葉病、梨黑星病、桑枝枯病、桑葉紋羽病、桑赤澁病、煙草赤星病、煙草の枯病、甘藷白黴病、甘蔗アカテ病、禾穀類の害虫、蔬菜類の害虫、荳莢類の害虫、果樹類の害虫、工藝作物の害虫●第四編 水陸の配置、地勢及び海流、風位及び晴雨、測候溫度の測定、地中の溫度、我國の氣溫、光線、露霜霧雲、雨と雪、風と、作用、天氣豫報、暴風警報、我國の氣候、各地平均溫度表、二十四氣節と雜節●第五編 土壤の狀態、各種の素因大氣の素因、溫度の素因、雨水の素因、純粹なる水の素因、結氷の素因、海水の素因、有機成分、有窒素有機分、無窒素有機分、無機分、粘土、壤土、石灰土、砂土、埴土、礫土、泡沸石土、重量、粒子の細粗、比重、浸透性、吸收力と保蓄力、毛細管行力、罅隙性、收縮性、溫度、肥沃の源因、薄沃の源因、土壤檢定法●第六編 動物性肥料、植物性肥料、礦物性肥料、雜類肥料及び間接肥料、肥料の三要素分析表作物農產製造物主要成分表、普通肥料養分料、普通一段步の施料、燐酸性肥料含有燐酸、分量、肥料の重量綠肥製造法、堆肥製造法、燒肥製造法、肥料の効能、肥料試驗法●第七編 耕懇器、碎土器、鎭壓器、除草器、收納器、度量器、●第八編 種子播種、移植、植物管理、取納禾穀類、稻の栽培及び麥類の栽培、荳菽類、蔬菜類、根菜

類、蔬菜類、絹草類、工藝植物類、纖維料類、糖料類、油料類、染料類、香料類藥草類、雜類、番礦、移植法、管理法收納、果樹類、工藝樹木類、需學類需實類、需幹類栗根類、林樹類、雜類、實哢法、分採法、標本法、壓條法、接木法、接木に對する心得、接木に使用する用意　●第九編　物園藝曆、樹木初草花部（附か）◎輪栽法◎輪栽法◎穀作法◎灌漑法◎排水法　●第十編家畜、直接遺傳、間接遺傳、交尾年齡及び分娩期、飼養物、管理法、牛肉用牛種、乳用牛種、本邦種、馬、緬羊、長毛種、短毛種、山地種山羊、豚、支那種、伊太利種、雜及び波關種、佛關西種英國種兎　●第十一編　家禽の種類、鶏、鶩、家禽飼養法、鶩の養飼法、家禽の病術　●第十二編　養蠶の種別、蠶種選擇、蠶卵、蠶兒、蠶病、蠶具、飼育法、收繭、製種法諸種の注意、路性、品種、管理法、採蜜　●第十三編鳥獸の寄、魚の病鯉鮒、鰻鱗、鮭、鱒　●第十四編廠採觀法、繭採製法、搭採製法、漆採法、蔬菜軟化法、溫床備造法、軟化室備造法　●第十五編　土地利用法用水、上石類氣候、人力、畜力、機械力、固定資本　流動資本、安全及販路、雜資、特別費、地益、資本利子、桑地の所有權、農場と社會的狀態との關係、農場の氣候、農場の土質、農場の大小、農場の飼收、農場の設定（以下略ス）

理化應用
製造顧問 全一冊

工學士石浦德治校
日本藥學協會主任講師　鴨田修治纂著

紙數六百十二頁正價九拾錢上製壹圓參拾錢小包料八錢

工業須知 全一冊

理學士松井義方著

紙數五百廿二頁正價八十錢特製壹圓五拾錢小包料八錢

製造工業は、文明富有の源泉にして、而かも立國の基礎たることは、現世界の大勢なり、今や我邦は、海內に論なく、海外の列強に對つて、其源泉の培養發展を促しつゝあり、然るに、未だ嘗て之が指針となり、良師となり、益友となり、以て其培養發展を庇補する所の良書あるを聞かず、是れ弊堂が邦家の永遠を慮り、以て甚だ遺憾と爲す所なり、是に於て乎、弊堂は、曩に工業理化に精通せる、前記知名の士に請ふて、製造工業に關する事柄、一千三百三十餘種【製造顧問は二十九章、四十五節、六百五十二項に分ちて、工業上に於ける、一般的知識の普及に勉め、工業須知は、十二編三十四章、一千五百二十項に細別して、專ら化學工業の技術を研究するものゝ明鏡として供ふ】を、悉く精選收錄する所、而かも其文章の通俗平易にして、燦然明確なる、何人と雖も、一讀して了解し得る、古今無二の良書なり、故に此書は獨り化學工業家に止まらず、廣く農業家水產家山林家軍人教員醫師藥劑士等に至るまで、坐右缺ぐべからざる、實に有益の寳典たり、蓋し此二書の一たび出づるや、將來に製造工業家は無論、一般人士の得る所頗る多くして、優に之が所望を滿たし、其發展を庇補し、邦家の隆興を企圖するの媒介者たること、敢て誣言に非ざるべし、大方の諸君、一本を求めて、其眞價を試み賜へ。

和漢作文辭典

大町桂月監修

洋裝箱入千五百卅頁挿圖四百六十四個正價壹圓五拾錢特價壹圓貳拾錢小包料拾二錢

見よ破天荒の一大珍書!!!　作文大辭典の大珍書を見!!!　本書は雄健の筆を以て江湖に盛名を博せられつゝある先生の七ヶ年の間心血を絞りて大成上梓せられたる一大珍書どんな作文でも本書を見れば出來る!▲國文を作らんとする者は本書を見よ　本書には國文の美文、短句、斷篇比々然として紙上に躍り出づ、其の故事熟語の出所出典に一々現しで之に明瞭なる說明と事細かなる解繹を附し猶ほ挿畫を以て之を眼前に晒らし出す▲漢文のわからぬ所ある者は本書を見よ本書を見れば漢文も自由自在に出來るのみならず又漢文を讀んで了解しがたく會得しがたき句及び熟語は一々之が出所出典を現はして鮮明なる挿畫と平易簡明なる說明と深切に事細かに付したれば兒女子と雖も一見ア、成程、ソーであつたかと首肯するに至らん【內容見本御入用の御方は御申越次第送呈す】

前東京市衞生試驗所員伊藤熊逍著

最近產婆試驗問題答案集　價六十錢　郵稅六錢

最近看護婦試驗問題答案集　價四十錢　郵稅四錢

產婆看護婦の需要は世運の進步と共に增加し其學理も亦近世醫學の進步に伴ひ全く一新せり然るに受驗の資料たるべき試驗答案書は一の觀るべき者なし是實に螢雪の苦を甞め將に應試せんとする諸子の爲に大に遺憾とする處なり本會此欠典を補はんが爲に本書の刊行を爲す本書は最近に於ける試驗の狀況を詳にする爲め四十一年第一回より最近に至る全國各府縣に於て施行せし產婆看護婦試驗問題の全部を蒐集せり而して一々之に斬新なる學說と實地とを基礎とせる答案を附せり其章は頗る流暢而かも簡明直入的なり何人も一讀明解するを得べく受驗の際として諸子の机上には必ず一本を備へざるべからず今や各府縣共試驗の期日切迫せり速に本書に據り應試の準備をなし及第の榮譽を得られんことを

註釋 文章軌範評林　正續合本　洋裝七百頁　價一圓　小包八錢

漢文を修むべきは學生諸君の方今の急務にして其初步たるや文章軌範に如くものなし故に本書の世に行はるゝこと久く而して評釋或は箋註等を施せしもの乏しからずと雖も各得失ありて完備するもの少し此編は薹洲先生が多年各家の評を抄錄せられし中より更に精粹なるものを選拔し鼇頭に記載せられたるものにして支那人に在りては蘇老泉蘇東坡蘇潁濱朱晦菴王荊公呂東萊揚誠齋陸象山張南軒謝疊山曾南豐錢豐齋樓迂齋林次崖顧廻瀾茅鹿門王遵巖石守道眞西山王弇州儲同人金聖歎凌稚隆羅大經以下百餘家の諸儒本邦人に在りては節菴山陽節齋東涯豐山嶺軒徂徠春臺管洲馬陵其他諸大家の評を擧げたれば此等の大儒を會して其說を聽くに異ならず故に一たび此編を見るときは大に其識見を長ずべく文章に志す者の必ず座右に具ふべきは復喋々を須ひざる所なり

戸水寛人先生閱　間瀨文彥先生著

工場法詳解

一冊金四十錢　郵稅四錢

數年來朝野の宿題たりし工場法は幾多の研究を重ねて生れたり本書は工業主及職工の爲め平易なる口語體を以て解說し其の精神のある處を窺ふに遺憾なからしめたり

高野青槻著

歐米料理法全書　全

附洋酒調合法

洋裝大判八百四十二頁　全一冊
密畫二十頁入　料理法二千五百余種●價金三圓●小包料金十二錢

著者十數年歐米各國に居住し嘗て料理法修得の素養あるを以て深く海外に於ける料理法を研究し庖廚の顧問と婦座右の寶典として世に公にせられたるは本書なりこれを四十門に大別し明細に其調理法を說する二千五百余種の多きを致しなり普通一般の物は勿論菓子製造法、洋酒混合法、諸種の獻立表料理人の心得、配供の形態各器具の適否等も現今歐米に於て行はるゝ所のものは細大洩さず之れを登載し且つ加ふるに國文にて成れる西洋料理法としては本書の外完全無缺なるものなしと云ふも誣言にあらざるを信ず。

開成中學校英語科講師 文學士 黑木重也先生
佐賀中學校英語科主任 正井顯吉先生
毛利可久先生 共編

中學 新英和辭典

比類なき廉價（洋裝總クロース金文字入堅九寸横二寸五分ポケット入紙數七百七十餘頁 正價金六拾錢 郵税金六錢）

（本書一冊あれば中學五年級迄の英語讀本に解らない所が一字も無くなる）

▲本書の五大特色▼

特色の一 本書は、他の辭典とは違ひ、多年中學教授に經驗有る、三先生が協力して現今我國に行はれ居る、別記二十の幾種百有餘冊の教科書を一々讀破し、是に抱含せる單語熟語及難句を悉く拔萃し一々適切なる、讀方と譯解とを附したり

時色の二 本書の發音は、最も邦人に誤少き様「マッケロー氏發音學」「センチユリー」「ウエブスター」「チヤンバー」辭典を參照折衷し、本書新案の振假名を應用し、加ふるに嚴密明瞭なる「アクセント」を附したり、

特色の三 本書は 三先生が現今眞に學生諸君に適當なる辭典あらざるを慨して編輯したる物なれば、諸君は本書を坐右に供へれば、教場に於て教師に就て學ぶと毫も異なる處なし、

特色の四 從來の辭典は徒らに譯語を多く列べて、初學者を迷はしむること多し本書は之に鑑みて、適切妥當なるもの、みを選びたれば、諸君は一見其要を得て原語の意味を知るに於いて決して誤る事なし、

特色の五 印刷は鮮明にして、用紙は舶來最上等、製本は優美堅牢、紙數七百七十頁、正價金六拾錢は英和辭界中比類なき廉價なり、

正則英語學校講師、明治大學講師 ミスサンマース先生著

新式 日英會話

最新形ポケット入
紙數三百餘頁
正價五拾錢
郵税六錢

ミスサンマーが有名なる英語の「スピーカー」にして亦日本語の「オーソリチー」なることは洽く世上の知る所此の著は今迄世に有り振れた會話書とは違ひ現代に於ける新式英語の粹を網羅し殆ど東西兩洋に流行しつゝある其重なるものを挿み英米兩國の用語の異なる點を二種に分ちて對照し一々之れに最も適譯なる日本語を附し加ふるに發音の調子を特に「イタリツク」を以て示し初學者の實用發達に便ならしめ斯くの如く其内容の豐富なる眞に空前の良書なれば男女を問はず苟も英語に志あるものは此好書を逸し給ふな、

陸軍大將大山巖閣下題辭（證儀離壯）
海軍大將東郷平八郎閣下題辭（國之精華）
文學博士 重野安繹
東京帝國大學文科大學講師
日下寛 兩先生共著 兩先生寫眞入

賜天覽

日本武士道

菊版クロース美術的製本
紙數四百三十頁
正價金壹圓五拾錢
小包料金拾貳錢
（五冊以上は小包料不要）

武士道とはこれぞ大和魂なり大和民族の精華なり本書は日本歴史の大家にして士武道の先唱者たる重野●日下兩先生が多年憂世の餘建國以來の武士道を一々事實に據て編述せられたる者にして其深奥該博なる意見は何人と雖も驚嘆措く能はざらしむる者あり故に今迄世に有振れたる書の如く空論を以て妄斷るせ物とは同日の談に非るなり苟も日本に生れたる者は何人を問はず宜しく本書を坐右に備へ以て國民の本分を知り勵へ。

陸軍教授西村豐著

家庭教育 義士實傳

洋裝大判全一冊・價一圓
小包十二錢

▲本書に首緒論の一章を置き（一）義擧の概要と其精髓（二）赤穗の士風（三）義士小觀（四）忠臣藏短許の四項を以て先つ讀者をして義士に關する概念を得せしめんことを努め▲次に前篇に入りて義擧の始末を六十八項の下に詳叙して精細を極め▲中篇に於ては四十七士の傳記を物して各個の性格特長を發揮し▲後篇に於ては芳烈拾遺と題して前諸編[illegible]れる逸事の類廿五項を補綴し首尾相通じて義士傳の完壁を期す、著者は陸軍教授にして有名なる義士通なり由來義士の名は事古りたれども其精神は愈々益々新なるもの獨り本書に於て之を見ることを得べし家庭教育に志ある諸君子幸ひに一本を備へられんことを請ふ

法學士辯護士 秋野沆著

改正 市制町村制講義

洋裝大判全一冊・紙數三百五十餘頁，正價金一圓（郵稅金八錢・並製金卅五錢・郵稅金六錢

著者は曩きに舊市制町村制に註釋を加へ之れを世に公にするや購讀者續々として生じ版を重ぬるを十版に及び今や十一版を發行せんとするに際し改正法律の發布を視るに至り再び改正市制町村制に註釋を加へ是を世に公にする事となり、著者が其深遂なる學殖と其著書に有名なるとは今茲に喋々の辨を贅せず以て新法第一條より遂條最も周密なる解說を加へられたる其證明振りの丁寧にして平簡明なるたとへ法學の素養なき者も一讀容易に之理解するを得べし此種の類書中正に第一を以て推す可きものたり
本書には明治四十四年九年廿二日發布の施行條例も附しあり

從五位呑象高島嘉右衛門
柳田幾作 兩先生合著

獨修 易學通解

四六全判 六百廿頁
價一圓五十錢 郵稅八錢

高島先生が易學の泰斗たるは夙に世人の熟知する所にして苟も易學に志す者は先生の易斷を讀まざる者なし然れども易斷の書たる重卷大冊にして携帶に便ならざれば頃者柳田先生と相謀り即座占考等の際一覽して爻卦の大意を了せしむるの便を與へんが爲に更に此編を著はし六十四卦三百八十四爻に就き彖傳象傳に至るまで悉く詳細なる解釋を施し總ふりがなにして何人にも讀み易からしめ且欄外には字義或は卦象或は卦爻の往來變化等に關し考證に資すべき諸說を揭げ一讀して眞理を了解せしむ

法學士辯護士　恒遠終著（最新刊）

新商法講義

洋裝四六判●正價一圓五十錢●郵稅十二錢

我が商法は今同第一編總則より會社、銀行、爲替、手形、海商等其他の條項に少からざる改廢加除を見全く面目を一新する事となれり　日常斯法と最も交涉多き會社　銀行―商店―工場―行政官吏の當事者並に裁判官―辯護士―法學者―法學生諸君は一日も早く新法の委細を會得し置かれざる可からず、然り而して之に以てするに正確適切の好參考書のあるなし弊堂學士に請いて此著あり學士が其深邃なる學殖と其辯護士としての多年の實地經驗とを傾け新法第一條より遂條最も周密なる解説を加へられたるもの其説明振りの丁寧にして平明なるたとへ法學の素養なき者と雖も一讀容易に之を理解し得べく此種類書中正に第一を以て推すべきものたり

新撰文藝全書

ポケット判新形總クロース美本
正價各金三十錢宛郵稅金六錢宛

第一編　女子美文
第二編　處世要訣品性修養訓
第三編　美文
第四編　祝辭演説弔文
第五編　女子書翰文
第六編　記論説文
第七編　女子記事文
第八編　書翰文

文章趣向の妙は能く其英雄俊傑の眉目心胸を露はし、一枝の筆半片の書尙ほ其人の品格、示すものなり、傑士の高義美人の熱淚、直に發泄して詩歌と爲る、故に平生詞華を鬪はし文思を養ひ以て筆端を熟練するにあらざれば如何ぞ能く縱横自在其思想を攄出し雄健の文妙麗の辭を作るを得んや、前書は何れも其文は自然其意は幼玄にして神韻の掬す可きものゝみを取れり、一度び本書、繙かば美人泣き、勇士呼び、天地歌ひ、萬物躍らすとする、金玉の名文傑作、燈下親しむの諸子は是非一本を座右に備へられん事を望む。

前龜井警視總監題字
鵜澤法學博士題字
江木法學博士題、
高橋逐堂編著

罰則綱要

洋裝全一冊●正價金一圓廿錢●送料八錢

▲本書は明治元年より今日に至る間發布せれたる現行諸法規中の過料拘留罰金禁錮懲役死刑等の刑罰制裁全部を網羅せるものにして其文簡にして要を得たるは編者考案の宜しきを得たる證左なり卷頭刑罰制裁の概念は以て初學者の研究資料たるべく二編以下の刑罰類別は亦以て法律實務家の坐右錄として缺くべからず洵に是れ社會各種の階級を通じ必讀の要ある稀代の好著述なりと謂つべし故に平生法律を以て職とする法律家及警察官は勿論一般人民は速に本書を購て伸權防義の衞護をなすに躊躇するなかれ敢て江湖諸賢に告ぐ

明治四十五年三月五日四版印刷
明治四十五年三月八日四版發行

著者　秋野沆

發行者　辻本末吉
東京市神田區表猿樂町二十四番地

發兌　修學堂書店
東京市神田區表猿樂町廿四番地
（電話本局一七五三番
（振替貯金一三二八番

印刷者　井上隆治
東京市本郷區湯島一丁目二番地

印刷所　合資會社　葆光社
東京市本郷區湯島一丁目二番地

新撰百科全書第三十一編
改正　市町村制講義

正價金三拾五錢
郵稅金六錢

明治四十四年六月二十三日初版發行

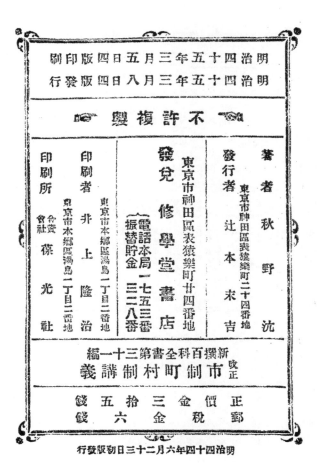

執筆專門大家五十三名

新撰百科全書

全部百冊每冊正價金拾五錢每冊郵税金六錢

◎記事の内容〔新學の業餘なき人と雖も一讀能く意味を解し得て忽ち其如何を了知すべく殊に工業の如きは最も平易通俗にして簡潔ならんことを欲し稿を換ふること再三再四始めて本書をなす而も所説最も親切丁寧を極め一字一句を苟且に付せず故に一度本書を繙かば暗夜燈明を得たるが如く又暗雲忽ち散じて明[illegible]きたる天日を望むの感あるは信じて疑はざる所なり〕

- 一 日本歴史 全
- 二 東洋歴史 全
- 三 西洋歴史 全
- 四 日本地理 全
- 五 外國地理 全
- 六 教育學 全
- 七 参考用器畫法 全
- 八 應用電氣學 全
- 九 蒸汽機關學 全
- 一〇 實用機械學 全
- 一一 建築學 全
- 一二 土木學 全
- 一三 鑛山學 全
- 一四 應用測圖法 全
- 一五 應用分析術 全
- 一六 實用蠶絲全書 全
- 一七 實用鑛物全書 全
- 一八 最新女子書翰文 全
- 一九 最新女子記事文 全
- 二〇 言文一致女子書翰文 全
- 二一 女子文之栞 全
- 二二 女子家政の栞 全
- 二三 女子禮法の栞 全
- 二四 和洋料理の栞 全
- 二五 法學通論 全
- 二六 憲法釋義 全
- 二七 民法釋義 全
- 二八 商法註釋 全
- 二九 刑法刑事訴訟法釋義 全
- 三〇 戸籍法問答（附取扱手續及書式） 全
- 三一 市制町村制釋義 全
- 三二 府縣制郡制釋義 全
- 三三 通俗養蠶法 全
- 三四 民事訴訟法釋義 全
- 三五 （契約賣買作成案内 諸願屆申請書式） 合本
- 三六 實用珠算全書 全
- 三七 算術問題詳解 全
- 三八 代數問題詳解 上
- 三九 代數問題詳解 中
- 四〇 代數問題詳解 下
- 四一 平面幾何問題詳解 上
- 四二 平面幾何問題詳解 下
- 四三 立體幾何問題詳解 全
- 四四 平面三角問題詳解 全
- 四五 最近七ヶ年數學問題答案 全
- 四六 物理計算問題詳解 全
- 四七 化學計算問題詳解 全
- 四八 和漢朗吟詩詳解 全
- 四九 最新書翰文 全
- 五〇 記事論說文範 全
- 五一 （演說公會議式 圖解排解討論法） 全
- 五二 國語漢文獨習自在 全
- 五三 一時千金作文錦囊 全
- 五四 言文一致明治書翰文 全
- 五五 立志成功商業百話 全
- 五六 獨逸語三ヶ月自修書 全
- 五七 最新日英書翰文 全
- 五八 英和實用單語集 全
- 五九 英和會話捷法 全
- 六〇 英文和譯正解 全
- 六一 和文英譯正解 全
- 六二 英和熟語正解 全
- 六三 英和雜句正解 全
- 六四 英和俗語正解 全
- 六五 前置詞正解 全
- 六六 算術捷徑 全
- 六七 祝辭弔祭賀慶題 全
- 六八 西國立志編 全
- 六九 正則獨逸文法講義 全
- 七〇 正則獨逸語獨修 全
- 七一 中學校、幼年學校、高等女學校入學豫習書 全
- 七二 （發音引）假名遣辭典 全
- 七三 漢學捷徑 全
- 七四 通俗登記法 全
- 七五 方丈記讀本附註解 全
- 七六 徒然草讀本附註解 全
- 七七 百人一首註解 全
- 七八 土佐日記讀本附註解 全
- 七九 竹取物語讀本附註解 全
- 八〇 和歌獨學ひ 全
- 八一 俳諧獨學ひ 全
- 八二 佛蘭西語獨學ひ 全
- 八三 熟語類集美文の錦 全
- 八四 四季分類和洋菓子製法案内 全
- 八五 小學卒業後最近官私男女就職成功法 全
- 八六 尋常卒業後實用作文 全
- 八七 通俗牧畜全書 全
- 八八 スケッチ圖畫速寫法 全
- 八九 作詩作文法 全
- 九〇 最新商業書翰文 全
- 九一 十六夜日記讀本附註解 全

◎每册完結〔每册悉く完結するを以て讀者諸氏が任意に欲する所のものを購讀することを得べく之を讀すれば最も短時日に其智識を習得し恰も其專門の師に就きて口授を受くると異なることなし故に山間僻邑の地にても之を以て充分に智識を修得して餘あるべし〕

地方自治法研究復刊大系〔第242巻〕

改正 市制町村制講義 全 新撰百科全書〔明治45年 第4版〕

日本立法資料全集 別巻 1052

2018(平成30)年2月25日　復刻版第1刷発行　7652-7:012-010-005

著　者　秋　野　沆

発行者　今　井　貴
　　　　稲　葉　文　子

発行所　株式会社信山社

〒113-0033 東京都文京区本郷6-2-9-102東大正門前
Ⓣ03(3818)1019　Ⓕ03(3818)0344
来栖支店〒309-1625 茨城県笠間市来栖2345-1
Ⓣ0296-71-0215　Ⓕ0296-72-5410
笠間才木支店〒309-1611 笠間市笠間515-3
Ⓣ0296-71-9081　Ⓕ0296-71-9082

印刷所　ワイズ書籍
製本所　カナメブックス
用　紙　七洋紙業

printed in Japan　分類 323.934 g 1052

ISBN978-4-7972-7652-7 C3332 ¥40000E